有度

一切皆有法 一切皆有度

刑法的私塾

张明楷 编著

北京大学出版社
PEKING UNIVERSITY PRESS

说　明

在清华大学法学院任教以来，每个周末我会利用半天时间，与我指导的研究生（包括硕士生与博士生）进行一次案例讨论。2004年初，曾有研究生建议，将每次讨论的内容记录、整理后出版，我当时毫不犹豫地拒绝了。2010年底，在读博士生丁慧敏（现已获得博士学位）多次提出相同建议，并且承诺负责整理讨论内容，其他研究生也表示愿意承担将录音转换为文字的工作。于是，我便答应"试一试"。

2013年底，丁慧敏博士按照刑法学的体系，将2010年底至2013年6月期间的讨论记录进行了归纳整理。她整理后，我通览了全稿，在文字上作了少量修改，也删除了部分意义不大与表述不清的内容。此外，在整理过程中，既删除了相对简单案例的讨论内容，也删除了研究生的部分发言内容（书中标明的"学生"显然不是同一人）。我确实不知道本书是否具有出版价值，但我还是觉得会有读者希望"看一看"。

每次讨论时，大体上由我先描述案情，提出问题，然后围绕案例展开讨论。我的准备既不系统，也不充分，每次的讨论内容可谓随心所欲，五花八门。我之所以重点准备案例，是因为案例讨论最能训练学生分析问题、解决问题的能力，而学生最缺乏的也是这种能力。当然,在讨论过程中,研究生也会提出他们在学习过程中遇到的各种问题。特别需要向读者说明的是,在讨论过程中,不管是研究生的发言还是我的发言,都是没有经过准备的,大家畅所欲言,无所顾忌,所以,作为讨论内容整理而成的本书,一定错漏无穷,舛误尽显。如能得到读者的不吝指教,我一定好好"改一改"。

特别感谢丁慧敏博士!也十分感谢参加讨论的所有研究生!至于今后是否继续出版讨论内容,我还要"想一想"。

张明楷
2014 年 2 月 18 日于清华明理楼

第十四堂	第十五堂
贪污贿赂罪	渎职罪
555	587

第十三堂
妨害社会管理秩序罪
533

第十二堂
侵犯财产罪
381

第十一堂
侵犯公民人身权利、民主权利罪
313

第十堂
破坏社会主义市场经济罪
281

第九堂	第八堂
危害公共安全罪	量刑制度与量刑情节
271	259

刑法的私塾
目 录

第一堂
实质解释论与形式解释论
001

第二堂
行为无价值与结果无价值
043

第三堂
因果关系与客观归责
067

第四堂
正当防卫与紧急避险
093

第五堂
犯罪中止与犯罪未遂
117

第六堂
正犯与共犯
167

第七堂
法条竞合与想象竞合
225

第一堂
实质解释论与形式解释论

学生：周详博士曾在《法学研究》上发表过一篇题为《形式解释论与实质解释论之争》的论文。他在这篇文章中提出，我们国家的刑法理论过分重视对犯罪的概念以及严重的刑事违法性的研究；他认为，您虽然不同意在严重的违法性中考虑主观要素，但您的观点与通说的共通之处在于，都是在实质的层面上理解概念，而不是像陈兴良教授那样，从形式层面上理解概念。如果这一点是划分两个学派的最基本的界限的话，那么他认为，您的观点和通说都是实质解释派，都强调实质刑法观。他认为，您的这种刑法解释方法是秉承了您导师以社会危害性为中心来解释刑法的解释理念。您觉得周详博士对您的看法正确吗？

张明楷：我觉得，从某种意义上说，中南财经政法大学刑法学者的观点是一脉相承的。2010年暑假，毕业于中南财经政法大学刑法专业的一些学者、法官、检察官在宜昌开了一个学术研讨会。其中一项重要的内容是，讨论我们中南财经政法大学老教授的一些学术观点。我在发言时，讲的第一个问题就是实质的解释论。我确实将中南财经政法大学刑法学老教授们的一些观点归纳为了实质的解释论。在老一辈刑法学家中，将社会危害性的内容揭示得最彻底的当属曾宪信教授。你们可以去读读他在《中南政法大学学报》1986年第1期创刊号上的一篇文章。

但中南财经政法大学的老先生们的观点与通说的一些观点还是很不一样的。我觉得通说的一些观点往往自相矛盾，比如，通说一方面很强调社会危害性这个实质的概念在犯罪论中的地位或者作用，但又在一些很具体的问题上没有贯彻实质解释的精神。一个最典型的例子是，中南财经政法大学的老教授们都很反对通说的一个观点，即认为正当防卫和紧急避险是形式上符合犯罪构成、实质上没有社会危害性。尽管现在通说的一些代表学者对此予以否定，指出通说从未提出过这样的观点，但只要把之前的通说教科书打开一看，就可以找到这样的观点了。根据这种观点，正当防卫等行为虽然在形式上符合了构成要件，但实质上却不是犯罪，那构成要件的内容岂不就十分形式化了吗？从这个意义上说，通说并不像曾宪信教授那样，把犯罪构成进行很实质的解释。

正是因为通说的观点在有的时候十分的实质，而在另外的时候又十分的形式，所以，在对通说定位上，陈兴良教授认为通说的观点很实质，而周光权教授又认为通说的观点很形式。例如，周光权教授在《现代法学》2010年第6期上发表的文章中，就详细地举例说明了通说观点很形式化的一些表现。正因为通说既存在很形式的地方，又存在很实质的地方，如果从整体上评价通说的话，哪种说法都可能不够准确；每个批评主体从不同的角度可以就此得出截然不同的结论。

实质的解释论强调，即使在三阶层的犯罪论体系中，对构成要件本身也要进行实质的解释，也就是说，在构成要件这个层面上必须作实质的解释。对构成要件进行形式解释，似乎从某种意义上说，相当于没有解释构成要件。解释任何一个构成要件中的语词时，一定是存在某种导向的。说白了，就是到底要朝什么方向去解释。没有任何导向的解释，就只能是单纯的字面解释了。在违法性阶段没有解释构成要件的空间。因为在违法性这个阶段，已经没有了专门的违法要素，违法性阶段只是讨论违法阻却事由而已。那些认为只有在违法性阶段才能进行实质的解释的观点，实际上就等于将构成要件的要素进行形式的解释，然后再把相同的要素拿到违法性阶段进行实质的解释。我觉得这样的方法并不妥当。我们都知道，违法性阶段旨在排除行为的违法性，到了这个阶段就已经没有了具体可供解释的构成要件要素。只要还承认构成要件是违法类型，就必须对构成要件进行实质解释。除非采取贝林的行为构成要件论。因为这种观点认为，构成要件和违法性没有关系。但要是构成要件和违法性没有关系的话，为什么要把符合构成要件的行为拿到违法性中去判断？不需要再讲别的理由，仅这一个问题，贝林的行为构成要件论就无法回答了。所以，不可能对构成要件进行形式的解释。

  刑法的解释，当然是以符合罪刑法定原则为前提的。将不符合构成要件的行为当作犯罪处理，是无论如何也不被允许的。这就涉及扩大解释与类推解释的界限。在国外，无论大陆法系还是英美法系，无论法官、律师还是学者，都普遍承认三段论的倒置理论。所谓的三段论的倒置理论是指，在进行具体的解释时，解释者往往是先有了预判结论，然后再考察事实和规范是否对应。解释的过程中，并不存在一个纯粹的形式上的逻辑推理，因为逻辑推理不能保证内容的真实性。所以，关键就是，事实和规范是否已经对应了。倘若事实与规范无法对应，当然就不能定罪。有时候也可能出现这样的现象，我们在看到某一事实以后，直觉上想把这个行为定罪，但是找来找去都找不到对应的条文，或者即使勉强找到了一个对应的条文，解释来解释去，还是没办法定罪。

比如，行为人在拍卖会中不准他人与自己竞标，最后该行为人以最低价买下拍卖物品。这种行为与串通投标相比，似乎有更重的危害性，但是，无论如何也不能认为该行为属于"串通投标"。那能否认为这种行为是"强迫交易"呢？"强迫交易"要求行为人强迫对方和自己进行交易，现在的情况是，行为人通过威胁别人不准竞标而使自己和招标人交易，行为人并没有强迫招标人与自己交易，所以，这种行为也不能被认定为"强迫交易"。当事实与规范无法对应时，必须宣告无罪。①

通过这个例子，我想强调的是，人们在遇到类似的案件时，都或多或少会先有一个值不值得科处刑罚的感觉，这个感觉就是我刚才讲到过的解释构成要件要素时的导向。经过长期良好训练的人员，他们的这种感觉一般来说较为准确。英国学者在讲解释规则时，提出过一个"直觉规则"。伦理学中经常提到"某个说法违反了人们的直觉"。在刑法解释的过程中，这里的"直觉"在某种意义上就是一种正义感、法感情。人们在解释规则的时候，总不至于要得出一个连自己的良心也无法说服的结论吧？所以，正如德国教授罗克辛所言，解释刑法时，只要实现两个"做到"就可以了：一是做到不超出法条文字含义，二是符合法条目的。这里的"目的"就是法益保护的目的。"不超出法条文字含

---

① 这是在《刑法修正案（八）》颁布之前所形成的结论。根据我国现行《刑法》第226条，上述行为成立强迫交易罪。

义",就是为了保障被告人的人权,不能类推解释。可见,刑法解释的两端就是保护法益与保障人权,剩下的只是一些很技术性的问题。

每个人都会把自己的经验、经历、感觉等等融入自己的解释里面去。我很不赞成一种说法:我明明感觉该行为无罪,但根据刑法却要定罪。我觉得,如果我们明明感觉这样的行为不是犯罪,就应该设法将它解释为无罪。比如之前南京发生了一起换妻案。南京某副教授组织了一些自愿进行"换妻游戏"的夫妇在他的房间里同时发生性行为。我在和一些学者讨论这个案件时,有的学者说,他觉得这样的行为不构成犯罪,但我国《刑法》第301条规定("聚众进行淫乱活动的,对首要分子或者多次参加的,处5年以下有期徒刑、拘役或者管制"),这样的行为显然属于"聚众进行淫乱活动",所以只能按照聚众淫乱罪定罪量刑。这样的思维方式或者处理案件的方式,就是典型的形式解释论提倡的方式。我也同样认为这样的行为无罪。但怎么解释才能使这样的行为无罪呢?那就需要借助该罪保护的法益来实现。聚众淫乱罪的法益应该是公众对性的感情,尤其是性行为非公开化的社会秩序,这就决定了聚众淫乱罪的行为必须具有一定的公开性,否则就不能符合该罪的构成要件。但上述"换妻"的行为发生在被告人的家里或者宾馆房间,他们的行为并不具有公开性,所以就应该无罪。

从我刚才举的换妻案可以看出,"形式解释论是限制了处罚范围,实质解释论扩大了处罚范围"的说法是不能成立的。很多人都认为,我提倡实质解释导致我的解释处罚范围最广。显然,我通过实质解释使很多不值得科处刑罚的行为被认定为无罪的努力被他们忽略掉了。比如我主张不能犯无罪；我通过共犯从属性理论主张实行犯未实行犯罪时教唆犯就无罪；我主张分则解释时，没有侵害法益的行为无论如何也不能构成犯罪。除了上述南京教授换妻案以外还有很多其他案例，比如农民在没有经过林业局批准的情况下就将14棵枯死的松树砍倒补栽树苗的行为不构成滥伐林木罪，因为这个罪保护的法益是林木资源，死掉的松树显然已经不能成为这个罪的犯罪对象。我将刚才列举的这些案例统统认定为无罪，但形式解释论者却往往会认为这些行为都构成犯罪。

学生：如果对概念进行实质解释的话，是否会影响您对共犯从属性的从属程度的看法？

张明楷：实质解释论跟共犯从属性没有什么必然的关系吧。我现在主张将共犯看做一种违法形态，实际上共犯就是要解决违法结果发生了以后要归属到哪些人的行为上，共犯理论的任务到此为止基本上就完成了。剩下的就是每个人对共犯的结果或者危险有没有责任，是什么样的责任。共犯的责任认定与单个人犯罪的责任认定并没有区别。以前我们老是回答这样的问题：共同犯罪犯了什么罪？现在我觉得完全没有必要回答这个问题，因为即使回答了，也是一个没有意义的问题。就算采取部分犯罪共同说，回答了共犯人在什么范围内成立共犯，这个回答也是没有丝毫意义的。比如，甲以杀人的故意，乙以伤害的故意共同殴打丙，最后将丙打死了。采取完全犯罪共同说也好，部分犯罪共同说也罢，都会认为甲乙在故意伤害罪的范围内成立共犯。但这句话有什么用呢？结局还是甲定故意杀人罪，乙定故意伤害致死。违法通常是连带的，但也不排除某些情况下是相对的，但责任肯定是个别的，责任不可能连带，所以在共犯的从属性上，只能采取限制从属性说。

学生：陈兴良老师在《中国法学》2010年第4期发表的《形式解释论的再宣示》一文第27页提到，形式解释论与实质解释论之争，实际上是罪刑法定原则与社会危害性理论之争。您怎么看待陈老师的这个观点？

张明楷：我觉得这个观点有待商榷。首先，什么叫社会危害性理论？严格来讲，中国也没有什么社会危害性理论，除了曾宪信教授把社会危害性理论分析得比较透彻以外，其他人压根就没对这个概念作多少分析。人们一说到社会危害性理论，无非就是"犯罪的本质是社会危害性，刑事违法性是社会危害性的法律表现"，"社会危害性是主客观统一的"。除此以外，我国的社会危害性理论还有什么其他内容吗？好像没有了。现在，我们普遍认为，违法性的本质是法益侵害。如果将此处的法益侵害理解为社会危害性的具体内容的话，怎么会有社会危害性与罪刑法定原则的冲突呢？没有人会认为，有社会危害性就是犯罪，有法益侵害就是犯罪。当他认为一个行为是犯罪时，必须把这个行为解释成符合构成要件的行为。那不就遵守罪刑法定原则了吗？

在1997年《刑法》修订之前，或许会存在陈兴良教授说的这种情况。因为当时可以将不符合构成要件但具有社会危害性的行为类推为犯罪，这样的做法当然和罪刑法定原则相冲突。那个年代的刑法中，本来就没有规定罪刑法定原则，那个时候，即使勉强说有罪刑法定原则，实际上也是在为当时的立法作辩解。

前不久，一个日本人写了一篇关于中国刑法中罪刑法定之争的论文，这篇文章以我1986年发表在《法学研究》上的一篇为证，把我归到主张类推解释、否定罪刑法定原则的学者的行列中去了。但那是什么年代的事了嘛。这位学者可能既不了解中国刑法典的改变，也不甚了解我一直主张解释现行刑法的做法。我觉得他应该在他的论文中分两个阶段进行讨论：在1997年以前，当时的刑法规定了类推解释，要看当时有没有人极力反对这种规定；在1997年以后，现行刑法否定了类推解释，规定了罪刑法定原则，要看当下有没有人对此极力反对。

学生：陈兴良教授在同一篇文章的第41页以毁坏财产罪为例指出，在高进低出买卖股票的情况下能否成立毁坏财物罪这样的案例中，您和他的观点是对立的。陈教授认为，您的解释会陷入一种结果归罪。他的理由是，您的解释方法是在用结果特征来反证行为特征。您怎么看陈教授的这个观点？

张明楷：在"毁坏"这个问题上，日本的通说采取的就不是物理的毁损说；德国通说采取的叫有形作用说，也不能算采取了物理的毁损说。德国通说和判例要求"毁坏"要对财物有物理的作用。因此，把他人笼中的鸟放飞的行为不一定是"毁坏"行为，但把他人汽车轮胎中的气放掉的行为却会是"毁坏"行为，因为放气的行为作用了轮胎这个物本身；但德国也有人采取价值毁损说、效用侵害说等其他学说。在日本只有很少的人主张物理的毁损说，有名的学者中恐怕只有曾根威彦教授如此主张了。

物理毁坏说强调的是毁坏有体物本身，而效用毁损说就是指毁坏某个物的价值，把别人的钱烧了，在这种情形下，有体物没了，价值也没了；若行为人把别人的钱捆上石头后扔进大海，虽然有体物还在，但难道被害人还能利用这些货币的价值吗？陈兴良教授也主张虚拟财产是财物，但他认为只有将财物物理地毁损了，才能叫做"毁坏"。这可能存在矛盾吧。

学生：大谷实教授认为，形式解释论与实质解释论的区别就在于是在立法的时候实质地理解构成要件，还是在解释刑法的时候实质地理解构成要件。他提到，团藤重光教授也是实质地考虑构成要件，只是他主张立法的时候应实质地理解构成要件，把框架画出来以后，在这个框架里面去解释。我对团藤教授的这个观点充满了怀疑，按照他的说法，似乎立法者制定了刑法以后，就已经没有多少解释刑法的空间了。另外，刑法适用的过程中，团藤教授的这个观点似乎有主观解释论的意味。似乎只要我们遇到了刑法解释的问题，就得马上跑去问立法者当时是否考虑过这种情形了，这种行为是否圈定到了构成要件里面。可哪有这样的解释者，又哪有这样整天等着被询问的立法者呢？

日本在解释论上存在两派：一派以藤木英雄教授为代表，另一派以平野龙一博士为代表。大谷实教授觉得藤木英雄教授的一派更重视国民的预期，更考虑某一解释是否能为国民所接纳；而平野龙一教授的一派更重视以处罚的必要性为指导进行实质解释。上述曾根威彦教授对"毁坏"含义的解释就更加看重国民是否接纳，比如他认为把戒指抛入大海并不是"毁坏"戒指。在《刑法学基础》这本书中，曾根威彦教授谈得最多的也正是解释刑法要以国民的接纳程度为准，反对根据处罚的必要性来解释的做法。

张明楷：像"怎样去理解毁坏"这样的问题，大可不必拿到形式解释论与实质解释论或是否违反罪刑法定原则的层面讨论。大谷实教授被认为是形式解释论者，但他对"毁坏"的解释，采用的就是效用毁损说或效用侵害说。根据他的观点，将戒指扔进大海的行为就是一种"毁坏"的行为。我们再转过身来看看曾根威彦教授在其他刑法解释的方面是怎么说的。那是相当的实质!比如在解释日本刑法中的隐匿证据罪时,他认为把可能作证的证人藏起来的也叫隐匿证据,但证人是证据吗?证人还没有出来阐述自己的证词时就已经生成了与案件相关的证据?严格来讲,那个时候连证人都不叫嘛。

在我们的刑法学界,"违反了罪刑法定原则"这样的责难似乎用得太过频繁了一些。例如,在讨论法条竞合适用原则的时候,有人就批评我违反了罪刑法定原则。法条竞合的情况下,犯罪事实肯定都符合了法条竞合的几个犯罪,也就是说,行为符合构成要件这一点上是被肯定了的。在这种情况下,刑法总则并没有规定法条竞合的特别关系下特别法就要优先普通法适用;只要刑法分则的具体罪状中没有规定"本法另有规定的,依照规定",在行为已经符合了这个犯罪的罪状时,凭什么认为适用这一个普通法条就违反了罪刑法定原则了呢?实际上,中国刑法学界没有那么不开明,现在并没有人主张可以违反罪刑法定原则。但当前可能确实有这样一个现象,那就是法官永远都不会说自己在制造法律,但法官的的确确可能是"创造"了法律。如何看待这个问题呢?我觉得,如果他是从法条用语里面就能解释出来这个意思,那谁都不能说他违反了罪刑法定原则。用语的含义本来就在发展。比如刑法中的"财物"这个用语,在以前的社会里可能就是指有体物,但在有了虚拟财产之后这个用语的含义就更加丰富了。网上的 Q 币、游戏装备等虚拟财产,就被人们认定为财物。以前讲的公司,不可能是一人公司,但现在讲的公司则可能是一人公司。可见,刑法的用语含义在随着社会的发展不断地丰富、变化。我觉得这个时候，我们应该说明理由，从而论证上述虚拟财产是否属于刑法上的"财物"，什么样的行为叫"毁坏"，而不是直接指责对方"违反了罪刑法定原则"。

当然，在实践中可能存在这样一种情况，某些领导看到某一事实以后，就要求"不管是不是犯罪，反正你要给我定了"。这才是没有罪刑法定原则观念的典型。只要一个人还是在根据刑法典来解释某种行为是否符合某罪的构成要件时，你就不能轻易说他违反罪刑法定原则。因为他是想要把这个事实解释得与法律相符合、相对应。

学生：您认为，向多人以还本付息的方式筹集资金，将筹集来的资金用于生产经营的，不能定非法吸收公众存款罪；居民搬家的时候搬运祖传象牙的，不能定运输珍贵濒危野生动物制品罪等。如果形式解释论者主张将这些行为定罪的话，是否说明他们在适用刑法法条的时候并不考虑该法条保护的法益？我们知道，在日本，即使是形式解释论者，往往也会在适用法条的开始就考虑这个法条保护的法益是什么。

张明楷：当前，的确存在一些仅从字面意思上形式地理解法条，从而把没有侵害相关犯罪的保护法益的行为认定为犯罪的现象。而且，这类现象还不在少数。

学生：您刚才提到过，很多形式解释论者用"违反罪刑法定原则"来批判实质解释论。我觉得无论是形式解释还是实质解释，都要考虑国民的预测可能性和用语可能具有的含义，二者的区别可能只是在具体案件中，对用语可能具有的含义范围有不同理解。比如，就故意毁坏财物罪中的"毁坏"这个词而言，可能也有形式解释论者会认为这个词的字面含义本来就包括使财产效用丧失的意思，例如在日本主张形式解释的大谷实教授就是这么认为的；实质解释论者也可能认为"毁坏"的字面含义里并不包括这层意思。所以，陈兴良教授文章中提出的实质解释论是以处罚的必要性代替用语可能具有的含义的看法，似乎并不妥当。

张明楷：我同意你的看法。其实，原本不应当有形式解释论与实质解释论的争论。因为前者总是认为后者违反罪刑法定原则，但后者反复强调只能在罪刑法定原则前提下进行实质解释。另一方面，任何解释都不可能是形式的，形式的解释没有任何意义。说刑法中的销售就是出卖，这样的解释没有什么意义。

学生：我有两个疑问，一个疑问是形式解释论在确定用语可能具有的含义时，标准是什么？语言"通常具有的含义"是有且仅有的标准吗？或者说，形式解释论仅采取文义解释一种解释方法吗？第二个疑问是，只要不超出国民预测可能性的解释就是可以接受的解释，那么，处罚的必要性难道和国民的预测可能性没有一丁点的关系吗？

张明楷：刑法的一个用语在不同的条文中往往具有不同的意思，这一点德国学者考夫曼在他的一系列著作中已经讲得很清楚了。我把这种现象称为"用语的相对性"，虽然考夫曼认为"法律概念的相对性"这种提法是错误的，但我认为这只是一个表述的问题。所谓"相对性"，就是要考虑一个用语在不同的条文中的不同意思。考夫曼认为，用语在哪个语境下具有哪种含义，这是由它所处的关系决定的，但这并不是说每一个词在它所处的条文中的具体含义是不确定的。一个词在特定的法条中，它的含义就应当是确定的，从这个意义上来讲，就没有用语的相对性可言。但我们在解释法条时总会发现，同一个用语在不同的条文中，意思往往不同，没有哪一个人能将刑法中的所有概念解释得都一样。比如，刑法很多条文中都有"暴力"这个词，怎么可能将刑法分则中所有的"暴力"都解释得一样了呢？

我觉得刑法的解释一定要和事实联系起来。我不太喜欢把刑法学分为规范刑法学与案例刑法学，再到刑法哲学等。我觉得它们本来就是密不可分的一个整体，离开了案件事实去解释法条，这些解释就都没有用。有时候我和司法机关的人员聊天，他们总会说，一遇到疑难案件，就翻教科书，结果什么都没有。为什么会这样呢？我想可能是因为很多教科书不联系事实，他们的解释往往就是把法条的一句话变成他们自己的三句话、五句话，这种解释一点意义都没有。我觉得，一旦你决定要去解释法律文字，你就必须联系事实，没有事实就别去解释。

长期以来，我们国家的刑法学界还没有把解释理由和解释技巧相区分。以往，我们把这两种处于不同位阶的东西都看做是解释方法。但这是有问题的。我举个例子来说明一下"解释理由"是什么。比如，相同的用语出现在了不同的法条中，我们将其在每个法条中的意思都解释得不尽相同，那么，我们就需要给出这样做的理由，而这个理由就是体系解释。所以，体系解释是一种解释理由。再比如，人们想通过某个刑法条文的沿革，为解释现行法条提供理由，而这个解释理由就是"沿革解释"或者"历史解释"。当然，历史解释并不是要让我们因循守旧，按照以前的意思来解释现在的法条。如果总是按照原来的刑法解释现行的刑法，刑法不就白改了吗？最关键的解释理由就是目的解释了。法条的目的为我们提供了如何解释这个法条最为重要的理由。还有一些其他的解释理由，比如比较解释。外国如何解释这个法条也可以为我们解释我们的法条提供一个理由。我们总会发现，人们在给出一个解释结论的时候，有的把上面的全部解释理由都摆了出来，有的就摆了一两个。

解释方法又称解释技巧。法律是用文字写成的。当给出一个解释结论时，不管有多少个"就得这样解释"的理由，都必须要保证自己的解释符合刑法文字可能具有的含义。解释的技巧包括平义解释、扩大解释、缩小解释、类推解释。当然，刑法中类推解释是被禁止的。这些解释技巧也不可能被同时使用。比如，在具体解释某个刑法用语时，不能说我们把这个词的含义既扩大又缩小了。我刚才也讲过，对刑法某一用语进行解释时，可以摆出不同的解释理由。比如，要想把戒指扔进大海的行为认定为故意毁坏财物罪中的"毁坏"，就必须提供解释的理由。故意毁坏财物罪的法益是财产法益，这个行为侵害了这个罪的法益，这是目的解释的理由；日本等国的一些判例与学说也是这么认为的，这算是比较解释的理由。当我们说，把这样的行为认定为"毁坏"，这个解释是平义解释，或者扩大解释等时，这才是解释的技巧。解释的技巧往往会受到解释理由的影响，对某个法条文字到底是准备使用平义解释，还是扩大解释或者缩小解释，往往取决于解释理由是什么。国外学者认为当然解释是一种狭义的解释技巧，但我觉得它同时属于一种解释的理由。

你的第二个问题涉及国民的预测可能性。什么叫超出了国民的预测可能性？什么又叫没有超出国民的预测可能性？我觉得处罚的必要性肯定会与国民预测可能性有很大的关系。当一个行为的处罚必要性越高时，将这个行为解释为符合罪状用语的话，就越不会超出国民的预测可能性。行为人将他人价值连城的宝物扔进了大海,就这种行为是不是故意毁坏财物罪中的"毁坏",你可以去马路上随便问几个人,或者你也可以上网做个民意测验,恐怕没几个人认为这不是"毁坏"。所以,处罚的必要性肯定是要考虑的,但处罚的必要性不能代替构成要件符合性的判断。比如我讲课时总会强调,你们不要误解了我的意思,我说事实与规范的往返不是说一定要往返到有罪为止。举两个例子说明。

第一个案例涉及我国《刑法》第50条,该条规定,判处死刑缓期执行的,在死刑缓期执行期间,如果故意犯罪,查证属实的,由最高人民法院核准,执行死刑。怎么解释这里的"故意犯罪"呢?如果很形式地解释这里的"故意犯罪",得出凡是故意犯罪的,就要判处死刑,那么预备犯、未遂犯、中止犯等全部都被包含在内了。但可能在有些情况下,虽然这个人犯罪了,但并不表示他抗拒改造。比如,一个人在死缓考验期内一直表现很好,总是受表扬,每次受到表扬时,同监狱的其他四个犯人就嘲笑、侮辱他。有一次,这个人做了一件好事又被表扬之后,这四个人又过来了,边摸着他的头边嘲笑、辱骂他。这个人实在忍无可忍了,就一拳打了过去,结果就把其中一个人的一只眼睛打瞎了。如果我是这个案件的法官,我肯定不会判处这个行为人死刑立即执行。怎么才能做到这一点呢?这个人明明一拳打瞎了别人的眼睛,你说这样的行为不构成故意伤害罪行吗?当然不行。这毕竟不是正当防卫。恐怕只能对《刑法》第50条中的"故意犯罪"作限制解释,提出这里的"故意犯罪"是指表明行为人抗拒改造、情节恶劣的故意犯罪。

第二个例子与盗窃罪有关。以前发生过这样一个案例:一个人很喜欢吃鸡刚下的热鸡蛋。他所在村子的村民喜欢把鸡窝垒在自家房子里面。这个人总是趁养鸡的人家农忙不在家的时候进入人家的房子里偷吃上一两个鸡蛋。而这些农户并没有在房门外上锁，只是在门口系了个绳子而已。难道你们认为一年内解开三四户农家系的绳子，吃上几个热鸡蛋就构成盗窃罪了吗？① 倘若认为这样的行为不构成盗窃罪，但又没办法改变已经发生的犯罪事实——这个人三次入户盗窃了别人的鸡蛋，鸡蛋是财物——那就只能去改变作为判断的大前提：只能把刑法中规定的"多次盗窃"解释为意图盗窃数额较大的财物。这样解释后，这个人的行为就不构成盗窃罪。

学生：如果某人意欲盗窃数额较大的财物而多次入户，但每次都没能得手的话，是否就不属于这里的"多次盗窃"了呢？

张明楷：行为人多次入户，虽然客观上没有盗窃数额较大的财物，但只要每次主观上有盗窃数额较大的财物的意思，且客观上也有可能盗窃数额较大的财物的危险，就可以认定为"多次盗窃"。

我之所以主张实质解释，可能有两方面的原因：一是我的导师就是主张实质解释，二是与我去日本的求学经历有关系。当年第一次去日本的时候，我翻开日本的教科书一看，发现他们对每个罪的讨论几乎都是从这个罪的法益开始着手的。当时我们的教科书分析任何一个罪的时候，都要摆出这个罪的四个构成要件。他们讲的"法益"，相当于我们犯罪构成中的"客体"。但"法益"在他们那里并不是要件，却是解释其他要件时需要围绕的核

---

① 这是在《刑法修正案（八）》公布之前的讨论内容，在《刑法修正案（八）》公布之前，只有盗窃数额较大或者多次盗窃的行为，才成立盗窃罪。

心。而我们的"客体"虽然是四要件之一,却对其他要件的解释几乎不起什么作用。

学生:三段论的倒置理论是否有先定罪后找理由的感觉?

张明楷:在司法程序中,怎么可能有"先定罪后找理由"这种事情?先给被告人定个罪,不好意思,下次再补上理由。这怎么可以?这又怎么可能?我说的"三段论的倒置"是一种可能出现的思维活动顺序。这在日常生活中也很常见。当我们遇到一些事情需要做决断时,很多情况下,我们都是先有了决定后来又为这种决定的合理性寻找一些理由;当然也有时候,我们会发现自己的决定是错误的,因为根本没有合理的理由支撑自己的决定。三段论的倒置就是这么一种思维方式。经过长年训练的法律从业人员,一看到某个案例,瞬间内心就可能会形成一个预判结论,接下来,他就会为自己的这种经验直觉形成的结论寻找理由。有时候,这个经由直觉形成的结论或许并不正确,在寻找理由未果的情况下就必须否定之前的结论;但经过长年职业训练的法律从业人员往往有着较为敏锐的直觉,他们的"第一印象"十分准确。

在国外,"三段论的倒置"这种思维模式可以说已经是一种常识了。恐怕律师也不能否认这种思维模式。只不过站在他们的立场,可能最为经常的第一直觉就是"这个行为不是犯罪",之后他们就去为无罪的结论寻找理由。我已经强调很多遍了:任何解释都必须有解释的方向,不存在没有方向的解释。否则,学中文的人最会解释了——"毁坏"就是砸毁、捣毁、烧毁……,这样的解释没有任何意义。

学生:形式解释论者经常批评实质解释论扩大了处罚范围。

您如何看待这一点?

张明楷：我在这边用实质解释画了一个圈，别人在那边用形式解释也画了个圈，两个圈的大部分内容是重合的，但也有得出不同结论的地方。并不是说形式解释论者画的那个处罚范围的圈在我画的处罚范围圈的里面。当然，我们并不是在比谁画的处罚范围的圈最小。因为并不是说越是限制处罚范围就会越好。关键是要看处罚的合理性与妥当性。我们的处罚范围越窄，就可能使我们的治安管理处罚越宽，但只要我们加入《公民权利和政治权利国际公约》等有关公民权利与人权的一些国际公约，我们现行的治安管理处罚的做法就根本行不通了。因为凡是剥夺公民权利与自由的处罚都不能由警察作出，必须由法院通过公正的审判才能实施。这就是国外有很多违警罪等轻罪的原因所在。

学生：从您对实践部门的了解来看，我国司法实践中是更流行形式解释，还是更流行实质解释呢？

张明楷：这恐怕不能一概而论。司法实践中，在有的问题上形式解释很盛行，但在另一些问题上，尤其是影响面比较广的案件中，实质解释就会被更多地运用。比如，在司法实践中，形式解释表现极端的例子就是，国家保护的珍贵植物已经枯死了，有人将这些枯树连根拔掉以后也会被定罪。相关司法人员会说，这就是国家保护的珍贵植物，砍了，就是犯罪。

学生：您觉得平义解释是仅依靠字典的字面解释吗？

张明楷：我认为任何解释都与价值观有关系。可能平义解释者看到法条用语时，更多的是依靠他们对这个词之前的一些见解，还不一定真的要去查字典。或许在对某个词实在没有清晰的认识时会查字典吧。

学生：那可不可以认为平义解释是建立在他们业已熟悉的对通说的一些理解之上？

张明楷：这完全是有可能的。我多次和你们强调，阅读的范围很重要。我在我的文章中也提到过这个观点。我总是怕别人又误解："啊！就你看书多！"我看书不算多，但我看的是这一圈，对方看的是那一圈，我这一圈书里的东西慢慢地就变成了我的思想，可对方没看我这一圈书，我的思想对方也就会很难接受；对方看的那一圈东西也慢慢变成了他的东西，虽然我可能也会知道其中一些，但我肯定也很难接受对方的思想。

学生：前一阵子，某区政府的一个会计挪用了8000万的公款去赌博，虽然他挪用了较长时间，但却始终没有平账。最后由于他赌输了还不上钱，就又卷款几十万跑了。负责这个案件的司法人员的意见是，先前用作赌资的8000万由于没有平账，只能定挪用公款罪，后来卷走几十万的行为才能定贪污罪。但对于一个月薪几千元的会计来说，倘若赌输了的话，8000万公款是怎么也还不上的。实际上，这个会计也确实一跑了之了。为什么用于赌博且没有平账的，就不能定贪污罪呢？从他不顾自己的还款能力来看，挪走8000万去赌博显然有非常明显的非法占有的目的。

张明楷：我觉得这可能与挪用公款罪的一些司法解释有关系。最高人民法院《关于审理挪用公款案件具体应用法律若干问题的解释》第2条第1款第3项规定："挪用公款归个人使用，进行赌博、走私等非法活动的，构成挪用公款罪，不受'数额较大'和挪用时间的限制。"办案人员一见到用公款赌博，就直接套这一条将案件定性为挪用公款罪。实际上，这条司法解释是为挪用公款罪中"挪用公款归个人使用，进行非法活动"举几个例子而已。但并不是说,即使行为人有非法占有公款的目的,也不能定贪污罪。在你说的这个案件中,显然负责这个案件的司法人员没有很好地归纳案情。公职人员挪用了如此庞大的资金去赌博,而谁都知道赌博有高风险,显然这个会计赌输了是无论如何也还不上的。从这一点上,完全可以认为他对这8000万公款是有非法占有目的的。

实践中,负责办案的司法人员不能够很好归纳案件事实的情况还有很多。例如,小偷盗窃了可以取现的活期存折后,马上就去银行取钱。有的司法人员认为,去银行取现的行为是盗窃行为的一个延伸,盗窃存折取现的只能定盗窃罪。但到底是取现的行为还是盗窃存款的行为造成了财产侵害?那肯定是取现的行为。如果小偷仅是偷了存折不取现的话,哪里有财产损失呢?怎么真正造成财产损失的行为就成了根本没有侵害财产的行为的延伸了呢?按照他们的这种说法,有人先偷了把菜刀后去杀人,杀人行为就是盗窃行为的延伸吗?当然,对方大概会说,前行为必须是犯罪。根据这种逻辑,那这个人只要去偷一把价格超过2000元的大刀、长剑什么的,或者干脆盗窃一把手枪,然后再杀人的,那就不能定杀人罪了,只能按照盗窃罪或者盗窃枪支罪处理了。

再回到挪用公款罪与贪污罪这两个犯罪上来。人们往往认为能够被认定为挪用公款罪的就不可能被认定为贪污罪。实际上这两个罪并不是对立的。甚至可以说,这两个罪具有法条竞合的特别关系:挪用公款罪只是比贪污罪少了一个构成要件要素,即非法占有公款的目的,两罪共同服务于保护公共财产这个目的。所有贪污公款的行为都肯定符合挪用公款罪的构成要件,由于贪污罪是重法,也是特别法条,所以应优先适用。犯罪之间的关系绝对不是井水不犯河水的互相隔绝、对立，它们在更多的时候通过互相补充来保护法益。

我再举一个涉及适用挪用公款罪还是贪污罪的案例。多年以前，有对年轻夫妇刚刚结婚，两个人每月的工资加起来也才千把块。男方上班才一个多月就私自用单位的70万元公款买了辆奔驰自己开。当时这个人一直强调他只是挪用一下，到时候还是要还上的。办案人员将这个行为认定为挪用公款罪，觉得这个人并不具有非法占有这70万元的公款的目的。可是，怎么能仅凭被告人这么一说就认定他没有非法占有的目的呢？他用这70万元买车时难道认为他能还得上？他拿什么还呢？或许他会说，"我卖了车来还"。但他在用70万公款购车的时候怎么会想着卖车还款呢？否则他为什么还去买呢？

学生：形式解释论与实质解释论对于一些刑法条文中没有明确规定目的的目的犯的范围有争议吗？比如，虚开增值税专用发票罪，是否需要行为人有骗税的目的？有人为了使自己的公司看起来很有财力而虚开增值税专用发票，在这样的行为是否构成虚开增值税专用发票罪上，两种解释论是否有分歧呢？

张明楷：在这个问题上两种理论还是有一定分歧的。形式解释论一般认为，不管行为人出于什么目的，只要他虚开了增值税专用发票就要定罪。实质解释论首先会去确定虚开增值税专用发票罪保护的法益是什么。显然这个罪是保护国家的税收，只要不能使国家的税收遭受损失的行为，就不能定这个罪。有的学者之所以给这个罪加一个主观的目的要素，就是这个道理。也就是说，那些意欲骗取国家税收而虚开增值税专用发票的行为往往具有侵害国家税收的危险。问题是，能不能从客观方面判断虚开增值税专用发票的行为是否具有损害国家税收的危险,或者说有没有折抵税款的危险。如果可能,那么,仅从客观上进行要求,而不是从主观上限定也是可能的。

伪造货币罪也具有类似的情形。伪造货币罪保护的法益是货币的公共信用。什么样的伪造货币的行为才具有侵害货币公共信用的危险呢?人们首先会想到那些以使伪造的货币进入流通为目的的行为才具有侵害货币公共信用的危险。

我上大学的时候,我的老师就给我们举了这么一个案例:一个十分会画画的小伙子找不到工作,他觉得自己的画功很好,想去银行工作。但他并不知道货币是印刷出来的,还以为每张货币都是人们画出来的呢。于是他整日待在家中不出门,一笔一画地在一些纸质比较接近货币的白纸上临摹 5 元面额的货币图案,画了正面画反面,结果画得真的很好,和 5 元的货币简直都快一模一样了。画好以后,他拿着自己的"临摹作品"去了当地银行,他找来了银行的工作人员,问他们银行还招不招人。对方就问他干什么。他把自己临摹的 5 元钞票拿了出来,和工作人员说:"你们能不能招收我在你们银行工作啊?我会造钱啊,你看这是我造的。"这种行为能定伪造货币罪吗?显然不能。

一种观点是,他临摹 5 元货币的时候根本没有使用货币的目的,因此,他的这种行为不能够给货币的公共信用带来危险。于是,为了把不具有侵害货币公共信用危险的行为排除,就得给这个罪的构成要件上加一个"有行使目的"的主观要素,这才能够合理地将真正侵犯法益的行为按照犯罪处理,将没有侵害法益的行为不按照犯罪处理。我是通过行为人有没有认识到自己伪造的货币可能进入流通领域来进行判断的。亦即,如果行为人伪造了货币，该伪造的货币有进入流通领域的可能性，也明知自己伪造的货币可能进入流通领域，就应认定为伪造货币罪。

学生：您的教科书中认为，挪用公款罪的构成要件要素中不要求行为人有非法占有的目的，贪污罪的构成要件要素中要求行为人有非法占有的目的。在既不能证明行为人有非法占有的目的，也不能证明行为人没有非法占有的目的的情况下，倘若将两罪认定为相互对立的关系，就会导致这种情况无罪。但我感觉即使人们将两罪认定为相互对立的关系，也不至于得出这样的结论吧？人们肯定会在这种情况下将行为认定为挪用公款罪吧？

张明楷：或许在这种情况下，他们即使认为贪污罪与挪用公款罪是对立关系，也不认为查不清楚是否有非法占有目的就应该无罪。但是从逻辑上讲，按照他们设定的前提，无罪确实是当然的结论：两个罪在是否需要非法占有目的这一点上对立，非法占有目的是贪污罪的构成要件要素，那么，"不具有非法占有目的"就成了挪用公款罪的构成要件要素。倘若没有办法肯定这两个要素，行为就不符合这两个罪的构成要件，那结论不就是无罪了吗？他们之所以最后也可能并不会认为这种情况无罪，并不是从他们设定的前提来推导的结论。我觉得他们这种结论背离自己设定的前提的做法正好说明了他们预设的前提是错误的。

类似的情况还出现在传播淫秽物品牟利罪与传播淫秽物品罪两罪的认定上。传播淫秽物品牟利罪要求行为人以牟利的目的传播淫秽物品，而传播淫秽物品罪不需要这一点。假使认为两个罪在是否需要牟利目的这一点上是对立的，那么，遇到那些查不清楚行为人是否具有牟利目的的案件该怎么处理呢？如果认为这种情况还能定传播淫秽物品罪，理由是这个罪不要求有牟利的目的，那么他们之前设定的"不以牟利为目的"能够理解成之后他们主张的"不要求有牟利的目的"吗？"不要求有牟利目的"还有必要在教科书上写出来吗？总之，我们当前有些刑法教科书里废话太多了。比如有人在教科书里写道"杀人罪的成立不要求有特定动机"，接下来他还写了"出于报复等动机杀人的也构成杀人罪"。这些就是废话。我们应该树立这样的一种思维：构成要件要求的东西必须写出来，构成要件没有要求的东西，就最好别写。

学生：我觉得陈兴良教授对实质解释论者的一个批评还是很有道理的。他认为实质解释论者总是以正义为解释的标杆，但"正义"又是一个比较模糊的标准，他在《中国法学》2010年第4期发表的《形式解释论的再宣示》一文的第35页指出，正义既凌驾于刑法规范之上，又存在于生活事实之外，这是谁之正义？

张明楷：虽然正义这个词本身或许不是一两句话可以说清楚的，的确具有一定的抽象性，但是在遇到具体的问题时，实际上正义往往就会变得活生生起来。比如我们上面讨论过的那些案例，难道你会认为将一年内三次进入农村没上锁的房舍内偷吃了几个生鸡蛋的行为定盗窃罪是合理的吗？难道你会认为那个找不到工作的年轻人临摹5元面值的人民币去银行找工作的行为定伪造货币罪是合理的吗？遇到这些具体问题的时候，人们总是会根据正义感力图合理处理案件。难道人们在处理具体案件时，要抛开他们对正义的感觉才行吗？这恐怕更不行吧。我一直强调，正义在规范与事实之间，不超越规范，不歪曲事实，但无论如何心中一定要有正义，哪怕有时候它可能是很模糊的。可能又会有人说，"每个人的正义感都不一样"。正义或许是一个先验的东西，但从经验方面讲，同处一个时代和社会形态下的人们在某个具体问题上的正义感还是趋同的，即使在细枝末节的地方有些差异，但差异也不会像有的人说的那么大。更为重要的是，每个解释者都设法得出自认为正义的解释结论，比每个解释者都不考虑正义与否而形成解释结论，要好得多吧！

我们经常说法律应该是正义的，我们可以把这种朴素的观点理解为自然法的思维。显然法律的正义并不仅仅是立法上的正义，也需要适用法律上的正义。如果我们在具体地解释、适用刑法的过程中不是以自身对正义的感知为指导的话，那就是不正义。

在我这里，正义即使是抽象得很难定义的东西，但只要在具体案件的处理上得出了某种根据自己的正义感知认为最为妥当的处理方式，这种处理方式还能和刑法条文协调，我觉得在这个具体问题上这种处理方式就是正义的。如果相反，某个处理结论既不符合我们对这个问题的正义感知，也会使刑法条文之间出现矛盾，那这个处理结论就肯定不行。

在具体问题的处理上，切忌"法律就这样规定了，所以我只能得出这样的结论，除非去修改法律"这样的理由。比如，一个年仅10岁的幼女被强迫卖淫几个月后，一名男子在嫖宿该幼女时导致其死亡。有人会认为"法律没有规定嫖宿幼女致人死亡，所以只能定嫖宿幼女罪"。但当联想到强奸罪规定奸淫不满14周岁的幼女，无论对方是否同意，都能定强奸罪，而规定强奸罪的《刑法》第236条第3款对强奸致人死亡规定了较重的法定刑时，你就必须追问，难道这个男人的行为没有致被害人死亡吗？难道这样的行为不符合第236条第3款吗？难道就不用掂量掂量这种行为定嫖宿幼女罪合理，还是按照强奸罪的结果加重犯处理合理？

又比如，我国《刑法》第375条规定了伪造、变造、买卖、盗窃、抢夺武装部队公文、证件、印章罪，从这个罪罪状的描述上看，并没有规定"毁灭武装部队公文、证件、印章"的行为构成这个罪。假设有人毁灭了武装部队的重要公文、证件以及印章，有人又会认为"刑法没有规定毁灭武装部队公文、证件、印章罪，所以这种行为无罪"。但武装部队的公文、证件、印章是不是国家机关的公文、证件、印章呢？当然是了。那这样的行为怎么就不能构成《刑法》第280条规定的毁灭国家机关证件罪呢？

再比如，我国《刑法》规定了抢夺、窃取国有档案罪，但在某个案件中，行为人抢劫了国有档案，难道你又会说"刑法没有规定抢劫国有档案罪，所以无罪"？实际上，抢劫也是可以评价为盗窃的，抢劫的行为完全符合盗窃的构成要件，还比盗窃多了暴力、胁迫。因为盗窃罪的构成要件是违反被害人的意志转移财物，抢劫是以暴力或者胁迫的方式违反被害人的意志转移财物，在判断抢劫是否符合盗窃罪的构成要件时，我完全可以把抢劫行为多出来的暴力或者胁迫部分不予考虑。某个罪的构成要件是成立这个罪的最低标准，既然抢劫行为符合了盗窃罪成立的最低标准，就应该肯定它成立盗窃罪。构成要件的符合不是说把案件事实和法条规范拿出来，两者都必须一模一样才叫符合，行为比某个构成要件多出来了一些东西，这并不妨碍它符合这个构成要件。所以，归纳案件事实的时候，要看看案件缺不缺法条规定的构成要件，要是不缺就说明事实符合了规范。

类似的法条还有《刑法》第269条，"犯盗窃、诈骗、抢夺罪,为窝藏赃物、抗拒抓捕或者毁灭罪证而当场使用暴力或者以暴力相威胁的",要定抢劫罪。一个人盗窃了别人的笔记本电脑,在逃跑的过程中被被害人发现,两人扭打时过失致被害人死亡的,被认定为"抢劫致人死亡",处"10年以上有期徒刑、无期徒刑或者死刑,并处罚金或者没收财产"。另一个人抢劫了别人的笔记本电脑,在逃跑的路上遇到抓捕,扭打的过程中过失致对方死亡了,难道这种情形只能定抢劫罪和过失致人死亡罪吗?如果按照抢劫罪和过失致人死亡罪定罪的话,只能适用抢劫罪的第1款法定刑,即3年以上10年以下有期徒刑,并处罚金;过失致人死亡罪的法定刑是3年以上7年以下有期徒刑。对比一下这两个人的行为,你们觉得这样处理公平吗?显然对第二个人的处理是有问题的。实际上,第二个案例也可以适用第269条,因为抢劫行为本身就符合了"盗窃"的构成要件,第二个案例也应该被认定为"抢劫致人死亡"。这样一来,以上这两个案例的处理结果就能更加协调了。

学生:这说明不联系具体案件空谈形式解释论与实质解释论在方法上的区别或者争议都是没用的。光说句"形式地理解构成要件",或者"实质地理解构成要件"都是没用的。

张明楷:确实必须结合案件来谈形式解释和实质解释。在没有任何案件做支撑的情况下,我们是这么谈故意毁坏财物罪中的"毁坏"的:"毁坏就是砸毁、捣毁、烧毁"。这样的话,说了和没说区别不大。有人将他人的股票账号里的股票高买低卖的,这是不是"毁坏"呢?如果是的话,"毁坏"是不是可以解释成"使他人财物减少或者丧失的一切行为"?还有这么一个案件:一个村的村民集体在自己的村里修了一条路,后来在这个村的一头建起了一座高污染型的工厂，厂里散发的恶臭和烟囱里冒出来的烟严重地污染了当地的环境。当地村民多次向上反映，但都没有结果，无奈之下，他们就把自己修的路挖断了，这样一来进厂送货的路也就断了。货送不进来，这个厂就只能停产了。司法人员要把村民的这种行为认定为"破坏生产经营罪"，我认为不能定这个罪。破坏生产经营罪规定在财产罪里，规定的犯罪手段是"毁坏机器设备、残害耕畜或者以其他方法破坏生产经营"，村民们挖断自己修建的路，毁坏的是自己的财产。除非这条路是这个厂修的。

学生：倘若这个厂严重影响当地的生存环境，即使这条路是这个厂修的，村民挖断这条路是为了阻止这个厂的环境污染行为，是不是也可以成立紧急避险或正当防卫而不构成犯罪呢？

张明楷：这当然也是可能的。

学生：倘若村里的这个厂子是个环境友好型企业，村里的路是自然形成的，不是哪方修建的。某人家门前的大路就是这个厂出村的必经之道，他因为眼红别人开厂挣钱，就将自家门前的这段路挖断了，导致厂里的货车无法通行，最终造成停产一个月的后果，这种行为不构成犯罪吗？

张明楷：我觉得这时候路是谁的很重要。并不是说路是谁修的就是谁的，自然形成的路也是有具体归属的。如果他家门前的路在他家的宅基地上且一般仅是他家的私家通道，挖断了这样的路即使影响了别人的生产生活也不构成犯罪；但如果这路是全村人都可以通行的大路，挖断后严重影响了工厂生产经营的话，也不能定破坏生产经营罪。因为从这个罪的罪状中列举的犯罪手段来看，"毁坏机器设备、残害耕畜或者以其他方法破坏生产经营"、"毁坏机器设备、残害耕畜"都是破坏了生产资料的方式,那么,根据同类解释的原则,"以其他方法破坏生产经营"也应该理解成以破坏生产资料的方式破坏了生产经营。挖断路的行为并没有直接破坏这个厂的生产资料,所以不能成立破坏生产经营罪。

刑法分则中的罪状有时候规定得十分具体,有时候又比较笼统,具有很大的解释空间。比如,故意毁坏财物罪中的"毁坏"就规定得比较笼统,但破坏生产经营罪中的"毁坏机器设备、残害耕畜或者以其他方法破坏生产经营"又规定得十分具体。对于故意毁坏财物罪中的"毁坏",存在通过是否减少了被害人的财产来理解的可能,也就是可以从发生的结果来解释这个词,但在解释破坏生产经营罪时就不能如此了。因为这个罪已经明确地规定了行为方式,不能从生产经营是否受阻来理解行为,而必须通过罪状描述的手段来认定某种行为是否可以被定这个罪。

学生:最近,我看到这样一个案例。一个农村的男人,在家摆了几桌酒席,同时迎娶了三个女人。这三个女人不分先后,都是老婆,但他们从来都没有领过结婚证。有人认为重婚罪要求被告人的每次婚姻都必须登记,也就是说,一个人同时有两次以上的登记才构成重婚罪,依据这种观点,这个案件中的男子似乎就不构成重婚罪了。您同意这样的观点吗?

张明楷:这样的行为当然已经构成重婚罪了。曾经在广东发生过一个类似的真实案件。一个男的同时和两个女的举行了婚礼,在酒席上,这个男的说,"今天我结婚,娶两个妻子"。我国刑法中规定的重婚罪是"有配偶而重婚的,或者明知他人有配偶而与之结婚"。有人认为,在这两个女的同时嫁给这个男的之前,这个男的并没有配偶，因而不构成重婚罪。我觉得这涉及如何归纳案件事实的问题。即使所谓"同时迎娶了两个妻子"，两个中必定有一个可以理解为配偶，另一个可以理解为重婚对象。

再给你们举一个涉及形式解释与实质解释的例子。《刑法》第 221 条规定了损害商业信誉、商品声誉罪。这个罪的罪状是"捏造并散布虚伪事实"。现实中就发生了这样的案件。被告人是某啤酒厂的一名职工，他知道这个啤酒厂生产的啤酒没有任何质量问题。某天，他在路上捡到一张小纸条，纸条上写着他所在的啤酒厂啤酒罐里有一具尸体。他明明知道这是假的，但由于他与啤酒厂厂长有积怨，还是把捡到的这张纸条复印了很多张到处张贴。形式解释论者或许会认为这样的行为无罪，理由是"法律规定构成本罪需要'捏造并散布'虚假信息，被告人仅是散布了虚假信息，并没有捏造"。但我认为这种解释太过形式化。这个罪的法益是商业信誉或商品声誉，实际上，侵害法益的行为往往是散布虚假信息的行为。假设一个人在自己的笔记本里写了很多虚假的损害他人商业信誉或者商品声誉的东西，但他一直把笔记本锁在抽屉里不打算让别人看，难道这样的行为是犯罪吗？要是有人撬开抽屉偷了笔记本，把笔记本里的东西四处宣扬，导致了严重毁损商业信誉或者商品声誉的结果，难道后面这个人没有"捏造"，仅是"散布"，所以不构成犯罪吗？所以，我主张将法条中规定的"捏造并散布虚伪事实"理解成散布捏造的虚假事实。

不要以为这样的解释会造成这个罪的处罚范围扩大。按照上面形式化的解释，捏造虚假信息的行为就是这个罪的实行行为，一旦捏造了，即使没有散布，也要认定为犯罪未遂。但我并不认为这样的行为构成犯罪。结合这个罪的法益，我们可以看出这样的行为根本没有侵害法益的紧迫危险，并不能把捏造的行为认定为着手。至于这样的行为是否是犯罪，就应该看行为人有没有散布的意图，如果就像我举的例子中那样，行为人只是把捏造的虚假信息锁在抽屉里，没有散布的故意，这样的行为就没有侵害这个罪法益的危险，因此不能认定为犯罪；但要是行为人有散布他捏造的虚假信息的故意的话，捏造的行为就完全有可能进一步侵害到这个罪所保护的法益，但还不至于有侵害法益的紧迫危险，因此只能算作犯罪的预备。你们可以看出，我是根据是否侵害法益来合理控制这个罪的处罚范围的。

刑法中还有一个罪的情况与损毁商业信誉、商品声誉罪类似。《刑法》第291条之一规定了编造、故意传播虚假恐怖信息罪，这个罪规定的行为是"编造爆炸威胁、生化威胁、放射威胁等恐怖信息，或者明知是编造的恐怖信息而故意传播，严重扰乱社会秩序"。我认为，按照实质解释论，单纯编造虚假恐怖信息而不传播的行为不能构成这个罪。只有编造虚假恐怖信息的行为能够扰乱社会秩序时，才能定这个罪。比如，一个人周末在家闲极无聊，就在自己的笔记本上写了一行字："某某商场今天晚上将发生大爆炸"。形式解释论者很可能会说，这个人的确编造了恐怖信息，因为法条就这么规定了，当然可以定罪。但这个人或许仅是想练练字，将这样的行为定罪，合适吗？实践中发生过这样的案例：某人多次找公安局的人帮助自己解决问题，但是公安人员从来没有过问过他的事情。这个人很生气，某天他又来到了公安局门口，找到相关人员就说："你们到底要不要解决这个问题？要是再不解决的话，我就要去炸商场了。"这样的行为居然还被认定成了编造虚假恐怖信息罪。这怎么能定呢？难道他的行为已经"严重扰乱社会秩序"了吗?所以,必须联系到某罪保护的法益来合理解释该罪的构成要件,从而杜绝仅考虑法条字面含义,不顾法条保护法益的解释方法。

以前我们总觉得给犯罪添加一些要素,往往会限制处罚范围。现在看来并不尽然。要是把一个不具有法益侵害性的动词添加在了具有法益侵害性动词的前面的话,还是有扩大处罚的风险的。但如果在一个具有法益侵害性的动词后面再添加其他动词的话,估计就不会如此了。类似的情况还发生在贩卖毒品罪的解释适用中。刑法理论与司法实践都把以贩卖为目的而购买毒品的行为认定为贩卖毒品罪的既遂。实际上这种做法就是给法条规定的"贩卖"二字又添加了一个"购买",于是,原本一个仅是贩卖毒品罪预备的行为就这样被认定为贩卖毒品罪既遂。

学生: 曾经在南京发生过一起组织男子卖淫案。当时,无论是形式解释论者,还是实质解释论者,都认定组织男子向男同性恋或者向女子提供性服务的行为能够构成组织卖淫罪。理由是"卖淫"这个词汇的意思随着社会的发展,它的内涵和外延也在发生变化。当前,社会上出现了同性恋之间发生事实婚的现象。比如,一个男同性恋先娶了一个女人,在生了孩子之后,他觉得自己已经传宗接代,这样也就对得起父母了。他虽然没有与妻子离婚,但再也不愿意回家,而与另一个男同性恋以夫妻名义生活在一起,打算长相厮守。而这种同性恋以夫妻名义长期生活在一起的行为也可以被认定为事实婚。如果事实婚也能构成重婚罪的话,那这名男同性恋的行为是否构成重婚罪呢?

张明楷: 在你举的这个案例中,涉及同性恋之间长期生活的情形能不能被社会一般人根据社会一般观念认定为事实婚姻。联系到我国的社会一般观念来看，社会一般人并不会认为两个男同性恋长期住在一起就是夫妻了。人们只会说："看，那两个人是同性恋"；而并不会说："那两个人是夫妻"。所以，把同性恋生活在一起的事实认定为事实婚姻还没有获得社会一般观念的支撑。而南京发生的那起组织男子卖淫的案件就不一样了。在社会一般观念看来，男子以获取金钱为目的向男子或者女子提供性服务的，就是一种卖淫。所以，组织男子向男子或者女子提供性服务的行为就可以认定为组织卖淫罪。

学生：我国在性犯罪方面的立法还是相当滞后。比如，对14周岁以上的男童实施的性侵害行为就没有办法定罪。我曾经看到过这样一个案例：云南某山村的一个村长十分变态，他对村里二十多个14岁男童实施过猥亵行为。其中有一个男孩已经14周岁以上了，在被村长猥亵过了一年多之后就去世了，医院的结论是，肛门损伤导致了死亡，但并不能判断死亡结果与猥亵行为存在直接因果关系，所以这样的行为也就不能被定罪了。

张明楷：从立法论上讲，我觉得我国这方面的刑事立法还是需要来一个很彻底的修改。比如，究竟要不要把强制猥亵罪和强奸罪分开？强制猥亵与强奸的对象包不包括男子？改革开放以来，我们这方面的观念变化还是很快的。我国这方面的立法现在存在的问题是，在值不值得处罚这个问题上没有完全反映我国的社会一般观念，或者说，没有按照社会一般人的观念去制定这方面的法律。日本的性犯罪立法要较西方国家落后很多了，但就连日本刑法也规定，男子也能成为强制猥亵罪的犯罪对象。可我们国家现在却连这一点都做不到。另外，强制猥亵也并不一定就比强奸行为的法益侵害性轻。现实中发生了很多强制猥亵的行为并不轻于强奸行为，所以，还是有可能通过日后的立法，像西欧国家一样，把强制猥亵与强奸合为一个罪的。

我在检察院曾经见到过这样一个案件。一名妇女在晚上被两个男子拦截，其中一个是中年男子，他先强奸了这名妇女。另一个是十五六岁的小男孩，成年男子不允许这个男孩去强奸这名妇女，但允许男孩实施猥亵行为。当这个案件到了检察院以后，据这名被害妇女讲，她觉得让她受到更大伤害的是这名少年实施的猥亵行为。可能我们的立法还是受传统观念的一些影响，认为从名誉损害程度来说，被奸淫和被猥亵给人的感觉并不相同。但从被害人的角度讲，却并不一定是这样的。

学生：从您刚才举的例子来看，似乎我国的形式解释论就是提倡直接按照法条字面意思解释。虽然他们认为"构成要件的判断是形式的判断，违法性的判断是实质的判断"，但在具体的运用中却并非如此。给我的感觉是，他们往往根据法条的字面意思就直接得出一个非常形式化的结论，违法性阶段的实质判断却并没有多少存在的余地。

张明楷：这就是形式解释为什么会在很多方面扩大处罚范围的缘由。

有人说，日本刑法解释学分为实质解释与形式解释两个派别。我觉得这种理解不准确。前田雅英教授虽然被认为是实质解释派，但翻看他的分则教科书，并不一定在每个问题上都比自称形式解释派的学者显得更实质。这一点我在前面提到过几个例子。另一方面，在具体案件中，他们往往表现出两种趋势：前田教授可能会认为最好通过扩大解释来解决问题；但大谷教授会认为，这个时代的立法已经"活性化"，经常修改刑法已经成为了社会的常识，就应该通过修改立法把这类行为入罪。当然，两派谁都不主张类推解释，这是他们共同的前提。

日本学者在关于构成要件应该实质判断还是形式判断这个问题上的看法也是比较有意思的。记得在2009年中日刑事法年会上，一名中国学者问山口厚教授："构成要件本来就应该是实质的判断，您为什么说是形式的判断呢？"山口厚教授回答得很清楚，"那是因为违法性的判断要比构成要件的判断更加实质。构成要件阶段不承认有'超法规的构成要件要素'，而违法阶段就包括了超法规的违法性阻却事由。"山口教授的回答表明，他并没有真正认为构成要件的判断是完全形式化的判断，而所谓的"构成要件的形式判断"是相较更加实质化的违法性判断而言的。

学生：刑法中有不少行政犯，司法实践中处理行政犯的一般思路是，先由公安机关或者工商局等行政执法部门对某一个行为是否违反行政法规给出一个确定意见，然后司法人员就直接把这个意见拿过来，当成是否构成犯罪的依据。这种解释和适用刑法的方法恐怕也是一种很形式地理解刑法法条的体现。

张明楷：在这方面，司法实践的确还存在很大的问题。最典型的就是对交通肇事罪的认定。比如，一个行为人将自己驾驶的大车停放到道路的最右侧，然后在路边小便，正好有人酒后驾车，直接驾驶自己的车撞到了大车上，结果车毁人亡。事故发生以后，大车的司机很害怕，就开车逃走了。本来他对交通事故的发生没有任何责任，却因为逃逸而被交警认定为对交通事故负全责。司法人员竟然就直接把交警的这个鉴定结论搬过来，将这样的行为认定为交通肇事罪。我很反对这种做法。明明是被害人开车撞上大车，才导致车毁人亡的惨剧，这与大车司机是否逃逸有关系吗？逃逸是被害人死亡的原因吗？显然不是。行政法的目的与刑法的目的并不完全相同，刑事司法人员要按照刑法规范来归纳事实，而不能直接采纳行政机关的结论。

学生：在解释刑法的时候，我们往往会说，刑法的用语有很多是规范用语，不能完全按照日常语言的意思去理解。那是否形式解释论者并不这样认为呢？因为他们主张平义解释，也就是主张按照人们日常用语的意思来解释刑法用语。

张明楷：如果所有的刑法用语都必须按照一般用语来理解，那就肯定没有刑法上的专业用语了。比如"故意"这个概念就不可以完全按照一般人在日常生活中的意思去理解。一般来说，刑法用语可能具有的含义比较丰富，我们到底要怎么去理解这个用语，就必须联系具体的案件以及这个罪保护的法益进行很实质的判断了。总不能按照字典对这个词解释的顺序去理解吧？难道能说"因为字典把这种解释放在了第一位，所以这个词就得这么解释"？再比如，日常用语中"收买"这个词往往是指用一定的方法讨好某人。刑法将拐卖妇女、儿童罪规定为"收买被拐卖的妇女、儿童"。难道能将这里的"收买"按照它在日常生活中所具有的含义来理解吗？难道那些给妇女、儿童购买贵重物品来讨好妇女、儿童的行为也能认定为这里的"收买"吗？

学生：陈兴良教授认为构成要件的判断是很形式的判断。但另一方面，陈教授又提倡客观归责这个理论。可是，客观归责又是一种很实质的需要结合规范目的判断的理论。您觉得支持客观归责理论与提倡形式解释矛盾吗？

张明楷：在我的印象中，陈兴良教授曾提倡在有责性层面讨论客观归责理论，亦即，在有责性阶段讨论客观归责与主观归责。实际上，虽然客观归责与主观归责都有"归责"两个字，但意义却是迥然不同的。客观归责中的"责"的意思是归属、归咎，而有责性的"责"是指对不法行为能够谴责的"责"。在德国，客观归责解决的问题是：是不是可以将结果当作是行为人的作品。之前，刑法中的因果关系强调条件关系，客观归责理论认为，即使行为与结果之间的确具有条件关系，但也不能直接就把这个结果归责于这个行为人，还需要进一步考虑这个行为是否制造了不被允许的危险，这个被制造的危险是否被实现了，还要考虑规范的保护目的等。总之，这个理论应该涉及违法性问题，而并不涉及有责性问题。客观归责理论当然是一种实质化的理论，是根据刑法目的对客观事实进行实质判断的理论。不过，陈兴良教授的形式解释论可能不同于其他一些学者的形式解释论。

学生：在德国，客观归责的主张者是否会把客观构成要件的符合性判断，全部纳入客观归责的判断中去呢？

张明楷：他们似乎有这种倾向。在我看来，客观归责这种理论在杀人罪、伤害罪等犯罪中会起到一定的作用。因为这些犯罪强调死亡结果、伤害结果，而不强调是通过什么手段导致这种结果的。但在一些犯罪构成要件对犯罪手段规制得十分明确的情况下，客观归责的作用就微乎其微了。比如诈骗罪的构成要件要求行为人实施欺骗行为——被害人陷入认识错误——被害人基于认识错误处分财产——行为人或第三人取得财产——被害人有财产损失。判断一个行为是否构成诈骗罪，就必须围绕诈骗罪的这些构成要件来判断，没有必要再去考虑客观归责理论。

学生：可罚的违法性对刑法的解释有作用吗？

张明楷：我认为，在刑法中，"可罚的违法性"是一个多余的概念。如果采取违法一元论，可罚的违法性理论或许还是有意义的；但中国采取的是违法相对论，也就是说，在我们国家，刑事违法和其他违法是要作区分的。在刑事违法范围内区分可罚的违法性和不可罚的违法性的做法，恐怕是一种重复，没有多大的意义。因为刑法中的违法性，本来就是指可罚的违法性。

学生：您刚才提到，违法性的判断只能是一种消极的判断，在违法性的判断阶段已经没有了可供判断的要素。可是，有些人认为在违法性阶段还有可罚的违法性的判断，这样一来，貌似违法性阶段的判断也不是消极的判断。

张明楷：行为有没有达到可罚的地步，在构成要件阶段判断就可以了。不能认为为了找工作送别人一包茶叶的行为也是符合行贿罪构成要件的行为。不要以为法条没有在行贿罪中规定"数额较大"，所以送一包茶叶的行为也符合这个罪的构成要件，只是没有可罚的违法性而已。违法要素中可罚与不可罚的标准是什么？既然可罚有标准，为什么不将这个标准放在构成要件里面？类似行贿罪这样的没有规定数额的犯罪中，存在不成文的构成要素，换句话说，实际上在行贿罪里有一个不成文的数额较大的构成要素，所以司法解释才会要求行贿数额超过1万元才能构成行贿罪。在刑法中，经常会用到不成文的构成要件要素，比如诈骗罪的很多客观要素法律并没有规定，难道可以把诈骗罪的构成要件要素随便删减吗？只会形式地按照字面的含义单纯地解释构成要件，然后再用可罚的违法性来限制处罚范围，是一种不合理应用不成文的构成要件要素的表现。再比如，在我国，刑法中规定的非法侵入住宅罪、非法搜查罪和《治安管理处罚法》的规定在文字上是一样的；《治安管理处罚法》中明确规定，尚不构成犯罪的，才按照《治安管理处罚法》处罚，构成犯罪的，就要按照刑法处罚。我们完全没有必要批判两部法律将一般违法行为和构成犯罪的违法行为描述得一模一样，而是必须通过不成文的构成要件要素把它们解释得不一样，这时，我们就必须给非法侵入住宅罪与非法搜查罪添加一些不成文的构成要件要素，使符合构成要件的行为成为值得刑罚处罚的行为。这样一来，哪些行为需要刑罚处罚，哪些不需要刑罚处罚，就会比较明确。

学生：陈兴良老师在《形式解释论的再宣示》这篇论文的第28页指出，形式解释与实质解释的焦点，在于能否通过实质判断，将实质上值得科处刑罚但又缺乏形式规定的行为入罪。您同意这个观点吗？

张明楷：我刚才已经讲过，即使我提倡三段论的倒置，这也仅是一种合乎常情、顺乎常理的思维模式。具体案件发生以后，人们很快就会根据自己的直觉得出是不是犯罪的一个初步结论。但这并不是三段论倒置思维模式的全部，还必须拿着自己对案件的预判去找刑法条文对照，如果找不到对应的法条，就说明这种预判就是错误的。必须承认的一点是，法条的文字含义还是具有一定的伸缩空间，不是铁板一样的固定不变，当我着力于挖掘一些法条文字可能具有的含义时，别人就说我"违反了罪刑法定原则"。我觉得这是对我的误解与偏见。我在《实质解释论的再提倡》一文中明确指出，只能在罪刑法定原则的范围内进行实质解释。

学生：我国《刑法》第306条规定了辩护人、诉讼代理人毁灭证据、伪造证据、妨害作证罪。如何理解该罪中的"威胁、引诱证人违背事实改变证言或者作伪证"中的"证人"，也可能涉及实质解释与形式解释的问题。比如，辩护人为了其辩护的案件找了一个证人，在这个证人已经做好笔录、签字以后，公安机关发现辩护人指使这名证人作了伪证，就逮捕了辩护人。辩护人认为，他在指使第三人作伪证时，这个人还不在提交给法院的证人名单中，所以，并不能把这个人认定为《刑法》第306条中的"证人"，他的行为无罪。您觉得在这个案件中，被指使作伪证的第三人是否可以认定为《刑法》第306条中规定的"证人"？

张明楷：虽然，在刑事诉讼程序上，尚未列入向法院提交的证人名单中的人，可能还不能被认定为刑事诉讼程序中的出庭证人。但是，《刑法》第306条中的证人，并不完全等同于刑事诉讼法中的证人概念。也就是说，只要我们在日常生活中，将这样的人认定为刑事案件的证人，就可以成为本罪中规定的"证人"。所以，还是可以将这个案件中作伪证的第三人认定为《刑法》第306条中的"证人"的。

我觉得这个案件涉及的更为关键的问题是，辩护人妨害作证罪的行为是否已经既遂。形式解释论者可能会认为，只要辩护人已经引诱证人作了伪证，就已经构成了《刑法》第306条犯罪的既遂。实质解释论者会联系法益是否可能受到侵害这一点，来判断行为是否已经既遂。我认为，在证据还没有提交到法院之前，最好还是不要认为辩护人的行为已经既遂。在这个案件中，第三人刚被询问完，离这份证言提交到法院还有很长的时间，因此，将辩护人的行为认定为预备即可。

学生：这个罪是侵害司法公正法益的抽象危险犯，所以，并不要求行为已经现实地侵害了司法的公正，既然第三人已经提供了虚假的证词笔录，似乎就应该认为该罪已经既遂。

张明楷： 虽然这个罪是抽象的危险犯，但客观上也必须有侵害法益的抽象危险出现。在第三人的证词还没有出现在法庭时，根本不可能影响司法的公正。要认定该罪已经既遂，至少需要第三人的询问笔录已经提交到了法院。因为提交到法院以后，审理案件的法官可能会庭前查阅等，显然在这时，才可能出现影响司法公正的抽象危险。

学生：《刑法》第306条中规定，"引诱证人违背事实改变证言或者作伪证的"，其中的"引诱"似乎表明，只要辩护人实施了引诱行为，证人可能会在法庭上作出虚假的证言，就能够认为这样的行为已经达到了《刑法》第306条的既遂程度。

张明楷： 根据实质解释和结果无价值论的立场，我认为只要辩护人的行为还不可能侵害到司法的公正，就不能认为他的行为已经达到了《刑法》第306条的既遂程度。比如，辩护人虽然在开庭前引诱了证人作伪证，但证人在庭上实话实说了，司法公正的法益根本没有受到侵害，不能说辩护人的行为已经既遂。

学生： 在刑法解释中，扩大解释与类推解释的分界线就是是否超出了国民的预测可能性。您觉得能够通过设调查问卷的形式，按照统计学的方法来选取被调查的国民，最后得出某个结论是否超出国民预测可能性的结论吗？

张明楷： 对那些客观危害很严重，民愤很大的事件，如果调查的话，人们很可能会把本来已经超过自己预测可能性的情形认定为没有超出预测可能性。这样一来，可能会把并不应该受到刑罚处罚的行为认定为犯罪，这涉及一个法治的基本原则，那就是不能用民主的方式践踏人权。

第二堂
行为无价值与结果无价值

学生：德国刑法学者一般认为，犯罪既遂既包括结果无价值，也包括行为无价值，那么，他们这里的结果无价值与我们今天讨论的结果无价值有什么不同吗？

张明楷：就像罗克辛教授所说的那样，犯罪既遂的时候既有行为无价值，也有结果无价值；而未遂的时候就缺乏结果无价值而只有行为无价值。大体而言，他们在既遂犯罪意义上的结果无价值，仅是实害结果或者侵害结果；也不排除在某些犯罪中包括具体的危险结果。但是，按照结果无价值的立场，未遂犯都是具体的危险犯，而具体危险本身也就是一种结果；即使将未遂犯看做是一种抽象的危险犯，结果无价值论者也认为此时存在一种结果。结果无价值不可能将行为造成的危险状态排除在结果之外，否则，结果无价值的主张者又怎么去解释未遂犯、中止犯呢？

学生：那抽象的危险犯的结果是什么呢？

张明楷：用山口厚教授的观点来看，相对而言，抽象的危险犯的结果要较具体危险犯的结果缓和一些。事实上，有些抽象的危险犯的结果也可能是侵害结果，如侮辱罪、诽谤罪被认为是抽象的危险犯，但一般来说，行为所造成的是侵害结果。我认为未遂犯是具体的危险犯，不是抽象的危险犯。

学生：我国的动机犯可否理解为德日刑法中的倾向犯？例

如，我国的投降罪中规定了"贪生怕死"，一些渎职犯罪中规定了"徇私"等反映行为人主观情况的要素。动机与倾向都是一种较故意更为深远的心理状态，很难对二者予以区分。在德日，结果无价值论者一般不承认倾向犯，那么，立足结果无价值的立场，在我国是否也应拒绝承认动机犯，将传统观点中"贪生怕死"、"徇私"等动机，解释为不具有独立意义的故意的标志？

张明楷：动机与倾向并不相同，倾向犯强调满足内心的某种倾向，而动机不是。例如，投降罪中的"贪生怕死"旨在说明行为人为什么投降，基于什么样的动机投降。难道你的意思是，强制猥亵罪中的满足性欲的倾向也是一种动机？

学生：我觉得完全可以将强制猥亵罪中"满足性欲的倾向"理解为一种动机。结果无价值论先否定了倾向犯，后又承认了动机犯，将某个内心的动机认定为一个罪的构成要件要素，这是不是有些不合适呢？是否可以认为"贪生怕死"只是表明投降罪是故意犯罪，并不是一个独立的主观的构成要件要素。依据您的观点，渎职罪中"徇私"的作用是将由于法律知识不足、政策水平较低的过失渎职行为排除在外。这似乎也意味着"徇私"仅具有明示故意的作用，并不是一个独立的主观构成要件要素。

张明楷：在对《刑法》第399条进行文理解释的时候，就会发现，这一条已经使用了几个"故意"，如果"徇私"仅具有提示故意的作用，就不一定解释得通。结果无价值论的立场并不反对主观要素，而是旨在将这些要素尽可能归入有责层面的要素，而不是归入不法层面的要素。

学生：动机是责任要素，还是不法要素？

张明楷：当然是责任要素了。从法益侵害的角度来讲，徇私枉法罪中，将无罪判有罪的，无论是过失还是故意，不法都是一样的。只是立法者认为，如果是出于政策水平不高、法律知识不足等原因致使无罪判有罪的，那么就不对行为人进行谴责；但如果是出于徇私的动机，就要谴责。

学生：伪造货币罪中要求的"使用的目的"，是责任要素吗？

张明楷：我主张"使用目的"是责任要素。一般来说，结果无价值论者将故意、过失、目的等主观要素都纳入责任要素。但也不能一概而论，例如，山口厚教授将非法占有目的中的排除意思纳入主观违法中，而将利用意思归入责任中。各种构成要件要素到底是责任要素还是不法要素，它们的作用、功能、机能是什么，行为无价值论与结果无价值论具有很大的分歧，但也有相同之处。例如，两种理论都认为，行为、结果等是违法要素，违法性认识可能性、期待可能性是责任要素。所以，这两种理论的争议点在于对故意、目的等要素的归属，行为无价值论者均将这些要素认定为主观的不法要素，而结果无价值论者则一般将其认定为责任要素。

学生：有的学者认为，构成要件的判断应是从主观到客观的判断。例如，被告人本来想刺被害人的手背，但是被害人在躲避的时候却被刺中了心脏，这个时候，构成要件的判断过程是，先判断被告人主观上的伤害故意，再判断客观上是否存在伤害的事实。也就是说，这个时候，构成要件符合性的判断是从主观到客观的。您觉得这样的观点正确吗？

张明楷：在你说的这个案子中，怎么能从主观到客观去判断呢？首先，这个行为本来就是一个杀人行为，行为导致了被害人的死亡，怎么会不是杀人行为呢？接着要判断是否能够用故意杀人罪来谴责行为人。这就要查明被告人是否有杀人的故意，但本案中没有杀人的故意，而是伤害的故意。有了伤害的故意，就应该认定为故意伤害致死。所有致人死亡的行为，在客观上都是杀人行为，然后再由重到轻判断行为人的主观责任：首先看被告人是否有杀害的故意，如果有的话就是故意杀人罪；没有杀害的故意，再看被告人是否有伤害的故意，如果有的话，就是故意伤害致人死亡，当然以对死亡具有预见可能性为前提；要是没有伤害的故意的话，再看被告人是否有过失，没有的话，就是意外事件。必须强调的是，在行为致人死亡的情况下，以上四种不同的责任形式所造成的违法侵害都是一样的。

学生：现在的行为无价值论者认为，既然刑法的基础是功利主义，刑法的目的是保护法益，那么，不法就应该作用于人的意思，将故意认定为不法，这更能够保护法益。您如何看待这种观点？

张明楷：行为无价值论者这样认为的原因在于，既然刑法禁止的是违法，那么处罚的程度就应该全部和违法对应起来。于是，所有涉及处罚大小的要素就都纳入违法中，这样的话，责任就没有了分量、也没有了轻重。但我认为，行为人故意杀死被害人与过失致被害人死亡的刑罚之所以不同，就在于二者的责任程度不同，这也是行得通的。实际上，行为无价值论者提出的责任一点分量都没有的观点是说不通的。例如，行为无价值论者也认为责任能力、违法性认识的可能性、期待可能性是责任要素，但这些要素也有程度轻重的区别。比如，我们常说"明知故犯，罪加一等"这样的话，其实也说明了没有违法性认识的可能性的人与具有违法性认识可能性的人的责任程度是不同的。

要分出行为无价值论与结果无价值论孰对孰错，其实是很难的。在某种意义上，选择了哪一种立场就是选择了哪一种价值观。刑法中的行为无价值论与结果无价值论的争论，与伦理学界行为功利主义与规则功利主义之间永无止境的争论是一样的。

学生：据说威尔采尔是第一个提出行为无价值论的人。那么，在他之前是否就没有行为无价值论？

张明楷：在威尔采尔之前有没有行为无价值论，这可能不是个很好回答的问题。可以肯定的是，在他之前，刑法理论主要坚持结果无价值论。威尔采尔将之前的通说作为一种批判的对象，将其归纳为结果无价值论，而将自己的观点命名为行为无价值论。

学生：小野清一郎先生认为故意是责任要素，那是否说明他采取了结果无价值论的立场？

张明楷：小野先生及他的学生团藤重光博士等学者，在判断违法的时候，虽然不考虑故意与过失，但却将伦理、道义等作为违法性判断的指标。至少在这一点上，他们与结果无价值论的主张并不相同。本来，最早的行为无价值论者强调判断违法性时应该考虑伦理违反。到了威尔采尔的时候，又提出违法的判断应该考虑社会的相当性。但是，现在的行为无价值论者，根本不承认违法的判断应该考虑伦理与社会相当性。当前的行为无价值论者一般认为，违法就是违反了保护法益应该遵守的那个行为准则、那个规范。既然这个规范是保护法益所要遵循的规范，所以，只要违反了规范就是违法。即使在特定的情况下，违反了规范反而保护了法益，也是不允许的。因为规范就是为了保护法益而制定的。行为无价值论为什么对偶然防卫要定罪呢？因为违反了不得故意杀人的规范，即使结果是救了人，但是也违反了规范。这就是现在的行为无价值论最核心的观点。

结果无价值论认为，既然刑法的目的是保护法益，那么，就应该对是否发生法益侵害做很具体的判断。如果没有侵害法益，就不违法。至于有的结果无价值论者认为偶然防卫是未遂犯罪，也是从结果的角度讲的。他们强调的是，在当时的情况下，偶然防卫的行为具有致人死亡的具体的危险，只是很偶然地保护了法益，就是说意外地没有造成法益侵害。这与未遂犯中由于意志以外因素而没有发生死亡结果是一样的道理。当然，也有彻底的结果无价值论者比如前田雅英教授，认为偶然防卫是完全无罪的。

虽然行为无价值论者把故意拿到了违法中去，但故意作为主观的违法要素，还是要和客观的违法要素分开的。因为不分清楚客观的构成要件要素和主观的构成要件要素是不行的。比如，故意就不可能是对所谓的主观的构成要件要素的认识，只能是对客观的构成要件要素的认识。可见，他们还是区分了主客观的构成要件要素。但是，在行为无价值论那里，行为要是没有故意或者过失的话，就不违法，那些没有故意、过失的行为就只能算作一种一般意义上的危险，不能被阻止或对其进行正当防卫，而只能避险。这里就有问题了。按照这种观点，一个严重的精神病患者在杀人的时候，因为没有故意，我们不可以阻止，只能进行紧急避险。而结果无价值论认为此时的行为是违法的，可以对他进行正当防卫。当然，结果无价值论在讨论正当防卫的必要性时，并不是说碰到任何精神病人杀人，我们都要防卫。在这里，我们也可以不提防卫，只讨论到底可不可以阻止、制止这种行为？如果这个行为是合法的行为，那我们是不可以制止的。别人在食堂吃饭，你过去说"不能吃了！"这行吗？当然不行。吃饭是合法的。那对法律所放任的行为可不可以阻止呢？既然是放任的行为，也就不能阻止。国家都放任了，我们凭什么阻止呢？凡是我们可以阻止的，我觉得都是可以评价为违法的行为，否则我们阻止的理由是什么呢？行为无价值论在这个问题上拐了一道弯——我们不可以阻止、不可以防卫，但是可以针对本人进行避险。

学生：有部分行为无价值论者，将故意分为构成要件的故意与责任的故意，这两者到底有什么区别？

张明楷：构成要件的故意，强调故意的内容是对构成要件事实的认识；责任的故意是对行为人的谴责与主观归责，这里的故意内容是对违法性的认识。我觉得这样的划分有时候也会导致不合理的结果。例如，在假想防卫的案件中，大谷实教授认为这个时候行为人具有构成要件的故意，但只有过失的责任，于是最后就只能认定为过失。

学生：这部分学者也将过失划分为构成要件的过失与责任的过失吗？

张明楷：他们的确也是这样划分的。构成要件的过失是按照客观的一般人的标准判断的，责任的过失按照行为人个人的主观标准进行判断。

学生：您刚才提到，行为无价值论认为，行为违反了规范，即便保护了法益也是违法的；那么，从结果无价值立场来看的话，是否认为违反了规范就一定有法益侵害？比如，在判断运输老虎的行为是否构成非法运输国家重点保护的珍贵、濒危野生动物及其制品罪时，只要没有得到相关的批准，是否就一定具有法益侵害性？

张明楷：这涉及对非法运输国家重点保护的珍贵、濒危野生动物及其制品罪构成要件的解释。这个罪保护的法益是什么？是抽象的危险犯还是具体的危险犯？如果认为是抽象危险犯，就会认为，只要没有相关部门的批准，就应该拟制为破坏了珍贵、濒危野生动物的资源。但如果将这个罪解释为具体的危险犯，就不能这样认为了。这个时候应该具体判断行为是否存在侵犯相关法益的具体危险。比如，一只母老虎发情了，为了能够赶在发情期内运往外地进行交配，在没有获得批准的情况下将其运输的，是否构成这个罪，就必须具体判断这样的行为是否存在侵害野生动物资源的具体危险。实际上，这种行为只是侵害了相关部门的权威，并没有侵害野生动物资源法益。国家机关的权威是否值得用刑法保护，也是存在疑问的。反过来也就说明，把这个罪当作抽象的危险犯是有问题的。因为，只要把这样的犯罪当作抽象的危险犯，那就很容易把这些犯罪变成保护行政机关的权威的犯罪。

滥伐林木罪也是一样的。比如，农民承包了一片山林，某天发现山上有14棵松树死了，就把死松树拔掉，栽上了14棵小松树。我们现在很多地方将类似的案件都定了滥伐林木罪。即使认为滥伐林木罪是抽象的危险犯，也不能将这样的行为认定为犯罪。因为无论如何也不能将砍掉死树、补栽树苗的行为拟制为破坏了森林资源。

这样的罪还包括非法采伐、毁坏国家重点保护植物罪，非法收购、运输、加工、出售国家重点保护植物制品罪。曾经发生过这样的案例，一个村里有一棵三百多年树龄的古树，当地林业部门在树上挂了一个牌子，把树认定为国家保护的珍贵树木。结果某天台风一吹，这棵树被连根拔起。村民知道这棵树是受保护的，看见以后也不敢动。一个星期以后，树叶都黄了，树死了。村民跑到村长那里问，这树怎么办？村长说，卖了吧。结果，村里挖树、卖树以及买树的7个人都被定了罪：有的被定了非法采伐国家重点保护植物罪，有的被定了非法运输、出售国家重点保护植物罪。在这个案例中，树都死了，怎么还有采伐行为呢？

进行违法阻却事由判断的时候，行为无价值论判断行为是否违反了规则。只要违反了规则，就肯定是违法的，至于既遂还是未遂，是另外一码事。结果无价值论主张不能只看规则，而是要求具体地判断行为是否侵害了法益。

学生： 站在结果无价值的立场，一般来说责任是主观的，违法是客观的。但是，川端博先生在讨论共犯问题时指出，违法是行为的，责任是行为人的。您觉得这样的观点正确吗？

张明楷： 什么叫行为的，什么叫行为人的？行为意思、故意、过失是行为的，还是行为人的？根据结果无价值论的立场，违法是客观的、责任是主观的，这个说法"大体"是成立的。就结果无价值论的立场而言，违法由客观事由决定。当然，部分结果无价值论者也会认为特定的目的等也能表明违法程度，但仍主要靠客观事实来判断有无法益侵害。总的来说，在不主张主观的违法要素的结果无价值论者那里，违法的确是客观的。不过，也不是绝对的，因为在结果无价值论那里，与故意不同的行为意志也可能是表明违法的要素。在此意义上说，客观也并非绝对客观的。关键是如何理解责任是主观的这句话。责任是主观的，并不是说所有的责任要素都是装在行为人脑子里的东西。比如，责任年龄是个再客观不过的东西了。将期待可能性说成纯主观的要素也不太合适，因为现在是很规范地判断可否期待行为人当时做些什么。所以，只要不把这里的主观理解为大脑里的东西，而是强调责任要素与人的意思有关就可以了。

学生：当下，部分学者在讨论罪责评价的客观化。您是否认为应该客观地判断意思自由和控制能力？

张明楷：从违法性认识的可能性、期待可能性逐渐纳入规范的责任要素，而将故意、过失、目的、动机都当作违法的构成要件要素这两点来看，责任的确是越来越客观化。

学生：那么，是否可以认为刑法学在发展过程中，力图寻找一些客观的标准来判断主观的东西？

张明楷：更准确的说法是，力图对主观事实与客观事实进行规范的判断。

学生：二元论的行为无价值论者是否都不承认危险结果呢？

张明楷：不一定。至少很多人都承认具体的危险是结果。即使在德国，大多数学者都认为具体的危险就是结果。日本学者基本上认为具体的危险是结果。

学生：但是如果二元论的行为无价值论者认为故意是不法的话，为什么又在解释未遂犯的处罚根据时，要借助于行为具有具体的危险这样的标准呢？

张明楷：二元论以及其他行为无价值论者的确认为结果并不是犯罪的必备要素。但是在未遂犯的场合，显然未遂犯与既遂犯的处罚并不相同。既遂的时候，违法就更重了。

学生：问题就在于，既然行为无价值论单独就可以支撑起违法性，那还有必要承认危险结果的概念吗？

张明楷：危险结果还是实害结果，显然违法性是不同的。如果把结果的发生当作是客观的处罚条件的话，这就显然有违各国的立法。因为在各国的立法中，未遂与既遂的处罚是不相同的。

学生：结果无价值论认为未遂行为的违法性存在于它的危险结果当中。但是，行为无价值论认为故意就是不法。那似乎就意味着他们不需要承认危险结果。

张明楷：如果连这一点都不承认的话，就属于一元的行为无价值论了，而不是二元的行为无价值论。显然，一元的行为无价值论者认为未遂犯中的危险的结果并不重要。但是二元的行为无价值论者，不会完全否认结果的发生与否以及结果的轻重对法益侵害大小的影响。

学生：您认为行为无价值与结果无价值这两种相互对立的理论，可以统一成一种所谓的二元论吗？

张明楷：我觉得两者不能统一。德国也有人认为，行为无价值论与结果无价值论是不能统一的。

学生：不能犯是行为无价值论与结果无价值论争论的一个焦点。在判断行为是否具有侵害法益的危险时，结果无价值论中的修正的客观说认为，应该站在事前来进行危险的判断。行为无价值论中的抽象危险说、具体危险说，也都是站在事前进行危险的判断的。那么，是不是可以认为行为无价值论与结果无价值论两种立场在区别不能犯与未遂犯时，在危险判断上使用了一样的方法？

张明楷：纯粹事后的判断就会导致没有未遂犯存在的余地。

学生：部分主张行为无价值论的学者指出，在这个地方，结果无价值论者偷偷用了行为无价值论的观点。

张明楷：显然不能这么认为。行为无价值论者也认为犯罪的结果是不法要素，那他们就用了结果无价值论的观点了吗？与行为无价值论一样，结果无价值论也是建立在功利主义基础之上的理论。未遂犯的处罚范围肯定是与刑事政策有关的。结果无价值论也不可能不考虑刑法对犯罪的预防功能。

学生：但是在分析问题的时候，一旦站在事前判断行为的危险，结果无价值论得出的结果与行为无价值论得出的结果并没有区别。

张明楷：这两种理论在绝大多数的案件中得出的结论本来就是一样的，只是在少数场合得出的结论不一样。比如，行为人开枪瞄准了被害人，只是由于被害人躲闪及时才没被打死，在这样的案件中，两种理论都认为成立故意杀人罪的未遂犯。只不过支持的理由不同而已。

学生：曾经有这样一个案件，行为人想强奸一名女性，但结果却发现被害人是一名穿着花衣服的男性。这样的行为属于不能犯还是未遂犯？

张明楷：如果案发现场只有一个人，我主张认定为强奸罪的不能犯。如有一个房间里睡了很多人，绝大多数都是女性，行为人潜进去以后，将其中一名男性当作了女性侵犯的话，这样的行为就有可能成立强奸罪的未遂。

学生：如果一个男生，侵入一个女生宿舍，想侵犯女性，结果当天只有女生的男朋友在里面。这个案件该如何处理？

张明楷：如果行为人是针对某个特定的女性而来，而这名女性并不在现场，我认为这种情形不成立强奸罪的未遂犯。

学生：如果行为人没有针对特定女性，仅是想跑到某个宿舍侵犯女性，结果当天其他女生不在，仅有某一个女生的男朋友在，在这种情况下，行为人的行为也是不能犯吗？

张明楷：那也不能定强奸罪。如果行为人还侵入到其他宿舍的话，再具体判断他的行为是否成立强奸罪。

学生：行为人将泰国的人妖当作妇女拐卖的，是否可以认定为拐卖妇女罪？

张明楷：连妇女都没有，怎么能定拐卖妇女罪呢？

学生：但是，从事前判断的话，人妖长得比女孩还漂亮，行为人的行为应该有拐卖妇女的危险吧？

张明楷：人妖长得再漂亮，也不是妇女。刑法规定的是拐卖妇女，而不是漂亮的人或者像妇女的人，而行为人的行为对象根本就不是妇女。

学生：您在此时是不是又站在事后来判断行为的危险性了？

张明楷：其实我是将事后查明的所有的客观事实拿出来，站在行为时去判断能不能发生危险结果，而不是站在事后判断行为的危险。

学生：我曾经办理过一起案件。一天夜晚，被告人蹲在路边伺机强奸路过的妇女。一名妇女下夜班后骑车路过时，被告人就把这名妇女拉到路边，在他刚刚强行脱下被害人衣服时，正好有巡警路过。当这个案件送到侦查机关时，被告人承认自己想要强奸被害人，但到了起诉阶段后，他翻供说自己只想猥亵，最后法院还是按照强制猥亵妇女罪判了。您觉得法院的处理结果合理吗？

张明楷：我觉得你举的这个案件并不涉及行为无价值论与结果无价值论的争论。很明显，被告人的行为已经侵犯了他人性的自主决定权，无论采取什么立场，都不能否认这一点。所以，法官只要根据案件事实判断行为属于强奸未遂还是强制猥亵妇女既遂就可以了。当然，如果行为人具有强奸故意，客观上是强奸未遂与强制猥亵既遂，也不一定绝对排斥认定为强制猥亵妇女罪。

学生：行为无价值论强调对危险进行一般判断，所以他们要求实行行为要有定型性。但是，结果无价值是强调对危险进行具体判断，为什么他们也强调实行行为的定型性呢？有这样一个例子：甲知道乙特别胆小，就用无法压制一般人反抗的暴力制服了乙，并取得了乙的财物。在这种情况下，按照实行行为定型性的观点，甲的行为不符合抢劫罪的实行行为，甲的行为不能认定为抢劫罪。但我觉得这并不合理。根据结果无价值论提倡的判断危险的方式，应该具体到这个案件中，行为人的行为是否已经足以压制被害人的反抗这一点，来判断行为是否构成抢劫罪。

张明楷：我也认为在你举的这个案件中，甲的行为成立抢劫罪。此时实行行为应该定型为足以压制具体的被害人反抗的暴力或胁迫，并取得财物；不是以是否能压制一般人的反抗来定型抢劫罪的暴力与胁迫的。结果无价值论应当认为，只要是压制了被害人的反抗，取得了被害人的财物，这就是抢劫行为，接下来，再判断行为人的主观上是否具备相应的故意等。在这个案例中，甲明显知道乙胆子特别小，他的行为已经可以压制被害人的反抗了，这就说明甲具有抢劫的故意。但如果甲并不知情，只是想利用轻微暴力恐吓，实施敲诈，那么，他就没有抢劫的故意，只能定敲诈勒索罪。

学生：又应如何对故意杀人罪的实行行为定型呢？

张明楷：故意杀人罪的实行行为是通常足以致人死亡的行为。

学生：必须具备通常性吗？可不可以说，只要行为造成了他人的死亡,就是故意杀人罪的实行行为?

张明楷:也可以这么说。但问题是怎么判断"造成"呢?某人劝说他人跑步,他人被车撞死了,死亡结果是否是劝说跑步造成的呢?你如果回答"是",那么,你刚才的观点就是不成立的;你如果回答"否",你刚才的观点就是成立的。

学生:在劝说他人跑步,他人被车撞死的案件中,如果认为死亡结果不是劝说造成的,根据是什么呢?

张明楷:劝人跑步的行为怎么是杀人行为呢?被害人的死亡是司机造成的啊。

学生:案件再改变一下。如果行为人知道有货车长年累月地经过一个事故高发地段,就劝被害人到那个地方去跑步,结果被害人的确在那个路段被货车撞死。这样的案件又该如何处理呢?

张明楷:事故高发地点,货车司机有更重的注意义务。这个结果还是司机的行为造成的。

学生:如果甲反复劝刚学会开车的乙去高速公路中事故高发地开车,结果乙在该地段开车的时候车毁人亡,该怎么处理甲劝乙开车的行为?

张明楷:甲没有故意杀人罪的实行行为,也可以说结果不能归属于甲的劝说行为。乙去高速公路开车,是他自己决定的事情。

学生:曾根威彦教授认为,实行行为定型性的判断,适用于没有发生结果的情形;一旦出现了结果,就要进行因果关系的判断,看结果是否可以归因于行为。

张明楷:这样说当然也可以。这种观点其实是用有无因果关系来判断实行行为。从这个意义上说,因果关系的判断与实行行为的判断是一体的。比如说，西田典之教授在他的教科书中讨论相当因果关系的一个例子时，就认为相当因果关系的部分判断就是实行行为的判断。但是这样的观点也存在疑问。既然因果关系与实行行为是不同的构成要件要素，何苦又要把上面那种情况当作是因果关系来判断呢？理解为实行行为的判断不是更好吗？在德国，客观归责理论就是将实行行为的判断纳入了客观归责的判断。曾根威彦教授虽然反对客观归责理论，但是，在这一点上，他的观点与客观归责理论是相同的。可以用客观归责理论将曾根威彦教授的观点作这样的表述：一旦出现了结果，就要进行客观归责的判断，看结果是否可以归属于行为。

其实，一般也只有在致人伤亡的场合，才会涉及因果关系的判断。其他场合，或者不存在这个疑问，或者用其他理论代替了。比如，我们什么时候在盗窃罪中讨论因果关系了？又如，诈骗罪中的因果关系理论被"同一性"要件的判断取代了。在德国刑法理论中，如罗克辛教授的教科书上，讲过实行行为吗？没讲过。他们也很少讨论结果，只讲一个客观归责，但其实举的例子也仅是杀人、伤害，基本上不可能有其他犯罪。

学生：行为无价值论者认为，如果不将故意作为构成要件，就不可能区分盗窃与侵占，他们的根据是什么？

张明楷：行为无价值论者所说的只有把故意纳入构成要件要素中去，才能区别什么行为是盗窃，什么行为是侵占的观点，是行不通的。比如，在井田良教授的教科书中，在前面讨论故意的归属时，就认为，如果不考虑故意的内容，根本不能认定某个行为是盗窃行为。但是在后面讨论抽象的事实认识错误的情况下提出，"客观上是盗窃行为，主观上是侵占故意"。显然，在这两处，井田良教授的观点是前后矛盾的。既然认为只有将故意纳入构成要件要素才能区分犯罪的种类，那么，又凭什么认为一个行为在客观上是盗窃，在主观上是侵占呢？实际上，侵害了别人占有的行为就是盗窃，侵害了自己占有或者没有人占有的财物的所有权的，就是侵占。这还要借助于主观来区分吗？也许他们又会反问，遇到故意杀人罪、故意伤害致人死亡罪、过失致人死亡罪的时候又该怎么办？就像我刚才说的那样，在客观上，这些行为全都是杀人行为。定故意伤害致人死亡罪的时候，并不是说行为人的行为不是杀人行为，而是说，不能够按照故意杀人罪来谴责行为人。我们国内有些学者总是认为主观要素要放在第一位。原因是，被害人死亡以后，被告人的犯罪性质完全取决于他的主观意思。但问题是，他们这里的"犯罪性质"是指什么？其实，他们这里的"犯罪性质"指的只是罪名，而不是行为致被害人死亡这个意义上的性质。就好比我前面讲到过的，导致被害人死亡这种性质的行为，可能有四种不同的处理结果：故意杀人罪、故意伤害致人死亡罪、过失致人死亡罪、意外事件。造成四种不同的结局的原因是责任不同而已，但是在行为的性质，也就是杀人这一点上，都是一样的。

学生：有些德国学者认为结果无价值论无法解释行为犯和抽象的危险犯。您觉得这样的批判站得住脚吗？

张明楷：罗克辛教授在他的教科书中说得很清楚，行为犯的行为与结果同时发生，这种犯罪不需要考察因果关系。比如非法侵入住宅罪。这一点在德国几乎不存在大的争论。他们对行为犯的认定，并不像我国部分学者理解的那样，认为行为犯只要有行为即可，不需要结果。

抽象的危险犯也是需要有结果的。比如日本学者山口厚教授就认为，具体的危险是程度较高的危险，而抽象的危险是比较缓和的危险，二者都要有危险发生。其实在这里，山口教授将危险理解为了一种结果。但是一直以来我都认为，不能对抽象的危险犯的危险程度一概而论。有的抽象的危险犯中的危险并不缓和。比如日本《刑法》第108条规定的对现在有人居住或者现在有人在内的建筑物放火罪。在日本，这个罪被公认为抽象的危险犯。但是很明显，这个罪中的抽象的危险，实际上是一种危险程度较高的危险。

虽然有人说，抽象的危险是一种拟制的危险，也就是说，只要进行一般判断就可以了，但根据结果无价值论，如果可以证明行为绝对不可能产生危险的话，也应该否定存在抽象的危险。再以日本《刑法》第108条为例。一个农民在西瓜地里搭了一个只能容纳一人居住的瓜棚，行为人趁农民回家时，将瓜棚烧毁了。如果是行为无价值论者的话，就会认为只要瓜棚是现住建筑物，那就可以定这个罪；但是结果无价值论者不会同意这样的观点。虽然这个瓜棚是现住建筑物，但是，在这个案例中，并不可能产生公共危险，所以，不能定对现住建筑的放火罪。

学生：德国的行为无价值论者在批判结果无价值论时指出，将故意、过失放在有责性层面的话，就无法区分共犯与正犯。比如，如果将故意、过失放在有责性层面，过失致人死亡罪的行为人也会被认定为故意杀人罪的共同正犯。另外，行为无价值论者认为，从结果无价值的立场上看，教唆犯与正犯的轻重关系应当相等，这样会导致无法区分正犯与共犯的结局。您同意他们这样的观点吗？

张明楷： 正犯的行为直接引起了结果的发生，教唆犯怎么会比正犯重呢？即使说两者在某些情况下轻重程度相等，也问题不大。比如日本司法实践中，很多在我们看来属于教唆犯的，会被当作共谋共同正犯处罚。或者说，我们认为日本法官将一些教唆犯当作共谋共同正犯处理的，日本法官却不这么认为，他们还是区分了共谋共同正犯与教唆犯的。而且可以肯定的是，在刑法规定与刑法理论上教唆犯不是正犯而是共犯。

在我们国家，我一直就不同意教唆犯重于正犯的观点。这种观点主观主义的色彩太浓了。我一直在找原因，为什么我们中国人一贯把教唆犯看得很重？从封建社会就开始提出了造意为首的观点，直到现在，在司法实践中，几乎所有的教唆犯都被当成了主犯。在我们的司法实践中，雇凶杀人的人，比杀人的正犯判得更重；在具体案件中，杀人犯往往会想方设法说自己杀人是受人指使，这样的话，他的刑罚就会轻很多。

或许，我们中国这种认为教唆犯重于正犯的观念，与我们这个国家传统上的集权统治有关。集权之下，就要把人训练成听人话的人。一般人都是自己不长脑子、只听别人话的人。这样的话，教唆犯的实际作用似乎很大。可是，我们现在的社会应该强调人要有自己的独立人格。正犯直接引起了结果的发生，教唆犯只是间接引起了结果的发生，所以，正犯的违法性要比教唆犯重。接下来，我们再看两者的责任孰重孰轻。教唆犯之所以雇凶杀人，是因为他本人不敢去杀人，正犯的胆子要比教唆犯大多了，所以正犯才会去杀人。难道说教唆犯的责任会重于正犯？可见，无论从违法方面讲，还是从有责方面讲，正犯都比教唆犯更严重。

学生：是否应该通过行为方式来区分正犯与共犯？这与结果无价值论与行为无价值论有关系吗？

张明楷：所谓的行为方式的区分，无非是从直接引起结果、间接引起结果的角度予以区分。这与结果无价值论的立场没有丝毫矛盾。单纯从正犯直接引起结果、共犯通过正犯引起结果这一点来比较的话，会得出正犯的违法性要重的结论。

学生：单纯从是否直接引起结果发生来认定正犯，而不考虑行为人的主观的话，是否会认为一个在意外事件中致人死亡的人也可以成为故意杀人罪的正犯？

张明楷：当然可以这么说。当然，前提是，这里的正犯只是从违法层面而言。某地前不久就发生了这样一个案件：甲让乙去运输毒品，乙也去运输了，但事后查明，乙是高度精神病患者，无刑事责任能力，甲却不知道。这个案件中要肯定乙是正犯，同时肯定甲是共犯即教唆犯。但是，我国刑法理论一般不会认为乙有故意。在德国，有些学者也会认为高度精神病患者有故意。但是，我们国家刑法明文规定了故意的内容，高度精神病患者是不可能认识到自己行为的社会意义，也就不可能认识到自己行为严重的社会危害性的，否则，也就不可能没有刑事责任能力了。这个案件中，乙虽然没有故意，但是却可以认定为正犯。所以，我认为正犯是违法层面的概念。

学生：甲在具有杀死被害人故意的情况下朝被害人开了一枪，但并没有打中被害人；乙并没有杀人故意，而仅有伤害被害人的故意，同样朝被害人开了一枪，但也没有打中被害人。在这两起案件中，如果不考虑二者故意内容的不同，如何认定案件中存在的是杀人的危险，还是伤害的危险？

张明楷： 案件中到底存在杀人的危险还是伤害的危险，应该根据案件的客观事实进行判断。甲主观上想杀人，但是枪法很差，子弹偏离目标十几米远。乙主观上不想杀人，可是手枪就是走火，子弹从被害人耳朵边飞过。显然，甲的行为在客观上致人死亡的危险就比较小；而乙虽然主观上不想杀人，但他的行为在客观上却具有致人死亡的重大危险，因而具有杀人的危险。包括平野龙一教授在内的一部分结果无价值论者认为，故意也会对判断未遂的危险产生影响。举一个例子。行为人拿着一把装有子弹的手枪，他是否具有扣动扳机的意思，决定了他行为的危险性的大小。不想扣扳机的时候，行为的危险性就很小；相反，想扣扳机的时候，行为的危险性就很大。这个时候，行为人是否打算扣动扳机的意思，只是一种行为意志，而不是责任中的故意。也就是说，这个时候，是否扣动扳机的意志是一种行为的有意性，这种行为的意志应该归入行为本身当中去。

学生： 看来，您认为杀人的危险与伤害的危险是一种与主观故意内容无关的客观判断。

张明楷： 是的。这涉及区分故意杀人罪未遂与故意伤害罪的案件时，要先判断行为在客观上是否具有致人死亡的危险。有致人死亡的危险，就要考察行为人是否具有杀人的故意。有的话，就应该定故意杀人罪的未遂。有致人死亡的危险，但没有杀人故意，那么，就要判断行为人是否具有伤害的故意，有的话，成立故意伤害罪。

学生： 在一般的案件中，或许从客观上判断行为是否具有致人死亡的危险并没有那么困难。但是，在行为人开枪都没有打中被害人的情况下，客观上判断是杀人的危险还是伤害的危险，几乎是不可能的。

张明楷：如果行为人已经开枪射击了的话，根据经验判断，十有八九会存在杀人的危险。

学生：如果行为人打算拿一把小刀子去杀人，结果只在被害人的身上划了一个小口子后被抓住了。这样的案件中，是故意杀人罪的未遂还是故意伤害罪的未遂呢？

张明楷：判断是否有杀人的危险，不能从主观到客观，还是应该先判断客观上是否具有杀人的危险。拿一把小刀，划了一个口子，就因为被害人想杀人就定了故意杀人罪，是不合适的。同样，行为人用木棒打了一下别人的腿，就要认定为杀人行为，这也不合适。在日本有这样一个判例。行为人以为硫磺可以致人死亡，就给被害人食物中投放硫磺，但是由于硫磺不可能致人死亡，而只能让人拉肚子。在日本，拉肚子也可以是一种伤害的结果。所以，这个案件不能认定为故意杀人罪，只有认定为故意伤害罪。客观上没有杀人，怎么能定故意杀人罪呢？所以，问题的关键还是不能将判断犯罪成立的顺序颠倒过来。

学生：您认为行为无价值论与结果无价值论的争论最后会消亡吗？

张明楷：我觉得不大可能消亡。但是，争论的重点肯定是在不断地变化。就当前来说，最实质的争论就是：违反了规则但是保护了法益的行为，是不是犯罪？行为无价值论者会认为构成犯罪。因为规则就是为了保护法益而设立的，遵守了规则就是保护了法益，相反，违反了规则就是侵害了法益。但结果无价值论认为，规则仅在一般情况下能够保护法益，任何规则都有例外，如果在特定情况下，违反了规则反而能保护法益的话，那也是未尝不可的。现在，规则功利主义就很尴尬。这是因为他们需要不断地总结规则，一旦出现了一个例外，他们就得想方设法把这个例外加入到规则当中，从而形成"除……行为以外，不得实施……"类似的规则。当他们能够穷尽所有的例外的时候，那么，最终分析问题的结果可能就和行为功利主义完全相同了。问题是，规则功利主义可以不重视例外吗？当然不行。不在他们的规则内加入例外的话，恐怕他们就不是以功利主义为立论基础，而是转向了义务论。所以，规则功利主义的立场是尴尬的，它被挤压在义务论与行为功利主义当中求生存，当它坚持规则的时候，会被说成是义务论；一旦不坚持规则，又成了行为功利主义。中国政法大学出版社1991年出版的《法理词汇》那本书里说得很清楚，规则功利主义的最后结局就是行为功利主义。

第三堂
因果关系与客观归责

张明楷：西班牙马德里自治大学的一名刑法学教授（Manuel Cancio Melia 教授）在清华大学明理楼的讲座中提到十个经典案例，这些案例触及了客观归责理论的各个方面。今天，我们可以就这十个案例进行讨论。

第一个案例非常的古老，我们也经常会在德国学者的教科书中看到：叔叔有万贯家财，只有一个侄子是他的合法继承人。侄子想继承叔叔的遗产，就建议他的叔叔每天外出散步。实际上，侄子经过多方调查，发现叔叔散步的沿途有很多树林，当地又多有暴风雨等伴随闪电雷鸣的天气，侄子希望叔叔在外出散步途中被雷电击中身亡。在这个案件中，侄子劝叔叔散步的行为是不是谋杀？

第二个案例是，一个爱好海洋生物学的企业家对螃蟹很有研究。他非常清楚自己的企业排出的污水会造成河中的螃蟹死亡。当地法律明确规定，禁止对生态环境造成这样的损失，但他的企业通过合法途径拿到了排污许可和其他证照。该企业家是否对企业造成的环境污染负责？

第三个案例是雅科布斯编的：一个建筑专业的学生在一个建筑工地勤工俭学，工地老板让他混合一种水泥盖房顶，这名建筑专业的学生立即发现水泥配方有问题，尽管他明知用这样的水泥盖房顶，房子不久之后就会塌掉，但他怕别人说他自以为是，就什么也没有说。这座房子建好以后被当地幼儿园使用，后来房顶塌方砸死了几个孩子。

第四个案例：公司的老板让他的会计将总收入的一部分拿出来汇到纽约的一个账户。这名会计通过电脑操作，使这笔钱汇走但却不计入账，这种做法违反了税法的相关规定。会计的行为是否构成犯罪？

第五个案例：有一个贩卖海洛因的商贩，将海洛因卖给了一名顾客。贩卖的人自己并不知道海洛因有问题（例如，纯度太高，有致命的危险），而买海洛因的人注射后当场死亡。

第六个案例：两个陌生人在夜店里认识后，在未采取保护措施的情况下发生了性关系，其中一个是艾滋病患者，他担心讲出实情会破坏二人之间当晚的气氛，就故意对同伴隐瞒了这一点，结果他的同伴染上了艾滋病。

第七个案例：甲用匕首攻击乙，致乙重伤，但伤势并不能导致死亡结果，但乙被送到医院后，医生用错了药，乙当场死亡。

第八个案例：有一个专门治癌症的医生给 10 个病人治病，这个医生不具有做人体实验的资格和实验条件，但他觉得自己的灵感很准，就将一种治疗别的疾病的药拿来给一部分病人用，认为这样就能治好他们的癌症。他对另一部分病人仍按照正常的方法治疗。在这个治疗过程中，他对病人什么都没有说。他的行为显然违反了临床的审批程序，也违反了患者的知情权。一段时间之后，10 个病人中有 8 个人死了。根据以往的研究数据，如果对 10 个人正常治疗，死亡率是 10 个人中死亡 4 个。在法庭上，医学专家出庭作证时表示，很难证明这 8 个人中到底哪个人是正常情况下罹患癌症而死,哪个人是由这名医生的人体实验而死。

第九个案例:在一个人数很少的小镇,有对夫妻天天吵架。有一天,丈夫去镇上的药店购买大量的灭鼠药,药店的人明明知道这个人的房子很小,根本就没有老鼠,买药的人很可能要用这些老鼠药来杀他妻子,但卖药的人仍然把大剂量的老鼠药卖给这位丈夫。结果丈夫用这些老鼠药毒死了他的妻子,并且自杀。

第十个案例:屋主度假回来,发现几个贼在搬他的东西,他看到贼打算搬走的东西很多,但开的车却很小,估计这些贼要分好几次才能将东西全部搬完。最让他生气的是,他看到贼打开了他最喜欢的一瓶白兰地酒。趁着贼将第一批东西开车搬走以后,他回到自己的房间,在那瓶白兰地酒中放入了毒药,希望贼再回来的时候喝下,同时他还报了警。根据他说的情况,警察悄悄地来到了案发现场,等待这群贼回来。屋主怕警察误喝白兰地,就告诫千万别喝白兰地,他在里面投了毒。在这个案件中,屋主投毒的行为是不是已经构成了故意杀人罪(预备)?

学生: 西班牙教授在讲座中表示,如果不用客观归责理论,第一个案例中因为侄儿有谋害叔叔的意图,他的行为可以构成杀人罪。

张明楷: 我觉得即使不用客观归责理论,这个案例中侄儿的行为也不构成犯罪。倘若认为只有使用客观归责理论才能解决这个案件,说明之前的理论有两个问题:第一,不是从客观到主观来认定犯罪。例如,在分析这个案例时,竟然会首先分析侄子想要杀害叔叔这一点。第二,缺乏对实行行为定型性的分析。以前,刑法中因果关系理论采取的是条件说,那么,只要行为是引起结果的条件,就当然肯定了因果关系的存在。之前的条件说缺乏对行为的限定,也就是说,要强调实行行为的定型的,只有一般情况下某种行为会导致结果,才能肯定行为与结果之间存在因果关系。只要采取对实行行为进行限制的条件说,就可以解决第一个案例中的问题了。

学生：如果叔叔在散步的过程中遇到雷雨天的话,还是会增加死亡的危险的,这种危险的增加也符合我们日常生活的常识,难道不能把让别人在雨天到密林散步的行为认定为实行行为吗?

张明楷：虽然常识告诉我们,不能在雷鸣闪电中进入密林,因为在一定程度上还是有可能被闪电击中的,但比起用刀捅、开枪射击等手段来,这种被雷电击中而死亡的仍然是一种概率很小的事件。如果侄子知道离叔叔散步的山路不远处有一个洞,洞里住着几只老虎,侄子欺骗叔叔洞中有奇花异草什么的,叔叔在洞口被老虎吃掉的话,侄子的行为当然构成故意杀人罪,因为在这种情况下,走到老虎洞口被老虎吃掉的概率还是很高的。虽然从表面上看,侄子既掌控不了老虎是否出来吃人,也掌控不了电闪雷鸣是否击中人,但两者发生的概率还是截然不同的,前者有杀人的实行行为,后者就没有了。

学生：根据客观归责理论,在第一个案例中,侄子的行为创造的仍是一种被允许的风险,所以侄子的行为就不可能是犯罪。

张明楷：侄子的行为就没有致人死亡的危险,还有什么必要讨论"被允许的风险"?我觉得当前,"被允许的风险"这种提法已经泛滥了。比如,我们一说开车上路,就说这是一种被允许的风险,但只要司机按照交通规则驾驶,开车就是没有任何刑法意义上的危险的行为。

学生：根据客观归责理论,第二个案例中的这位企业主通过合法的途径得到了排污许可。虽然他具有特殊的知识，知道排污会致河里的螃蟹死亡，但他并没有制造不容许的风险，所以他的行为并不构成犯罪。

张明楷：这个案例和雅科布斯在教科书中列举的一个毒蘑菇案很像。雅科布斯举的案例中，厨师并不知道某种蘑菇有毒，他把这种蘑菇做成菜以后让服务员端给顾客，恰巧这名服务员有相关的生物学知识，知道这盘菜中的蘑菇有毒，但他还是把这盘菜端给了顾客。德国学者罗克辛认为服务员的这种行为构成犯罪。我也觉得这种行为至少构成帮助犯。

学生：是片面的帮助犯吗？

张明楷：我认为，在共同犯罪中，正犯并不一定要有犯罪故意，即使正犯仅是过失或者意外，帮助犯也还是可以构成故意犯罪的。在这个毒蘑菇案中，我觉得正犯应该是那名厨师，但他仅是过失犯罪或者意外。

学生：在排污案中，那名企业主的行为恐怕都不算行政违法。有专门的排污管理部门对排污进行管理，只要在排污许可证上允许的时间、地点、数量范围内排污，即便造成了环境污染的结果，也不能构成犯罪吧？

张明楷：在现代社会，某企业排放的污染物到底对环境有多大的危害，环保部门不可能毫不知情吧？环保部门明知发放了排污许可后，一旦排污就会导致人畜死亡，怎么还可以去发放呢？

学生：排污许可的发放应该仅涉及一个形式审的过程，一般相关部门只是根据企业申报的排放物质来形式地判断是否能够发放排污许可证。

张明楷：如果按照你说的，排污许可仅是一个形式审，倘若企业主谎报排放物质，取得了一个排污许可证，结果排出的污染物致人死亡了，难道这样的行为不是犯罪？我觉得这个排污许可到底是通过什么途径取得的，还是很重要的。要是通过欺骗手段取得的，排污的行为就是非法的。

如果某些人有一些特别的知识，能够通过一些平常看起来很正常的行为犯罪，把这些行为通过一种理论认定为无罪的话，恐怕并不合适。倘若毒蘑菇案中的那名服务员专门从市场上挑出有毒的蘑菇送进餐馆，让厨师做给别人吃，难道他只要说上一句"反正这种蘑菇在市面上是允许买卖的"，"反正这家餐厅允许把这种蘑菇做成菜"，就因此无罪了吗？

学生：如果给第二个案例中的企业主定罪的话，是不是会出现这种情形：企业主的这个行为在行政法中没有违法，但在刑法中却是犯罪？

张明楷：我觉得关键就是，凭什么说这样的行为在行政上是合法的？这个问题的回答可能和各国行政法中的相关规定有关。我觉得在中国，如果企业主通过谎报排放物质而骗取排污许可后排污，并导致重大结果的，这种行为不可能合法，无论在行政法上，还是在刑法上。在这个设定的案例中，死亡的是螃蟹而已，倘若发生了像日本水俣病那种悲惨的结果，难道也不定罪吗？

学生：在案例三中，那名建筑专业的学生应该负刑事责任吗？

张明楷：这和我刚才讲的那个毒蘑菇案有区别吗？我感觉两个案例中涉及的原理是一样的。如果这个案件中的老板知道水泥的配方有问题，这名学生应该是帮助犯。难道老板不知道水泥的配方有问题，这名学生就无罪吗？我曾经写过一篇题为《共犯对正犯故意的从属性之否定》的论文，发表在《政法论坛》2010年第5期。我在文中举过一个例子：咖啡厅老板与某人有仇，仇人经常光顾这家咖啡厅。某日，老板预料到仇人可能要来，就先在一杯咖啡中下了毒，他对一名员工说出了实情后，要求这名员工在客人来时把这杯毒咖啡递给自己。结果过了很久仇人才来，当时咖啡厅老板去接待仇人时，完全忘了毒咖啡的事情，但员工还是将毒咖啡递给老板，后来仇人喝了毒咖啡身亡。老板在递给客人咖啡时，老板的行为客观上直接导致了被害人死亡，所以他的行为才是正犯行为。在老板当时有杀人故意的情况下，毫无疑问，这名员工是故意杀人罪的帮助犯；但在老板当时没有杀人故意的情况下，无论从哪个角度看，员工也没有支配整个因果流程，而且员工的主观上也没有间接正犯的故意，只有帮助犯的意思。德国刑法理论可能认为，老板的行为构成过失致人死亡罪，员工无罪，也可能认为员工构成过失致人死亡罪。我认为，他们之所以会得出这样的结论，与他们将故意放在构成要件内讨论息息相关。根据共犯从属性理论，共犯的成立需要正犯行为符合构成要件且违法，这就要求正犯必须有犯某个罪的故意，才能成立共犯。在咖啡厅老板没有犯杀人罪的情况下，这名员工也就不能构成杀人罪的帮助犯了。而我认为，故意不是违法要素，只要正犯的行为在客观上符合了构成要件且违法就可以了，并不需要正犯有犯罪故意，所以，在这个案件中，即使咖啡厅老板当时并没有杀人故意，也不妨碍员工成立杀人罪的帮助犯。具体来说，我首先要看客观上行为是不是会导致结果，导致结果发生的行为就是正犯行为；接着再看实施这个行为的人有没有故意，正犯是故意，还是过失，甚至意外事件，也不妨碍其他共犯的认定，因为在正犯的行为已经具有不法的前提下，共犯的行为也就有了不法，在这种情况下，不法可以连带，但责任需要个别判断。

学生：在第四个案例中，因为最后负责签单的不是这名会计，他只是负责汇款，所以他并不为增加逃税危险负责。可以这么理解吗？

张明楷：我觉得这个案例中涉及的问题与第三个案例没多大区别。如果这家公司的老板知情，老板是正犯，会计就是共犯。

学生：如果这名会计是按照老板的要求做的，那么，他还构成逃税罪吗？

张明楷：这名会计通过电脑进行逃税转账，这种行为与公司会计、出纳做假账的行为有何不同？他不也是把公司的收入不入账吗？难道公司老板要求逃税的命令是法令不能违反吗？当一个企业的上司要求下属杀人的话，难道下属就无罪了吗？

实际上我们国家就发生过一起类似的案件：一名公司会计擅自做主，帮公司逃税120万，公司的老板对此毫不知情。虽然老板不知情，这个行为不能构成单位犯罪，但我觉得可以按照自然人偷税来定罪量刑。

学生：第五个案例如果发生在我国的话，卖毒品的人卖出的毒品致购买人服用后死亡的，要定故意杀人罪吗？

张明楷：如果卖方不知道海洛因有问题，怎么能认为他有杀人的故意呢？在我国，不可能定故意杀人罪。再说，在实践中，假如一个吸毒的人因为吸毒死了，司法部门都会认为这是吸毒者自己吸毒所致，根本不会认为这是杀人案件。

你们认为第六个案例无罪吗？

学生：西班牙教授在讲座中提出，如果只是一夜情的话，被害人应自我答责，被告人无罪；但如果双方是夫妻关系或稳定的情人关系，患病一方就有义务说明自己有艾滋病，如果不说实情导致对方感染的话，就构成故意伤害罪等相关犯罪。他当时举了一个德国的判例，案件中的被告人与被害人存在稳定的情人关系，双方有书面保证过不给对方带来危险，结果一方患了艾滋病后未告知另一方，导致另一方也患上了艾滋病，法院认为在这种情况下，患病一方的行为构成犯罪。

张明楷：根据社会一般观念，被害人实施的行为比较危险，但被害人仍自冒风险实施了这样的行为，在这种情况下，我们才会讨论他是否对自冒风险的行为自我答责。西班牙、德国刑法学者之所以会得出一夜情中被害人被传染艾滋病要自我答责这样的结论，或许与艾滋病较多有关系。如果艾滋病较为普遍的话，社会一般观念会认为一夜情极有可能会患上这种病，一夜情可能是一种比较危险的行为；出去一夜情的人当然也就会知道自己有很大的罹患艾滋病的风险了，如果他自己在明知风险的情况下仍无所顾忌，才会涉及他是否要自我答责的问题。但如果我们的社会没有那么多的艾滋病，社会一般观念并不会认为一夜情是一种十分有可能患上艾滋病的行为，被害人出去一夜情时往往也不会意识到这是一种有生命危险的行为，在这种情况下要被害人自我答责，我觉得并不合理。

我刚上研究生的时候和别人讨论过这样一个案件：一个男的把一个女的甩了，但女方仍缠着男方不放，男方对女方很不耐烦，并没有要同对方和好的意思。时间一长，女方也就因爱生恨，在她得知自己得了乙肝之后，就去找男方，她说"我再也不纠缠你了，但你能不能最后吻我一次"。男方同意以后与女方接吻，结果后来男方也得了乙肝。我当时就认为女方的这种行为构成故意伤害罪。男方肯定不会想到一个吻就要患病，怎么能让他自我答责呢？

　　再回到第六个案例来。我认为这样的案件要是发生在我国，还是应该定故意伤害罪的。这与每个国家的具体国情息息相关。如果一个地区艾滋病发病率较低，一夜情中一方患了艾滋病就必须把实情告知另一方，因为在这种情况下，一般人根本不会意识到接下来的行为是很有风险的。相反，如果一个地区的艾滋病发病率较高，甚至较为普遍，一夜情中患病的一方即使不把实情说出，对方也会意识到这一点，在这种情况下对方还毫不防备的话，就有讨论被害人是否自我答责的大前提了。

　　学生：即便现在在我国艾滋病的发病率还不普遍，但通过媒体宣传等途径，事实上还是有很多人都已经意识到有艾滋病的存在。

　　张明楷：现实生活中艾滋病的发病率较低，即使媒体宣传过这种病，人们也对这种传染病有一些了解，仍不能说社会一般人已经普遍认为，一旦出去一夜情的话，就很有可能被传染。

　　另外，我觉得即使在艾滋病多发的国家和地区，发生与第六个案例类似的情况也不能均毫不怀疑地认为被害人应该自我答责。因为对方如果不告诉实情，另一方也不好开口问。如果问的话，对方一旦没有艾滋病，就很有可能认为问的一方在侮辱诽谤，基于这个原因，一般人恐怕也就会闭口不谈。总之，在这个问题上，还需要进一步探讨是否能适用被害人答责。

　　学生：传染艾滋病一方的行为人构成的是故意伤害罪还是故意杀人罪？

张明楷：我觉得定故意伤害罪就可以了。因为患这个病之后，并不是马上死亡，通过治疗等手段可以维持较长时间。

学生：第七个案例貌似不需要客观归责理论也可以解决。相当因果关系说认为在这种情况下，行为和结果的发生之间不具有相当性，因为没有因果关系；当前的条件说认为这种情况禁止溯及。

张明楷：的确是这样的。

学生：西班牙教授认为在第八个案例中，根据客观归责理论，这样的结果不能归责于医生的行为。也就是说，这名医生不对死亡结果负责。但医生在既无资质、又无条件的情况下进行医学实验，从一般情况来看，也产生了更多的死亡人数，怎么就无罪了呢？那罹患绝症的病人不就都可以拿来做医学实验了吗？

张明楷：我觉得并不是所有的客观归责理论都会得出他那样的结论。因为客观归责理论内部还存有不少争议。在判断是否制造了不被允许的危险，这个危险是否已经现实化这个问题上，可能每个人的判断并不一样。我觉得在这个案例中，这名医生在没有资质、没有条件的情况下，将有未知风险的药用在绝症患者身上，他这样的医疗实验行为导致患者死亡的人数是正常情况下的两倍，就应该肯定他的行为有致人死亡的危险，他要为 8 名死亡患者中的 4 人的死亡负责。

学生：西班牙教授认为这样的结果不能归责于行为的理由是，根本没办法证明哪个人的死亡是由医生非常规的医疗行为导致的，换句话说，虽然一般情况下只会死 4 个人，这种情况下死了 8 个人，但这 8 个人的死亡到底是癌细胞扩散所致，还是医生的非常规医疗所致，这一点还是有疑问的。

张明楷：如果是你说的这种情况的话，条件说就能解决这个问题，没有前行为就没有后结果，现在的情况是，没有前行为仍可能会有后结果，所以根据条件说，就可以认定行为和结果之间没有因果关系。难道还需要其他理论解释吗？此外，如果说不能证明具体哪些人的死亡是由他的行为造成的，这只是证据或者证明问题，而不是客观归责问题吧。

学生：案例九中，卖药的行为构成故意杀人罪的帮助犯吗？

张明楷：我同意西班牙教授对这个问题的看法，在这种情况下，因为杀人的危险并不紧迫，还是可以将卖老鼠药的行为认定为中立行为而不定罪。但如果行为人把自己的妻子带到店门口，告诉卖药的人自己买药就是要毒死妻子，倘若在这种情况下卖药的人还卖药的话，他的卖药行为就不能认定为中立行为了。这时还是有比较紧迫的危险的。就好比雅科布斯举的那个例子一样，两个人在斧头店门口打架，一方斗败了以后急匆匆跑进店内，要求店主卖给他斧头砍人，此时杀人的危险迫在眉睫，卖给斧头的行为就肯定是故意杀人罪的帮助行为了。

学生：您觉得第十个案例发生在我国的话，要怎么处理呢？

张明楷：实际上，我国还真发生过一起类似的案例：一个小偷经常到一家人家里偷东西，每次偷东西都会偷喝这家人的咖啡。后来屋主就在自家咖啡里下了毒，结果小偷又来的时候喝下了毒咖啡死了。这样的案件确实有争议的地方，比如屋主在自家咖啡里放什么东西都是无可非议的，因为房子是自己的，东西也是自己的，在自己的支配领域处分自己的财物天经地义。但是小偷经常光顾，屋主显然是为了毒杀小偷的，小偷又不是老鼠，毒死了也没关系，还是有定故意杀人罪的可能性的。

张明楷：西班牙教授举的十个案例已经全部讨论完了。我再给你们举一个案例吧。行为人本来仅想伤害被害人，将被害人打昏后，行为人误以为打死了被害人，为了毁灭罪证，行为人将被害人拖到水沟里，结果经尸体检验被害人是被淹死的。按照因果关系或者客观归责理论，该如何处理这个案件？

学生：在这个案子中，被害人的死亡结果与行为人的伤害行为之间又介入了其他行为，似乎可以阻却行为人之前的伤害行为与被害人死亡之间的因果关系。

张明楷：那这样的行为构成故意伤害致人死亡吗？

学生：我觉得肯定不能构成故意杀人罪，因为行为人在伤害被害人时，也没有杀人的故意，后来又以为被害人已经死亡了，也不存在杀人的故意，所以他始终没有杀人的故意。在行为人实施完伤害行为而误以为被害人死亡以后，也不存在伤害的故意。

张明楷：虽然行为人在误以为被害人已经死亡之后，就不可能有杀害或者伤害被害人的故意，但是故意伤害致死中，死亡结果也完全是可以出于过失的。在这种情况下，显然行为人对被害人的死亡是存在过失的。

学生：在行为人实施故意杀人罪的过程中，事实上的因果关系流程并不重要。也就是说，在这个案件中，如果行为人一开始就想杀死被害人，在将被害人打晕之后误以为被害人死亡，在对被害人毁尸灭迹的过程中真正导致被害人死亡的，肯定还是要定故意杀人罪的。但在伤害罪中，因果关系的流程还是很重要的，也就是说，死亡结果到底由伤害行为引起，还是由事后的其他行为引起会影响到因果关系的成立。

张明楷：为什么在故意伤害罪中，事实上的因果流程就变得重要了呢？

学生：因为在故意伤害罪中出现的死亡结果，是在行为人意料之外的结果，行为人要对这个结果负责的话，就必须注重因果流程到底是怎样的。

张明楷：你是不是这个意思：在行为人一开始就是故意杀人的时候，这里的错误就是因果关系的错误；在行为人只是想伤害的时候，这里的错误就不叫因果关系的错误了。

学生：具体是不是可以这么理解，我还没有理得很有条理。但我觉得，在行为人之前就是要故意杀死被害人的情况下，虽然因果流程没有按照他的预设进行，但出现死亡结果的时候，行为人都会认为自己已经杀死了这个人；但在行为人只有伤害故意的情况下，就不是这样了，行为人会认为是自己过失导致被害人死亡的。

张明楷：但故意伤害致死中，行为人的确仅需要对被害人死亡有过失就可以了呀！

否认故意伤害致死有很多理由。比如说，死亡结果不是由基本行为造成的，因为结果加重犯中的结果，是基本行为直接造成的。现在需要讨论的问题是，将这样的行为定两个罪与事前的故意的情况下定一个罪的做法协不协调？在行为人一开始就有杀人故意的情况下，最终的结果就归责于之前的杀人行为；那么，在行为人一开始没有杀人故意，仅有伤害故意的情况下，最终的结果为何不能归责于之前的行为？

学生：或许我们现在更需要探讨的是，在事前的故意的情况下，也就是您刚才说的第一种情况下，最终的死亡结果能不能归责于之前的行为。

张明楷：在事前的故意的情况下，是需要肯定前行为与死亡结果之间有因果关系的。否则会定两个罪，故意杀人罪（未遂）与过失致人死亡罪。在行为人之前具有伤害故意，后误以为打死了被害人，为隐藏尸体等实施的后续行为造成被害人死亡的，也应该认定为死亡结果与之前的伤害行为有因果关系。因为，如果将毁尸灭迹等后续行为当作因果关系发展中的介入因素来看的话，这样的介入因素具有通常性；或者说，不能认为这样的介入行为十分的异常，而因此否定前行为与死亡结果之间存在因果关系。所以，这样的行为还是应该认定为故意伤害致死。

学生：在您说的第二种情况下，我觉得还是可以认为介入因素是异常的。

张明楷：我认为并不异常。重伤害的行为往往会导致被害人晕厥等现象。一般人也很容易联系到之前的重伤行为，误认为处于晕厥状态的被害人已经死亡，然后实施一系列的毁尸灭迹的行为。

学生：但是在一般情况下，具有伤害故意且打伤人时，怎么可能去毁尸灭迹呢？所以，我还是觉得这种情况很异常。

张明楷：我一再强调的是，在被告人误以为自己的伤害行为已经造成被害人死亡的情况下，埋尸体这个行为不异常。

依照客观归责的理论，如果第二个行为处于第一个行为客观可归责的范围内，就成立故意杀人既遂；如果在客观归责的可能范围之外，就成立杀人未遂。我是想通过将刚才的两种情况对比来说明，如果在事前的故意的情况下，结果是可以归责于之前的杀人行为的；那么在后一种情况下，死亡结果同样可以归责于之前的伤害行为。

学生：按照客观归责理论，似乎只有在第二个行为没有升高风险的情况下，才能将最后的结果归责于第一个行为；如果第二个行为已经明显使死亡风险升高，那根据客观归责理论，恐怕还是不应该将最终的结果归责于第一个行为。

张明楷：要认定杀人既遂或故意伤害致人死亡，至少前行为要有致死的危险，而且这种危险的状态仍在存续。例如，行为人开枪没有打中被害人时，虽然开枪具有致人死亡的危险，但是在开枪没有打中被害人的情况下，这种危险状态就没有存续。行为人以为自己打中了被害人而将被害人扔进水池致死的，就应该定两个罪：故意杀人罪（未遂）与过失致人死亡罪。但如果被害人身中数枪奄奄一息，被告人以为被害人已经死亡，将他投入水中，验尸报告表明，被害人最终死于溺水的，就应该定故意杀人罪一罪。因为在后一种情况下，开枪致人重伤之后，开枪行为导致的致人死亡的危险状态一直存在，并且最终现实化了。

学生：在您举的开枪的第二个例子中，被告人的第一个行为只是导致了被害人的昏迷；正是进一步的投水行为才导致被害人的死亡，为什么第二个真正导致死亡的行为就可以不予评价，忽略不计呢？

张明楷：我强调的是第一个行为造成了致人死亡的风险，也就是开枪致人昏迷的行为本身就有致被害人死亡的风险，最后这个风险也被实现了。

学生：如果说，在另外的案例中，经事后鉴定，被告人打击被害人的前行为，并没有致被害人死亡的任何风险，只是单纯的昏迷，最后被告人误以为昏迷中的被害人已经死亡，而将其毁尸灭迹的。您觉得在这样的案件中，被害人死亡的结果还能够归责于被告人之前的打击行为吗？

张明楷：如果按照你的意思，不归责于之前的伤害行为的话，在我们国家，这样的行为恐怕只能定一个过失致人死亡罪。因为行为人前面的行为构成的是伤害未遂，如果连轻伤也没有达到的话，就不会受到追究，只能追究后面的行为。

学生：如果说故意杀人罪有致人死亡的紧迫危险，那么故意伤害罪致人死亡的危险可能本身就要低很多了。我的意思是，在这样的案件中，前面的伤害行为致人死亡的危险较低，那么之后的毁尸灭迹的行为就是直接导致死亡的原因。所以，我们就不能说，后续行为不异常。是否异常，似乎也应该根据致人死亡的危险程度来评估。

张明楷：你也承认了故意伤害行为有致人死亡的危险。但是在伤害行为已经导致了行为人可以将被害人误认为死亡的情况下，我们就不能够抽象地说，伤害罪致人死亡的危险不高。我觉得在我们列举的这些案件中，伤害行为致人死亡的危险本身已经很高了。其实，杀人和伤害在致人死亡的客观危险上面，可能差别并不大；二者的差别来源于主观责任形式不同。杀人罪要求具有杀人的故意，而伤害罪要求具有伤害的故意。

持行为无价值论的学者不一定会认为伤害致死和故意杀人在客观上有所不同。在被害人已经死亡的情况下，无论是伤害行为导致了被害人的死亡，还是杀人行为导致了被害人的死亡，从客观上来看，二者的区别有限。所以，伤害罪的致人死亡的风险并没有显著低于杀人行为，两者只是故意内容不同而已。

张明楷：我们可以再假设一种情形。行为人的行为已经致被害人濒临死亡，行为人以为被害人已经死亡就离开了现场。有人见到被害人以后，又打了他几拳。事后查明，被害人是在遭受他人拳打之后，才死亡的。你们觉得这个死亡结果应该归责于前一个行为人，还是后一个行为人？

学生：后一个行为人的行为已经使被害人的死亡提前，似乎可以将死亡结果归责于他的行为。

张明楷：如果后一行为人的行为只是将被害人的死亡稍微提前了一分钟，或者更短的时间，你们觉得还是应该将这个死亡结果归责于他的行为吗？

学生：只要能够证明，后一行为人的行为导致了被害人死亡的提前，哪怕只有几秒钟，也应该认定为杀人罪吧。

张明楷：这基本上是所有外国教科书的观点，当然也具有可取之处。毕竟生命本来就是由时间组成的。但要是将死亡结果归责于后行为的话，就会发现，如果后一行为人只是打了被害人一拳，而且打得也不重，前行为已经致被害人濒临死亡，结果前行为只是认定为故意杀人未遂，而后行为却构成杀人既遂或故意伤害致人死亡。我觉得这样的结论似乎也是不合适的。

学生：显然这个死亡结果是由前一行为人的行为和后一行为人的行为共同造成的，可以将结果归责于前后两个行为。

张明楷：你说的这种多因一果的情况，应该是类似于这样的案件：甲在被害人身上割开了一个口子，乙后来又在同一个被害人身上再次割开一个口子。如果仅是一个口子的话，并不会导致失血过多而死，但是两个口子就会导致被害人失血过多而死。在这种情况下，被害人死亡的结果应该归责于甲乙二人的行为。但是我刚才举的这个例子中，不论后一个行为人是否出现，第一个行为人的行为都铁定会导致被害人死亡。法官在审理这个案件时，就需要考虑，死亡结果是归责于第一个行为合理呢，还是归责于第二个行为合理。

学生：在可以肯定第二个行为使死亡结果提前发生的情况下，就能够肯定死亡结果可以归责于第二个行为。

张明楷：死亡的时间提前是结果，但造成这个结果的原因是什么。第一个行为已经导致被害人濒临死亡，这就可以肯定这个行为才是导致最终死亡结果发生的更为根本的原因。第二个行为只是导致了第一个行为造成的危险现实化了。要是没有第一个行为的话，只是打了两拳，怎么会死人呢？

学生：但要是没有第二个行为的话，被害人也不会在那个时间点死亡。

张明楷：问题是，这里的第一个行为与第二个行为本身的危害程度差异很大。第一个行为可以认定为典型的杀人行为，而第二个行为可能在一般情况下都不能够认定为伤害行为。难道一个伤害行为，就因为在一个特定的环境下，使被害人死亡时间提前了几秒钟，就可以认定为杀人行为吗？如果第二个行为只是导致死亡结果稍微提前发生了，可否不将最终的死亡结果归责于这个行为呢？

学生：预设提前了几秒或者几分钟，都是不重要的，只要是第二个行为确实导致死亡结果提前发生了，还是应该归责的。

张明楷：将这样的案件讲给一些没有学过法律的普通人看的

话，他们也都会认为第一个行为应该受到更为严重的处罚，第二个行为即便要受处罚，也应该较第一个行为轻缓。我觉得我们得出的最终结论，也不应该明显背离普通人的这种直觉或者观念。

学生：如果要给第二个行为定罪的话，该定什么罪呢？

张明楷：如果不能将被害人死亡的结果归责于第二个行为，第二个行为恐怕连伤害的程度都没有达到。我们国家刑法典中又没有规定暴行罪。所以，这的确是个难题。

学生：您刚才举的这个案例与日本抢劫致人死亡罪中的一些案件十分类似。行为人本来想打昏被害人之后实施抢劫行为，结果用暴力将被害人打晕之后，行为人误以为被害人已经死亡，就去毁尸灭迹，但实际上正是行为人实施的毁尸灭迹的行为才真正地导致了被害人的死亡。在日本，这样的行为还是会被认定为强盗致死罪。

张明楷：这是团藤重光等学者的观点。他们认定，只要是利用了"强盗中的机会"杀人或者致人死亡的，都可以认定为强盗致死罪。但现在很多人都反对"强盗中的机会"这个理论。比如，行为人在抢劫的过程中遇到仇人，将仇人杀害接着抢劫被害人的，这也是利用了"强盗中的机会"杀人，那是否也按照强盗致死罪处断？所以，日本通说还是强调，只有抢劫的暴力、胁迫或者强取财物的其他行为致人死亡，才能认定为强盗致死罪。

学生：因果关系与客观归责，往往会与存在论和规范论联系起来，人们一般认为因果关系属于存在论，而客观归责才属于规范论。您如何看待这个问题？

张明楷：虽然大体上如此，但还是有一些介于二者之间的理论，很难将其简单地归入存在论或者规范论。比如说，因果关系理论中的相当因果关系理论,就不能将其简单地认定为存在论。从某种意义上说,相当因果关系理论应当属于规范论。因为相当因果关系理论中是否"相当"的判断,实际上就属于对结果是否可以归责于行为的一种规范判断。尤其是作为日本通说的相当因果关系说,就更能体现规范论的特征。一些人认为,客观归责理论是体系化的规范判断,而日本的相当因果关系论不是太体系化。但实际上,仔细查阅日文文献会发现,日本的相当因果关系论还是十分有体系的。它首先会规范地判断行为是否是实行行为、再判断介入因素是否异常,在这些问题的判断过程中,有明显的体系性。所以,不能认为日本的相当因果关系理论没有体系。

即使在德国,作为客观归责理论基础的条件说,也很难将其完全认定为存在论,实际上,在某些情况下,它还是会与规范论有些关系。比如,甲乙两人在没有共谋的情况下,都向被害人的水杯里面投放了一定量的毒药,经查,每个人投放的毒量都足以毒死被害人,最后,被害人喝过二人投放过毒药的水之后,毒发身亡。条件说的公式是,没有前行为就没有后结果。那么,在这个案件中,根据条件说,就应该认为甲乙二人的行为与死亡之间不符合条件说的要求。但是,毫无疑问,条件说还是根据一定的规范目的,认定甲乙的行为与死亡结果之间存在条件关系。另外一个类似的案件是,甲乙二人得知仇人丙要去沙漠旅行,二人在没有合谋的情况下,甲在丙携带的水壶中投放了足以致死的毒药,乙将丙的这个水壶钻了一个小孔,等丙到了沙漠以后,水壶里的水肯定早就漏光了。后来丙在沙漠中渴死了。根据条件说的公式,理应否定甲乙二人的行为与结果之间的条件关系,但在德国,大家又都认为甲乙二人的行为与被害人的死亡之间符合了条件关系。另外,在条件说的发展过程中,从最早的条件说开始,学界与司法实务部门也强调在一些情况下,条件关系可以中断,一些情况下,必须禁止回溯。这些中断与禁止溯及的判断,往往也是规范的判断。所以,可以看出,即使是条件说本身,也还是有一定的规范论在里面的,并不是完全的存在论。

无论是因果关系理论,还是客观归责理论,都会涉及存在论与规范论这两个层面。现在的问题是,如何正确地处理二者之间的关系。现在,没有只强调存在论而不顾规范论的理论,但却有过分强调规范论而脱离存在论的现象。例如在我刚才举的这个案例中,就涉及这样的问题。甲乙在没有共谋的情况下,甲向被害人携带的水壶中下毒,乙将水壶钻孔,最终被害人在沙漠中渴死了。我觉得,在任何一个案件中,都必须首先以存在论为基础考虑问题。在这个案件中,被害人是由于没有喝到水而渴死的,那么,从存在论上讲,就是乙钻孔的行为直接导致了被害人的死亡。但如果跨过存在论,直奔规范论,就会先假定一个事实:如果乙没有钻孔,那么被害人喝水的话,也是会被甲投放的毒药毒死的。但这样的事实并不存在,也就是说,这样的事实,没有存在论的根据。甚至可以认为,没有存在论根据的分析,就是脱离客观事实去分析案件。这种只强调规范分析,而不顾存在论根据的现象还包括客观归责理论中讨论的其他的一些问题,它们有一个共同特征,那就是很抽象、很玄妙、很难具体从存在论出发分析。比如,罗克辛教授的教科书中,在讨论客观归责问题时,举到的一个案例:行为人往快要决堤的水库里加了一盆水。罗克辛教授认为,即使最后决堤了,最后决堤的结果也不能归责于这样的行为。可是，你们想想，谁能够精确地从客观上计算出往一个快要决堤的水库中加一盆水会对决堤有什么影响？所以，在这样的案件中，说到底，还是没有将存在论这个基础解决好。

我国刑法学界，最近有一个倾向，要全面引进德国的客观归责理论。我认为，只要我们能够将因果关系中存在论与规范论两个层面的问题很好地解决，就够了，不一定要全面照搬德国的客观归责理论。例如，实行行为的概念还是有存在的必要性。应当归入违法阻却事由、责任论方面的问题，也不应当放在客观归责理论中讨论。我们需要借鉴的是客观归责理论的规范判断方法以及其中的部分内容。

学生：在您刚才举的可替代的充分条件的案例中，您认为只有乙钻孔的行为与被害人的死亡结果之间存在因果关系，那么，被害人死亡的结果也就只能归责于乙钻孔的行为。我想把这个案例再改一改。如果乙与丙同时要去沙漠，想借机杀害丙；乙事先知道甲已经在丙的水壶中放了毒药，他又故意在丙要喝水的时候将丙的水壶打翻在地，最终丙渴死了。乙打翻丙水壶的行为是否与丙的死亡之间存在因果关系？

张明楷：我觉得你改编的这个案件中，可能会涉及乙打翻丙水壶的行为是否为偶然防卫。但麻烦的是，偶然防卫往往是针对不法侵害人的防卫，从这一点上看，又不能将这样的行为认定为偶然防卫，但与偶然防卫有相似之处。

学生：如果丙喝了水壶里的毒水的话，很可能马上毙命；正因为乙打翻了水壶，即使丙最终渴死了，但是也还是坚持了一段时间。这似乎又说明，乙打翻水壶的行为还延缓了丙的死亡。

张明楷：我还是强调，应该将存在论放在规范论之前。如果你认为被害人死亡的结果要归责于甲的投毒行为，而最后的尸检报告里又没有丙中毒的内容，辩护律师会问，既然被害人的死亡与甲投毒的行为存在因果关系，为何被害人没有中毒？丙是渴死的，这一点不是任何假设可以取代的一个事实，所以，要想将死亡结果归属于甲的投毒行为，就必须找到肯定丙的死亡与甲的投毒行为之间具有因果关系的理由。能不能这样说：由于甲投放毒药导致丙不能喝水，因而渴死了。

学生：如果乙在得知被害人的水壶里面有毒药的情况下，为了延缓被害人的生命，将水倒掉了，最后被害人渴死了。您觉得乙的行为具有违法性吗？

张明楷：我觉得乙的行为并不具有违法性。在三阶层的犯罪论体系中，阻却违法性的判断较因果关系的判断靠后。比如，在正当防卫的过程中，被害人将侵害人打死了，你不能说侵害人的死亡与被害人的反击行为之间不存在因果关系。但到了违法性阶段，我们还是可以肯定被害人的反击行为不具有违法性。

这也是我不太赞成全面移植德国的客观归责理论的另一个理由。原本在刑法中，犯罪与否的判断，是一个阶层的判断，但客观归责理论的出现，有将这些阶层判断混在一起进行的感觉。比如在这样的案件中，我们可以先肯定乙的行为与结果的发生之间存在因果关系，再在违法性阶段来解决行为是否不法的问题。但是，根据客观归责理论，这一切似乎都在客观归责中考虑了。

学生：我们一般只讨论作为犯罪中的因果关系问题，但是在一些不作为犯罪中，也会涉及一些因果关系判断的难题。比如，行为人向被害人实施了一系列的伤害行为，但被害人并不会马上死亡。行为人离开以后，被害人自己报警求救。一般情况下，警察 10 分钟就可以赶到现场，但是在这个案件中，警察两个多小时后才缓缓赶来。结果警察到现场时，被害人已经死亡。您觉得被害人的死亡是否与警察的渎职行为之间存在因果关系？

张明楷：我觉得可以将这样的案件认定为多因一果的情形，也就是说，既可以把被害人死亡的结果归责于行为人的伤害行为，也可以同时归责于警察的渎职行为。

学生：可不可以将警察的行为认定为一种伤害行为与死亡结果之间的介入行为，只不过是以不作为的行为介入的。如果能够认为这样的介入行为是不正常的，似乎不能将最终的死亡结果归责于之前的伤害行为。

张明楷：根据我们的国情，警察不能够迅速及时地赶到案发现场，并不是一件非常异常的事情，所以，我觉得还是不能用介入的第三者的行为十分异常，而排除前面的伤害行为与最终的死亡结果之间的因果关系。所以，被害人死亡的结果既可以归责于警察的渎职行为，又可以归责于之前的伤害行为。

第四堂
正当防卫与紧急避险

张明楷：2010年除夕夜，张某陪着已经身怀六甲的妻子武某在岳父家过年。武某的前夫王某醉酒后不请自来，为了避免发生正面冲突，张某、武某在卧室回避。不料王某却持刀闯入卧室，双方没说两句便起了冲突。王某将上前阻拦的武某胳膊划伤，后又扑上去把张某压在身下殴打。张某夺下王某手中的刀向对方连刺3刀后，才挣脱出来。张某看到王某身上的血后，赶紧让妻子拨打120急救电话，但王某最终仍不治身亡。2011年12月9日，一审法院以故意伤害罪判处张某有期徒刑5年。对此，张某坚持认为自己是正当防卫，不应该定罪，提出上诉。2012年9月28日，北京市高级人民法院作出刑事附带民事裁定，撤销原判，发回重审。重审法院认为，由于张某是为了使本人的人身权利免受王某正在进行的不法侵害，夺刀防卫、扎伤王某，导致王某死亡，其防卫明显超过必要限度，应认定为防卫过当。最终，法院以故意伤害罪判处张某有期徒刑3年6个月。一审法院与重审法院作出的判决哪个更加妥当？

学生：以我在检察院工作的经验来看，这样的案件一般会被起诉，也就是说，这样的行为应该是防卫过当，而不是正当防卫。在实务中，只要行为最终致人死亡了，就很难被认定为正当防卫，这主要是考虑到被害人的反应和社会效果。

张明楷：这或许就是司法实践中认定正当防卫与否时的问题所在。

学生：本案中，王某持刀闯入他人卧室，对他人进行殴打的行为明显属于"行凶"。对正在行凶的犯罪分子进行正当防卫，导致犯罪分子死亡的，应该仍属正当防卫的范围。

张明楷：我同意你的看法。想象一下，自己正在卧室，突然有人拿着刀冲进来，与自己和家人发生冲突后，对自己实施殴打行为，还用刀划伤家人。这样的行为认定为"行凶"是完全可以的。案情介绍时也已经指出，张某用刀捅王某，是为了挣脱正压在自己身上的王某，否则，王某就会一直压在张某身上殴打张某。考虑到这些情节，更应该将张某的行为认定为正当防卫了。

学生：可能法院考虑到王某确实是被捅死的，不将张某的行为定罪的话，也不太合适。

张明楷：这就是为什么在我国司法实践中，只要正当防卫的案件中出现了死亡结果，被告人肯定会被判刑的缘由了。中国有句老话，"要想官司赢，除非死个人"。法官普遍认为，如果在案件中已经出现死亡结果的情况下，还判被告人无罪，会引起死者家属的上访、闹访。但这样做会导致正当行使权利的一方被定罪量刑，最终不利于普通公民对抗违法犯罪行为时行使权利。本案中，王某持刀闯入他人卧室，对他人进行殴打的行为明显属于"行凶"。对正在行凶的犯罪分子进行正当防卫，导致犯罪分子死亡的，应该仍属正当防卫的范围。

学生：在实践中，将杀过人的人放了回去，即使这个人是在正当防卫的情况下杀人的，也往往还是会造成闹访的现象。

张明楷：但如果防卫人这一方的亲属反应也很大，声称要是不放人他们就去闹访，实践部门又该怎么办呢？自古以来，"要想官司赢，就得死个人"，不法侵害人被防卫人打死以后，侵害人的家属就会觉得他们是受害者；防卫人一看自己的防卫行为导致了侵害人的死亡，也会觉得理亏，只要能判得轻一点，认定为防卫过当也没关系。法律就被这种传统的观念给扭曲了。所以，实践中很少见到对正当防卫致人死亡的案件不起诉的情况。

学生： 从法律上讲，这个案件也还是有可能被起诉的。因为本案中防卫人连捅了侵害人三刀，这个连捅三刀的行为可能会被认为超过了必要的限度。因为或许捅一刀就已经足够阻止不法侵害的继续了。

张明楷： 张某连捅王某三刀的时候，王某还在攻击张某。根据张某的口供，当时王某压在张某的身上，张某夺了王某的刀之后都不知道怎么扎到王某的。两人在那么近的距离内搏斗，张某捅刀子的时候不可能像其他情况下那样，可以用到很大的力量。

学生： 我想实践中总会有尸检报告的。通过这份报告，我们就可以看出张某到底捅到了王某的哪些部位，捅得到底有多深。一刀致命，还是三刀都致命等。

我觉得这个案子有个特殊的地方，一是案件发生在防卫人岳父家的卧室。卧室是比较私密的地方，从这一点来讲，似乎我们应该要将防卫人的防卫限度认定得更加宽泛才行；二是侵害人压在了防卫人身上，在两人身体紧密接触的情况下，很难要求防卫人在防卫的过程中特意避免某些致命部位。所以我认为应该把张某的行为认定为正当防卫。

张明楷： 检察院在讨论这个案例的时候，认为被告人张某的行为不构成特殊防卫的一个很大的理由就是，王某的刀被张某夺过去以后，王某已经是赤手空拳了，他的行为无论如何也不构成特殊防卫中的"行凶"。可是，王某拿着刀入室砍人的时候总是在"行凶"吧？张某夺了王某的刀以后，王某还在掐张某的脖子，这是不是"行凶"？再说，当时王某还压在张某的身上，能算"行凶"已经结束吗？

我认为这个案件中，张某的行为应当构成正当防卫。王某拿着刀闯进他人卧室砍人，当然是在行凶；张某夺了王某的刀之后，张某被王某压在身下，王某用双手掐张某的脖子，行凶还在继续，张某当时手里只有一把刀，在没有其他工具，而且被砍伤，还被压在身下的张某当时肯定已经惊慌失措，在这种情况下，我们不能苛求张某能完全不伤王某的性命来完成防卫。

曾经有个区的副检察长对我说过，他一年到头见不到一个正当防卫的案件。我当时告诉他："不是没有正当防卫的案件，而是你们把正当防卫的案件都当犯罪处理了。"

学生：我也想和大家分享一个关于正当防卫的防卫手段的案件。我曾经遇到过这样一个案件：被告人一向性格比较偏激，他的钱包被人偷过很多次，所以对小偷深恶痛绝。有一天，被告人拎着一把菜刀坐在公交车上，刚坐下不久就有个小偷过来要偷他的钱包，其实他身上没带多少钱，但他竟然一转身用菜刀把那个小偷的手给剁掉了。没有人会认定他这是在正当防卫，因为他的行为不符合正当防卫的程度要求。我想问的是，这个案件中，被告人构成了故意伤害罪，在量刑的时候，是否可以援用《刑法》第20条第2款规定的"正当防卫明显超过必要限度造成重大损害的，应当负刑事责任，但是应当减轻或者免除处罚"？

张明楷：既然被告人是在小偷偷东西的时候砍断小偷手的，

那为什么他的行为就不能适用这一款呢？当然能适用！

学生：我们在办案的过程中，总是觉得被告人并不是单纯出于防卫的目的而砍断小偷的手的，他完全是出于一种报复的心态。

张明楷：无论被告人出于什么心态砍断了小偷的手，他的确是在小偷偷东西的时候砍断的，虽然构不成正当防卫，但是还是可以认定为防卫过当，量刑的时候应该适用《刑法》第20条第2款的规定。

你之所以认为这个案件中，被告人的行为不是防卫过当，不能适用《刑法》第20条第2款，就是因为你认为无论是正当防卫，还是防卫过当，都必须要有防卫意识或防卫意图。但德日的刑法学者中，即便是行为无价值论者也可能否认正当防卫要有防卫意图。只要不法侵害正在进行，阻止不法侵害的行为就当然是一种防卫。正因为你要求防卫一定要有防卫意图，那么你当然认为这个被告人的行为就不是防卫了。即便站在行为无价值二元论的立场，认为正当防卫必须有防卫认识，这里的防卫认识也仅仅是认识到有人在进行不法侵害就可以了，如果防卫行为属于防卫过当的话，再区分它是故意的防卫过当，还是过失的防卫过当。以前，我国的刑法学界认为防卫过当只能由过失造成，得出这个结论的理由就是当时我们认为正当防卫也好，防卫过当也罢，都必须要有一个防卫的意图。现在看来，显然是不妥当的。

※

张明楷：我再举一个案例：甲和乙是堂兄弟，两人长期闹矛盾。某天下午两点钟，乙拿砖头砸甲停在甲店铺外的小汽车，甲出来阻挡的时候，乙用刀砍甲的手臂，甲用手挡，所幸没有砍中，只是刀柄碰到甲的脸。甲退后之后，乙就冲了过去继续砍甲，甲顺手从地上拣起一块砖头朝乙头上拍去，乙晕倒在地。后经鉴定，甲为轻微伤，乙则是重伤。案件事实有一处不明确，那就是甲用砖头拍乙脑袋时，乙手上是否还拿着刀。有三份证人证言，一个说甲拦了乙砍的第三刀后，乙的刀就掉地上了；第二个说乙的菜刀掉地上后乙又捡起来冲向甲；第三个说刀一直在乙手上，根本没有掉在地上。听说现在甲已经被捕了，据说要是不逮捕甲的话，乙的亲属就会去闹。你们认为这个案件是不是正当防卫？

学生：从法理上说，案件的事实不明时，只能做对被告人有利的认定。

张明楷：甲乙两人都应该是被告人，对哪个做有利的认定呢？

就这个案件来讲，司法部门根本就没有把不法侵害人乙当作被告人看待，这是实践中经常出现的问题。不法侵害人被防卫人打成重伤后，司法部门就不再对他之前的杀人未遂、伤害未遂的犯罪行为进行追究了，这样的案件里，只有防卫人一个人承担刑事责任。越想就越会觉得这不公平。在这个案件中，行为人一手拿砖头，一手拿菜刀，而且已经砍了防卫人三刀，这难道就不叫"行凶"吗？防卫人的行为只是致侵害人重伤而已，并没有出现死亡结果，他的防卫怎么就过当了呢？

司法实践中，对抢劫、强奸、明显有杀人意图的故意杀人行为等进行防卫的情况往往会被认定为正当防卫，但对故意伤害行为进行防卫的情况却几乎不会被认定为正当防卫。这就是为什么在我国，故意伤害罪能够成为发案率第三的犯罪的原因。恐怕没有哪个国家的故意伤害罪的犯罪率能有这么高。因为我们现在在实践中基本不承认对故意伤害的正当防卫，这样的行为几乎全部被认定为了相互斗殴。另一方面，我们在实践中又把真正相互斗殴的一方轻伤害另一方的行为认定为了故意伤害。我在前后几版的教科书中都强调，相互斗殴的双方在殴斗时，互相承诺了对方可以轻伤自己，所以任意一方造成对方轻伤的，在民法上都不用赔，在刑法上怎么就成了故意伤害罪了呢？

学生：如果甲乙两人在吵架的过程中，甲先打了乙一拳，乙回了甲一拳，这是相互斗殴吗？如果甲把乙打成轻伤，只能被认定为无罪吗？

张明楷：我觉得甲乙两人之前的吵架行为都不是犯罪，甲一拳打来，而且还没有住手的意思的话，乙的还击行为当然是正当防卫了。

学生：如果一方打了对方一拳后，就马上停下来站在原地不动，怎么判断他是否还会继续伤害呢？这个时候，被打的另一方出拳打对方的话，还能算做正当防卫吗？

张明楷：这个时候要做有利于防卫人的判断，只要侵害人还会继续侵害，就可以防卫。这里的"继续侵害"就是指不法侵害还没有结束。侵害人一拳打过来后，防卫人在极短的时间内回击的，应该属于正当防卫，不应认定为相互斗殴。侵害人打了对方一拳以后，还在现场没有离去，根据一般的生活经验，只要对方不还手，他还会继续出手，所以还不能认定不法侵害已经结束；如果不法侵害人打了一拳就走，根据一般的生活经验，他已经没有继续侵害的意图，也放弃了不法侵害，那么不法侵害就结束了。原则上说，后动手的人的反击被认定为正当防卫是没有问题的，这也是人之常情，不能像司法实践中那样，将这样的行为认定为相互斗殴。

在德国，除了法益的衡量以外，法的确证也是一个正当防卫的正当化根据。法的确证是一个一般预防必要性的问题。动不动就主动出手打人的行为有没有一般预防的必要性？如果有，那么别人反击就是合理的，这样的反击就是正当防卫。我国的司法实践，很少考虑对这种行为的一般预防必要性，所以那些先动手打人结果却因被还击而受伤的人反而不受刑事追究，他倒是成为了被害人，甚至有人借此机会漫天要价，动辄几万、十几万、甚至几十万，这样的话，先动手的人反而可以因打人而受益，这就会起到不好的示范效果。

学生：我见到过这样一个案例：甲得知前妻和乙结婚后特别生气，总是隔三差五地去乙家谩骂，多次在谩骂的过程中扬言要杀光乙全家。乙一直提心吊胆，担心甲果真会有一天来杀掉自己。一次，甲又来谩骂，又说要杀乙全家，乙拿起事先准备的刀就朝甲砍去，但甲身材高大，顺势把乙的刀夺了过去，反而最后把乙给砍死了。在这个案件中，是乙先动的手，甲砍死乙的行为构成正当防卫吗？

张明楷：我觉得在这个案件中，甲的行为应该构成故意杀人罪。这里涉及对正当防卫的限制问题。德国人把这种限制叫做"对正当防卫的伦理限制"；日本人将它称为"防卫的必要性"。

比如，罗克辛教授在他的教科书中就强调，在对没有责任能力人的不法侵害进行防卫、监护人对受保护人的不法侵害进行防卫、对很轻微的不法侵害的防卫、对勒索性不法侵害的防卫、防卫挑拨等情形下，正当防卫的认定要受到一定的限制。你说的这个案件就会被认定为防卫挑拨的情况。甲多次侵入乙的住宅谩骂，乙用刀捅甲是甲事先的挑拨行为所致，所以甲夺刀捅乙的行为往往难以被认定为正当防卫，甲的行为只有在控制乙不继续施害的最小限度内可能成立正当防卫，倘若甲捅死乙的话，显然已经超过了这个最小的限度，不能成立正当防卫。罗克辛教授的教科书中列举了一个案例，一个小孩谩骂一个人，这个人打小孩一个耳光是正当防卫，超过这个限度就是防卫过当。当然，在德国打别人一记耳光的行为也是可能构成犯罪的。

在日本，也存在要求对正当防卫限制的理论。例如，佐伯仁志教授认为，当防卫人的防卫行为可能致人死亡时，就不应当进行防卫，这时他有一种退避的义务。但我认为佐伯教授的这个观点存在问题。当防卫行为有必要导致不法侵害人死亡时，不法侵害行为本身就可能严重危及防卫人的人身安全，甚至可能致防卫人死亡。倘若防卫人只能通过杀死侵害人才能摆脱不法侵害的话，这个时候不允许防卫人防卫，就会造成不法侵害越是严重，就越是不能进行防卫，这显然是有问题的。

学生：在我国，如果一方辱骂另一方，被辱骂方难道在任何情况下都不能出手打对方吗？

张明楷：在我们国家，好像还没有针对辱骂的正当防卫吧。如果说有，恐怕也只是其他法律上的正当防卫。此时，限度就成为特别重要的问题。

学生：我曾经办理过这样一个案件。某火车站的售货员平时态度傲慢，十分强势。某日，他照常对一个民工模样的顾客出言不逊，这位顾客十分生气，就朝这位售货员的脸部打了一拳，结果打落了对方两颗门牙，已经达到了轻伤程度。您觉得这个案件该如何处理？

张明楷：在我国，辱骂行为情节严重的，才可能构成侮辱罪。所以一般的骂人行为并不构成犯罪，这位顾客在受到一般的辱骂后就出手将对方打成轻伤的行为恐怕也就不能认定为正当防卫了。

学生：我听说过这样一个奇怪的案例。防卫人用自己修炼多年的狮子吼功夫把爬在阳台上准备入户的小偷震得掉下阳台后摔成重伤，法院将防卫人的行为认定为防卫过当。

张明楷：怎么能将这样的行为认定为防卫过当呢？吼一声是故意杀人或者故意伤害的实行行为吗？显然不是。

※

张明楷：曾经有人问过我这样一组案例。

一个农村妇女丧偶，同村一个中年男子四次翻墙进入这名妇女的家中将其强奸。某天，这名男子对村妇说，"今晚不要睡得太早"，言外之意就是他今晚又要来强奸这位寡妇。于是，村妇在自己做的晚饭中下了老鼠药，等男子来了之后就哄他说，"吃个包子吧，吃了以后更有劲"。男方吃下包子后中毒身亡。这是第一个案例。

第二个案例的案情是：一名妇女被拐卖到某个山村后，买她的这家人轮流看守她，买她做媳妇的男子多次强奸过她。她自己觉得逃跑无望，就在做饭时趁机往饭菜里下了老鼠药，结果毒死了买她的全家人。

在第三个案件中，防卫人拖欠了别人一笔债务，债主雇了三名男子替他讨债。这三个人把防卫人拘禁到一个宾馆房间催促他还钱，但其间并没有使用暴力，还给吃的喝的，只是不让他离开房间半步。晚上，防卫人趁三名男子不注意，就在他们喝水的杯子中下了毒，最终三名男子喝下毒药后身亡。防卫人在毒杀他人后逃出了宾馆。

这三起案件有一个共同点，如果防卫人不防卫的话，他就会一直遭受侵害，而且防卫人除了采取致人死亡的方法进行防卫以外，好像也找不到其他能够有效摆脱侵害的防卫方法。但我们也不可能认为，这三个案件中防卫人的行为都成立正当防卫。我们在这里讨论的重点是，一旦防卫人去防卫就必然致侵害人死亡，或者说，一旦防卫人去防卫就必然成为防卫过当时，在这种情况下，他到底可不可以防卫？这涉及防卫的必要性问题。

学生：貌似在第一个案件中，女方只要报警就会避免被再次强奸，所以很难认为她别无他法，只能杀死侵害人才能不再遭受侵害。

张明楷：第一个案件发生在农村，女方因为各种顾虑不报警也是可以理解的。

在后两个案件中，侵害人的非法拘禁行为一直在持续，对这种持续性的不法侵害随时都可以防卫。但是在第一个案例中，你们觉得是否能允许女方提前防卫呢？

学生：如果非要等到男方实施强奸行为时再防卫的话，估计就会丧失防卫的时机，所以应当允许女方提前防卫。

张明楷：我同意你的观点。将第一个案件中防卫人的防卫认定为正当防卫还是比较合理的。行为人多次性侵犯防卫人，这次又要潜入防卫人家，显然要故技重施。当侵害人非法侵入防卫人住宅的时候，不法侵害就已经开始了，已经可以对他实施防卫行为。防卫人给不法侵害人吃有毒的包子，就是一种防卫的行为。在法益衡量中，侵害人的法益会被缩小评价，那么防卫人保护的法益与侵害人丧失的法益相比，也就并不悬殊。所以在这个案件中，完全可以将防卫人的防卫认定为正当防卫。第三个案例中的防卫人虽然只能采取毒害侵害人的方法逃跑，但他所保护的法益与他遭受侵害的法益相比较为悬殊，不能认定为正当防卫。第二个案件中的防卫行为能不能被认定为正当防卫还是需要讨论的。按照我对德国刑法理论与司法判例的了解，第二个案件是会被认定为正当防卫的。

学生：如果某人发现一个小偷在偷别人的钱包，他立刻拔出枪朝着小偷的方向开了一枪，结果什么都没打着。您觉得这个人开枪的行为是正当防卫还是防卫过当？

张明楷：《刑法》第20条第2款规定，"正当防卫明显超过必要限度造成重大损害的"才是防卫过当。显然，这个人开枪的行为并没有造成任何实害后果，也就不能认定为防卫过当。当然，主张行为无价值的学者或许会认为这个人的手段过当。但我觉得这种观点并不合理。使用刀枪棍棒等工具打人都可能致人死亡，难道就不能用这些工具来防卫小偷的偷盗行为了吗？防卫人也不一定要用枪打死小偷，可能只是鸣枪吓唬一下小偷。

多年来，刑法学界都主张要放宽对正当防卫的认定，但我们的司法实践却刚好相反，动不动就将正当防卫的行为认定为防卫过当，很多原本应认定为正当防卫的行为被判成了故意杀人罪。

《刑法》第 20 条规定，对防卫过当量刑时"应当减轻或者免除处罚"，但在实践中也很少见到免除处罚的情形。

20 世纪 80 年代发生过这样一个案子：七名侵害人手持砖块等凶器追打防卫人，防卫人拿着刀往前跑，七名侵害人紧追不放，其中跑得最快的两名侵害人在分别要拖拉防卫人时，被回过头来的防卫人一人捅了一刀，结果防卫人致一人死亡，一人重伤。法院将防卫人的行为认定成了故意杀人罪，判了死缓。这个判决显然过分苛刻。因为防卫人要是被那两名侵害人拖住，马上就会有七个人对他实施不法侵害，很可能死的人就是防卫人了；再结合当时防卫人一边逃跑一边防卫的情况看，很难要求他瞄准一个不致命的部位捅。

2005 年发生过一起案件。不法侵害人来到了防卫人的家门口，见到防卫人后张口就骂，接着上去用拳头打防卫人，防卫人被迫还手，于是不法侵害人的同伙们就手持砖头过来砸防卫人，情急之下防卫人用随身携带的水果刀将其中一人捅成轻伤。结果，法院将防卫人的行为认定为故意伤害罪，判处有期徒刑两年。我觉得在这个案件中，法院对正当防卫的认定仍然过分苛刻。多名不法侵害人打防卫人一人，而且不法侵害人手持板砖砸人，在这种情况下，防卫人只用水果刀将其中的一人捅成了轻伤，怎么就防卫过当了呢？

司法实践中也常常不把防卫人事先有准备的防卫认定为正当防卫，这种做法的问题也很大。比如不法侵害人多次要挟防卫人，还扬言要来杀防卫人，防卫人回了一句"你来吧"。结果法院就以防卫人有事先准备为由，认定防卫人没有防卫意识。怎么可以这样呢？防卫人是否事先预见到了不法侵害，他是不是因此作出了准备,都不能影响正当防卫的认定。无非在这种情况下,我们可以对防卫人采取的防卫手段是否具有相当性判断得比较严格一些,因为在一般情况下,防卫人可能因惊慌失措、措手不及而采取比较极端的防卫方式,但在防卫人有准备的情况下,他采取的防卫手段应该比较缓和。但这并不影响他合理的防卫手段能够成立正当防卫。

可以看出,司法实践中对正当防卫的认定十分严格,就是出于这方面的考虑,理论上才要求放宽对正方防卫的认定。

学生:我们在办理案件的过程中就碰到过防卫人事先准备的这种情况。这名防卫人在电话里和对方说,"你要是敢来,我这边也有人"。我们认为防卫人显然是想和对方斗殴,否则他应该积极报警。所以,我们把这样的案件认定为聚众斗殴罪。

张明楷:我认为这种做法不妥当。只要防卫人没有和侵害人约时间地点去斗殴,而是侵害人来到防卫人工作生活的场所殴打防卫人,就不能认定为聚众斗殴罪。

学生:倘若两股黑社会力量为了争夺地盘,一方去了另一方经营的地方殴打对方,对方反击的行为能认定为正当防卫吗?

张明楷:在实践中,这样的情形几乎都会被认定为聚众斗殴罪。但我觉得也应该具体问题具体分析。因为即便是黑社会组织的成员,也不能说他们的任何利益都不受法律保护。如果争地盘过程中涉及的都是非法利益,非法利益不受法律保护,当然没有正当防卫存在的余地;但如果这些人是为了保护自己的身体、生命法益不受侵害而反击的话,就应当可以认定为正当防卫。

学生:必须是捍卫正当利益的行为才可能成立正当防卫,这里的"正当利益"是不是必须在整个法体系中都合法?比如防卫人搭建了一处违章建筑，侵害人并不是执法人员，但就是看不惯防卫人的这种行为，所以他就要去拆防卫人的房子，防卫人为了阻止侵害人拆房，将侵害人打伤。防卫人的行为是正当防卫吗？

张明楷：不是任何人都可以随便拆除别人的违章建筑。只有执法人员通过一定的行政程序才能拆除。也就是说，随便拆除别人违章建筑的行为是不法的，所以可以对这种行为进行正当防卫。当然，这种防卫也必须受到正当防卫的"相当性"的限制。

学生：根据结果无价值论，偶然防卫应能成立正当防卫，所以偶然防卫的行为并不是犯罪。但偶然防卫人显然具有很大的人身危险性，因此这样的人还是具有特殊预防必要性的。不可罚的不能犯也属于这种情形。我们一般把保安处分的对象限定为实施了不法行为却不具有有责性的这类人，对他们实施保安处分是为了防止他们以后侵犯法益。但偶然防卫者与不能犯的行为人的特殊预防必要性并不少于实施了不法却没有责任的那些人。我们是否也可以考虑对偶然防卫人与不能犯的行为人进行保安处分？

张明楷：我觉得那些抛开行为人的行为是否不法，而根据行为人主观是否想犯罪来解决问题的途径，都是主观主义的反映。即使涉及保安处分，结果无价值论者也不能放弃对行为不法的要求。一个老太太想杀人，就去求神拜佛，难道也要对这个老太太进行保安处分？

学生：一个偶然防卫的人，他的行为是在极端偶然的情况下才符合了正当防卫。这样的人对社会本身就有潜在的风险，所以对他进行保安处分也是合理的。

张明楷：他的存在是不是真有潜在的风险，完全来自你的主观判断。如果一个人的行为本身没有侵害任何法益，就代表刑法不能再过问他的主观想法。仅以主观很恶劣为由来处罚没有侵犯任何法益的人，这才是一个法治国家的最大风险。是采取行为无价值还是结果无价值，这就涉及立场的选择。

在中国当前的司法实践中，哪种立场更好呢？我觉得还是结果无价值论更好一些。前几天我看到这样一个案件，一名旅客用小的透明塑料袋装了些白色粉末，被搜身后带到了公安局，虽然这些白色粉末并不是毒品，但最后法院还是定了运输毒品罪未遂。你们想想，公安人员是怎么得知这名旅客意图携带毒品的？我想往往就是三拳两脚后嫌疑人就招供了。看来，你们每一个人也挺危险哦。只要你们坐火车带些外表类似危险物品的东西，就有可能在受盘查以后被屈打成招，甚至被判刑也不得而知。

学生：您说的这些问题并不是刑法立场的问题，而是刑事诉讼法的问题。

张明楷：实体法和诉讼法的问题总是紧密联系的，不可能是两张皮。连主张行为无价值的周光权老师都不得不承认，在人权保障方面，结果无价值论的确要较行为无价值论优越得多。所以我还是觉得目前在中国，结果无价值论应该更有优势一些。

现在，也有一些国家对那些既实施了不法行为，也具有有责性的人进行保安处分，这样的做法与这些国家的刑罚本身比较轻缓有关系。在德国，刑罚执行完了以后还可能继续被保安处分，这也是因为德国的刑罚总体上较轻。我们可千万不能忽视我国与德国的差异，而提出学习德国这种做法的主张。我们国家的刑罚过重，而且国家机关在人权保障方面还有待完善，所以这样的主张并不符合中国的现状。所以我一再强调，学习法律的人就一定要对国家的现状有足够的了解、清醒的认识。

学生：甲第一个出现在杀人的案发现场以后，有群众以为甲是杀人犯，就去抓捕甲，甲是否可以为了摆脱抓捕，而对抓捕的群众实施一定限度的正当防卫？

张明楷：在你举的这个案件中，甲显然是无辜的，他的人身自由法益还是应该受到保护，所以，甲能够对抓捕他的人员实施正当防卫。

学生：如果警察接到举报，去抓捕甲，甲还能够对警察的抓捕行为实施正当防卫吗？

张明楷：如果警察的抓捕行为已经得到了检察院的批准，这样的抓捕行为在程序上是合法的；甲抗拒抓捕的行为只要符合正当防卫的条件，我觉得还是应当认定为正当防卫。因为即使警察的抓捕行为程序上合法，但实际上甲并未犯罪，甲的自由等人身法益还是应该受到刑法的保护，应当允许他为了保护自己的法益向警察实施一定的防卫行为。

学生：您一方面认为警察的行为在程序上是合法的，一方面又认为对这种合法行为的反击是正当的，这是否存在矛盾？因为正当防卫只能针对不法侵害。

张明楷：根据我所坚持的结果无价值论，刑法中的违法与否的判断，要以事后查明的所有事实为根据进行判断，刑法规范也是一种裁判规范。而行为无价值论往往认为刑法中的违法与否的判断是一种事前判断，刑法规范也相应的是一种行为规范。根据行为无价值的逻辑，既然警察的逮捕行为在行为当时符合了程序的规定，那么这样的行为就是合法的，对这样的行为就不能正当防卫。可是，既然甲并没有杀人，警察当时抓捕他的行为就应当是违法的，甲对这样的违法行为，就能进行正当防卫。那么，甲的防卫举措也就不能被认为妨害公务罪等犯罪；如果警察事先并不知道甲是无辜的，而去抓捕甲的话，就应该认为警察的行为不构成非法拘禁罪，因为他们没有非法拘禁的故意。

※

张明楷：孕妇甲在生产的过程中遭遇难产。负责接生的医生乙建议甲进行剖腹产，只有这样才能保证母子平安。但甲坚信自己可以顺产，没有必要进行手术，因此拒绝剖腹产。乙为了保证母子平安，还是给甲进行了剖腹产，后甲母子平安。在这样的案件中，作为医生的乙是否应当负刑事责任？

学生：如果当时确实情势所迫，不进行手术的话，甲和胎儿就可能会死亡，乙动手术的行为实际上挽救了两个人的生命，还是不应该把这样的行为认定为犯罪。

张明楷：我同意你的看法。如果当时的情况符合紧急避险的条件，乙的行为确实可以被认定为紧急避险，这样的行为当然不能够被认定为故意伤害罪等犯罪。

学生：如果本案中，医生在手术的过程中导致了甲和胎儿的死亡，那又该如何认定医生的行为呢？

张明楷：如果确实能够肯定甲和胎儿的死亡是医生的手术所致，在这种情况下，就不能说医生的行为能够成立紧急避险了。在患者没有同意的情况下，医生为了挽救患者而动手术致患者死亡的，根据当时的具体情况，可能成立过失致人死亡、医疗事故等罪。这需要根据当时的具体情况以及医生的主观状态进行判断。

学生：有这样一个讨论了很多年仍堪称经典的紧急避险的案例：船舶在大海上沉没以后，两个人掉进了海里。其中的乙伏在了一块船板上，而甲却没有任何救生设施。假设那块船板只能承受一个人的重量，伏在船板上的人就能够坚持到救援人员赶到从而得救。如果甲夺取乙的船板后，甲得救了，乙却死亡了，是紧急避险吗？

张明楷：应当认为，甲把本来可以得救的乙从船板拉下来的行为，是具有违法性的。问题的关键就在于甲是否具有责任阻却事由。可以认为这种行为不是阻却违法的紧急避险，而是阻却责任的紧急避险。

学生：阻却责任的紧急避险，是否可以不归入到紧急避险当中去？因为紧急避险的正当化的根据是法益衡量，而所谓的阻却责任的紧急避险并不符合紧急避险的正当化根据。

张明楷：紧急避险分为两种，阻却违法的紧急避险的正当化根据是法益衡量；而阻却责任的紧急避险的正当化根据就是没有期待可能性。你举的例子，不好归入阻却违法的紧急避险。因为一般认为生命法益是不能比较衡量的。如果是两个同等财产法益的比较，即使是等价的，也可能算作违法的紧急避险。在德国，一些学者认为同等的财产法益之间不能进行紧急避险。但我觉得是可以的。这样的话，行为造成的法益侵害，充其量只是零。就像西田典之教授说的那样，正是因为从社会整体利益去考虑，才设置紧急避险这个制度。零比零或者一比一的时候，从社会整体利益的角度考虑的话，不就等于没有法益侵害吗？但是，值得注意的是，这里的同等法益并不包括人的生命法益。人是不能够当工具来对待的，相应地，人的生命也是不能被量化来进行计算的。对每个人的生命的保护是绝对的。所以，在你所举的那个例子中，只能看甲是否具有责任阻却事由。我觉得，这里的阻却责任的紧急避险，也算是缺乏期待可能性的一个类型。

学生：那么，直接把这种情况归结到没有期待可能性的类型就可以了，也就没有必要把它归入紧急避险中去了。这样的话，紧急避险和正当防卫的正当化根据就可以统一为法益衡量了。

张明楷：在当前，判断有无期待可能性不能太过恣意。也就是说，现在，期待可能性的判断是一种很规范的判断。这也是近年来德国学界与司法判例中不单独进行期待可能性判断的原因，而阻却责任的紧急避险正是可以为期待可能性的判断提供一种类型。

学生：如果案例中的甲自己掉进水中以后不知所措，就给家里的妈妈打电话。他妈妈告诉他要把乙推下水，那他妈妈阻却责任吗？

张明楷：这个很麻烦，或许可以认为母子关系就决定了他母亲的行为也当然阻却责任。

学生：那如果甲打电话给一个朋友，问他朋友自己该怎么办。他朋友告诉他要把乙推入大海，又该怎么办呢？

张明楷：对于被请教的第三人，是应该独立地判断他的责任，还是从他站在甲的立场的这个角度来判断？第三人其实是站在海里的人的立场来提供意见的，第三人的期待可能性的判断虽然独立于海里的甲，但如果第三人与甲是亲密的朋友关系，或许也能阻却责任。另外，第三人回答的时候，并没有说他本人可以把乙推到水中，而是说甲可以。他的意思其实就是：如果甲把乙推入水中，甲是阻却责任的。这样看来，也不好处罚第三者。

学生：如果第三人认识乙，而且乙是他的仇人，第三人就借此机会告诉甲，要把乙推下去，又该怎么办呢？

张明楷：第三人是否与乙有仇似乎没有关系。如果进行规范判断，即使第三人利用了这个机会，那也不会影响处理的结果。

学生：如果甲本身也已经断念，抱定了必死的决心，不去抢乙的船板。但是，岸上的第三人看见后大喊："你赶快把乙拉下去，你自己伏在船板上，我想办法救你。"第三人的这句话，重新又燃起甲的求生本能，甲毫不犹豫地把乙推了下去，自己得救了，又该如何处理？

张明楷：这就取决于怎么归纳案件事实。你说的这种情形，或许可以归纳到我们刚才说的那种情况中去。也就是说，如果第三人与乙有亲友关系，也可能认为第三人阻却责任。但是，如果你把这种情况归纳为第三人教唆他人实施具有构成要件且违法的行为，他人却不具有责任的行为的话，那么，第三人的行为就是犯罪。

学生：再举一个类似的例子。比如，甲杀人以后，留下了很多杀人的证据，打电话给自己的朋友乙询问自己该怎么办，乙告诉甲要把证据烧毁。在这个例子中，由于甲缺乏期待可能性，不是正犯。根据您的观点，乙应该属于帮助毁灭证据罪的正犯。立法将缺乏期待可能性的犯罪人本人排除出了证据犯罪的主体范围，但是却要处罚实际上的帮助犯、教唆犯，似乎表明教唆他人从事违法行为，如果他人缺乏期待可能性的话，教唆者还是应该负有责任的。

张明楷：你举的例子中，乙的行为就是帮助毁灭证据罪法条中的"帮助"行为。也就是说，乙本身就是正犯。我感觉，这与我们刚才讨论的那个落水案是不一样的。

这两个案件的逻辑结论似乎应当相同，但这两个案件给我的感觉确实不一样。除了正犯与共犯的区别外，或许有另外一个原因影响我的感觉。在落水案中，人们可能认为甲想求生是天经地义的，所以，虽然根据德国刑法的理论，这种行为是违法的，但根据社会的一般观念，这种行为是否真的违法，可能还是值得讨论的。但在毁灭证据的案件中，对毁灭证据行为的违法性，可能不存在任何争议。所以，在这两个案件中，也可能是违法性的问题影响了我对案件的不同看法。

学生：在紧急避险的法益衡量中，是否应该也考虑被避险人对自己法益的自我决定权呢？比如说，医生想抽取甲的血液给另一个人救命，而甲不让抽取。

张明楷：这里涉及的是，在阻却违法的紧急避险中，被避险人是否具有对正当行为的容忍义务。比如说，甲在追杀乙，乙无处可逃，跑到了丙房间里躲避。丙强行将乙推出去以后，乙被等候在门口的甲杀害的，丙很可能被认定为故意杀人罪的帮助犯。

学生：如果将当时的情况改变一下，乙到了丙家门口以后，丙家门紧锁，乙叩门求救，丙就是不开门的，又该怎么办呢？

张明楷：在你说的这种情况下，对方还没有避险行为，相应地，也就没有被避险人的容忍义务了。

学生：那如果丙当时没有锁门，但是看见乙跑过来了，就慌忙顶住门，不让乙进。乙在门外推门，丙在门内顶门，就在这个过程中，甲追了上来把乙杀死的情况又该怎么办呢？

张明楷：这种情况下，如果认为乙已经有了避险行为，丙就应该具有了对紧急避险的容忍义务。

学生：甲为了挽救自己的 1 万块钱而损害了乙的 1 万块钱的情况下，乙有容忍义务吗？

张明楷：在这种情况下，也可以把自我决定权作为一种法益进行考虑。这样的话，损害的法益就是 1 万元加上财产所有人的自我决定权。那么，损害的法益就比挽救的法益要大了，也就不是紧急避险了。换句话说，在财产法益等法益的量基本相等的情况下，被避险人可以不负有容忍义务。

第五堂
犯罪中止与犯罪未遂

学生： 我曾经接触过这样一个案件。一个长期受丈夫虐待的妻子想通过打开自家天然气的方式把丈夫杀死。某天，她趁着房间里只有丈夫一个人睡觉，就打开了厨房的天然气，带着自己的儿子出了门。过了一段时间后，等她带着儿子回到了房间，就以为躺在床上的丈夫已经被天然气给熏死了。但儿子马上打开了房间的窗户，并哀求自己的母亲去救父亲。这位妻子念及多年夫妻情分，最后还是拨打了120急救电话将自己的丈夫送到了医院。事后，司法部门鉴定的结果是，这位丈夫没有因此受到任何伤害，当时屋内的天然气含量根本无法致人死亡或者伤害，但是如果继续漏气的话，可能达到一定的浓度而引起爆炸。您觉得这个案件涉及的是中止犯、未遂犯，还是不能犯？

张明楷： 在这个案件中，一个关键点是，虽然当时的天然气浓度不能毒死人，但还是可能达到爆炸的浓度的。毕竟如果天然气浓度继续升高的话，极有可能通过使用座机电话、手机通话等引爆天然气。所以，肯定就先把成立不能犯的可能性给排除了。如果妻子没有及时赶回，导致天然气浓度过高而引发爆炸的话，我还是主张定故意杀人罪既遂。当然，可能有人会认为，在理论上还是把这样的案件认定为爆炸罪比较合理。到底是定故意杀人罪还是爆炸罪，关键就看行为人是否意识到了天然气会被引爆的可能，如果意识到了的话，也是完全可以定爆炸罪的。

但这个案件的案情还没有发展到天然气爆炸的地步，所以，我们还是应该在构成故意杀人罪的中止与未遂这两个方面来进行讨论。倘若这个妻子回来以后，发现她的丈夫还活着，她放弃了可以重复实施的侵害行为，积极挽救丈夫的生命，就应该认定为故意杀人罪的中止。这就是我在教科书里说的不能认定为未遂的"放弃重复侵害"的情形。你们也许会问，明明前一个行为已经到了未遂的地步了，为什么后面的放弃侵害或者积极施救的行为还能认定为中止呢？这样的行为，在德国肯定会被认定为未遂。在德文中，"撤回来"这个词的意思就是我们刑法学中讲的"中止"。比如，德国有学者认为，举起刀打算砍人，没有落到人身上就收了回去的，是中止；但只要砍了下去，砍了一刀没砍死或者没砍到，自动放弃不再砍下第二刀的行为，也被认定为未遂，原因很简单：第一刀的危险已经发生了，这是无论如何也不能"撤回来"的。德国的中止认定之所以这么窄，重要的原因就是，在德国，中止犯是要免除处罚的。但在我国，一方面刑罚总体上比较重，另一方面，我国刑法规定，"对于中止犯，没有造成损害的，应当免除处罚；造成损害的，应当减轻处罚"。所以，在我国，中止犯的认定不必像德国那么严格。

学生：但在讨论这个案件的过程中，我的很多同事都认为应该认定为未遂。他们认为，未遂与中止都是犯罪的特殊形态，不可能并存；在这个案件中，妻子打开天然气以后就已经是犯罪未遂了，之后的行为只可能起到弥补犯罪损失的作用，但都不可能是中止行为。

张明楷：我国《刑法》第24条不是还规定了"自动有效地

防止犯罪结果发生的，是犯罪中止"吗？比如，行为人把毒药给被害人服下以后，在被害人没有毒发之前将他送到医院，被害人接受治疗成功脱险。难道这种情况下，我们一定要说"给被害人服下毒药的时候行为已经未遂，之后的一切行为都只是弥补犯罪损失，不能认定为中止"吗？显然不能。问题就出在未遂的认定太过提前了。

学生：那是否可以这样理解您的观点：在结果发生之前，就看行为人的最终选择是什么？

张明楷：或许可以这么说。总之，要结合我国刑法对中止行为的规定来认定。

学生：倘若行为人看到被害人服毒后良心发现，马上开车送被害人去医院。走到医院门口时，行为人十分害怕自己被揭发，结果就把被害人丢到了医院门口。幸好医院值班人员及时发现，抢救了被害人。在这种情况下，行为人开车送被害人到医院门口的行为在客观上已经起到了阻止死亡结果发生的作用，您觉得能把这种行为认定为中止行为吗？

张明楷：行为人将被害人送往医院的行为，肯定是一种有效的中止行为。即使在送到医院门口以后，行为人害怕被抓而跑掉，也不能否认他将被害人从案发地点送到医院附近这种行为，能有效防止结果。

学生：但是，如果不是医生非常偶然地发现了被害人，恐怕被害人并不会得到积极的救治。

张明楷：这里讨论的是中止行为与结果不发生之间的因果关系的问题。但必须肯定前面的行为已经是中止行为。我认为不必过分强调中止行为必须要与结果不发生之间有直接的因果关系。

即使行为人将被害人送到了医生跟前，倘若不是医生医术高明，被害人也会死亡，与被害人没有死亡有直接因果关系的，还是医生的救助。

这里可能还会涉及中止行为的"自动性"的认定和中止行为是否有效的问题。在德国或者日本，有人认为中止行为必须是一种真挚地防止结果发生的努力。但是如何认定这种行为已经达到真挚的努力的程度，还是一个需要进一步研究的问题。例如，行为人在将被害人砍伤以后，大喊了一声"有人受伤了"，就跑掉了，刚好有好心的出租车司机经过，将被害人送往了医院救治，使被害人最终脱离了生命危险。在这样的案件中，能说行为人已经对挽救被害人的生命付出了真挚的努力了吗？恐怕很难。但是如果行为人在砍伤被害人以后，通过拨打120急救电话积极联系救护，最后被害人脱离危险的，也还是可以认定为行为人为了挽救被害人付出了真挚的努力，能够认定为中止。所以，判断中止的关键，还是应该放在行为人的中止行为是否具有自动性以及是否有效，或者说，是否可以将行为人的行为认定为"真挚的努力"上面，而不是强调中止行为一定要与结果的不发生之间存在直接的因果关系。

学生： 如果行为人在砍伤被害人以后，看到马路上有很多人，担心自己留在现场会被抓捕，但又想救活被害人，他认为只要喊一声"有人受伤了，快救人"，就会有人跑过来救助被害人，所以行为人只是喊人去救被害人，自己却跑掉了。您觉得在我说的这种情况下，行为人的行为是否能够认定为中止？

张明楷： 我觉得还是应该联系到在通常情况下，社会一般观念是否会将这种行为认定为积极施救的行为来认定是否构成中止行为。不能仅从行为人的主观认识出发,来认定是否成立中止行为。

学生: 如果根据社会一般观念来判断中止行为的话,恐怕也很难将行为人砍伤被害人后深夜送到医院偏僻的角落的行为认定为中止行为。因为在这种情况下,一般人还是会认为,被害人在那种情况下很难被发现而得到救治,最终虽然得到了救治,也仅是侥幸而已。

张明楷: 像我刚才说的一样,行为人从案发地将被害人送到医院附近,就是一种有效的行为。社会一般观念不可能认为从偏僻的案发地点将被害人送到医院周围的行为不能挽救被害人的生命。除非行为人又将被害人掩藏了起来,或者藏到了更加偏僻的、不易被发现的医院周围。

学生: 刚才讨论的那个送医院的案例,如果有介入因素,即介入了其他人的行为使被害人得到救助,要认定为中止的话,是不是要考虑其后的那个因素的介入,很大程度上是前面行为人的努力的结果?前后的行为如果能够衔接起来,使发生在被害人身上的危险不至于变成实害或者说危害不至于进一步恶化,才能认定为中止。像刚才送医院的那个案例,如果是白天,行为人想到将被害人送到医院门口,比较容易使其得到救助,那么就可以视为,后面被害人得到的救助,跟前面行为人把被害人送到医院的行为是能够衔接起来的。如果是晚上送到门口,因为被害人被发现的几率非常小,即便由于偶然因素被害人还是被医生发现并救治了,也不能够认为是行为人真挚的努力带来的结果。

张明楷: 这是一种很规范的判断,从客观上来讲,医生能发现,就是因为行为人把被害人送到医院去了,这一点是无法否认的。你所说的意思可以反过来这么表述，即医生发现被害人的通常性：医生究竟是很偶然、很异常地发现了被害人，还是很通常、很正常地发现了被害人？在医生发现被害人很正常、很通常的情况下，那么行为人被认定为中止的可能性就很大了；如果医生的发现是比较偶然的，那么行为人被认定为中止的可能性就变小了，你是这个意思么？

学生：是，比如说中止行为在时间上和地点上的不同，都会使发现的几率不一样。是白天还是晚上，放在医院大门口，还是放在太平间通道的门口这样人迹罕至的地方，发现的几率都是不一样的。

张明楷：刚才说的是放在医院大门口，要是放在人迹罕至的地方，那不是跟藏起来是一样的么？这类假设的案例就是有些比较麻烦的问题，对具体的情境没有具体假定，也不知道是什么类型的医院，行为人把被害人送到医院门口后的具体时间地点，对该医院来说，容不容易发现被害人。这也跟审理案件的法官通常量刑的轻重也有关系。为什么日本法官认定中止的少，就是因为他们一旦认定中止，即使不是免除刑罚，量刑时也会很轻。他们既遂的案件量刑都比较轻，未遂就更轻了。我们总的来说应该将中止认定得宽一点，因为我们国家整体量刑比较重。不过这也取决于你们持什么观点，如果你是个重刑主义者的话，那又是另外一回事儿。所以，刚才说的那个案件，如果真的没有其他附加情况，认定为中止也不是不可以。一般场合我们只要能认为行为人采取的措施对阻止结果发生起了很关键的作用就可以了。

另外，行为是否具有有效性，与行为人是否具有自动性要分开讨论。如果行为人深更半夜主动将被害人放在无人经过的小医院门口,并不告诉医生,被害人是否可以得救更多地依赖于偶然因素,被害人得救是医院值班人员碰巧发现的结果,那么,虽然可以肯定行为人有自动性,但其行为可能不具备有效性。

学生：如果被害人当时伤势已经很严重,只是碰巧遇到了救助的人,我觉得认定为未遂比较好。

张明楷：另外要注意的是"防止犯罪结果发生"与"自动放弃犯罪"的关系。只要行为人以为不再继续实施侵害法益的行为结果就不发生,而没有再行为的,就可以认定为《刑法》第24条中的"自动放弃犯罪"吗?例如,行为人在砍杀别人的过程中,看到被害人异常痛苦,心存怜悯的行为人就没有继续砍杀。倘若当时行为人认为,即便没有他人相救,被害人也绝对不会死亡,所以他就一走了之了。实际上这个被害人伤势很重,幸亏遇到了好心司机,把他送到医院才最终得救。你们觉得这种情况可以认定为犯罪中止吗?

学生：要解决这个问题,就要联系中止犯的处罚根据来进行判断了。到底中止犯减轻或者免除处罚的根据是什么?是不法减少?有责减少?不法与有责都减少?还是这纯粹就是一种刑事政策?貌似无论采取哪种学说,您刚才举的这个案子中的行为都可以认定为中止。

张明楷：责任减少说中的责任,并不是严格意义上的犯罪论体系中的责任,而是广义上的责任,也就是行为人自动终止犯行这个意义上的责任减少,并非针对之前已经发生的违法行为而言的责任减少;违法减少中减少的违法,是相对于既遂来讲的,但实际上,中止犯相对于未遂犯而言,违法性并没有减少。

学生：在这个案件中,是别人的行为导致了违法的减少,那这是否可以认为行为人并没有导致违法性的减少,所以不成立中止?

张明楷:毕竟并不是只要一个违法减少说,就能够完全说明中止犯的根据。政策说的内容也很重要。要不然,怎么能说明在自动放弃犯罪且没有造成损害的情况下,就可以完全免除刑罚的处罚呢?

学生:如果责任减少说中的责任是较犯罪论中的责任而言更加广义的责任,那么,违法减少说中的违法,是否也是较犯罪论中的违法更加广义的违法呢?

张明楷:比如,行为人在实施完实现预设的杀人行为之后,被害人并没有死亡,行为人积极抢救被害人的行为挽救了被害人的生命。在这样的案件中,行为人实施救治行为之前,他已经实施的杀人行为时具有的故意是不可能随着后来的救治行为消失的。所以,他杀人行为的故意并没有减少,也就是说,犯罪论中的责任程度并没有减少。但他之后放弃了之前希望或者放任被害人死亡的故意,从这个意义上说,他的责任程度较既遂犯而言,又有所减少。

学生:我也曾经看过很多外国文献,其中,日本很多学者都对责任减少说持批评态度。他们认为,从责任的各要素来看,行为人的责任程度并没有减少,只是特殊预防的必要性降低了而已。

张明楷:实际上,当我强调,责任减少中的责任不是犯罪论中的责任,而是更广义的责任时,就不必再用犯罪论中的责任来攻击这里的责任减少说了。因为事先已经指明,这里的责任并不是犯罪论中的责任。的确,谁都无法否认,中止犯与未遂犯相比，特殊预防的必要性要低得多。

学生：中止犯的成立要件中，是否必须强调中止行为与结果的未发生之间存在因果关系呢？

张明楷：我觉得不需要。倘若强调二者之间的因果关系，就需要判断中止行为与结果未发生之间的因果关系，这会给中止犯的认定带来更多麻烦。因为，结果的未发生也完全可能与第三人的行为有直接因果关系，在这种情况下，到底是应该认定为未遂犯，还是认定为中止犯呢？在未遂犯的情况下，结果的未发生完全可能直接依赖于第三人的救助，在这种情况下，行为人也是有可能得到从轻、减轻处罚的机会的；行为人主动积极救助被害人，但结果的未发生却是完全依赖于第三人的救助，在这种情况下，显然行为人积极主动防止结果发生这一点，要比未遂犯中的行为人对结果发生的态度好很多。我觉得就冲这一点，即使最终不能认定结果的不发生与中止行为之间有因果关系，行为人也应该得到较未遂犯而言更加轻缓的处罚。所以，我还是倾向于不要过分强调结果的未发生与中止行为之间的因果关系。这也与我希望在我国扩大中止犯的认定有关。

学生：中止犯的成立，不光是要求行为人必须具备中止的自动性，还要求同时具备中止行为的有效性。您觉得又该如何理解这里的有效性呢？

张明楷：我觉得"有效性"就是在强调犯罪结果没有发生。

学生：您觉得中止行为的判断也是一种像构成要件的判断一样的类型性判断吗？

张明楷：我觉得认定中止是对行为人的一种奖励，而不是惩罚。之所以要强调构成要件的类型性判断，是基于罪刑法定原则，将不属于构成要件类型的行为排除出罪。而中止行为又不是犯罪行为，既然中止行为的认定对被告人有利，而不是对被告人不利，那么也就不需要强调类型性判断。只要行为人作出了真挚、有效的努力，结果也没有发生，就可以认定为中止。

学生：但是，如果不考虑中止行为与结果的未发生之间的因果关系，又如何正确地认定中止行为是否有效呢？

张明楷：我给大家举个例子来说明一下。行为人在1分钟以内向被害人的静脉中注射了70毫升的空气，后来悔悟，将被害人送到医院救治。医生的结论是，被害人之所以没有死亡的原因是他的身体庞大，这点空气对被害人来说并不会致死，但倘若注射到体形较小的他人静脉的话，就可能会导致死亡结果的发生。在这个案例中，被害人积极施救的行为与结果未发生之间不存在因果关系，那么，你们认为这个案件不成立中止犯吗？

学生：既然被害人本身体型庞大，那么被告人的注射空气的行为一开始就没有致人死亡的危险。

张明楷：怎么可能没有危险呢？要是一个劲儿地注射，还是会死人的。

学生：看来在这样的案件中，关键还是要看行为人是否对结果的不发生具有真挚的努力。但是真挚的努力不能够认定为一种责任要素，还是将它认定为特殊预防必要性小较为合适。

张明楷：这些影响一般预防、特殊预防的因素大部分都可以归入违法、有责中。剩下的那些无法归入违法与有责中去的因素，就只好被当作刑事政策的理由了。我刚才也已经强调，中止犯根据中的"责任减少"中的责任，是广义的责任。

※

张明楷：我再举一个案件，来说明中止行为与结果未发生的因果关系并不是中止犯成立的必备要件。甲向乙开了一枪，乙应声倒下，甲以为乙中弹，就将乙送到了医院。结果事后查明乙并没有中弹。你们觉得这个案件中的甲是否构成中止？

学生：还是应该将甲的行为认定为故意杀人罪的中止。

张明楷：如果甲打中被害人后再送到医院抢救脱险，肯定是中止犯；没有打中却以为打中了而送到医院抢救的，更应当认定为中止犯吧？！可是，后一种情形并不存在因果关系。

学生：我还是对中止犯根据中的责任减少说、违法减少说不是特别理解。在犯罪论中，责任是对行为所造成的不法应该承担的罪责，在未遂与既遂的情况下，由于二者的违法程度不同，那责任程度也应该有所不同吧？

张明楷：我认为，不能认为违法程度有多大，责任就该有多大。二者并不存在绝对的对应关系。单纯从责任这方面来讲，未遂的责任应该与既遂的责任没有多大的区别，否则就应该认定为中止犯。现在，还没有谁说过，未遂犯的有责性要比既遂犯的有责性小。

学生：但在刑法上，不能超过不法的程度来认定责任。既然既遂与未遂的违法不同，那么二者的责任就应该有所不同。否则，既遂与未遂有不同的违法程度，却在责任层面相同，这似乎又不太合适。

张明楷：我觉得应该这样说：既遂与未遂的行为人都对所实施的不法负有责任，只是既遂的有责的不法要大于未遂的有责的不法。比如，一个人乘坐从北京到广州的列车，身上藏着两公斤的毒品，但他到了武汉才知道自己身上有毒品；另一个人也搭乘了同一趟列车，身上也藏着两公斤毒品，只是他从头到尾都知道自己身上有毒品。只要毒品最后从北京运到了广州，两个人的违法程度就是相同的，只是有责的违法不同，前一个人的有责的违法低于后一个人。当然也可以说，两个人的责任不同。

学生：甲犯故意伤害既遂，乙犯故意杀人未遂。如果甲乙两人导致的被害人身体伤害的结果相同的话，可不可以说甲的责任还是要高于乙？

张明楷：应该可以这么说。

学生：既然有责是对不法承担的罪责，没有超过不法的有责；甲乙造成的不法又完全相同，又为什么会得出这样的结论呢？

张明楷：因为两个行为发生当时，杀人行为客观上致死的危险大，而伤害行为客观上致死的危险小。

学生：既然两个行为最终导致的伤害结果是相同的，又为什么认为两个行为在客观上致死的危险不同呢？

张明楷：虽然行为导致被害人的伤害是相同的，但这并不意味着两个行为在行为发生当时所具有的致人死亡的危险是一样的。比如，一个行为人拿着一支只有3毫升空气的针管向被害人的静脉中注射空气；另一个行为人拿着一支有200毫升空气的针管向被害人的静脉注射空气，结果在注射了3毫升之后被其他人夺下注射器。从客观结果来看，两个行为都只是向被害人的静脉里注射了3毫升的空气，但显然第二个行为要危险得多。我觉得，还是应该着眼于客观上的危险性不同而导致违法不同这一点，而不是越过违法直奔责任。

学生： 我现在改编一下您的案例。如果甲乙两人分别拿了装有 200 毫升空气的注射器，分别向两个被害人的静脉注射。但甲乙有完全不同的计划。甲意欲将 200 毫升全部注入，而乙仅是想注射 3 毫升。您觉得他们两个人的违法性相同吗？如果不同的话，是不是因为他们的主观计划，或者主观故意，导致了违法程度的不同？

张明楷： 在你改编的这个案例中，甲乙两人行为的违法性程度还是不一样的。显然，甲的行为的违法性要高于乙的行为。两个人的行动意志不一样，就会导致他们行动带来的违法性程度的不同。乙只想注射 3 毫升的话，甚至可以将乙的行为认定为不能犯。我不认为这里甲乙二人想注射 3 毫升或者 200 毫升的意图属于犯罪故意。我觉得应该将其认定为一种行为意志。这种行为意志会影响违法程度，但却不能认定为故意等责任要素。

学生： 行为意志是主观要素吗？如果不能认定为责任要素，那是否能够认定为主观的不法要素？

张明楷： 再彻底的结果无价值论者，也还是需要承认行为意志的不同会影响客观违法性程度这一点。但是，结果无价值论者还是将行为意志归入了行为这个概念之中，因为刑法中的行为，需要行为人具有一定的行为意志。所以，行为意志与故意内容是两个不同的东西。

学生： 犯故意杀人罪与故意伤害致死的行为，在客观上可能是一模一样的。法官在定罪时，如果不考虑主观故意的话，怎么能够合理地定罪呢？

张明楷： 在故意杀人罪既遂与故意伤害致死的情况下，由于被害人都已经死亡了，所以，行为在客观上的危害性还是一样的。结果无价值论者从来不反对法官根据行为的客观违法性与有责性来正确地定罪。毕竟责任要素也是成立犯罪所必须具备的要素，具有区分犯罪类型的作用。但是，我们上面讨论的案例中，杀人行为与伤害行为都没有最终导致被害人死亡。在被害人没有死亡的情况下，杀人行为与伤害行为在客观上具有的危害性往往又有所不同，前者更具致人死亡的危险。

学生： 有些伤害行为，同样也可能具备杀人的危险。在这种情况下，是不是可以认为伤害行为的客观危险性并不低于杀人行为的危险？

张明楷： 当伤害行为在客观上具有致人死亡的危险的时候，我们将这种行为认定为伤害罪并不是说这种行为没有致人死亡的危险，而是强调行为人仅具有伤害的故意，没有故意杀人的故意。在这种情况下，伤害行为的客观危险性或者违法程度与杀人行为几乎相同，但是两种行为的责任程度却不相同。也就是说，伤害行为的行为人对死亡结果没有故意，而杀人行为的行为人对死亡结果有故意，前者的责任程度要低于后者。

"没有超过不法的责任"这句话中的责任是狭义的责任，也就是我通常在犯罪论中讨论的故意、过失、违法性认识的可能性、期待可能性等责任的要素。但是作为中止犯处罚根据的责任减少说中的"责任"是广义的责任。这些广义的责任往往影响行为人特殊预防必要性的大小。比如，行为人犯案后逃跑的，往往会比犯案后投案自首的人特殊预防的必要性更大。但是，二者在故意、过失、违法性认识的可能性与期待可能性等狭义责任要素方面可能并没有差异。

学生：在德国，也承认"没有超过不法的责任"。但是在他们的犯罪论体系中，故意、过失等要素被放入了主观的不法中讨论。那么，同样是"没有超过不法的责任"一句话，可能在行为无价值论者那里会有不同的理解。

张明楷：德国犯罪论体系中的责任，几乎已经没有什么分量了，或者说没有什么程度差异。在犯罪论体系中，德国学者更强调一罪的不法是什么，而很少探讨这一罪的责任是什么。例如，德国强调作为量刑基准的，应该是不法程度与责任；而日本却强调责任是量刑基准。当然，我认为将量刑基准认定为有责的不法程度或者责任程度是没有本质区别的。比如行为人盗窃了他人的一辆破旧自行车，没想到这辆破旧自行车的龙头里面藏有1万元人民币。在这个案件中，德国量刑基准强调的有责的不法程度就是指故意盗窃这辆破旧自行车；而日本量刑基准中的责任程度，也不会将龙头里藏着的1万元人民币纳入量刑中考虑，也只是强调应以行为人认识到的盗窃破旧自行车本身为基准进行量刑。可以看出，在具体的案件中，德国的量刑基准与日本的量刑基准得出的结论是相同的，只是二者的表述不同而已。

所以，德国犯罪论体系将所有对量刑轻重产生影响的要素，几乎全部放入不法中进行讨论。依照他们这种犯罪论体系的要素分布来看我国的四要件理论的话，似乎我们的四要件中只有不法，根本没有责任。因为我们国家四要件体系中的犯罪主体、犯罪的主观方面、犯罪的客观方面、犯罪客体等，在德国都是不法部分讨论的内容，只有责任年龄与责任能力是责任要素。

在我们国家讨论未遂与中止的问题，就必须讨论我国《刑法》第114条与第115条的关系，以及第116、117、118条与第

119 条之间的关系。我在教科书上举过这样的案例，行为人将一块大石头搬到铁轨上，希望火车撞上这块石头后出轨，但在火车来之前的几分钟，行为人又开始感到不安，就赶紧将这块大石头搬走了。你们觉得行为人的行为有使火车倾覆的危险吗？

学生： 如果说行为人在火车开过前三分钟已经把石头搬走了，根据火车的速度，可能行为人搬走石头的时候，火车还不见踪影呢。我觉得似乎不能说之前将大石头放在铁轨上的行为已经产生了使火车倾覆的危险，毕竟火车可能还在很远的地方。

张明楷： 如果行为人是在火车开过前一分钟将石头搬走呢？

学生： 一分钟之前将石头搬走，很难抽象地想象这种行为是否有具体的危险。要根据路况和火车的速度、行为人的行动是否敏捷等各种具体因素来具体判断。

张明楷： 如果是三秒钟之前才将石头搬走呢？

学生： 三秒钟之前才将石头搬走的话，那也太危险了。简直会让在场的人都倒吸一口凉气。应该能够将这种情形认定为存在使火车倾覆的具体危险吧。

张明楷： 那你们觉得应该如何对这样的行为定罪呢？是按照破坏交通设施罪定罪，还是按照破坏交通工具罪定罪呢？

学生： 火车的铁轨应该认定为交通设施。火车本身才是交通工具。行为人往铁轨上放大石头的行为破坏了火车铁轨的功能，所以应该按照破坏交通设施罪定罪量刑。

张明楷： 那往铁轨上放大石头的行为并没有在物理上毁损铁轨本身，为什么说这种行为就破坏了铁轨这种交通设施呢？

学生： 这种行为导致铁轨丧失了交通设施应有的功能，就应当认定为破坏了交通设施。

张明楷：那你们认为这种行为是应当认定为《刑法》第117条的既遂，还是应当认定为第119条的中止？抑或第117条的中止？①

学生：应该分情况讨论。如果行为人在火车经过之前很长一段时间，就将石头搬走了的话，就应该认定为第117条的中止。

张明楷：在你说的这种情况下，行为人的行为连一点危险都没有，完全可以不当作犯罪处理。我们这里讨论的是刚才讲到的，行为人在火车开过前三秒将大石块拿走的情形。

学生：似乎应该按照第119条的中止定罪量刑。

张明楷：我一直比较倾向于按照第117条的中止来处理这样的案件。

学生：如果行为人不将石块儿搬走，导致火车倾覆的，就要按照第119条定罪量刑。而行为人在火车开过之前较短的时间内将石头搬走的，却定第117条的中止。这样的结论似乎不好被人接受。

张明楷：这是因为第117条本身就是对第119条的具体危险犯的规定。

学生：另外一个比较困难的问题是，如何认定第117条的犯罪行为已经着手？

张明楷：如果一条铁轨上只有每天中午才跑一趟火车，那么

---

① 《刑法》第117条规定：破坏轨道、桥梁、隧道、公路、机场、航道、灯塔、标志或者进行其他破坏活动，足以使火车、汽车、电车、船只、航空器发生倾覆、毁坏危险，尚未造成严重后果的，处3年以上10年以下有期徒刑。《刑法》第119条规定：破坏交通工具、交通设施、电力设备、燃气设备、易燃易爆设备，造成严重后果的，处10年以上有期徒刑、无期徒刑或者死刑。

前一天晚上将石头放上去之后就离开现场的，是否已经着手？

学生：这里涉及着手与未遂的关系。如果按照日本最新的理论，着手与实行行为可以分离的话，我们可以认为行为人在晚上将石块放上铁轨时，就有了实行行为，但是只有火车即将开到石块儿所在的铁轨处，才能说着手。

张明楷：如果行为人是铁道上的养路工人。为了提出高报酬的诉求，他将一块大石头放在了铁轨上，给相关人员打电话，让别人害怕。但同时，他并不想造成任何事故，只要火车开到很近的地方，他就会将石头搬走。你们觉得这个案件是不是能够按照第117条定罪量刑？

学生：只要产生了让火车倾覆的具体危险，就能够按照第117条定罪量刑。这个案件中，如果能够认定为当时已经产生了使火车倾覆的具体危险，还是应该按照第117条定罪量刑。

张明楷：我也持这个观点。行为人是否希望、放任最后的实害结果发生并不是第117条的责任要素。只要行为客观上产生了使火车倾覆的具体危险，并且认识和放任了这种具体危险，就应该按照第117条定罪量刑。

学生：第114条与第117条都是相应的实害犯的危险犯。这种危险犯也有未遂犯吗？

张明楷：德日刑法理论一般承认具体危险犯存在未遂犯，我们国家刑法规定的其他一些具体危险犯也可能有未遂犯。但是，在存在未遂的具体危险犯中，刑法分则条文不仅表述了既遂标志，而且没有既遂时也具备处罚根据。反过来说，如果没有既遂时便缺乏处罚根据，则不宜承认有未遂犯。我国《刑法》第114条或者第117条规定的犯罪处罚根据是具体的公共危险，如果缺乏具体的公共危险，就没有处罚根据，但是，又很难找到产生了具体危险而行为却没有完成的情形，所以，我倾向于认为，第114条或者第117条没有未遂犯。

反过来说，如果承认这些犯罪也有未遂犯，那么，第114条或者第117条的未遂犯又是指什么情况呢？行为还没有产生具体的危险，就不能按照这些犯罪的未遂犯处罚。因为未遂犯本身就要求行为产生具体危险。如果在这种情况下，硬是按照第114条或者第117条的未遂犯处罚的话，就会造成将仅产生了抽象危险或者没有产生任何危险的行为按照未遂犯处罚的不当结论。所以，还是最好不要承认第114条与第117条有未遂犯存在的空间。

学生：您刚才承认了第117条可以存在中止犯，现在又否定了第117条存在未遂犯的空间。这是否矛盾呢？

张明楷：不矛盾。因为只有发生了实害结果才成立中止犯，没有发生实害结果但产生了危险时，都是可以成立危险犯的。另一方面，我认为第117条原本也是对第119条的未遂犯的规定，但不是对第119条的中止犯的规定。换句话说，第117条规定了第119条的未遂犯，但没有规定第119条的中止犯。所以，对于中止犯还是要按照总则的规定处理。还是举个例子来说明一下吧。行为人正在朝火车轨道搬一块儿大石头，在还没有搬到轨道上时，就被警察制止了。你们觉得这是第117条的未遂，还是第117条的既遂？

学生：还是应该具体问题具体分析。如果火车马上要过来了，行为人行动非常敏捷，若不是警察非常及时地制止，火车很可能会倾覆，那么就应该认为是第117条的既遂。如果火车还在距离案发地点很远的地方，就不能说行为人的行为已经产生了使火车倾覆的具体危险,也就不能按照第 117 条的既遂处理。

张明楷:你说的第二种情况,的确很难说行为人的行为已经产生了使火车倾覆的具体危险。我觉得不按照犯罪处理,也是可以的;或者只能按破坏交通设施罪的预备犯处理。但如果行为人将石块儿放在铁轨上后,在火车到来之前,行为人自动将石块儿搬离铁轨的,你们觉得如何处理才合适呢?

学生:如果按照您之前提出的观点,应该定第 117 条的中止犯。

张明楷:为什么?

学生:如果认定为第 119 条的中止犯,就相当于承认了这样的行为已经产生了一个具体的使火车倾覆的危险,似乎就应该承认行为已经构成了第 117 条的既遂,那最终的结论只能是按照第 117 条的既遂犯处理。只有认定为第 117 条的中止犯,似乎才能够适用刑法总则关于中止犯的相关减轻、免除处罚的规定。

张明楷:所以,我一直以来都强调任何刑法理论,都必须与本国的刑法规定结合,才能得出更为合理的结论。比如说日本刑法明文规定的放火罪的既遂标准是"烧毁",日本学者讨论的放火罪的既遂标准中的独立燃烧说等学说,都可以看做是解释刑法分则中"烧毁"二字的学说。我们之前忽视了中日刑法在放火罪的具体条文文字上的差异,也在讨论放火罪的既遂标准是独立燃烧说,还是主要部分燃烧说等。现在,在我国刑法学界,已经没有人再争论这些学说了,大家更加清楚地意识到,我们国家刑法对放火罪的规定与日本刑法的规定不同,应该结合我们国家刑法的具体规定来探讨。

学生:如果不再以独立燃烧说等学说界定我国放火罪的既未

遂，那么，行为人已经将某一个建筑物内的易燃物点燃且达到独立燃烧的地步，后来被他人扑灭的，是否成立第114条的未遂？

张明楷：我觉得没有必要。我刚才已经说过了，我不认为第114条、第117条这些具体危险犯还有未遂犯存在的余地。应该根据具体情况具体分析，如果建筑物内的易燃物独立燃烧时，已经具有将整个建筑物或者其他财物引燃的具体危险，就应该直接按照第114条定罪量刑。如果没有这种具体危险，就没有必要当作犯罪处罚，或者只能当作故意毁坏财物罪处罚。

通过分析第114条、第116条、第117条、第118条的法条文字可以看出，这些犯罪都是具体危险犯。这些犯罪的既遂实际上都是危险状态，而不存在通过可资判断的具体行为或者结果来认定既遂的可能性。如果认为这些危险犯也能够未遂，就会使这些犯罪的处罚范围漫无边际。毕竟，危险的危险是很难把握、也很难界定的东西。

学生：日本刑法中的对现住建筑物放火罪是公认的抽象危险犯，这类抽象危险犯有未遂形态吗？

张明楷：在日本，还是认为对现住建筑物放火罪存在未遂形态的。因为日本刑法明文规定，对现住建筑物放火罪的既遂标准是"烧毁"。比起我们国家放火罪第114条的规定来说，日本的对现住建筑物放火罪的既遂标准更加具体，有一个可以把握的具体结果。这与我国刑法中规定的盗窃枪支罪是类似的。我们国家的盗窃枪支罪保护的法益是公共安全，这个罪被认定为抽象危险犯，只要盗窃枪支的行为既遂，就认为侵犯了这个罪保护的公共安全法益。只要行为还没有达到"烧毁"或者盗窃枪支既遂的标准，这些抽象的危险犯就有成立未遂犯的余地。

我说第114条、第117条没有未遂犯存在的余地,并不是说所有的具体的危险犯与抽象的危险犯都没有未遂形态。我们国家那些被认定为"举动犯"的犯罪,其中有一些就是典型的抽象危险犯,这些犯罪显然还是可以有未遂存在的余地的。

在这里,我还想提一下德国刑法理论中的企行犯。企行犯一般就是指某些犯罪的未遂与既遂要同等看待的犯罪。最典型的企行犯就是索取贿赂罪。只要行为人向他人索取贿赂,并不需要对方现实地给付了贿赂,就构成了这个罪的既遂。但我们是否要引入德国的企行犯这个概念呢?我觉得这会涉及两个方面的问题:第一个问题是,我国有哪些犯罪可以归入企行犯?我国《刑法》第103条(分裂国家罪)中规定,"组织、策划、实施分裂国家、破坏国家统一的,对首要分子或者罪行重大的,处……"可以认为,组织、策划这种行为与实施行为具有相同的法律效果,也就是说,组织、策划行为本身就能够成立本罪的既遂。那么,组织、策划分裂国家的行为就是企行犯。类似的犯罪还包括刑法分则第111条规定的为境外窃取、刺探、收买、非法提供国家秘密、情报罪。窃取、刺探国家秘密或情报的行为就构成这个罪的既遂,那么这样的行为就是企行犯。那么,将这些犯罪仍定为企行犯之后,就需要讨论第二个问题了:上面我们讨论过的这些企行犯的例子中,是否有未遂存在的空间?这个问题在德国也是被争论得一塌糊涂。举个例子,在我国,如果行为人为境外机构而窃取我们国家的情报,刚把情报拿到手的那一刻就被当场抓获,这样的行为是第111条犯罪的既遂,还是未遂?

学生:如果已经拿到手了,似乎可以认定为第111条的既遂。但如果行为人在寻找情报的过程中被抓获的话,还是应该认定为

第 111 条的未遂比较合理。

张明楷：根据你的观点，看来企行犯还是可以有未遂存在的余地的。再举一个企行犯的例子。我们国家将持有、使用假币规定为一个犯罪。使用假币的行为肯定是以持有假币为前提的，所以，持有假币本来就应该是使用假币的一种未遂形态，但刑法将持有与使用规定到了一个条文，那么持有假币就是企行犯。你们觉得持有假币罪有未遂犯吗？

学生：很难想象持有假币罪还存在未遂犯。

张明楷：看来有的企行犯又没有未遂存在的空间。再看看我们国家有关索取、收受贿赂的相关犯罪。我给你们举两个例子。第一个例子是，行贿人主动找到国家机关工作人员行贿，要求国家机关工作人员为自己谋取利益。第二个例子是国家机关工作人员主动向找他办事的人索贿。一般人认为，第二个例子中的国家机关工作人员的行为更加严重。如果这两个案例中的国家机关工作人员犯受贿罪既遂都要求现实地收取了对方提供的财物的话，似乎就没有办法凸显第二个案例中的国家机关工作人员的行为更加严重这一点了。

学生：在德日刑法中，索贿的，都是以提出受贿要求为既遂标准的，只有我们国家的司法实践不区分这两种不同的受贿类型的既遂标准。

张明楷：确实是这样的。在我们国家，我也赞同要将索取贿赂的行为认定为受贿罪的既遂。如果将索取解释为索要并取得，那么将受贿区分为索贿与收受贿赂两种类型就完全是多余的，实际上只承认了收受贿赂一种受贿类型。

学生：但在我国刑法中，收受贿赂的受贿行为，要求为他人谋取利益；而索贿不要求为他人谋取利益，所以还是可以将受贿区分为收受贿赂与索贿两种。

张明楷：但是否为他人谋取利益这个要素，基本上通过扩大解释，已经很难成为收受贿赂与索贿的区别所在了。实际上，受贿罪中，不论是"利用职务上的便利"，还是"为他人谋取利益"等构成要件要素，都是为了证明收受或索取的财物与职务行为的对价关系。

学生：我国《刑法》第111条规定的为境外窃取、刺探、收买、非法提供国家秘密、情报罪中，为境外窃取、刺探国家秘密或者情报的行为，原本应该是一个非法提供国家秘密或者情报行为的预备行为。按照您刚才提出的企行犯的概念，这个罪似乎应该算是一个较为典型的企行犯。

张明楷：的确是这样的。行为人只要为境外窃取或者刺探国家秘密或者情报，就可以成立这个罪的既遂犯了。立法者设立的企行犯往往是一些只要行为已经产生法益侵害的抽象危险或者具体危险，就很难控制最终的侵害结果不发生的犯罪。比如这里的为境外窃取或者刺探国家秘密或者情报罪，只要行为人已经为境外人员窃取到了或者刺探到了国家秘密或者情报，就很难控制行为人不将这些秘密或者情报提供给境外人员或者机构。

学生：既然企行犯保护的法益都很重大，而且一旦实施了企行犯中规定的行为，就很难避免最终侵害结果的发生，为什么人们会认为企行犯没有未遂呢？如果承认企行犯也存在未遂的话，不就会更好地保护法益吗？

张明楷：这是因为，企行犯已经将未遂的行为既遂化了，换句话说，企行犯的行为本来就是未遂。如果再处罚企行犯的未遂,那就是在处罚未遂的未遂。这显然会扩大处罚范围,并且,未遂的未遂又不好把握,容易造成处罚的恣意性。所以,德日为了避免处罚企行犯的未遂,往往在分则中规定,不处罚这些企行犯的未遂。比如日本刑法分则就规定不处罚受贿罪的未遂。但我们国家的刑法并没有这样的规定。在实践中,我国也会处罚企行犯的未遂。比如,行为人为境外人员窃取国家秘密未遂的,肯定会受到处罚。我现在想讨论的问题是,是否因为这些犯罪的未遂在我国要受到处罚,所以就不能将这些行为认定为企行犯,或者说,企行犯的未遂也可以受处罚?

学生:这似乎不能一概而论地进行讨论,而是应该具体问题具体分析。比如,如果将持有货币罪认定为企行犯,持有货币罪就几乎没有未遂的成立余地。我国《刑法》第 103 条中,组织、策划分裂国家的行为也是企行犯,任何企图分裂国家的行为,只要能够评价为策划或者组织,就已经既遂,这个罪也没有未遂犯存在的余地。

张明楷:的确,在你举的这个企行犯的例子中,很难有未遂犯的存在余地。但是,在窃取国家秘密、情报罪中,行为人如果在窃取国家情报或者秘密的过程中被抓获的,在还没有窃取情报或者秘密的情况下,还是可能被认定为未遂的。我强调的是,如果在这样的犯罪中有未遂犯的存在余地,是不是就不应该承认这个犯罪是企行犯?或者应该也将这样有未遂余地的犯罪先认定为企行犯,后又将企行犯分成有未遂的一类和没有未遂的一类。

学生:我们将窃取、刺探国家秘密和情报罪中的"窃取",按照盗窃罪中的盗窃来理解了。但是窃取国家秘密罪保护的法益是国家机密而不是财产法益,本来这个词就应该理解为只要有窃取的举动就可以既遂，而不需要现实地取得。如果这样来理解窃取国家秘密、情报罪中的窃取的话，似乎也没有未遂成立的余地。

张明楷："窃取"这个词的意思，还是应该要求行为人通过一些手段盗窃或以其他行为取得了国家秘密或者情报，否则，只要行为人去偷偷打听一下，即使一无所获也认定为成立了"窃取"的既遂，也不太合适。

学生：即使"窃取"这个词要求行为人已经通过盗窃、偷偷打听等手段知悉了国家秘密或者情报，但这一条中还规定了"刺探"国家秘密或者情报的，也成立既遂。显然，刺探国家秘密或者情报，并不要求行为人现实地知悉了相关的国家秘密或者情报。

张明楷：我还是觉得应该承认窃取国家秘密或者情报的，有未遂犯存在的余地。在行为人还没有知悉相关国家秘密或者情报的情况下，就认为这个罪已经既遂，似乎会导致处罚过重。我也不认为只要去打听一下有关的国家秘密或者情报的，就构成了刺探国家秘密或者情报的既遂犯，还是需要具体分析一下行为有没有获取相关的国家秘密或者情报的危险，危险程度有多高。如果行为根本不可能获取国家秘密或者情报，就当无罪处理；如果行为有获得相关国家秘密或者情报的高度危险，在没有获得相关秘密或者情报的情况下，还是可以认为成立这个罪的未遂。

我觉得，我国《刑法》第111条将窃取、刺探、收买等行为并列规定为本罪的行为方式，而且法定刑相同，都是以5年以上有期徒刑为起刑点，可以说，这个犯罪是重罪，如果行为人还没有获取到任何情报、秘密，就将他按照这个罪的既遂犯定罪量刑，也不太合理。还是应该以行为是否取得了国家情报、秘密为既遂的标准。

张明楷：中止犯认定过程中，有一个非常麻烦的问题，就是如何认定行为人是否自动放弃了犯罪。我觉得对这个问题的判断，应该是以中止犯减轻处罚的根据为指导原则，接下来，再分成以下几步来判断。第一步，如果行为人基于悔悟放弃犯罪的，肯定成立中止犯。第二步，如果说行为人并非基于悔悟放弃犯罪，就要根据主观说的观点进行判断。第三步，倘若无法通过主观说得出结论，或者得出的结论并不符合中止犯减免根据的，就再根据客观说判断。或许有人会说，这样做的结局，就是根据客观说来判断"自动性"了。但我觉得并非如此。因为这样的判断方法，强调各种学说的观点应用的先后顺序，并没有直接根据客观说进行判断。因为直接根据客观说进行"自动性"的判断的话，也并不妥当。比如，行为人在半夜抢劫过路人，结果发现被害人是自己的父亲，在这种情况下，行为人就放弃了抢劫行为。我觉得，还是按照未遂处理比较合适。

学生：如果行为人拿枪顶着被害人的头部，警察在 80 米外要求行为人住手，行为人听到警察的喊话就跑了。在这种情况下，应该认定为杀人罪的未遂吧。但我也看到了一些反对观点。他们认为，即便警察在 80 米外喊话，行为人当时还是有机会开枪杀死被害人的，因此，这种情况下，还是可以肯定行为人成立杀人罪的中止犯。

张明楷：我觉得持反对观点的人，往往是忽视了行为人所处的具体客观环境。在警察赶到之后，行为人自然是要逃匿的，在这种情况下没有杀害被害人，其特殊预防的必要性也没有减少。

学生：总体上来看，您还是主张应该适度放宽对中止犯的认定的。

张明楷：我觉得我们国家在认定中止犯方面，可以比德国更加宽泛一些。但是，也不能不顾及中止犯的处罚根据而认定得过于宽泛。因为在我国，中止犯在没有造成损害的情况下是不受刑罚处罚的。在刚才你举的那个案例中，行为人用枪指了被害人的头，但并没有开枪，而是在警察赶到之后逃匿了。显然，如果将这个案件认定为中止犯，行为人的行为并没有造成任何损害，就可能要免除处罚。但是，这个行为人的特殊预防的必要性并没有降低，对其免除处罚是不合适的。

学生：我再改编一下您刚才举的那个抢劫的案件。如果行为人深夜徘徊在路边，打算抢劫，但是没想到被害人是自己的同事或者朋友，在这种情况下，行为人放弃了抢劫行为。在这种情况下，是应该认定为抢劫未遂，还是抢劫中止？

张明楷：被害人与行为人之间的关系，是判断行为人的特殊预防必要性是否降低的一个资料。如果只是一般的同事、熟人，还是有可能被认定为中止的。社会上，还是有些罪犯专找熟人下手。一般来看，熟人这层关系，似乎还不足以形成使行为人无法下手的一个障碍。

学生：在被害人是熟人的情况下，行为人可能害怕被害人会揭发自己的罪行。所以，还是有认定为未遂的可能性的。

张明楷：即使行为人有这样的担心，也还是可以成立中止。因为行为人所害怕的揭发或者处罚，都是以后的事情，不能因此就否定了行为人放弃犯罪的自动性。例如，行为人将被害人关在一个隐秘的小房间,打算把被害人杀死。但在杀人的过程中,考虑到杀人会被判死刑,就把被害人放走了。你觉得应该将行为人的行为认定为杀人未遂,还是杀人中止?

学生: 您举的这个案件中,还是应该定杀人中止。

张明楷: 在这个案件中,行为人同样也是害怕以后会被重罚而没有杀人,并不是出于怜悯或者悔悟。但是,显然还是应该承认他的行为成立杀人中止。

学生: 我曾经看到过这样一个案件。行为人在意欲强奸妇女的时候,被害妇女和行为人说:"如果你强奸了我,我就自杀。"行为人害怕事情闹大,就没有强奸这名妇女。您觉得这个案件应该按照强奸未遂处理,还是按照强奸中止处理?

张明楷: 我觉得还是应该认定为强奸中止。被害人又没有说要杀死行为人,而是要自杀。就像行为人盗窃时,被当场发现,行为人拿着刀子对着自己的脖子说,"你们要是再追,我就自杀"。显然,我们不能说行为人的行为构成了准抢劫罪。在这样的案件中,行为人即使害怕对方自杀,也是出于同情心之类的。我觉得你刚才举的这个例子,完全可以认为行为人出于担心被害妇女会自杀身亡而中止了自己的犯行。

学生: 如果被害妇女声称自己有艾滋病,行为人放弃了强奸行为的,是犯罪中止,还是犯罪未遂?

张明楷: 我觉得在这种情况下,就应该认定为强奸罪的未遂。艾滋病是传染病,和艾滋病者发生性关系会影响行为人自身的健康乃至生命。可以认为,行为人已经没有了继续实施强奸行为的可能性。

※

张明楷：我觉得中止犯中最根本、最重要的问题，应当是中止犯的减免根据。最近看了一些新的德国文献，发现德国基本上都是围绕刑罚的目的，来展开对中止犯减免根据的探讨的。当前，德国通说认为刑罚的目的是一般预防。所以，他们在讨论中止犯的减免根据时，也开始从之前的重视特殊预防的必要性，转到了重视一般预防的必要性方面，以判断一般预防有无为指导。另外，德国刑法理论往往会在讨论中止犯的成立条件之前，先特别讨论一些不能成立中止的情形。

学生：德国对中止犯减免根据的讨论，是否会影响到他们对中止犯中的"自动性"的认定？

张明楷：在将中止犯的减免根据认定为没有一般预防的必要性之后，德国通说在中止犯的"自动性"认定方面，就采取了规范说。规范说是指法官对行为人是否具有"自动性"进行规范的评价。在我看来，规范说与客观说很接近，都强调依据一定的客观标准来具体判断行为人是否具有"自动性"。但是在日本，客观说常常受到批评。日本学者认为，既然立法要求中止犯是行为人根据自己的意志自动放弃犯行，那就应该根据行为人当时的心理活动判断自动性。可是在德国，采取心理说的似乎成了少数。我觉得德国学者之所以在"自动性"的判断上采取规范说，也与他们对中止的各种情形都研究得十分细致有关。当他们把中止犯的各种情况都研究、归类以后，自然也就能够采取规范说了。

学生：我要问的一个案例是，行为人把被害人砍伤后，看到被害人很痛苦，于是决定放弃杀害行为。行为人认为被害人伤势并不严重，只要放弃杀害行为，被害人肯定不会死亡。但实际上被害人伤势严重，如果不是有好心的司机搭救，将他送至医院，他十有八九会死。您觉得在这个案例中，行为人的行为是否构成杀人罪的中止？

张明楷： 综合来看，这个案例可能涉及三个问题。第一，在间接故意的犯罪与直接故意的犯罪中，中止的认定可能有所不同。比如，在间接故意的故意杀人罪中，认定中止犯罪就比较困难。因为在死亡结果没有发生的情况下，我们很难具体认定行为人是否放任死亡结果的发生。你说的案例就涉及这个问题。行为人将被害人砍成重伤，出于怜悯放弃了继续砍杀的行为，但是行为人却没有积极施救。我觉得问题的关键就是要搞清楚，在这种情况下，行为人是否认识到了死亡结果出现的可能性。如果真像你说的，被害人的伤势很重，不救助会死亡的话，很难说行为人没有认识到死亡结果发生的可能性。所以，行为人完全可能构成间接故意的故意杀人罪。当然，如果被害人表面上只是一点点的轻伤，但实际上有很重的内伤，行为人以为被害人只是受了一点轻伤而已，在这种情况下，出于怜悯放弃犯行的行为还是可能被认定为中止。第二，是否需要强调结果的不发生与行为人的中止行为之间存在因果关系？如果强调犯罪结果的不发生与行为人的中止行为之间必须存在因果关系，那你刚才举的案例可能就因为中止行为与结果的不发生之间没有因果关系而被否定。但我之前已经提出，不要太过强调中止行为与结果的不发生之间的因果关系。在被害人已经获救的情况下，最好还是将这样的案件认定为中止。第三，在结果已经发生的情况下，是否也还是有一些行为可以被认定为中止行为。比如，被害人死亡并不是行为人的杀人行为所致，而是其他原因导致了死亡结果的发生。举一个例子。行为人在被害人的茶杯中投了毒，被害人饮用后毒性发作，这时行为人很后悔，就开车送被害人去医院。但在将被害人送往医院的途中，第三方醉酒驾车，将行为人的车撞翻，被害人也在这场交通肇事中身亡。我觉得，如果行为人的中止行为在通常情况下本来能够有效避免结果发生，而危害结果在具体的案件中又能够归责于第三者的行为时，最好还是要将行为人的行为认定为中止。当然，后两点会涉及另外一个问题，那就是行为人的中止行为的有效性判断。

学生： 虽然日本刑法典中规定的中止犯的法律后果是减轻或者免除处罚，但在日本司法实践中，一旦法官将行为人的行为认定为中止，基本上都会在量刑时免除对行为人的刑事处罚。所以，日本法官在认定行为是否为中止时，和德国法官一样，都很严格。

张明楷： 你说的这种现象在日本的确存在。一般来说，日本法官量刑时，有法定减免根据的，他们都会按照免除处罚来量刑；没有减免根据的，他们也会考虑按照法定最低刑量刑。这种做法是长期的司法实践形成的量刑轻缓的传统，和我们国家的司法实践有很大的区别。所以，即使我们国家的刑法典和日本刑法典一样，都将中止犯的法律后果规定为减轻或者免除，也不能得出我们应该像日本一样严格认定中止犯的结论。很简单，两国的量刑传统不一样。

学生： 虽然德国刑法规定，中止犯应当免除处罚。但我在德文文献中发现，德国法院并不是对一切中止犯都免除处罚，他们用一种叫做"法条竞合下劣位法的复活"的理论，将中止犯认定为已经触犯的劣位法的既遂。比如,行为人杀害被害人的行为已经致被害人重伤,但行为人良心发现,将被害人送到医院救治,被害人死里逃生。在这样的案件中,德国法院会按照重伤害罪的既遂来定罪量刑。所以,也不能认为,在德国,只要行为人的行为成立中止,行为人就会被免除刑事处罚。

张明楷: 我觉得你说的这个问题并不涉及中止犯的法律效果。在你举的案件中,法院也还是没有按照故意杀人罪中止来定罪量刑,因为中止犯免除处罚,所以法院也不会按照行为人构成中止的那个犯罪来定罪量刑。你说的这个问题涉及的是,当重罪中止成立轻罪既遂的时候,是要按重罪的中止定罪量刑,还是要按轻罪的既遂定罪量刑?

我认为,在这样的案件中,他们之所以会用这样的方式来处理案件,很大的一个原因是中止犯必须免除处罚。如果像我国一样,在造成损害结果的情况下,中止犯只能减轻处罚,法院也完全可能按照故意杀人罪的中止定罪,量刑的时候只是减轻刑罚而已。比如,在日本,很少有人主张重罪中止之后可以定轻罪的既遂这样的理论。这就与日本刑法将中止犯的法律后果规定为减轻或者免除有关。在被害人已经被行为人重伤的情况下,即使行为人积极地实施了救助行为,已经造成的身体伤害是无论如何也不能否认的。在这种情况下,免除行为人的刑罚也是不合适的。除了法感情上接受不了这样的结论以外,最重要的还是考虑到预防必要性的问题。在刑罚的正当化根据这个问题上,德国通说持刑罚目的说。这种理论强调一般预防的必要性。行为人的行为已经造成被害人重伤的情况下,虽然中止了进一步的杀人行为,但是重伤也是很严重的犯罪,也具有很大的一般预防的必要性,所以不能对杀人中止但造成被害人重伤的行为完全免除处罚,而必须认定为故意伤害罪。

顺便说一下,不难看出,在德国,罪数理论并不是一种形式理论,而是相当实质的。虽然一般来说杀人罪的法条与伤害罪的法条是特别关系,但是,这只是就既遂而言,在杀人中止时,完全会适用基本法条,即以伤害罪论处。

※

张明楷:我最近在思考一个问题。我们国家刑法规定的中止犯的法律后果分别是,造成损害的减轻处罚,没有造成损害的免除处罚。这样的立法特点,是否会促使我们对中止犯认定过程中的相关问题提出一些具有我们自己特色的观点?比如,在中止犯的"自动性"的认定上,能不能根据犯罪行为是否已经造成损害而提出不同的标准?在犯罪行为已经造成损害的情况下,就要求行为人必须基于悔悟而停止实施犯罪行为或积极挽救法益;在犯罪行为还没有造成损害的情况下,可以在"自动性"的认定上不那么严格。或者反过来。你们觉得这样的分类讨论的方法可行吗?

学生:这是否会造成中止犯中的免除处罚与减轻处罚的两种情形分别需要两种不同的根据?

张明楷:这也是我现在在考虑的一个问题。到底应该在中止犯的处罚根据中坚持一种理论,还是两种理论?倘若分情况讨论,是一种理论在两种情形中的应用,还是两种不同情形适用两种不同的理论?在中止犯减轻处罚的情况下,有一套减轻处罚的根据；在中止犯免除处罚的情况下，又有另一套免除处罚的根据。这样的二元论是否行得通，还是需要进一步研究的。

学生： 即使要根据行为是否已经造成损害来分别寻找中止犯减轻处罚与免除处罚的根据，也似乎应该紧扣预防刑减少或者消失和责任刑减少这两个角度来寻找根据。

张明楷： 的确还是应该紧密联系刑罚正当化的根据来讨论这个问题。在犯罪行为造成损害后中止的，从责任刑的角度来讲，还是需要处罚的，而且从一般预防必要性的角度，也还是有必要预防的。但在犯罪行为没有造成损害的情况下，责任刑还是存在的，但是可能不存在一般预防和特殊预防的必要性，所以可以免除处罚。既然在后一种情况下，几乎没有一般预防与特殊预防的必要性，那就必须要求行为人是基于悔悟而实施中止行为，否则也不能认为他的行为已经没有了一般预防与特殊预防的必要性。

学生： 假如行为人拿刀想杀害被害人，结果在刚刚割开一个小口子时，就心生怜悯，没有进一步杀害被害人就走掉了，但没想到被害人是血友病患者，就因为这个小口子而最终死亡了。您觉得在这种案件中，还有中止犯存在的余地吗？

张明楷： 恐怕这很难认定为中止吧。因为行为人的行为已经造成了被害人的死亡。

学生： 但是在一般的情况下，行为人的行为本来就不会导致被害人死亡，行为人也正是基于这样的判断而认为被害人不会死亡，才走掉了。很显然，行为人已经放弃了他的杀人行为，为什么还要按照故意杀人罪既遂来量刑呢？

张明楷： 我国刑法明文规定，只有最终没有发生犯罪结果的，才能认定为中止；如果最终的犯罪结果已经发生，就不可能是中止。在这个案件中,犯罪行为已经导致了被害人的死亡,怎么还可能再成立犯罪中止呢?

学生:但是在一般情况下,行为人造成被害人如此小的创伤之后放弃犯行,本来就可以避免死亡结果的发生,从这一点上说,行为人的中止行为原本是有效的。

张明楷:如果他的中止行为果真有效,怎么会导致被害人死亡呢?说明在这个具体的案件中,行为人的中止行为并不有效。故意杀人罪保护的是具体的每个人的生命,而不是一个抽象的、一般的生命的概念。所以,应该具体案件具体分析,不能抽象地论述所谓的中止行为的有效性。

你这个观点,有点像日本学者团藤重光教授早些年提出的立法建议。他认为,只要行为人悔改了,即使结果已经发生,也应该比照中止犯处刑。因为在这种情况下,行为人主观上符合了中止犯的处罚根据的要求。但是他也已经指出,这种情况显然是不符合日本现行刑法关于中止犯的规定的,他只是从刑事政策方面提出立法建议而已。

我认为,中止行为是否有效,应该是一个客观的规范的判断,而不能完全以行为人的主观认识为依据。比如,行为人为了杀害被害人,将被害人拖到荒山野地,在砍了被害人几刀之后就念及旧情,不想杀死被害人了。行为人以为只要不再砍杀被害人,被害人就肯定不会死亡,于是驾车离开了现场,而没有进一步施救,结果被害人死了。你们觉得这样的案件,不应该按照故意杀人既遂来处理吗?

学生:的确,在您举的这个案件中,还是应该按照故意杀人罪既遂来量刑。

张明楷： 当然，在上面的血友病患者案件中，可能需要讨论结果归属问题，亦即，死亡结果能否归属于行为人的行为？恐怕没办法持否定回答，因而剩下的只是行为人的主观认识问题。在行为人误以为单纯放弃进一步杀害就不会导致结果发生，但事实上还是发生了结果的情况下，难以肯定中止犯的成立。

学生： 如果行为人原本想杀死被害人，但在砍伤被害人以后，就放弃了进一步的杀害行为，也没有对被害人施救，被害人自己跑到医院，治好了伤，您觉得这个案件中的行为是否构成中止？

张明楷： 在这种情况下，案件事实中的细节对判断中止与否非常重要。如果被害人当时所负的伤并不重，不施救也不会出现死亡的结果，我觉得就应该肯定行为人的行为构成中止。如果被害人所受的伤很重，不施救极有可能死亡，行为人在这种情况下并没有积极施救，而是依靠被害人自己防止了死亡结果的发生，我觉得在这种情况下，不宜认定为中止。最麻烦的是最后一种情形，被害人所负的伤在不施救的情况下到底是否会导致死亡结果不明朗，被害人自己跑去医院得到治疗后脱险。在这种情况下，似乎还应该根据当时的具体情形进行规范的判断。一般来说，在最后这种情况中，也不太容易被认定为中止。

我在德文文献中看到过类似的判例，其中一半的案件按照中止犯处理，一半的案件按照未遂犯处理。可见，在这种情况下，还是很难区分行为到底是成立中止还是未遂的。比如，行为人朝被害人腹部捅了一刀后，放弃杀人行为而走掉被认定为未遂；行为人朝被害人腹部和胸部砍了两刀后放弃犯行而走掉的，也被认定为未遂。在这些情况下，行为人已经砍了被害人较为致命的部位，即使行为人放弃了进一步的杀伤行为，但如果要成立犯罪中止，就必须积极施救，否则就很难认为行为人实施了有效的防止结果发生的中止行为。

学生：如果行为人在杀害被害人的过程中，先砍断了被害人一只胳膊，这时行为人不再想杀死被害人，就马上离开了现场。您觉得在这种情况下，是否成立故意杀人罪的中止？

张明楷：在你说的这种情形下，很难说行为人的行为能够成立故意杀人罪的中止。因为在砍断被害人的胳膊或者腿脚的情况下，一般都会造成大出血，不积极施救很可能导致被害人死亡。所以，如果行为人走掉之后，被害人通过自救或者他人对其施救而避免了死亡结果的发生，还是应该将行为人的行为认定为故意杀人罪的未遂。

学生：刚才我们举的例子，几乎都不能成立犯罪中止。您能具体说明一下，在哪些情况行为人只要放弃杀人行为，离开现场，就能成立故意杀人罪的中止？

张明楷：概括地说，就是在行为人的杀害行为还没有导致被害人严重的伤势，只要行为人放弃进一步的杀伤行为，被害人就不会死亡的情形下，就可以肯定行为成立故意杀人罪的中止。如果要举例说明的话，就必须要有非常具体的案情，只有结合了当时伤势的具体情况，才能作出判断。

学生：在您的教科书中，有这样一个案例：行为人意欲毒死被害人，在被害人吃掉行为人下过毒的食物后，行为人悔悟了，就驾车送被害人前往医院洗胃，但行为人在赶往医院的路上，开车太快而交通肇事，导致被害人当场死亡。您认为本案成立故意杀人罪的中止。但我一直疑惑的是，既然行为人的施救行为根本没能挽救被害人的生命，就很难说他的行为在客观上是积极有效的防止死亡结果发生的行为。当然，被害人最终死亡的结果并不应该归责于行为人的投毒行为，而是应该归责于之后的交通肇事行为。所以，我认为这个案件涉及故意杀人罪的未遂和交通肇事罪。

张明楷： 你觉得投毒者开车送被害人去医院抢救的行为是不是积极有效的中止行为？

学生： 一般情况下，确实是积极有效的挽救被害人生命的行为。但是在这个案件中，行为人在路上行车太快，交通肇事造成被害人当场死亡。恐怕在这种情况下，很难说行为人的行为是有效的中止行为。

张明楷： 按照你的说法，行为人送被害人上医院的行为在交通肇事之前是中止行为。但是一旦肇事，又变成了未遂。既然你也认为最终的死亡结果应该归责于之后的交通肇事行为，那也就是说，行为人投毒的行为并没有造成被害人的死亡，而且，行为人还为了挽救被害人的生命积极施救，这样一来，行为人的行为并不缺少中止犯的任何一个必须具备的要素。

这个案件我思考过很久，也曾经产生过按杀人未遂与交通肇事定罪的想法。首先不能认定为杀人既遂，因为死亡结果不是由投毒行为造成，而是由交通肇事造成。其次，认定杀人中止要求死亡结果没有发生，但是，本案又发生了死亡结果。况且，也可以认为，行为人的中止行为是无效的，表现在他没有及时将被害人送到医院。想一想，如果行为人将被害人送往医院时因为塞车而未能及时送到，被害人因为没有得到医生的救治而死亡，肯定是故意杀人既遂。但这个案件认定为既遂明显不当，所以，剩下的就好像只有杀人未遂了。但是，我感觉这里涉及的是通常有效的中止行为与致人死亡行为的竞合，亦即，在本案中，行为人将被害人送往医院救治的行为，同时具有双重性质，作有利于行为人的事实归纳可能好一点，于是采纳了杀人中止的结论。不过，这里的杀人中止，还是应当认定为造成了损害（伤害），只能减轻处罚，然后与交通肇事罪并罚。

学生：在中止行为构成犯罪的情况下，是否可以适用紧急避险等不法或责任阻却事由，来免除中止行为构成的犯罪？比如，行为人想通过放天然气来杀害在家熟睡的被害人，在被害人被天然气熏死之前，行为人悔悟，决定将被害人救出来。当时，除了马上把被害人家的造价高昂的门砸破之外，别无他法。在行为人的积极施救下，被害人转危为安，脱离险境。如果行为人砸坏的门价值 5000 元以上的，您觉得行为人除了定故意杀人罪中止以外，是否还需要定故意毁坏财物罪？

张明楷：我觉得将行为人的砸门行为认定为故意毁坏财物罪是有可能的。这是因为，行为人之前的杀人行为导致了这样的紧急状态发生，所以，行为人还是应该对自己造成的毁坏财物的行为负责。

学生：如果行为人砸门的行为不能被认定为紧急避险，是不是会又陷入这样一个矛盾——行为人悔悟以后，想要施救，但又不能去砸门，可是当时只有砸门才能阻止危害结果的发生？这个时候，法律一方面鼓励行为人砸门救人，另一方面又阻止行为人砸门，这似乎有些矛盾。

张明楷：的确会在表面上出现你说的这样的矛盾。在这种情况下，法律确实鼓励行为人中止，但法律也禁止行为人故意毁坏财物，行为人该怎么选择呢？法律对行为人的行为究竟是禁止还是鼓励呢？于是，刑法学界提出了一个"原因中的违法行为"来解决这样的现象。

在一些情况下，如果不将后面的故意毁坏财物的行为定罪，也是不合适的。比如，行为人开天然气杀人的行为并没有给被害人造成任何损害，连轻伤都没有达到，但却在砸门入室的过程中损毁了被害人巨额财物，如果认为后面的行为属于紧急避险，不应该受到任何处罚，恐怕也不太合适。如果砸门入室的行为应受处罚，现在又出现了一个问题，到底是将这个砸门入室的行为按照故意毁坏财物罪定罪处刑合适，还是按照故意杀人罪中止中的"造成损害"的情形处理呢？

将砸门入室损坏了被害人财物的行为认定为故意杀人罪的中止中"造成损害"的情形，按照故意杀人罪的法定刑减轻处罚，可能会在一些情况下对行为人不利。比如，行为人打算毒死被害人，投毒之后就离开了被害人的房间，后来悔悟，担心被害人喝下毒药死亡，在被害人举杯正要喝毒药的时候，行为人破门而入，将毒药摔在了地上。这样的情况下，行为人犯的故意杀人罪原本可以免除处罚，但是如果将破门而入造成的毁坏门等财物的行为认定为故意杀人罪中止中的"造成损害"，行为人就会按照故意杀人罪的法定刑减轻处罚，在3年到10年的有期徒刑间处刑。但是如果将破门而入的行为认定为故意毁坏财物罪的话，可能只在3年以下有期徒刑的法定刑范围内处刑。在一般人的观念中，为了抢救被害人砸门而入的行为造成的损害，不应该与故意杀人行为的损害有什么关联。

在刚才举的这个案件中，如果将行为人破门而入损坏财物的，认定为故意杀人中止行为中的"造成损害"，的确会出现上面的问题。我认为，还是应该按照"原因中的违法行为"理论，将这类行为造成的法益侵害也进行处罚。即使在我国，如果不能按照前罪中的中止行为已经造成的损害来处理，也还是可以根据这类行为本身构成的犯罪定罪量刑。比如这个案件中，将行为人破门而入损毁财物的行为认定为故意毁坏财物罪。

学生：可是，将这类行为一概认定为犯罪行为，也会出现问题。第三人得知行为人在砸门救人，第三人是否可以阻止行为人砸坏被害人的家门？如果说行为人砸门的行为是故意毁坏财物的犯罪行为，第三人当然可以阻止；但如果说行为人是在实施积极有效的救助行为，第三人就不能阻止这样的行为。

张明楷：在行为人砸门救人的过程中，第三人当然不能阻止这样的行为。如果阻止的话，第三人就会构成故意杀人罪。从终局的结果来看，我们也还是会承认破门而入的行为是中止行为，第三人一旦阻止这个行为，也就阻止了中止的救助行为。运用"原因中的违法行为"的理论，就是考虑到砸门之前的设定行为，而不是单纯考虑后面的行为。这样就可以避免你提出的问题。

可能你会有这样的疑问，为什么一个不能阻止的行为最后还要受刑法处罚呢？的确在刑法理论中，也存在一些对不能阻止的行为进行刑罚处罚的理论。比如，德国刑法处罚不能犯，同时认为不可以对不能犯进行防卫，因为在德国正当防卫的对象是不法攻击，而不能犯不是攻击，虽然不能犯确实是刑法处罚的不法行为。

学生：我国《刑法》第 24 条规定，中止"造成损害"的，应该减轻处罚。我们刚才也讨论了这里的"造成损害"是否包括中止行为本身造成的损害。比如，为了抢救被害人，行为人砸破被害人的门的，砸坏的门是否属于中止犯中的"造成损害"？您能详细解说一下您的看法吗？

张明楷：根据我国《刑法》第 24 条第 1 款的规定，自动放弃犯罪或者自动有效地防止犯罪结果发生的，是犯罪中止。而同条第 2 款并没有交代，到底是自动放弃犯罪以前的犯罪行为"造成损害"，还是由自动有效地防止犯罪结果发生的行为"造成损害"。这样的规定，为我们解释这里的"造成损害"既提供了一定的解释空间，也增加了不少难度。

这里涉及的基本问题是，中止前的犯罪行为（着手实行行为）与中止行为是什么关系？如果认为，中止犯是着手实行行为与中止行为的一体化，那么，就可以认为，中止行为本身造成损害的，属于中止犯中的"造成损害"；倘若认为，着手实行行为与中止行为是两种性质不同的行为，则可能认为，中止行为造成损害的，不属于中止犯中的"造成损害"。关于着手实行与中止行为的关系（德国、日本刑法理论称为未遂行为与中止行为的关系）存在整体的观察方法（或单一的观察方法）与分割的观察方法之争。我的基本观点是，不能将中止行为与中止前的着手实行视为一个行为，而应将其作为两个性质不同的行为对待，所以，不能认为中止犯中"造成损害"的行为既可以是着手实行行为，也可以是中止行为。

《刑法》第 24 条第 1 款的规定说明，中止行为表现为"自动放弃犯罪"或者"自动有效地防止犯罪结果发生"。这便意味着中止行为本身并不是造成法益侵害结果的行为，而是避免法益侵害结果的行为。换句话说，被免除处罚或者受到减轻处罚的是

"中止犯"。据此,"造成损害"的行为,应当是中止"犯"的行为。但中止行为不是犯罪行为,中止前的行为才是具备构成要件符合性、违法性与有责性的犯罪行为。所以,"造成损害"的行为,不应当包括中止行为。《中国法学》2013年第5期发表了一篇我关于中止犯造成损害的文章,你们可以看一看。

学生:我曾经看到过一个日本判例,这个判例的核心问题就是判断行为人是否自动放弃了犯罪。在一起诉讼诈骗案中,原告伪造欠条后,向法院提出要求被告人偿还债务的请求。在一审中,法院根据日本的民事诉讼法的相关规定,认为原告提供的证据的证明力不够,驳回了他的诉讼请求。判决下达之后,原告并没有上诉。案发以后,法院就原告方的行为是否属于诈骗罪的中止展开了讨论。一方认为原告方原本还是可以通过上诉来骗取对方当事人的财物的,但是他自动放弃了进一步的诉讼诈骗行为,因而构成中止;但是另一方认为行为人之所以没有骗到对方财物,是因为一审法院认为原告的证据的证明力不足,否则的话,肯定已经既遂了,这一方认为原告方的行为成立未遂。最终,法院还是按照诈骗罪未遂定罪量刑了。

张明楷:这样的案件有点类似于我国在中止犯中经常讨论的放弃重复侵害的行为是否是中止的问题。比如,行为人朝被害人已经开过一枪,没打中,此后行为人就没有再开枪,这种情形是否是中止?这里面的问题是,虽然现在还没有达到既遂的程度,但是否已经出现了未遂状态?如果已经出现了未遂状态就应该认为行为已经未遂,也就不能认定为中止。日本的这个案件也与通常的放弃重复侵害存在区别。在通常的放弃重复侵害的场合,继续实行造成结果的可能性很大。在日本的这个案件中,继续实行亦即上诉后骗取财物的可能性较小。

学生：如果在刚才讨论的那个日本诉讼诈骗案中，原告方在接到一审判决后果断上诉了，但是在上诉的过程中悔悟，主动撤销了诉讼，是不是可以认定为诈骗罪的中止？

张明楷：我认为在这个案件中，一审法院下达败诉判决之后，行为人的诈骗行为就已经未遂了。之后在上诉过程中又撤诉的，不能否定之前存在的未遂状态。所以，在你说的这种情况下，应该认为行为人犯了两次诈骗罪，一次未遂、一次中止。由于日本将反复侵害同一法益的行为认定为包括的一罪，所以，法官很可能只将行为人的行为认定为诈骗罪的未遂。

我再给你们举一个例子，你们看一下是成立犯罪中止，还是成立犯罪未遂？行为人想枪杀被害人，他先朝被害人开了一枪，但是这一枪并没有打中被害人，就接着又朝被害人开了第二枪，这一枪将被害人打伤之后，行为人就积极抢救负伤的被害人，后来被害人也没有死亡。

学生：我觉得有两种处理方式。一种处理方式是先将行为人第一次开枪的行为认定为犯罪未遂，再将第二次开枪后抢救被害人的行为认定为犯罪中止；另一种处理方式是概括地将行为人的行为认定为犯罪中止。因为被害人之所以没有死亡，是行为人抢救的结果，似乎将行为人的行为概括地认定为中止更加合理。

张明楷：我举的这个案件，涉及我国在中止犯中讨论的一个问题，那就是到底该如何处理放弃重复侵害的行为。以前，我们国家的通说认为，放弃重复侵害的行为应当认定为中止。但当时我们国家的刑法规定，中止犯应当减轻或者免除处罚。所以，即使将这样的行为认定为中止犯，也可以仅是减轻处罚而已。但是，现行刑法将中止犯的法律效果进行了修改，在没有造成损害的情况下，中止犯应当免除处罚。那么，如果还是将放弃重复侵害的行为认定为中止犯，在没有造成损害的情形下，只能免除处罚。在很多情况下，这样的处理方式的弊端就比较明显了。比如，行为人已经连续射击了被害人几枪，但是被害人躲得快，没有射中。行为人悔悟之后就没有继续射击。如果将行为人的行为认定为中止，就应该免除处罚。但是，在这种情况下，这么危险的杀人行为，就因为没有打中，后来又放弃继续射杀而不处罚，显然是不利于一般预防与特殊预防的。如果行为人是警察的话，又不可以按照非法持有枪支罪定罪量刑。行为人在没有受到任何刑事处罚的情况下，还可以继续做公务员等社会公职，这样的结局显然不合理。

学生：的确，如果发生了类似的案件，最后法院将行为人的行为认定为中止犯，行为人因此免除了刑事处罚，就可能在社会上形成这样一种印象：我先开一枪看看能不能打死被害人，打死了我就去坐牢；打不死也没什么事儿。

张明楷：所以，我认为，关于放弃重复侵害的问题，现在需要重新研究，不能按照过去的思路得出结论，要考虑现行刑法关于中止犯减免规定的特点。既不能使放弃重复侵害的行为都成立中止，也不能使放弃重复侵害的行为都成立未遂，可能需要区分不同的情形，类型化地得出不同的结论。

学生：我想向您请教一个关于中止犯的自动性认定的案件。行为人潜入银行后，打算盗窃巨额财物，但在打开银行的保险箱之后才发现，里面仅有3000元人民币和一些文件，行为人觉得里面的钱太少，不值得下手，就马上离开了银行。您觉得行为人是自动放弃了犯罪，还是出于意志以外的原因而未得逞？

张明楷：我在之前已经讲过，在我们国家，最好将中止犯认定得宽泛一些。在这个案件中，可以将事实归纳为：行为人潜入银行的时候，盗窃的目标是巨额财物，但在看到3000元以后，还是没有进一步实施盗窃行为。所以，还是可以将这样的行为认定为盗窃中止。

学生：如果行为人潜入银行的时候，意图盗窃一份珍贵文件，但是在打开保险箱之后，发现没有文件，只有巨额现金，行为人并没有盗窃现金。在这种情况下，是否还可以认定行为人的行为成立盗窃罪的中止？

张明楷：我觉得很难将行为人之前想盗窃的财物与之后碰上的现金评价为一类财物。如果保险箱中有文件的话，毫无疑问，行为人已经将文件拿走了。在这种情况下，最好还是将行为认定为未遂。

学生：如果行为人潜入银行的时候，意欲盗窃巨额现金，但是打开保险箱以后，发现全是贵金属和珠宝，行为人觉得太重了，而且销赃的时候也很麻烦，就转身离去了。在这种情况下，应该将行为人的行为认定为中止还是未遂？

张明楷：现实中，不太可能发生这样的案件，而且，这样的案件的确也很难处理。我的初步观点是，如果将行为人意欲盗窃的现金和保险柜里现实存放的贵金属和珠宝都抽象地认定为财物，那么，行为人自动放弃了盗窃财物的行为，应该认定为中止；但是如果将贵金属、珠宝等认定为与现金不同的犯罪对象，行为人意欲盗窃的犯罪对象并不存在，这样的话，还是可以将这样的行为认定为未遂。这两种处理方式，到底哪种更加合理，还是需要进一步研究的。

张明楷：德国曾经发生过这样一个案例。丈夫在杀妻子的过程中，女儿突然进来了，丈夫看到女儿，就没有继续杀害妻子。你们觉得行为人是否自动放弃了原先的杀人行为？

学生：即使面对着自己的女儿，行为人还是可以继续实施杀害妻子的行为，而且，从案情来看，他们的女儿也还没有阻止父亲的杀人行为。这充分说明，行为人自动放弃了杀害妻子的行为，还是可以将行为人的行为认定为杀人罪的中止。

张明楷：我也认为还是可以肯定行为人具有放弃犯罪的自动性。毕竟还是有一些杀人犯，他们会当着自己的家人杀害自己的亲属，所以，行为人的女儿的突然出现，并不是客观上使杀人行为无法实施的障碍。在德国，即使认为行为人的杀人行为已经中止，也并不意味着行为人将不受任何处罚；如果之前的杀人行为已经致妻子负伤的话，德国法院还是会按照伤害罪既遂来定罪量刑的。

学生：曾经看到过一个发生在日本的真实案例。丈夫在杀害自己的妻子过程中，突然听到隔壁房间里，自己的孩子在哭，丈夫在听到哭声以后，就放弃了杀害妻子的行为。日本的法院认为，这样的行为只能认定为犯罪未遂，因为一般人在这种情况下，都无法继续实施杀害自己妻子的行为，所以，孩子哭能够客观阻止杀人的犯罪行为，行为人对没有继续杀害妻子的行为不具备中止犯的任意性。但也有一些日本学者反对法院的判决，他们认为，行为人在这种情况下停止杀害妻子，是出于对孩子的怜悯，还是可以认定行为人具有中止的任意性的。

张明楷：我觉得可以将这个丈夫的行为认定为中止。也就是说，还是应该认定行为人具有中止的任意性的。有一些杀人犯，听到自己的小孩就在隔壁哭闹，也还是会继续杀死自己的妻子的。行为人听到小孩哭以后，谁都不知道他到底是因为不想让自己的孩子失去母亲而放弃犯罪，还是因为怜悯自己的妻子而放弃犯罪。但可以肯定的是，很难将小孩子的哭声认定为杀人行为的客观障碍。所以，还是将这样的行为认定为中止犯比较合适。

第六堂
正犯与共犯

学生：一直以来，我有一个疑问，共同正犯到底是共犯，还是正犯？

张明楷：这个问题不好一概而论地回答。在我看来，共同正犯肯定在某些方面与帮助犯、教唆犯等共犯有区别。比如，在共同正犯的情况下，运用的是部分实行全部责任的归责原则，也就是说，在共同正犯的情况下，一方的共同正犯要为其他共同正犯实施的共犯意思范围内的实行行为与结果负责；但在狭义的共犯的情况下，归责原则就是共犯的从属性原则，也就是说，教唆犯、帮助犯的成立从属于正犯的实行行为，只有正犯实行了犯罪，他们的行为才能受到处罚。虽然从最终的结局上来看，共同正犯也好，帮助犯、教唆犯也罢，都要为其他正犯人的不超过共犯意思的行为负责，但是，分析各自应负刑事责任的理论根据还是有所差别的。举两个具体的案例来说明一下。甲乙两人合谋共同去杀害被害人丙，甲乙两人到了现场以后，甲用拳头打了被害人的背部等非致命部位，而乙拿刀一刀砍到了丙的头部，正是乙的这一刀直接导致了被害人的死亡。在这种情况下，由于甲乙是故意杀人罪的共同正犯，根据共同正犯部分实行全部责任的归责原则，甲也必须为乙一刀砍死被害人丙的行为负责，甲乙成立故意杀人罪的共同正犯。但如果甲想要去杀死被害人丙，就到乙处借毒药，乙得知甲的意图以后，就将毒药借给了甲。在这种情况下，乙是故意杀人罪的帮助犯，他的行为最终是否可以成立故意杀人罪，完全取决于甲是否去杀害了被害人丙。如果甲拿到毒药以后，就放弃了杀人计划，甲最多成立一个故意杀人罪的预备中止犯；由于乙的帮助行为从属于甲的正犯行为，甲未实施实行行为，乙借给甲毒药的行为，最多也就是故意杀人罪预备中止的帮助行为。由于这样的行为并没有造成任何损害，根据我国刑法有关中止犯的法律后果的规定，应当免除对甲乙二人的处罚。如果甲最终拿着乙借给他的毒药毒杀了被害人丙，那么，乙的帮助行为也达到了既遂的程度，甲是故意杀人罪既遂的正犯，乙则是故意杀人罪既遂的帮助犯。

学生：在一些情况下，行为人的行为到底是共同正犯的行为，还是共犯的行为，还是不太好区分。比如，甲乙二人藏在一个角落，同时向被害人射击，最终甲的一枪打死了被害人，而乙的一枪打偏了，并没有打中被害人。在这种情况下，乙到底是正犯，还是共犯？如果认为乙的行为是正犯，但他的行为又并没有致被害人死亡；如果认为乙的行为是共犯，但乙又参与了直接射杀被害人的实行行为。

张明楷：你举的这个例子，与你刚才提到的问题直接有关，那就是，共同正犯到底是共犯，还是正犯？在你举的这个例子中，更能体现共同正犯是共犯这样的观点。在这样的案件中，乙的行为与被害人的死亡之间没有直接的物理上的因果关系，似乎可以将乙的行为认定为甲的帮助犯。但是，如果不承认甲乙都是故意杀人罪的正犯，就会出现这样的结局——倘若事后无法查清甲乙谁开枪打中了被害人，那甲乙谁是正犯呢？不可能有没有正犯的共犯，所以，将乙认定为这起故意杀人罪的共同正犯是最合理的。但是，也有一些案件，共同正犯就都是正犯，没有共犯。比如，甲乙二人棒杀被害人，甲打一棒乙打一棒，直到将被害人打死为止。在这种情况下，甲乙的行为与被害人的死亡之间都具有物理上的直接因果关系。甲乙都是杀害被害人的正犯，将他们其中的任何一人，认定为故意杀人罪的共犯都不合适。所以，只能说，有些共同正犯有共犯的某些特点，但仍然应当认定为共同正犯。

共同正犯到底是否为共犯，是日本刑法学讨论的一个问题。我认为这与日本刑法对共同犯罪的相关规定有关。因为日本刑法中共犯规定的形式是——共同正犯、帮助犯、教唆犯。可见，日本刑法典并没有将正犯单独规定。日本刑法学界对共同犯罪形式的看法，基本上都是以本国的立法为基础的。例如，日本刑法学教授山口厚的教科书，在共同犯罪的部分先讨论教唆犯与帮助犯，后讨论共同正犯。他认为教唆犯与帮助犯具有共犯的从属性，但是共同正犯具有实行行为的共同性。

学生：共犯与正犯的区别，是量的区别还是质的区别？日本的行为无价值论者认为是质的区别，而结果无价值论者认为是量的区别。比如日本的井田良教授等人认为，正犯和共犯是质的区别而不是量的区别。这种质的区别体现在，正犯和共犯在规范内容或构成要件上并不相同，这种质的区别有利于保障国民的行为自由。具体而言，只有正犯的行为才是符合刑法分则构成要件定型性的行为，帮助行为和教唆行为是扩大因果关系的范围形成的行为，这些行为本身并不是符合刑法分则构成要件定型性的行为。

张明楷：日本的团藤重光教授早就已经提出过类似的观点了。团藤教授认为，正犯是符合构成要件的行为，教唆犯和帮助犯是符合修正的构成要件的行为。实际上，所谓的"修正的构成要件"也完全可以理解为扩大因果关系的认定得到了并非原本的构成要件的行为。从这一点上讲，团藤教授的观点与井田良教授的观点并没有本质的区别。但现在，在德国刑法学中，通说已经不再认为正犯行为与共犯行为有本质的不同。基本上，德国通说认为正犯与共犯之间的区别是量的区别。比如，同样是望风的行为，罗克辛教授将为杀人行为望风的行为认定为杀人罪的帮助犯，而将为盗窃望风的行为认定为盗窃的共同正犯。这是因为，在盗窃罪与杀人罪这两种不同的犯罪中，相同的望风行为在其中起到的作用的大小并不相同。要想认定望风行为到底是共同正犯行为，还是仅为帮助行为，就需要很实质地去判断这种行为在具体的犯罪中起到的作用的大小。而对具体行为在共同犯罪中起到的作用大小的判断，就是在确定各种共同犯罪的行为在引起结果发生的过程中量上的不同。

即使在日本，也并不见得学者们都坚持正犯与共犯是质的区别的观点。比如，日本一直以来就存在共谋的共同正犯的理论，共谋共同正犯并没有最终参加实行行为，但是，他们还是被当作正犯论处。在共谋共同正犯的情况下，很难说共谋的共同正犯与教唆犯有质的不同。

学生：在共同犯罪中，是否可以认为，只要实施了实行行为，就肯定是正犯？

张明楷：间接正犯的情况特殊，可能客观上实施实行行为的人，并不是间接正犯本人，但是间接正犯必须为被利用者（他人)的行为承担责任。在间接正犯以外的情况下,似乎就应该结合具体的案件,仔细分析各种实行行为在共同犯罪中的作用到底有多大。例如,在共同诈骗的犯罪中,甲实施了欺骗行为,并且他的欺骗行为使被害人陷入了认识错误,但是由于处分财产与陷入认识错误之间可能有一个时间差,甲的小弟乙负责收取财产。在被害人交付财产的过程中,乙始终一言未发。在这种情况下,由于诈骗罪是财产犯罪,所以,收受被害人交付财产的行为也是诈骗罪构成要件的一部分,也能算作一种实行行为,但是,在刚才我举的这个案件中,将乙的行为认定为诈骗罪的帮助犯似乎更好一些。

所以,我觉得没有必要将正犯与实行行为挂钩,最好根据犯罪人在共同犯罪中所起的作用大小来区分正犯与共犯。这样也与我们国家刑法典对共同犯罪的规定契合。在德日,他们的刑法典对正犯、帮助犯、教唆犯都有规定;同时,正犯、帮助犯、教唆犯是定罪意义上的概念。但在我们国家的刑法典中,却没有规定正犯、帮助犯这样的概念。最重要的是,我们国家刑法典中规定的主犯、从犯、胁从犯是一种量刑情节。这样的规定,就注定了我们国家在认定共同犯罪中的主犯、从犯上要较德日认定正犯、共犯实质得多。也就是说,即使按照日本的标准,某些共同犯罪行为可以认定为正犯,但在我国,相同的共同犯罪的行为可能会被认定为从犯。总而言之,我国的主犯、从犯较德日的正犯、共犯而言,包含了更多的实质判断的内容。

学生:如果正犯与共犯的判断只是量的区别,如果将我们国家的主犯与从犯认定为一种较正犯与共犯更加实质的判断,最终只有在犯罪中的作用大小才能将二者区分,那么,这似乎已经走向了共犯单一制。

张明楷：确实可能存在这样的倾向。不过，我认为还是应该在定罪阶段，先尽量区分正犯与共犯；在量刑阶段，再更为实质地区分主犯与从犯。

学生：如果在量刑时按照主犯与从犯等非常实质地认定共犯在共同犯罪中的作用，这似乎会与定罪中认定正犯与共犯的内容有所重合。因为，即使是正犯和共犯的区分，也是立足于犯罪人各自在共同犯罪中的作用来进行的。这似乎有叠床架屋的味道。

张明楷：毕竟，我们国家的主犯与从犯的区分，是一种十分实质的区分；在进行这样的实质区分之前，也就是在量刑之前，还是应该保留一定限度的形式的判断，也就是在定罪阶段，根据正犯与共犯来区分各类共同犯罪的参与人。

学生：有两种对共犯人分类的方法。一种是分工分类法，如正犯、教唆犯、帮助犯的分类法；另一种是作用分类法，如我们国家刑法典中规定的主犯、从犯、胁从犯。通过刚才我们的讨论，我似乎感觉到，在定罪时，应该按照分工分类法区分共犯人；在量刑时，应该按照作用分类法区分共犯人。您觉得这样的分析正确吗？

张明楷：似乎也可以这样理解。但是，随着共犯理论的不断发展，尤其是对正犯的认定的不断扩张，我们不能说，正犯的认定中，就完全不考虑共犯人在共同犯罪中的作用，而只是考虑他的行为是否实现了形式意义上的构成要件。或许，也可以说，我们现在判断共同犯罪的行为是否实现了构成要件的正犯行为，往往也会主要考虑该行为在共同犯罪中的作用。所以，现在即使按照分工分类法来认定正犯与共犯，也总是会考虑犯罪人在共同犯罪中的作用大小的。以后，你们可以进一步详细研究一下这两种分类法之间关系的演变。

学生： 既然我国刑法中对共同犯罪的规定与德国、日本不同，也不能把我国的主犯、从犯与德日的正犯与共犯等同，那就说明我国有关共犯的立法并不是学习德日刑法的结果。我国的这种不同于德日共犯理论的立法方式，是怎么来的？

张明楷： 据我所知，我国刑法中对共犯人的区分方式，主要是继受了解放区当年实行的"首恶必办，胁从不问"的刑事政策，同时也学习了原苏联一些有关共同犯罪的立法经验。或许，在当年制定刑法典时，起草人头脑中并没有出现过正犯的行为是实现了构成要件的实行行为等观念，他们当时可能只有一种类似于单一的正犯的理念。但解释刑法并不能总是以起草人当时的想法为归宿，还是应以如何解释这些条文才能做到更好地定罪量刑为标准进行研究。

学生： 周光权老师在《政法论坛》2012年第6期发表了一篇题为《论身份犯的竞合》的论文。这篇文章的观点是，在身份犯或义务犯中，虽然身份或义务具有专属性，但在某些情况下会由于共犯参与者的身份或者义务多样，而导致身份或义务的竞合。在这种情况下，成立相关的身份犯或者义务犯的想象竞合犯。例如，甲是国家机关工作人员，后被委派到某民营企业指导生产。在该企业任职的过程中，甲伙同民营企业的另外一名管理人员乙，将该民营企业的财物据为己有。在这个案件中，甲具有国家机关工作人员的身份，因此他具有犯贪污罪的身份；乙是民营企业的管理人员，所以他具有犯职务侵占罪的身份。他们在将该民营企业的财物据为己有的共同犯罪中，发生了各自身份的竞合。

因此，甲成立贪污罪的正犯与职务侵占罪的帮助犯的想象竞合犯；而乙成立贪污罪的帮助犯与职务侵占罪的正犯的想象竞合犯。您对这样的观点有什么看法？

张明楷：先谈谈你举的这个案件吧。身份犯和义务犯并不是同一个概念，比如贪污罪与职务侵占罪就都不是义务犯。我认为在这样的案件中，在将甲作为正犯判断时，乙当然是贪污罪的共犯。反之，将乙作为正犯时，由于甲也符合职务侵占罪的身份要件，故需要考虑案件的具体情形。如果甲利用了职务上的便利，甲与乙就是职务侵占罪的共同正犯，如果甲没有利用职务上的便利，就如同普通公民，那么，他就是职务侵占罪的共犯。在这样的场合，没有必要讨论身份犯的竞合问题。我也举一个案例。甲是一个县的财政局局长，甲的朋友乙是该县某村的普通村民。甲对乙说："你伪造一份村长签过字的报告书，就说你们村需要10万元，只要你能拿来，我就拨给你10万元。"乙果然伪造了一份村长签字的报告书，甲将10万元拨到了事先准备好的账户，事后甲乙平分了这10万元。乙肯定成立贪污罪的帮助犯。即使乙是村长本人，他出具了一份虚假报告，声称该村需要10万元的，也能成立贪污罪的共犯。这是因为，在这种情况下，犯罪得以发生显然全是因为甲利用了职务之便。但是，在乙是村长的情况下，如果事先并无共谋，乙将甲合法划拨的10万元据为己有，甲也在这个过程中有过参与，就应该认为在将这10万元据为己有的过程中，甲的国家工作人员的身份并没有起到作用，将他们的行为认定为职务侵占罪的共犯也是合理的。

学生：身份犯中的身份，都是违法身份吗？

张明楷：应该说，身份犯中的身份，绝大多数都是违法的身份,责任身份并不多见,但不能认为身份犯都是违法身份。

学生:您觉得规定诬告陷害罪的《刑法》第 243 条第 2 款中的"国家机关工作人员犯前款罪的,从重处罚"当中,"国家机关工作人员"这个身份是违法身份,还是责任身份?

张明楷:我觉得,将这里的"国家机关工作人员"身份,认定为违法身份更好。因为当国家机关工作人员去诬告陷害他人时,公检法肯定会更加重视国家机关工作人员的指控,因此被诬告的人被追究的可能性也就会更大。

学生:如果国家机关工作人员去诬告陷害他人时,没有表露自己是国家机关的工作人员,那么,这种情况下,是不是就不再适用诬告陷害罪第 2 款的加重处罚的规定?

张明楷:我认为在这种情况下,是不能对这名举报者适用诬告陷害罪第 2 款的加重处罚的。因为他并没有利用自己的国家机关工作人员身份来加大其诬告陷害的行为对法益的侵害性。

学生:如果一个普通公民,谎称自己是国家机关工作人员去诬告陷害他人的,一旦司法机关以为这名诬告者是国家机关工作人员,那么是否也能适用诬告陷害罪第 2 款的加重处罚?

张明楷:你可能误解了我的意思。我刚才提出,国家机关工作人员去诬告陷害他人会引起司法机关的重视,所以国家机关工作人员的诬告陷害行为具有更大的法益侵害性。我并不是说,国家机关工作人员只要亮明自己的身份,他去诬告陷害的行为就有更大的法益侵害性;而是指,国家机关工作人员在利用了自己的职务的情况下,被害人更容易被诬告陷害。在你说的这种情况下,一个普通公民是不可能具有国家机关工作人员才能具有的职务的,所以,即使他谎称自己是国家机关工作人员,也不能认为他利用了自己的职务来诬告陷害被害人。与此相似的还有《刑法》第253条规定的私自开拆、隐匿、毁弃邮件、电报罪与《刑法》第252条规定的破坏通信自由罪。假如邮政工作人员甲在深夜翻墙进入自己工作的单位，将他人的信件隐匿或者毁弃了的，是应该按照《刑法》第253条定罪量刑呢，还是应该按照《刑法》第252条定罪量刑呢？

学生：在您说的这个案例中，甲并没有利用自己的邮政工作人员身份去实施隐匿或者毁弃信件的行为，因此，应该按照第252条规定的破坏通信自由罪定罪量刑。

张明楷：所以，即使是将这些身份犯认定为违法的身份，但只有具有身份的行为人实施了利用该身份的行为，才能按照身份犯定罪量刑。

学生：有人认为，《刑法》第361条规定的"旅馆业、饮食服务业、文化娱乐业、出租汽车业等单位的人员，利用本单位的条件，组织、强迫、引诱、容留、介绍他人卖淫的，依照本法第358条、第359条的规定定罪处罚"中的"旅馆业、饮食服务业、文化娱乐业、出租汽车业等单位的人员"属于责任身份，您同意这种观点吗？

张明楷：我认为，《刑法》第361条规定的"旅馆业、饮食服务业、文化娱乐业、出租汽车业等单位的人员"仍是违法身份。刑法在这一条中已经明文规定了这些单位的人员只有"利用本单位的条件"，才能成立该条规定的犯罪。"利用本单位的条件"这一要素显然是使法益侵害更为严重的要素。如果"旅馆业、饮食服务业、文化娱乐业、出租汽车业等单位的人员"没有利用本单位的条件，就不能按照这一条规定的犯罪定罪量刑。所以，并非只要是"旅馆业、饮食服务业、文化娱乐业、出租汽车业等单位的人员"都可以构成这一条规定的犯罪，而是要取决于这些人员是否利用了本单位的条件。

学生：甲想要杀死乙，就教唆乙去抢丙，同时甲还告诉丙，"有人要抢你，你要做好防范准备"。后来，乙在抢劫丙时，被丙的正当防卫的行为杀死了。有人认为，甲是故意杀人罪的教唆犯；有人认为，甲是故意杀人罪的间接正犯。您觉得哪一种观点更加合理？

张明楷：我认为，在这样的案件中，应当将甲的行为认定为抢劫罪的教唆犯，死者本人构成抢劫罪的正犯。乙抢劫时被丙杀死的结果，是正当防卫的结果，不能归责于任何人。除非甲完全支配了整个事态的发展进程，才有可能认定甲是故意杀人罪的间接正犯。但你所举的案例并非如此。

学生：再举一个案情稍微有些变化的案例。甲明知丙身上配枪了，甲还是教唆乙拿着刀去抢劫丙，结果在乙抢劫丙的过程中，被丙一枪打死。在这个案件中，也没有任何人需要为乙的死亡负责吗？

张明楷：丙一枪打死乙的行为，是正当防卫的行为。而甲是乙的同案犯，教唆乙去犯抢劫罪。甲只对自己教唆他人所犯的罪负责。乙的死亡是正当防卫行为的结果，没有人需要为这样的死亡结果负刑事责任。

在我国司法实践中，只要一死人，即使是正当防卫造成的死亡结果，办案人员也会想方设法找人为这样的死亡结果承担刑事责任。这种做法不好，不仅会影响正当防卫的认定，也可能影响共犯的认定。

学生：在甲有致乙死亡的故意的情况下，还教唆乙去抢劫佩带枪支的丙，后乙被丙击毙。如果甲对乙的死亡不承担任何责任的话，似乎人们从感情上有些接受不了。

张明楷：在这种情况下，如果仅因为甲有杀死人的恶意，就将甲认定为故意杀人罪的话，就是主观主义刑法观在作祟了。既然在客观上，乙的死亡是丙的正当防卫行为所致，就应该肯定打死乙的行为并不具有违法性，因此，没有人需要为没有违法性的行为结果负责。

学生：帮助犯的行为，必须与共同犯罪造成的结果有因果关系，还是必须与共同犯罪中的正犯实行行为有因果关系？

张明楷：一般来说，如果帮助行为与正犯的实行行为有因果关系，就会与共犯实行行为的结果也有因果关系。但是，也有不少例外。总的来说，如果帮助行为仅与正犯的实行行为有因果性，只成立未遂的帮助犯。只有当帮助行为与正犯实行行为的结果之间具有因果性时，才能成立既遂的帮助犯。你能举一个例子，说明帮助犯仅对正犯的实行行为有帮助，但对正犯的实行行为的结果没有帮助吗？

学生：甲得知乙要入户盗窃，就借给了乙一把万能钥匙。结果乙到达现场以后发现自己忘记带甲借给他的钥匙了，就临时找了一根铁丝，顺利地实施了入户盗窃的行为。

张明楷：既然乙在入户盗窃时没能用得上甲借给他的钥匙，就不能说甲的行为已经对乙的实行行为提供了物理上的帮助，更不能说对乙盗窃的结果产生了物理的帮助。所以，我认为你的这个例子并不能说明帮助行为与正犯实行行为有因果关系而与最终正犯实行行为的结果没有因果关系。在你举的这个例子中，可能最为麻烦的一个问题是：甲的帮助行为虽然与乙的实行行为之间没有物理的因果关系，但是否还存在着心理的因果关系？如果有的话，还是能够认定甲是乙所犯的盗窃罪的帮助犯。

我举一个例子，甲得知乙要入户盗窃，就借给了乙一把万能钥匙。乙到达现场后使用甲提供的钥匙，但不能打开门，于是乙就临时找了一根铁丝，顺利地实施了入户盗窃的行为。在此案中，应当认为甲的行为只成立未遂的帮助，亦即，甲的帮助行为与乙前面的着手实行之间具有因果性。但是，在乙用铁丝入户盗窃时，甲的帮助行为就没有再起作用了，因而没有因果性。

学生： 讨论甲的帮助行为与乙入户盗窃的行为之间有无心理的因果关系是不是也需要具体问题具体分析呢？在我所举的案例中，如果乙当时苦于找不到万能钥匙，心生放弃的念头，甲积极提供万能钥匙，还提出以后两人可以密切合作，一旦乙遇见了打不开的门，甲就提供技术支持。我觉得在这种情况下，就可以认为甲与乙的实行行为之间存在心理上的因果关系。相反，如果甲是在乙软磨硬泡的情况下，才不情愿地将钥匙借给乙，而乙在实行盗窃时没有用甲提供的万能钥匙，似乎在这种情况下，又不能说甲的行为与乙的实行行为之间存在心理上的因果关系。

张明楷： 你的分析思路很好。的确需要非常具体地认定帮助行为与正犯实行行为之间的心理因果关系，切忌泛泛而论。

学生： 我在山口厚教授的教科书中，看到过这样一个案例。甲意图抢劫被害人，在甲好不容易通过暴力将被害人制服以后，乙正好路过，乙应甲的要求，将财物拿走了。山口厚教授指出，这个案件中，乙的取财行为不能认定为甲的抢劫行为的承继的共犯行为，乙应该成立盗窃罪的正犯，甲成立抢劫罪的正犯，甲乙成立共犯。你觉得山口厚教授的这个观点正确吗？

张明楷：山口教授的观点，是以日本刑法中的相关理论为背景提出的承继的共犯的否定说。或许在日本，他这种观点并没有什么问题。但是，我们不能依据他这样的观点来直接处理我们国家的类似案例。

倘若这个案件发生在我国，我主张肯定乙成立甲抢劫行为的承继的共犯。我之所以会提出这样的观点，主要是考虑以下三点原因。一是我国通说认为盗窃罪必须是秘密窃取的行为，根据这种观点，如果不将乙的行为认定为甲抢劫行为的承继的共犯，乙的行为也不能认定为盗窃罪，那么，只能按照无罪来处理乙的行为。二是我国盗窃罪的起刑点为1000元人民币以上，如果乙当场取走的财物不足1000元，而又不将乙的行为认定为甲抢劫行为的承继的共犯，那么同样会得出乙无罪的结论。但我觉得这样的无罪结论并不合理。三是即使将乙的行为认定为甲抢劫行为的承继的共犯，那么，也只能将乙认定为从犯，在我国，从犯应当从轻、减轻、免除处罚，所以，即使将乙认定为抢劫罪的承继的共犯，乙最终也不会被判重刑。山口厚教授之所以不承认承继的共犯，是因为在这个案件中，乙的取财行为是符合抢劫罪的构成要件的行为，所以乙的行为是正犯的行为。也就是说，一旦承认乙的行为是抢劫罪的承继的共犯的行为，由于乙实施了抢劫罪构成要件一部分的行为，就会将乙认定为抢劫罪的共同正犯。山口厚教授可能认为，如果承认承继的共犯，在这个案件中，将乙的行为认定为抢劫罪的共同正犯对被告人乙而言，显然过重，所以他索性就否定了承继的共犯。

学生：如果甲盗窃了被害人的财物，被害人发现以后，就去追赶甲，乙是甲的朋友，正好看到被害人追赶甲的情景，乙为了让甲逃脱，就直接对被害人使用了暴力，甲在乙的帮助下，顺利逃跑了。在这样的案件中，您认为甲乙二人成立什么罪？

张明楷：你的这个例子可以非常具体地说明我的观点，那就是必须承认承继的共犯。如果不承认承继的共犯，乙的暴力行为就与甲之前的盗窃行为没有关系，乙的行为只是一个单独的暴力行为，如果乙的暴力没有致被害人轻伤的话，在我国就很可能不构成任何犯罪。因为，我国没有暴行罪和胁迫罪。相反，如果认为乙的行为能够成为甲盗窃行为以后的承继的共犯，那么，乙的行为就属于《刑法》第269条的准抢劫罪，也就是说，可以认为，乙的暴力行为是犯盗窃罪以后的"窝藏赃物、抗拒抓捕"的暴力行为，所以，乙成立抢劫罪的共同正犯。

学生：我去参加了"海峡两岸暨第八届内地中青年刑法学者高级论坛"。在这次论坛上，学者们非常热烈地讨论了有关共犯脱离的问题。其中，王昭武教授的观点十分特别，给我留下了很深的印象。王教授提出，"共犯关系的脱离"讨论的是，共犯脱离者是否要对未脱离的其他共犯人造成的既遂结果承担责任的归责问题。您对王教授这样的观点有什么看法？

张明楷：我同意王教授的观点。"共犯关系的脱离"就是在讨论其他共犯人的既遂结果是否可以客观归责于脱离共犯者。如果脱离者在正犯着手实行之前脱离，就会讨论脱离者的行为是成立犯罪预备，还是成立预备阶段的中止；如果脱离发生在正犯着手实行犯罪之后，就会讨论脱离者的行为是成立犯罪未遂还是中止。

学生：据我所知，德国学者一般只承认正犯着手实行犯罪之后的脱离行为。

张明楷：这是因为，德日等国将中止规定为未遂的一种减轻形态，他们的刑法中，没有规定预备阶段的中止。所以，他们不会讨论预备阶段的有关共犯关系脱离的相关问题。但这样的问题在我国却是存在的，因为我国刑法中明确规定了预备阶段的中止，所以，在我国还是可以讨论预备阶段的共犯脱离问题的。另外，德国好像没有使用共犯关系脱离的概念，因为所谓共犯关系的脱离，实际上就是脱离者是否与其他人后来的行为构成共犯的问题。

学生：最麻烦的就要数共犯关系的脱离的认定了。您是否认为只要共犯人离开了犯罪现场，就可以认为他已经脱离了共犯关系？

张明楷：我认为，共犯关系的脱离，还是需要最终归结到是否可以评价为脱离者已经将自己之前的共犯行为与既遂结果的因果关系切断了。并不是在所有共同犯罪的情况下，共犯人只要离开了现场，他就已经将自己之前的共犯行为与最终的既遂结果顺利切断了。比如，甲给了乙一把万能钥匙，供乙入户盗窃使用。在这个案件中，甲并不会与乙一起出现在入户盗窃的现场。如果认为只要离开现场就脱离了共犯关系，那甲岂不是已经脱离了共犯关系？但这样的结论显然不合理。但在另一些案件中，离开现场就可能评价为切断了自己之前的共犯行为与最终既遂结果的因果关系。例如，甲乙二人合谋盗窃，到了现场以后，甲乙各自负责察看不同的区域，来寻找盗窃目标。但甲胆小，到了现场以后特别担心自己被抓，就对乙说他不干了，之后甲就离开了盗窃现场。在这个案件中，我觉得就可以认定甲脱离了与乙的共犯关系。因为，甲的离开就可以评价为切断了他之前的共犯行为与乙的盗窃行为的物理、心理的联系。总而言之，是否离开了现场，不应该是一个绝对的判断标准，而是应该联系是否切断了之前的共犯行为与最后的既遂结果的因果关系来作出判断。

学生：您的教材《刑法学》第4版①中提到，身为国家工作人员的丈夫，教唆没有身份的妻子索取或者收受他人财物的，丈夫成立直接正犯，妻子是帮助犯。但是否可以将丈夫认定为受贿罪的间接正犯？

张明楷：我在这本书的第3版中，也曾经认为丈夫成立间接正犯；但经过长时间的思考之后，我在第4版中改变了之前的观点。我认为，丈夫作为国家工作人员，无论他让谁去帮他收钱，都体现了他自身的职务与财物的交换性，这样的行为可以直接评价为受贿罪中的"收受"。也就是说，可以直接根据受贿罪中"收受"的规范解释，将丈夫的行为认定为"收受"的一种方式。我们不能将受贿罪中的"收受"理解得十分的形式化，似乎只有国家工作人员上去接钱的物理动作，才能评价为"收受"。例如，请托人到国家工作人员家中后，偷偷地把一张10万元的卡放进国家工作人员家中茶几的一本书中，国家工作人员当时并没有发现。6个月之后，国家工作人员发现了这张卡，想来想去，6个月以来只有那位请托人来过，肯定是他放的卡。但国家工作人员没有将卡退还或者上交，而是据为己有。虽然请托人没有直接将卡递到国家工作人员的手上，国家工作人员也没有直接将卡接过来，但是，这样的行为还是应该评价为"收受"。可见，应该规范地去理解受贿罪中的"收受"。

---

① 法律出版社2011年出版。

※

张明楷：甲乙在 KTV 唱歌时发生了冲突，当时，乙有三个朋友在场，甲孤身一人不敢轻举妄动。甲从 KTV 出来以后，叫上 A、B、C 三人返回 KTV 包房找乙寻仇。A 先去停车，就将自己带来的一把刀交给了甲。甲和 B、C 三人一进入 KTV 包房，就马上和乙打斗了起来。甲并没有使用 A 的刀具打乙，而是随手用一个啤酒瓶打了乙的头部。虽然乙没有被啤酒瓶砸伤，但啤酒瓶碎片溅到了躺在一旁沙发上的乙的一名朋友身上，导致乙的这名朋友受了轻伤。B 拿起 A 给的刀具将乙捅成重伤。但 C 一直站在包房角落，既没有动手也没有说话。等到 A 停好车到达现场以后，打斗已经结束。办理这起案件的检察院认为，C 无罪，因为 C 没有参加打斗；甲只对啤酒瓶碎片溅起来造成的轻伤负责，成立故意伤害罪，按照致被害人轻伤的情形定罪量刑；B 对将乙捅成重伤的行为负责，成立故意伤害罪，按照致被害人重伤的情形定罪量刑；A 既要对 B 致乙重伤的行为负责，也要对甲致被害人轻伤的结果负责。你们对检察院这样的处理意见有什么看法？

学生：首先，甲既要为轻伤结果负责，也要为 B 重伤乙的结果负责。B 是甲纠结的共同正犯，他们两人都对乙实施了暴力，都需要为各自的行为负责。虽然甲用啤酒瓶砸乙头部的行为没有致乙本人轻伤，而是致乙的朋友轻伤，但在打击错误的情况下，根据法定符合说，还是能够肯定甲需要为被害人的轻伤负责。A 是甲和 B 的同伙，而且他还为甲和 B 携带了刀具，所以可以认为 A 是 B 和甲故意伤害行为的帮助犯，也就是说，A 既需要为 B 重伤乙的行为负帮助犯的责任，也需要为甲轻伤他人的行为负责。

至于 C 是否成立故意伤害罪的共犯，我还没有想清楚。现在可以肯定的是，C 对甲和 B 的行为没有提供任何物理的帮助行为，现在需要进一步探讨的是，C 有没有为甲和 B 的伤害行为提供心理上的帮助？

张明楷：你的思路很清晰。我觉得除了需要考虑 C 是否对甲和 B 的伤害行为提供心理上的帮助以外，还需要先考虑一下，A 是否需要为甲对乙朋友的轻伤行为负责。A 提供了一把刀给甲和 B，所以，可以肯定 A 对 B 重伤乙的行为有物理上的帮助。但是 A 对甲轻伤乙朋友的行为有物理上的帮助吗？恐怕没有。那么，A 对甲轻伤乙的朋友的行为有心理上的帮助吗？如果有的话，才能肯定 A 需要为甲轻伤乙朋友的结果负帮助犯的责任。

学生：无论 A 是否需要为甲轻伤乙的朋友的行为负责，可以肯定的是，A 肯定是甲和 B 共同伤害行为的帮助犯。在实践中，也肯定将 A 认定为故意伤害罪的帮助犯，似乎不需要讨论 A 是否需要为甲轻伤乙的朋友的行为负责。

张明楷：在定罪层面，A 的确只会被认定为一个故意伤害罪的帮助犯，但如果认为 A 也需要为甲伤害乙的朋友的行为负责的话，在量刑阶段，很可能 A 会被判处更重的刑罚。所以，还是有必要对这个问题进行讨论的。

学生：既然 A 递给甲一把刀，就说明 A 既在物理上帮助甲和 B 去殴打乙，也在心理上为甲和 B 前去包房殴打乙提供了帮助。例如，甲和 B 与乙动手时心中会更有底，因为他们会想，A 马上就停好车能赶过来，参加"战斗"。所以，A 对甲与 B 的伤害行为有心理上的帮助作用。A 既没有脱离共犯，也没有共犯的中止行为，所以 A 就必须为实行犯所造成的共犯结果负责。除非不把乙的朋友受伤的结果认定为共同犯罪的结果，否则 A 就应当对甲伤害乙的朋友的结果负责。

张明楷：甲用酒瓶砸乙的头，酒瓶碎片飞溅到乙的朋友身上造成轻伤，这种情况属于打击错误的情形。根据法定符合说，甲需要对乙朋友的轻伤负责，而甲实施的伤害他人的行为，又是共同伤害行为的正犯行为，所以，基本上还是可以将这个轻伤结果认定为共同伤害的结果的。现在，可以肯定的是 A 没有为甲伤害乙的朋友的行为提供物理的帮助，但像你说的那样，只要能够肯定 A 对甲的行为提供了心理上的帮助，还是可以肯定 A 应当对该轻伤结果负责。

学生：那您觉得 A 对甲的伤害行为提供心理上的帮助了吗？

张明楷：根据案情，A 应该是一名积极的参加者，只是去停车没能出现在案发当时。而且，本案的致命凶器也是他提供的。像你说的那样，甲和 B 上去打斗时，知道 A 马上能到达现场，可能会更加肆无忌惮一些。所以，能够肯定 A 对甲的伤害行为提供了心理上的帮助。接下来，我们就分析一下 C 是否成立这起伤害案件的帮助犯。

学生：C 没有为甲和 B 的伤害行为提供物理上的帮助，现在只能分析 C 是否为甲和 B 的伤害行为提供了心理上的帮助。如果能够肯定这一点，就应该认为 C 成立故意伤害罪的帮助犯。

张明楷：那你觉得 C 为甲和 B 的伤害行为提供心理上的帮助了吗？

学生：C 只是站在一边看，既没有出声，也没有动手，似乎很难认为他为甲与 B 的伤害行为提供了心理上的帮助。

张明楷：如果在一个公共场所，如在马路上或者广场中，甲和 B 去殴打乙，我们很难看出站在一旁一言未发的 C 是否为甲等人的伤害行为提供了心理上的帮助。但是，在这个案件中，KTV 的包房很小，C 站在那里即使没有说话，但给人的感觉是，只要甲和 B 打不过乙，他就会站出来声援。而且，当时乙的朋友基本上没有动手，似乎也不需要 C 出手就可以将乙打倒。根据这些特定的案情，或许可以认为，C 为甲和 B 的伤害行为提供了心理上的帮助，所以，应当按照故意伤害罪的帮助犯对 C 定罪量刑。当然，这只是从客观方面进行的分析，还需要判断 C 主观上是否有帮助的故意，亦即，是否存在如果需要时自己会出手的故意。由于 C 是被甲叫去打架的，故能认定其有帮助的故意。

学生：甲乙丙三人驾车去一个仓库行窃，在将赃物全部装上车后，被附近巡逻的民警发现。甲随手拎起一根铁棍去打前来抓捕的民警，乙拿起板砖也去打民警，丙什么也没有做，只是站在一旁。在这个案件中，丙是否成立转化型抢劫？

张明楷：如果事先事中没有商量暴力事项，甲乙的暴力很突然，恐怕只能认定丙仅成立盗窃罪的共犯，不成立抢劫罪的共犯。因为在民警前来抓捕时，他并没有实施任何暴力、胁迫行为，也没有实施任何可以评价为帮助甲乙使用暴力抗拒抓捕的行为。除非说丙有义务制止甲乙的行为，但这要考察丙有没有制止的可能性，你说的案情太简单。

学生：在刚才讨论过的案件中，甲带着 A、B、C 三人去 KTV 找乙报仇，其中 C 也没有实施任何暴力，但是您认为 C 奔赴现场对甲和 B 的暴力行为有心理上的帮助作用。为什么在这个案件中，就不能认定在现场的丙对甲乙的暴力行为有心理上的帮助作用？

张明楷：不能把特定案件下得出的具体结论一般化、抽象化。在上一个案件中，C被甲叫到了现场，而不是C碰巧在现场，另外，他去的时候就知道，甲等人要对乙等人实施暴力。当C出现在封闭的KTV时，甲和B也有一种人多势众的感觉，所以可以肯定C对甲与B的行为具有心理上的帮助作用。但在这个案件中，丙在参与了之前的盗窃行为以后，自然而然就出现在了那里，并不是甲乙打电话叫过去帮助暴力抗拒抓捕的同伙。丙在当时的情况下有两种选择，一是参与甲乙的暴力行为，那么，丙也构成转化型抢劫罪的共犯；二是不参与甲乙的暴力行为，只要丙没有参与暴力行为，丙就没有参与抢劫行为。难道你认为，只有当丙在现场时帮助民警缉拿甲乙，才能否定丙成立抢劫罪的共犯吗？这样的想法显然是不合理的，因为如果丙在现场帮助民警缉拿甲乙的，丙就成立重大立功，这样的话，丙在量刑时会被减免处罚。显然不能认为不实施立功的行为就是犯罪。当然，这里的确存在我刚才说的不作为的帮助问题，即丙有没有阻止甲乙对警察实施暴力的义务？义务来源于什么地方？在这个案件中，我感觉丙好像没有义务来源。

学生：我以前在报纸上看到过一个类似案件。乙调戏了甲的女儿，甲带着女儿和自己的两个儿子丙丁去找乙算账。到了乙的院落以后，甲的两个儿子和被调戏的女儿就径直走进了乙的房间，但甲并没有进屋。丙丁进屋之后，二话不说就使用携带的木棍和管钳暴打乙。甲的女儿看到自己的两位哥哥下手太狠，就在一旁说：不要打了，会出人命的。但丙丁二人根本不听，几下就打死了乙。甲在院子里也听到了里面的打斗声，而且知道是自己的儿子在暴打乙，但是甲并没有进屋制止，也没有说任何话。当时负责检控这起案件的检察官认为，由于甲和自己的女儿没有事先指使丙丁去打乙，也没有参与打斗，所以他们不构成故意杀人罪的共犯。

张明楷：甲作为父亲，带着自己的儿子和女儿去找乙算账，即使他没有出现在打斗现场，只是在院子里一言不发，但也至少可以肯定他对丙丁的暴力行为有心理上的帮助。根据社会一般观念，父亲带着自己的儿子去寻仇，很明显，父亲对儿子的行为有很强的心理上的帮助作用。我认为，倘若甲没有与自己的两个儿子共谋或指使自己的两个儿子杀害被害人，可以将甲认定帮助犯。另外，甲不一定是故意杀人罪的帮助犯，如果甲只是意图教训一下乙，并没有杀害乙的故意，甲仅成立故意伤害罪的帮助犯。但如果甲与自己的儿子共谋杀害乙，或者指使自己的两个儿子打死乙，甲就可能是这起故意杀人案件的主犯或者教唆犯。

可以肯定甲的女儿对丙丁二人的行为也具有心理上的帮助。从这起案件的起因来看，甲的女儿受到了乙的调戏，找自己的兄长为自己出头，所以，应该能够肯定甲的女儿对自己兄长的暴力行为具有积极的心理上的帮助。但是，在她看到自己的兄长出手太狠，可能出人命时，她进行了劝阻，这说明她并不具有致被害人死亡的故意。所以，她只成立故意伤害罪的帮助犯。

学生：我们很容易理解，教唆犯对正犯的实行行为具有心理上的因果关系，因为没有教唆犯的教唆，正犯就不可能去实行犯罪。但是，如何认定帮助犯对正犯的实行行为具有心理上的因果关系就很困难。认定帮助犯对正犯的实行行为有无心理上的因果关系，是不是应该以帮助犯是否对结果有故意为标准？

张明楷：帮助犯对正犯的行为结果是否存在心理上的因果

性，与帮助犯的故意是两个不同的规范概念。帮助犯的故意是帮助犯认识到正犯侵害法益的结果并且放任或者追求这种结果；而帮助犯对正犯行为结果的心理因果关系，是指帮助犯的行为对正犯实施实行行为的心理促进效果。例如，甲在殴打乙的过程中，一旁观看的丙不断地为甲打乙的行为喝彩。如果甲的行为最终致乙重伤，丙的帮助犯的故意，是指丙意识到了甲的暴力行为可能致乙重伤等结果，但仍然积极追求这样的结果；丙的帮助行为与甲的行为结果存在心理因果性，是指丙的喝彩行为能够从心理上促进甲殴打乙的行为，因而与其结果之间具有因果性。所以，不能将这两个不同的规范概念混淆。

张明楷：甲乙二人曾因共同抢劫被判过刑，刑满释放后的一个下午，甲发短信给乙，短信内容是，"今天是七夕，某某街肯定有喝多了的女的，我们骗个人来'搞'一下"。实际上，甲短信中的这个"搞"字，意思是强奸；而乙将这个字理解成了抢劫。两人到达某某街以后，看到丙女已经喝醉，就驾车将丙女载到了滨江公园。进入公园以后，甲将丙女往密林深处拉，丙女不同意，甲就大声向乙喊"快去拿刀"。乙知道他们并没有带刀出来，这句话是用来吓唬丙女的，就没吱声，只是站在原地不动。丙女听了以后果然十分害怕，就跟着甲进入了树林。在甲强奸丙女的过程中，甲让乙去翻丙的包。乙就在离强奸现场一两米远的地方，从丙的包中翻出了一部手机和4000元人民币。在甲实施完强奸行为以后，甲乙携带着乙从丙的包中翻出的财物离开了现场，后来二人平分了这笔赃物。你们觉得，本案中，甲乙共同构成什么罪？

学生：无论甲乙是否对甲发出的短信中的"搞"字有一致的看法，都可以肯定甲乙二人共同抢劫了被害人。也就是说，甲和乙成立抢劫罪的共犯。因为在现场的时候，甲对被害人实施了暴力和胁迫，乙听从甲的指挥，从丙的包中翻出了财物，二人是抢劫罪的共同正犯。现在需要进一步研究的，可能只是甲乙是否还另外成立强奸罪的共犯。

张明楷：对，甲乙二人毫无疑问能够成立抢劫罪的共犯。你们对甲乙是否还成立强奸罪的共犯有什么看法？

学生：乙只是在强奸的现场，没有出声，没有实施暴力，单纯地出现在现场，能够评价为帮助行为吗？

张明楷：单纯地出现在现场，当然还不能够认定为存在作为的强奸帮助行为。否则，只要被害人将过路的行人误认为行为人的同伙，而行人又没有施救的，难道也会被定罪？显然，这是不合理的。

学生：虽然甲乙二人事先没有共谋要去强奸被害人，但是到了现场以后，甲实施强奸行为时，乙也在现场，也看到了强奸行为，那是否可以认为他对甲的强奸行为有心理的帮助，因而能够直接肯定乙是甲实施的强奸罪的帮助犯呢？

张明楷：乙没有发出任何一个有助于强奸行为实施的声响，更没有实施任何一个有利于强奸行为实现的动作，怎么能认为他对甲的强奸行为有心理帮助呢？即使是判断心理帮助的有无，也必须着眼于行为人在犯罪行为实施当时或者犯罪行为实施之前，有没有能够被评价为心理帮助的行为。在这个案件里，乙并没有实施任何有利于甲实现强奸的行为。所以,不能认为只要乙出现在了现场,他即使之前没有共谋,行为当时也没有任何有利于犯罪实施的行为,也能够被认定为存在心理上的帮助。

要判断乙是否能够成为甲犯强奸罪的共犯,不能够从乙是否存在帮助甲实施强奸的作为行为这方面来找答案。因为很明显,这样的行为并不存在。现在,我们应该思考,乙是否有阻止甲实施强奸行为的义务?如果有的话,就应该肯定甲乙二人除了成立抢劫罪的共犯以外,还成立强奸罪的共犯。

甲乙二人是一起出来犯罪的同伙,被害人被甲乙从某某街这种繁华街道,拉到了公园的偏僻角落。客观上,这使得被害人遭受强奸的危险性大为增加。所以,完全可以认为乙的先行行为使被害人陷入了遭受强奸的危险状态,所以,在甲强奸被害人的过程中,乙应该有阻止义务,否则,甲乙成立强奸罪的共犯。

学生:如果甲在将被害人拖到公园偏僻角落以后,没有抢劫被害人,而是直接要杀害被害人。而随行的乙之前不知道甲要杀害被害人,但在甲杀害被害人时,乙并没有阻止。您觉得在这种情况下,乙是否也要与甲成立故意杀人罪的共犯?

张明楷:在这个案件中,丙女已经喝醉,是甲乙二人把丙女拖到公园的偏僻角落的。甲要杀害被害人,又只有乙在场。在具体的案件中,乙之前和甲将丙女拖到公园的偏僻角落的行为,客观上增加了被害人死亡的危险性,还是应该肯定乙具有阻止甲杀害被害人的义务。

学生:如果甲乙到某某街逛街,遇见丙女之后,丙女搭乘了甲驾驶的顺风车回家,走到偏僻路上之后,甲要杀死丙女。在这种情况下,乙是否有救助丙女的义务?

张明楷： 在这种情况下，就不能说乙之前的行为使丙女陷入了生命危险的状态。所以，不能认为乙有救助被害人的义务。

学生： 如果甲乙到某某街逛街，遇见丙女之后，丙女搭乘的是乙驾驶的顺风车回家，路上同乘的甲要杀害丙女。您觉得在这种情况下，乙是否有救助义务？

张明楷： 在这样的情况下，乙在驾车，尤其是在所驾驶的车也归乙所有的情况下，乙主动接受了丙的要求，送她回家，那么，甲杀死被害人时，乙应该是有救助被害人的义务的。

学生： 在这样的案件中，乙往往通过不作为构成共犯。在共犯理论中，不作为犯是正犯，那是否会将乙的行为也认定为正犯行为？

张明楷： 你说的这种共犯理论，是德国的相关理论。在我们国家，还是应该从主犯、从犯这个角度进行区分。在这样的案件中，乙在共同犯罪中的作用要明显小于甲的作用，所以，完全可以将乙做相关犯罪的从犯处理。

我在德文文献中，发现了几个与这个案件的案情类似的案件。第一个案件中，甲乙两被告平日关系较好，甲向乙借刀，乙就把自家的刀借给了甲。实际上，甲借刀是要去杀人，乙对此一无所知。甲在将被害人捅成重伤离开现场时，乙碰巧路过，目睹了这一幕，发现甲捅被害人的刀是自己借给甲的。在被害人生命垂危的时候，乙却并没有施救，而是离开了现场。第二个案例的案情是这样的：甲乙二人合谋入户抢劫，在抢劫的过程中，甲对被害人实施了暴力，被害人因此受了很重的伤。在明知被害人已经身负重伤的情况下，甲乙离开了现场。但是，甲乙二人在回去的途中，甲提出杀人灭口，以除后患，就又返回了被害人的住所，甲动手将被害人杀死了，在整个过程中，乙曾经站在甲的旁边，说了一句"算了吧"，再没有作出任何阻止的行为。最后，甲还是将被害人杀死了。你们觉得在这两个案件中，乙是否都成立杀人罪的共犯？

学生：在第一个案件中，如果乙是将枪借给了甲，根据社会一般观念，枪是一种危险物品，即使乙将枪借出，也还是有危险源的管理义务的，那么，就应该肯定乙有救助被害人的义务，因而乙成立故意杀人罪的共犯。但是，实际上，乙借给甲的只是一把自己平日使用的刀，和锅碗瓢盆的差异也不是很大。在一般社会观念中，也很难认为，家用菜刀是危险源，所以，似乎乙并没有救助被害人的义务，也就不能认定乙成立故意杀人罪的共犯。

张明楷：论证乙是否成立故意杀人罪的共犯，就必须从乙是否有救助被害人的义务出发。你是从危险源的管理义务这一点出发的。虽然这样的论证方法是可取的，但是论证起来，还是有一定的难度。在这个案件中，甲向乙借用的也并非我们想象的那种普通家用刀。德国的刀具全球知名，普通人家里就有一些在我们看来杀伤性很强的刀具。另外，在社会一般人看来，虽然刀的杀伤性不及枪，但刀也绝不是和锅碗瓢盆一样危险性小。所以，从对危险源的管理角度来说明乙不具有救助义务，还是略显得牵强了一些。

学生：那么，另一种分析方法就应该是从乙借给甲刀的行为是否属于能够产生作为义务的先行行为着手，来分析乙是否有救助被害人的义务。

张明楷：这显然也是一条路径。

学生：如果乙借给甲刀的时候，被害人就在旁边，甲拿起刀就把被害人捅了。在这种情况下，可能将乙借给甲刀的行为认定为不作为义务产生的先行行为，还是可以理解的。但是在第一个案件中，乙借给甲刀时，离甲杀人行为的发生还有很长一段时间，很难认为借刀的行为已经产生了致人死亡的现实危险，所以，我觉得不好将借刀的行为认定为产生作为义务的先行行为。

张明楷：你的思路是对的，但是还需要具体回答一个问题：引起作为义务的先行行为到底是什么样的行为？是一般意义上的危险行为，只要产生了十分抽象的危险即可，还是必须是一个已经产生了具体危险的行为？如果只要产生很一般的抽象的危险行为，就可以认定为引起作为义务的先行行为，那这个案件中，乙借给甲刀具的行为就已经产生了抽象的危险，就可以认为乙具有救助被害人的义务，乙没有救助就应该成立故意杀人罪的共犯。如果认为只有产生了具体危险的行为，才能认定为引起作为义务的先行行为，那乙借给甲刀具的行为根本没有杀人的具体危险，乙就不具有救助被害人的救助义务，乙理应无罪。

学生：如果只要行为产生了抽象的危险，就能够认定为产生作为义务的先行行为，似乎先行行为就会漫无边际。像这个案件中的乙，他只是将自家的刀借给了朋友而已，将这种日常生活中经常发生的行为也认定为先行行为，只要事后行为人没有挽救被侵害的法益，就能与实行犯成立共犯，这似乎会过分扩大处罚范围。

张明楷：我同意你的结论，但是不认同你的论证方法。典型的行为无价值论者在论证这样的案件时，都强调判断借刀等行为是否属于日常生活中的行为。如果是日常生活中的一般行为，就不能成立先行行为，那乙也就不具有救助被害人的义务。

我认为，还是应该通过行为本身客观上是否具有侵害法益的危险性，来判断行为是否能够成为引起作为义务的先行行为。只有能够产生具体危险的行为，才能认定为先行行为。如果只是产生了侵害法益的抽象危险，还不应该将行为认定为先行行为。虽然，结果无价值的论证方法与行为无价值的论证方法得出的结论是一致的，但是二者的立足点并不相同。结果无价值强调将先行行为和法益侵害的程度挂钩；而行为无价值者强调行为是否为日常生活中的一般举止，是否违反日常生活规则。

学生：可不可能出现这样的现象：一般的日常生活中的行为，却有侵害法益的具体危险？因此，结果无价值论者将这样的行为认定为引起作为义务的先行行为，而行为无价值论者将这样的行为不认定为先行行为。

张明楷：基本上不存在你说的这种现象。一般来说，立即就能够致人死亡的行为，难以成为日常生活中的一般举止。所以，我刚才已经交代过了，行为无价值论者与结果无价值论者可能在具体的结论上并无区别，但在论证的方法或者思维模式上，有很大的不同。

学生：如果乙将枪借给了甲，甲后来用乙借给他的枪杀了人，乙正好路过，目睹案发，但他既没有阻止甲开枪，也没有救助被害人，乙能够成为故意杀人罪的共犯吗？

张明楷：我觉得在你说的这种情况下，不应该将讨论的重点放在借枪的行为是否为引起作为义务的先行行为，而是应该直接讨论，乙是否已经通过作为的方式帮助甲杀了人。在一般情况下，枪支通常会被用来杀伤他人，乙在借枪给甲的时候，就已经认识到甲会用这支枪干出违法犯罪的事情。在已经认识到行为人会用这种枪杀人、伤人的情况下，直接可以认为乙借枪的行为已经是杀人行为的帮助行为了。

学生： 如果甲乙都是猎人，都有持枪许可证，甲的枪出了问题，暂时不能使用，甲向乙借用了枪支，接下来的案情，和我们刚才讨论的案件相同。在这种情况下，就可以排除乙有帮助甲杀人、伤人的认识，所以，乙借枪的行为也就不是甲杀人行为的帮助行为。现在需要讨论的就是，乙到底有没有救助被害人的义务。您觉得，在这个案件中，乙有救助被害人的义务吗？

张明楷： 根据我刚才提出的判断是否引起作为义务的先行行为的标准，显然，乙借给甲枪时，还没有产生具体的致被害人死亡的紧迫危险，所以，乙并没有救助被害人的义务，乙并不成立故意杀人罪的共犯。

行为无价值论者通过行为是否属于日常生活中的一般举止，或者通过行为是否被允许，来判断行为是否为引起作为义务的先行行为，是一种十分形式化的判断方法。这样的处理方式会在某些情况下，使处罚漫无边界。比如，乙将假币卖给了甲，几个月以后，乙恰好目睹了甲在商场中使用他出售的假币购物。如果乙没有阻止甲的使用假币的行为，而出卖假币的行为又是规范不允许的行为，那么，乙是否也成立使用假币罪的共犯？又如，一些行为无价值论者认为，商店老板出卖刀具的行为，不能成立使用该刀具犯罪的共犯。但是，这样泛泛之谈，有什么用呢？如果行为人在店门口殴打被害人，其间跑进商店购买刀具，商店老板将刀具卖给了行为人，行为人买到刀以后，一出商店就把被害人捅死了。在这种情况下，难道还能认为商店老板出卖刀具的行为不是故意杀人罪的帮助行为吗？所以，还是应该从具体案件中相关行为产生的侵害法益的危险程度,来具体判断是否为帮助行为。

学生:在您刚才举的第二个发生在德国的真实案例中,甲乙二人已经潜入被害人的房间,将被害人重伤,这说明,被害人之所以在后来处于不能反抗的境地,也是甲乙二人之前的行为造成的。虽然在甲杀害被害人时,乙说过一句"算了吧",但这样简单的一句话,根本不能认定为乙已经实施了能够有效阻止甲杀害乙的行为。所以,还是应该认定乙成立故意杀人罪的共犯。

张明楷:这个案件与我们刚刚讨论过的甲乙共同强奸、抢劫醉酒丙女的案件有些类似。在这个德国发生的案件中,甲乙之前潜入被害人房间抢劫,虽然被害人的重伤是由甲的暴力行为所致,但是,甲乙二人在入户抢劫这个层面已经成立共犯,即使乙没有物理上的帮助行为,也有心理上的帮助行为,所以,乙必须为这样的抢劫重伤的结果负责。之后,甲返回原地杀害被害人时,乙由于之前参与了使被害人陷入不能反抗境地的行为,所以他有义务阻止甲杀害被害人。和你的看法一样,仅仅站在旁边说一句"算了吧",还不能认为乙已经履行了他救助被害人的义务。所以,在这个案件中,应该肯定乙的行为成立故意杀人罪的共犯。

学生:不过,虽然能够肯定甲乙应该就杀人之前的抢劫行为成立共犯,但是有一点还是必须提出来,那就是被害人重伤的结果是甲的暴力造成的,乙并没有直接参与甲的重伤行为。即使认为乙成立抢劫行为的共犯,但似乎也不能直接说,乙应该对被害人重伤的结果负责。

张明楷:甲乙二人共谋入室抢劫,抢劫肯定会涉及暴力或者胁迫等行为。所以,乙完全认识到了他们去抢劫很可能需要对被害人实施暴力,在这种情况下,他还是随甲去入室抢劫了。这说明,被害人重伤结果也是乙参与抢劫之前就已经认识到可能发生的事情。而在抢劫的过程中,乙也看到了甲对被害人实施很强的暴力,在甲实施暴力的过程中,乙拿走了被害人的财物。所以,在这种情况下,乙也必须为甲抢劫的暴力造成的重伤负责。

学生: 我曾经办理过这样一起案件。被告人甲的妻子和被害人丁长期通奸,甲得知后非常生气。一天,甲让丙女约丁在某旅馆房间见面,丁到场以后,甲乙两人以告发丁与甲的妻子通奸为由,要求丁给付1万元现金。起初,丁不同意,甲乙两人就对丁拳打脚踢,丙担心将丁打伤,就去阻止甲乙对丁的暴力行为,但由于丙的力气小,一再劝阻仍无济于事。最终,丁被迫驾车载着甲乙丙三人回到自己家中,取出1万元现金给了三名被告人。该案中,甲乙二人肯定已经构成了抢劫罪;现在需要讨论的是,丙成立甲乙抢劫的共犯,还是成立敲诈勒索罪?

张明楷: 甲乙丙三人在见丁之前,是如何约定的?

学生: 三人约定向丁索要通奸费,并没有约定要去打丁。

张明楷: 他们约定的内容似乎只限于勒索财物。丙在甲乙殴打丁的过程中,制止过甲乙的暴力行为,但是由于力气小,没能制止。这说明丙并没有参与甲乙的暴力行为。但最麻烦的一个问题是,丙最终还是和甲乙一道,去丁的家里取钱了。你们对这个案件有什么看法?

学生: 即使丙起先意欲参与敲诈勒索,但在甲乙对丁实施了暴力以后,她参与的就已经是抢劫了,在认识到甲乙已经对丁实施了暴力以后,她并没有离去,而是仍然参与了抢劫行为的取财行为。所以,我觉得还是应该将丙的行为认定为抢劫的共犯。

张明楷：在你的分析中，似乎丙后来有没有跟着甲乙去丁的住处取钱，是一个非常重要的事实。

学生：对，如果她没有随着甲乙去取财，定敲诈勒索罪即可；在参与了抢劫罪的取财行为的情况下，还是应该定抢劫罪的共犯。试想，如果甲乙在打完丁之后，要去丁的住处取钱，这时丙才赶到旅馆，但也一同参与了取财行动。根据承继的共犯理论，在这种情况下，还是要肯定丙的行为构成抢劫罪的共犯。而在这个案件中，即使丙阻止过甲乙对丁的暴力行为，但丙也一同参与了抢劫罪的取财行为，而该取财行为，正是甲乙施暴抢劫的结果行为。所以，还是应该肯定她构成抢劫罪的共犯。

张明楷：在去丁住处取财的过程中，丙只是被动的跟从者，又能在抢劫中起到什么作用？

学生：即使没有物理的帮助作用，也还是有心理的帮助作用。

张明楷：在这个案件中，丙曾经制止过甲乙对丁的暴力行为，在甲乙看来，丙并不支持他们实施抢劫行为。谁都没有否认，丙跟随甲乙去取财的行为也是犯罪行为。我们现在讨论的是，将她这种行为评价为抢劫罪的帮助行为合理，还是评价为敲诈勒索的帮助行为合理。我认为，在这起共同犯罪中，甲乙构成抢劫罪的共犯，而丙成立敲诈勒索罪的帮助犯。你们把重心放在了丙最终跟随甲乙去丁住处取钱这个事实上了，而我更关注丙尽量制止甲乙对丁实施暴力这一点。根据共犯成立的行为共同说，甲乙实施的是抢劫行为，而丙实施的是敲诈勒索的帮助行为。

学生：如果丙在甲乙殴打丁之前，既没有参与预谋，也没有出现在现场，在甲乙殴打完丁，要去丁的住处取财时，丙上车随着甲乙去丁的住处取钱，在整个取钱的过程中，丙只是坐在车上，甲乙跟着丁拿了钱。在这种情况下，丙是抢劫罪的共犯吗？

张明楷：我觉得你还是应该将细节设定得更加详细一些。比如，丙只是搭顺风车，也没有说过、做过任何能够评价为抢劫的物理帮助或者心理帮助的行为，就不能认为丙构成了甲乙抢劫的帮助犯；但如果丙上车以后，出言支持甲乙向丁要钱，或者实施了其他一些具体的能够被评价为抢劫取财行为的心理或者物理的帮助行为，就应该肯定丙成立甲乙抢劫行为的承继的共犯。一直以来，我都强调，案件的具体细节至关重要，不能抽象、粗略地描述案件事实。

我觉得你办理的那个原案件，还涉及另外一个问题——预谋敲诈勒索的共同犯罪参与者，是否对同案犯实施的转化抢劫负有阻止义务？当然，在原案中，丙积极阻止甲乙对丁的暴力行为，只是由于力气太小，而没能阻止而已。将案情稍微改变一下，如果丙没有阻止，而只是一言不发地站在一边看甲和乙殴打丁，在剩下的案情相同的情况下，你们觉得丙成立抢劫罪的共犯，还是成立敲诈勒索罪？

学生：在您说的这种情况下，虽然甲乙丙三人预谋敲诈勒索丁，但在甲乙已经对丁实施暴力的情况下，丙仍在现场，即使她一言不发，但后来还是跟随甲乙去丁的住处取财，这似乎已经说明，丙默认加入了甲乙的抢劫行为。从她一直跟随甲乙抢劫的行为来看，她至少对抢劫行为有心理上的帮助，因此不需要讨论她是否有阻止的义务，因为她已经通过作为的方式参与了抢劫行为。

张明楷：甲乙丙预谋的是共同敲诈勒索丁，后甲乙用暴力强迫丁拿钱，丙只是默然旁观，丙的帮助抢劫的行为是什么呢？是旁观的行为吗？

学生：如果很难认为在甲乙殴打丁时，丙一旁旁观的行为对抢劫行为有心理上的帮助，那么，丙跟随甲乙去丁住处取钱的行为，还是可以评价为至少有心理上的帮助的。

张明楷：在我们刚才的讨论中，我已经说过，跟随甲乙去取财的行为也还能够评价为敲诈勒索的帮助行为。根据共犯成立的行为共同说，并不要求各共犯都必须犯相同的罪，只要各犯罪行为起到了帮助、配合侵害法益的作用就可以了。丙一言不发地跟从，可不可能仍仅成立共犯中的敲诈勒索罪的帮助犯？

学生：在实践中，法官肯定还是会将丙的行为认定为抢劫罪的帮助犯的。毕竟丙是成年人，预想跟随着别人犯轻罪，但别人犯了更重的罪，她还跟着继续参与，似乎还是应该认为，她已经默认自己进一步地参与了重罪的犯罪行为。

张明楷：确实，在实践中，法官肯定会按照抢劫罪的从犯，对丙定罪量刑的。但是，这并不妨碍我们在理论上进行更加深入的探讨。

我认为，在我刚才列举的这种情况下，最好还是从丙是否负有阻止甲乙对丙施暴的义务这一点来探讨。你们先考虑丙是否有作为的帮助行为，在可以肯定丙有作为的帮助行为的情况下，根本没有必要探讨她是否以不作为的方式参与了共同犯罪。这样的思路是正确的。但是，我并不认为能够将丙默不作声、跟从取财的行为评价为抢劫罪的帮助行为。甲乙丙约定敲诈勒索丁，丙的行为也一直停留在敲诈勒索罪的范围内。所以，在我看来，不能认为丙已经用作为的方式，帮助了甲乙的抢劫行为。接下来，就要分析丙是否以不作为的方式参与了共同的抢劫行为。这就要看丙是否有阻止甲乙实施暴力的义务。因为丁是丙约到旅馆的，也就是说，丁之所以会陷入这种危险境地，还是丙的行为所致，这就肯定了丙有阻止甲乙施暴的义务。在这种情况下，如果丙不加阻止，就可以认为她以不作为的方式参与了抢劫罪。

学生：如果丁不是丙约来的，而是甲约来的，丙只是一个跟随者呢？

张明楷：如果丙在预谋的过程中没有提出过任何建议，只是跟随着甲乙去了旅馆的话，丙就没有阻止甲乙施暴的义务。因为丙没有任何使丁陷入被抢劫状态的先行行为。但如果丙为甲乙出谋划策，积极地参与了约请丁的预谋活动，还是应该肯定丙的出谋划策的行为导致丁陷入被抢劫的状态，因此在这种情况下，应该肯定她具有阻止甲乙实施暴力的义务。我再次重申一下，任何一个细微的犯罪事实的改变，都可能会影响到最终的结论。

学生：甲乙合谋去入户盗窃，甲负责望风，乙负责入户行窃。乙潜入被害人住所之后不久，里面就传来了打斗的声音。甲意识到了乙在抢劫，而不是盗窃，但甲仍然在外面继续望风。在这种情况下，甲是以作为的方式帮助了乙的抢劫行为，还是以不作为的方式构成了抢劫罪的共犯？

张明楷：甲望风的行为在客观上帮助了抢劫行为的顺利实施，同时，甲已经意识到了自己继续望风的行为会对乙的入户抢劫起到帮助作用。所以，我觉得在这样的案件中，应该肯定甲是以作为的方式构成抢劫罪的共犯，因此，不必再讨论甲是否以不作为的方式构成抢劫罪的共犯。

学生：妻子将自己的情人约到偏僻地点幽会，丈夫尾随妻子到达双方的约会地点之后，痛打妻子的情人，至被害人重伤。在这样的案件中，妻子是否有阻止丈夫实施伤害行为的义务？

张明楷：我觉得妻子没有阻止丈夫实施暴力的义务。妻子约会情人的行为，本身并没有致被害人产生重伤的具体危险。因此，这样的行为不能认定为引起作为义务的先行行为。所以，即使妻子没有阻止丈夫实施暴力，她也不成立故意伤害罪的共犯。

学生：但是在刚才讨论过的案件中，丙女约请被害人丁在旅馆赴约，最后同伙甲乙对丁施暴的时候，我们认为丙具有阻止甲乙实施暴力的义务。现在这个案件中，妻子同样将情人约到了偏僻地点，为什么她就没有作为义务？

张明楷：在刚才讨论过的案例中，丙女约被害人丁赴约的行为，就是她实施的敲诈勒索罪的帮助行为，这样的行为本身就是犯罪行为。虽然还没有达到敲诈勒索罪着手的具体危险阶段，但已经使法益处于了较为危险的状态。在是否侵害法益这一点上，你举的这个案件中的妻子的约会行为，与我们刚才讨论的丙女的骗被害人前往犯罪地点的行为，是很不一样的。因此，她们两个在是否具有作为义务上也是不同的。

学生：这似乎表明，共同犯罪行为的预备行为，即使没有产生侵害法益的具体危险，仍很有可能是产生作为义务的先行行为；而如果是一般意义上的行为的话，只有产生了法益侵害的具体危险，才能认为这样的行为属于引起作为义务的先行行为。

张明楷：不难理解。比如，甲将自己多年研制的万能钥匙借给了乙去入户盗窃，在乙出发之前，甲后悔了，就赶忙给乙打电话，乙接到电话以后并不听甲的话，表示仍要按照计划行窃。之后，甲既没有上门追讨自己的万能钥匙，也没有报案。如果乙通过使用甲的万能钥匙实施了盗窃行为，而且在盗窃已经既遂的情况下，难道甲还能成立盗窃罪共犯的中止或者未遂吗？显然不能。在甲将万能钥匙借给乙时，甲已经参与了盗窃，他如果想中止该盗窃行为，就必须切实地追回钥匙或者报警，总之，他必须成功阻止乙进一步的盗窃行为。我们再将案情改一下：如果甲是一个开锁公司的员工，乙是甲的朋友，谎称自己的房门反锁了，让甲借给他一把万能钥匙。过了几天以后，甲碰巧目睹了乙正在持自己借出的万能钥匙盗窃，甲就不具有阻止乙实施盗窃行为的义务。因为之前他借给乙钥匙的行为，并没产生侵害财产法益的具体危险，所以，这个行为不能是引起作为义务的先行行为。我觉得，这个问题似乎与共犯的脱离也有一定的关联性，需要进一步讨论。

※

张明楷：何某是胡某的未婚夫，何某持有驾照，胡某购进一辆小轿车之后，由于胡某本人没有驾照，该车一直由何某驾驶，车钥匙也由何某保管，胡某只是偶然去小区空旷地点用该车练习一下驾驶技术。某天，何某驾车上路以后，副驾驶座位上的胡某想驾驶，两人就调换了座位，由胡某驾驶小轿车。但是，在驾驶到一个转弯处，胡某由于技术差，误将油门当成刹车踩了一下，结果当场撞死了一位行人。你们觉得该如何处理这个案件？

学生：胡某在没有驾驶执照的情况下，驾车过失撞死了被害人，她的行为毫无疑问构成了交通肇事罪。现在的问题是，何某的行为是否也构成犯罪。

张明楷：对，胡某肯定已经构成了交通肇事罪。在胡某想驾车的情况下，何某明知道胡某没有驾车技能，还让胡某驾驶，最终胡某交通肇事致人死亡，何某是否构成交通肇事罪的共犯？

学生：我们国家的刑法并没有承认过失共同犯罪。所以，何某不能与胡某成立交通肇事罪的共犯。只能考虑何某的行为是否成立过失致人死亡罪。

张明楷：一般来说，主流观点还是认为我国刑法没有承认过失共同犯罪。所以，何某将车让给胡某驾驶的行为，不能认定为交通肇事罪的共犯。但这并不意味着何某的行为不构成任何犯罪。如果认为何某具有防止死亡结果发生的作为义务的话，还是可以肯定何某的行为可以构成单独的过失致人死亡罪。

学生：虽然肇事的小轿车是由胡某购买的，但是何某一直保管着该车的钥匙，在何某明知胡某没有相应的驾驶技能的情况下，他还让胡某在马路上开车，显然何某的行为存在过失。

张明楷：你说的"行为存在过失"，是一种很一般的生活意义上的过失，并不是刑法中的过失行为。我们现在讨论的不是何某是否有致被害人死亡的过失作为，而是何某是否有阻止胡某开车的刑法上的义务，如果有的话，何某就以不作为的方式构成了过失致人死亡罪。

学生：何某长期保管该车钥匙，并且长期驾驶该车，所以，应该认为他有阻止胡某驾驶该车的义务。

张明楷：何某虽然长期保管了这辆车的钥匙，也长期使用这辆车，但是，胡某是成年人，而且是该车的主人，何某并没有监管胡某的义务,也没有禁止胡某驾驶这辆车的权利。比如,如果胡某是何某的女儿,只有十一二岁,何某让胡某驾车上路,如果胡某交通肇事撞死了人,何某肯定构成过失致人死亡罪,因为他有阻止自己监护的未成年人实施危险行为的义务。又如,如果这辆车是何某本人的,在他明知胡某没有相应的驾驶技能的情况下,就贸然让胡某驾车上路,胡某交通肇事致人死亡的话,何某也肯定成立过失致人死亡罪,因为他有确保这辆车能够在马路上安全行驶的义务。所以,我认为,在这个案件中,要认定何某的行为构成犯罪还很困难。

学生:如果案件中的胡某已经和何某结婚,而并非案发时的男女朋友关系,您觉得何某是否有阻止胡某驾驶的义务?

张明楷:结婚之后,这辆车就应该是夫妻的共有财产,也就是说,只要妻子胡某要去开车,丈夫就不能随便阻止。而且,像我刚才提到过的那样,胡某是成年人,丈夫何某并不具有监护胡某的职责。

刑法可以要求夫妻双方都要在对方生命、身体等法益出现危难的时候实施救助,而不能要求夫妻双方互相监督对方,避免对方犯错或者犯罪。在家庭关系中,父母有监护未成年子女的职责,不能让未成年子女犯罪;精神病患者的监护人有阻止精神病患者犯罪的义务。除此之外,不能随便要求家庭成员之间互相监督,一旦一方没有监督另一方,避免其犯罪,原本没有实施犯罪行为的一方也就构成了不作为的犯罪,这不就倒退到了我们古代的连坐制度了嘛。所以,不能认为成年且正常的家庭成员之间有相互监督、防止对方犯罪的义务。

张明楷：甲乙约定，甲负责扒窃，乙负责掩护。甲在扒窃时被被害人发现，被害人嘲笑甲扒窃技术低劣还出来扒窃，甲被嘲笑之后，非常恼火，殴打了被害人。甲将被害人打伤之后，乙发现被害人的钱包在殴打过程中掉到了地面，乙就将被害人的钱包捡了起来拿走了。被害人看着自己的钱包被乙拿去，也不敢反抗。在甲殴打被害人的整个过程中，乙只是站在一边，一言不发，也没有动手。在这个案件中，该如何对甲乙定罪量刑？

学生：甲是因为受到了被害人嘲笑以后，才对被害人实施暴力的，所以甲的暴力行为并不是为了抢劫被害人的财物，所以甲并没有犯抢劫罪。乙发现在甲殴打被害人的过程中，被害人的钱包掉到了地上，就将该钱包拿走，乙的取财行为是利用了甲的暴力造成被害人不敢反抗的境地，但乙并没有向被害人实施暴力，单纯地利用他人暴力造成的结果实施的取财行为，恐怕也不能认定为抢劫。

张明楷：甲对被害人实施暴力并不是为了强取财物，而是一种单纯的伤害行为。乙并不是在甲对被害人实施暴力的当时，强取了被害人的钱包，所以，要认定甲乙二人成立抢劫罪的共犯还是比较困难。

学生：乙在拿走被害人的钱包时，显然利用了甲的暴力造成的被害人不能反抗或者不敢反抗的境地。因此，还是可以将甲乙认定为抢劫罪的共犯的。

张明楷：你这种分析思路，充满了主观主义刑法观的味道。你先分析的是乙的想法，而不是乙的具体行为是否达到了抢劫罪的构成要件。乙有利用甲的暴力造成的被害人不敢反抗或者不能反抗的意图，但甲实施的暴力是单纯的伤害行为，而不是抢劫行为的暴力，乙也没有参与甲的暴力。所以，在客观上，乙并没有实施抢劫行为的任何行为，他的行为不符合抢劫罪的构成要件。

学生：如果乙在拿被害人的钱包的时候，被害人已经失去知觉，一般会认为乙的取财行为只成立盗窃。但被害人看到了乙在拿自己的钱包，又不敢制止，似乎还是可以将乙的行为认定为抢劫行为的。

张明楷：根据我的观点，盗窃罪并不一定是秘密窃取的行为，行为人公开拿走被害人占有的财物的，也能成立盗窃罪。具体体现在这个案件中，被害人即使看到了自己的财物被乙拿走，而乙也知道被害人在看自己，也不能说乙不能成立盗窃罪，只能成立抢劫罪。

在这个案件中，如果以被害人是否睁开眼睛看到了乙的取财行为、乙是否知道被害人在睁开眼睛看自己的取财行为为标准，来区分盗窃罪与抢劫罪，对乙非常不公平。因为，甲乙约定去扒窃，而不是抢劫，甲对被害人实施的暴力，超出了甲乙的约定范围，乙也没有参与甲对被害人的暴力，所以，被害人不能反抗或者不敢反抗的境地，并不是乙的行为造成的。在这种情况下，就不能认定为乙已经参与了致被害人不能反抗或者不敢反抗而取财的抢劫罪。在乙的行为无论如何也不能评价为抢劫的共犯的情况下，还是可以将他的行为评价为盗窃的。因为，他以非法占有为目的取走了被害人占有下的钱包，这样的行为就已经符合了盗窃罪的构成要件。

所以，我认为，在这个案件中，甲乙在起先扒窃未遂时，构成盗窃罪未遂的共犯；甲进一步伤害被害人的行为构成故意伤害罪；乙在现场拿走被害人钱包的行为构成盗窃罪。

学生： 甲看到乙在现场拿走被害人的财物，甲并没有阻止，似乎甲也可能成立乙盗窃被害人钱包的共犯。

张明楷： 有这种可能。你继续分析一下吧。

学生： 被害人的钱包之所以会掉出来，是甲的伤害行为所致，可不可以认为，甲的先行行为使甲具有阻止乙拿走被害人钱包的义务？如果甲不阻止的话，就成立盗窃罪的共犯。

张明楷： 我倒不认为甲伤害被害人的行为，产生了阻止乙拿走钱包的义务。因为即使是由于甲的伤害行为，被害人的钱包才掉到了地上，但在这种情况下，被害人仍然占有着自己的钱包，如果没有第三人的盗窃行为，被害人是不可能丧失对钱包的占有的。为了表述得更加清晰，我们可以将这个案例稍加改编一下：甲将被害人打伤以后，被害人的钱包还在身上，乙在甲停止暴力以后，上前将被害人的钱包从口袋里拿了出来。无论被害人的钱包仍在自己的口袋，还是掉到了地面上，都仍处于被害人的占有之下，乙将钱包拿走的行为，都是以非法占有为目的的侵害被害人对钱包占有的盗窃行为。总而言之，甲的伤害行为，并没有对被害人的财产法益造成具体的危险，所以，甲并不会因为自己之前的伤害行为，而有阻止乙拿走被害人财物的义务。

我之所以觉得甲乙可能在乙盗窃被害人的钱包这一点上，成立盗窃罪的共犯，是因为甲乙之前有过共同盗窃的约定；尤其是在甲乙属于长期一起行盗的搭档的情况下，乙拿走被害人的钱包时，甲也看到了，就应该肯定甲乙共同盗窃的既遂。我们知道，在行为人参与了共同犯罪的预谋以后，要想撇清自己与正犯行为之间的关系，除非行为人阻止正犯犯罪。在这个案件中，如果能将乙的行为评价为没有超出之前约定的共犯的正犯行为，那甲当然也成立该罪的共犯了。

学生： 我再举一个类似的案例，您帮我们分析一下该如何定罪。甲带着乙去找甲的仇人报仇，找到仇人丙以后，甲乙二人将丙绑在树上毒打。但在绑丙的过程中，乙发现丙的口袋里有钱包，在甲打丙时，乙提出拿走丙钱包的建议，甲说他本人不想要钱包，乙要是想要的话，就拿去吧。在这个案件中，甲乙绑丙的行为，并不是抢劫罪的暴力行为，但是在他们的行为造成了丙彻底无法反抗的情况下，乙进一步的取财行为，是否成立抢劫罪呢？甲和乙除了成立故意伤害罪的共犯，是否还成立抢劫罪的共犯呢？

张明楷： 我们先来分析一下乙的行为构成什么犯罪吧。按照通说的观点，只有秘密窃取的行为，才成立盗窃罪；公开拿走财物的行为，成立抢夺罪。所以，通说可能会认为乙取走丙钱包的行为成立抢夺罪。但根据我的观点，公开拿走他人财物的行为，也可以成立盗窃罪，所以我认为这个案件中的乙成立盗窃罪。

学生： 乙参与了之前的绑被害人的行为，从这一点上来看，被害人之所以不能反抗，也是乙的行为所致。在这种情况下，乙既实施了暴力，又实施了取财，所以，乙不缺抢劫罪中的任何一个构成要件要素。

张明楷： 乙在实施暴力时，完全没有抢劫的意图。只有在实施暴力或者胁迫时，有抢劫的意图，才能认为这样的行为符合了抢劫罪的构成要件。

学生： 那甲是否也成立盗窃罪的共犯呢？

张明楷： 如果甲在乙取财时一言未发，恐怕很难认为甲已经实施了构成盗窃罪共犯的行为。但在你说的这个案件中，甲说他本人不想要钱包，乙要是想要的话，可以将钱包拿走，似乎有可能评价为对乙盗窃的心理帮助。这句话可能反映出的意思是：甲赞同乙拿走钱包，只是他不参与分赃而已。所以，甲还是可能成立盗窃罪的共犯的。

※

张明楷： 甲乙丙丁四人预谋，由丁女负责在网上购买迷药，并且在网上以卖淫为由物色被害人，待丁将被害人迷昏以后，甲乙丙负责将被害人的财物拿走。丁女按照计划从网上购买了迷药，并且物色好了被害人，但由于不知道迷药的药效如何，乙自告奋勇喝下六粒，但直到被害人到预定地点赴约为止，乙还是不省人事。丁女担心自己从网上购买的迷药药效太猛，如果给被害人喝下的话，会出人命，就没有按照原计划给被害人的杯中加药。但被害人赴约以后，就非常困乏，当场睡着了。丁女看到被害人睡得很沉，就打电话给甲丙二人，让他们两人过来将被害人的财物拿走，但丁女并没有告诉甲丙二人自己没有给被害人下药的事实。甲丙误以为被害人已经被丁女下药后迷昏，就将被害人随身携带的笔记本电脑拿走了。审理这个案件的法院认为，甲乙丙三人构成抢劫罪的共犯，而丁构成盗窃罪，因为只有丁知道自己没有给被害人的水杯里下药的事实，而其他几名被告人并不知道这一点。你们觉得法院的判决合理吗？

学生： 甲乙丙丁四人，虽然预谋通过迷昏被害人的手段来抢劫被害人。但是，在乙试药之后，丁因为害怕投药致被害人死亡或者重伤，就没有给被害人的杯中放药。虽然甲丙赶到现场以后，以为丁放了药，但他们的主观认识，并没有改变客观事实，那就是，被害人是自己睡着了，而不是被药迷昏了。这就说明，在这个案件中，虽然有抢劫的预谋行为，但是并没有抢劫的着手行为。并不能因为甲丙以为自己参与的是抢劫行为，就不顾客观事实，将他们的行为认定为抢劫罪。另外，乙为了试药，已经在案发时昏睡过去了，在共犯客观上没有实施抢劫行为的情况下，乙只是参与了抢劫的预谋，恐怕仅凭这一点，还不足以将他认定为抢劫既遂的共犯。所以，我认为甲乙丙丁四人都成立抢劫罪的预备的共犯；之后在甲丙丁实施的取走被害人笔记本电脑的过程中，甲丙丁构成盗窃罪既遂的共犯。

张明楷：你的分析，反映了一种客观主义刑法观应有的案例分析思路。相反，审理该案的法院，在判决中，反映出一种很强的主观主义刑法观的立场。他们在分析这个案件的过程中，根本没有立足于案件的客观事实，而是直接以甲丙二人主观的心理活动为依据，来分析他们的行为是构成盗窃罪还是抢劫罪。这显然是不正确的。

由于甲乙丙丁四个人之前的抢劫预谋行为，与之后甲丙丁三人实施的盗窃行为，侵害的法益基本上是同一的，所以，我认为能够按照包括一罪的理论，将这样的行为认定为一罪即可。那就是甲乙丙丁四人构成盗窃罪。乙虽然在案发时已经昏迷，但是显然他已经参与了共谋，即使之后他没有进一步的行为，也还是应该按照盗窃罪共犯的既遂来认定的。

学生：将甲丙丁的行为认定为盗窃罪既遂的共犯，是合理的。但是，由于甲丙丁作案的时候，乙已经昏迷，他们四人之前约定的是实施抢劫行为，但之后却并没有抢劫的客观事实存在，能否认为由于甲丙丁的实行行为与之前约定的行为不同，所以乙只对抢劫预备负责。

张明楷：在这个案件中，虽然甲丙丁后来实施的是盗窃罪的行为，但还是能够将这样的盗窃行为规范地认定为属于甲乙丙丁四人预谋范围内的行为。抢劫罪是一种较盗窃罪而言，更加严重地侵害财产法益与被害人人身权利的犯罪，抢劫罪的构成要件中，并不缺少盗窃罪的任何一个构成要件要素。如果规范地认定的话，可以认为甲乙丙丁四人预谋的内容，并不缺少盗窃罪的任何要素：他们的约定内容，包含了意欲以非法占有为目的，将被害人占有的财物非法据为己有。所以，最终虽然没有按照原计划迷昏被害人实施抢劫行为，但规范地评价一下就可以看出，他们的实行行为确实也没有超出之前预谋的范围，所以，不能认为甲丙丁的行为是实行过限，乙不对盗窃罪负责。

但是，如果甲乙丙丁四人约定，要通过盗窃的手段来非法取得被害人的财物，但实行的时候，甲丙丁使用了暴力和胁迫等行为强取了被害人的财物，而乙并没有出现在案发现场，在这种情况下，才能认为甲丙丁的实行行为超过了预谋的范围，乙不能对之后的抢劫行为负责。

学生：在您举的第二种情况下，也就是甲乙丙丁四人约定盗窃，后实行抢劫的情形下，乙的行为应该被认定为盗窃罪预备的共犯，还是被认定为盗窃罪共犯的既遂？

张明楷：我认为完全可以将乙的行为认定为盗窃罪共犯的既遂。这是因为，虽然甲乙丙丁约定去盗窃，而甲丙丁三人在现场实施了抢劫行为，但甲丙丁三人的实行行为并不缺少盗窃罪的任何构成要件要素——甲丙丁三人以非法占有为目的，将被害人占有的财物取走了。在这种情况下，只是乙不能对甲丙丁实施的暴力、胁迫行为负责，所以，乙不成立抢劫罪既遂的共犯；但就甲丙丁抢劫行为中包含的盗窃罪既遂的部分，乙还是应该成立盗窃罪的共犯的。

学生：现在，更多的学者开始承认片面的帮助犯的成立。我对片面帮助犯的认定中，如何判断片面的物理帮助有所疑问，您可以对此详细解说一下吗？

张明楷：你的问题太抽象了。

学生：比如，片面的物理帮助行为的范围或者界限在哪里？

张明楷：我不认为可以非常抽象地划出片面的物理帮助行为的范围。在共犯中，除了正犯的行为勉强可以说是符合构成要件的实行行为以外（这里所说的正犯还不包括共同正犯），帮助犯的行为都是没有定型性可言的。所以，我认为，还是应该根据具体案件中行为人的具体行为，来判断该行为是否可以评价为一种片面的物理帮助行为。

学生：比如，甲潜入被害人的住所行窃，甲的朋友乙路过发现以后，怕甲出事，就在被害人的住所外帮甲望风，但甲并不知道乙为其望风。在这种情况下，乙的望风行为，是不是片面的物理帮助行为？

张明楷：片面的物理帮助行为的认定，肯定和共犯人约定好的物理帮助行为的认定有所不同。例如，在甲乙约定好了的情况下，我们可以认为乙外出望风的行为，对甲犯盗窃罪至少有心理上的帮助。但是，在甲根本不知道乙在现场的情况下，乙单独望风的行为,是否具有片面的物理帮助,就要看乙的行为是否已经在事实上起到了物理上的帮助作用。比如,乙看见被害人已经朝住所方向走来,乙阻止被害人回家,待甲盗窃从被害人家出来时,才让被害人回家的,乙的望风行为确实已经在客观上起到了片面的物理上的帮助作用了。在这种情况下,就可以将乙望风的行为,认定为盗窃罪的片面帮助行为。但是,如果甲在入户盗窃期间,外面没有一点风吹草动,甲顺利实施完盗窃行为以后,就跳窗而逃,乙看见甲已经顺利地离开了盗窃现场,也就放心地回家了。在这种情况下,显然乙的望风行为没有在事实上,或者在客观上,起到任何帮助盗窃的作用,如果将这种没有在客观上起到任何帮助作用的行为认定为片面帮助犯,可能只是因为乙有帮助盗窃的意图,用我们传统的刑法语言来描述,就是乙的"主观恶性大"。这显然是主观主义刑法观的思考问题的方式。所以,我认为,在甲对乙的行为毫不知情,而乙的望风行为没有起到任何客观帮助作用的情况下,最好不要将乙的行为认定为盗窃罪中的片面的帮助犯。

学生:从一般预防的必要性角度来看,对乙的这种单独望风的行为还是有处罚的必要性的。不然,就会有人心存侥幸,他们会想,如果这次望风行为并没有起到实际作用,就不会受处罚。另外,从特殊预防的必要性来看,乙的行为也有处罚必要性。这次他单独望风恰巧没有遇到事主回家,下一次他还是可能去望风的。

张明楷:一般预防必要性与特殊预防必要性,是量刑时考虑的问题,以行为构成犯罪为前提。当然,这种必要性也可能是立法问题。但是,在既定刑法规范之下,对于客观上没有构成犯罪的行为，就不应该直接以行为有一般预防必要性和特殊预防必要性为由，肯定行为构成犯罪。比如，将砂糖误认为是砒霜而去投毒的行为人，可能也具有一般预防与特殊预防的必要性。因为，从特殊预防必要性的角度来看，行为人可能下次会准备真砒霜去投毒，因此，行为人的特殊预防必要性很大。但是，毫无疑问，行为人的行为在客观上并没有产生致人死亡的危险，他的行为应该就是不能犯的行为，因而应该认定行为人无罪。

※

张明楷：最近看到这样一个案件。甲发现某套房子的住户长期不在家，甲撬开该户房门之后，发现房间内有彩电、冰箱等家电产品，却并没有找到其他贵重财物。甲便给从事废品收购的乙打电话，让乙将彩电等家电当作废品购买后拉走。实际上，乙也知道甲并不是这户人家的主人，就以 2000 元的价格收购了这户的彩电等家电。在这起案件中，甲肯定构成盗窃罪，问题是，收购彩电等家电的乙构成什么罪？乙是盗窃的共犯吗？

学生：在这起案件中，甲并不知道乙明知自己不是该户主人这样的事实。这似乎说明，甲并没有与乙共同犯罪的意思。乙单方面知道甲在盗窃他人的家电，但仍然提供帮助，所以，乙成立甲盗窃罪的片面的帮助犯。

张明楷：如果认为甲在变卖他人家电的时候盗窃罪已经既遂，甲乙就不可能成立共犯，乙只可能成立掩饰、隐瞒犯罪所得罪；但如果认为甲在变卖家电的时候，盗窃罪还没有既遂，乙就可能成立盗窃罪的片面帮助犯。

类似的第二个案例是：甲得知邻居出远门，就将邻居房前屋后的树卖给乙，乙也知道这些树并不归甲所有，但还是低价购买了这些树。第三个案例是：乙向甲求购一辆摩托车，甲看到路边正好停放了一辆摩托车，就指着这辆摩托车说，"这辆车卖给你了"，乙也知道甲并不是这辆摩托车的车主。在这两个案件中，也存在乙与甲是成立盗窃罪的共犯，还是成立掩饰、隐瞒犯罪所得罪的问题。

学生：在您讲的第一个案件中，甲进入他人住所以后，并没有占有了该住所内的所有财物，正是乙的帮助搬放的行为，才破坏了屋主对家电等财物的占有，所以，第一个案件中，甲乙成立盗窃罪的共犯。第二个案件中，在乙砍倒树并且将树运走之前，房屋主人仍占有着自家房前屋后的树木，所以，在乙去购树时，甲的盗窃罪并没有既遂，甲乙成立盗窃罪的共犯。但是第三个案件比较特殊，甲向乙兜售摩托车时，摩托车的主人还占有该摩托车吗？甲的盗窃行为已经既遂了吗？

张明楷：我同意你对第一个案例与第二个案例的分析。在这两个案例中，很难认为甲在卖给乙财物时，甲已经现实地占有了这些财物，所以，应该认为甲乙成立盗窃罪的共犯。但是在第三个案例中，我认为还是可以认为甲在将摩托车卖给乙时，甲已经转移了物主对摩托车的占有，也就是说，甲的盗窃罪已经既遂。这是因为，物主对停放在马路上的摩托车的占有本身就比较松弛，当甲出现在这辆摩托车旁边并声称将该车卖给乙的时候，他就已经现实地支配了这辆摩托车。所以，在第三个案例中，乙成立掩饰、隐瞒犯罪所得罪。

学生：在一般情况下，判断盗窃停放在路边的摩托车的行为是否既遂,是以行为人是否已经开动了被盗的摩托车,或者是否已经骑着摩托车走了一段路为标准。为什么在第三个案例中,甲还没有发动摩托车,就认为他的行为已经既遂了呢?

张明楷: 因为在第三个案件中,并不是甲要通过亲自驾驶摩托车离去的方式来盗窃这辆摩托车,而是通过声称自己是摩托车主人并出卖这辆摩托车的方式来盗窃。在原本的占有非常松弛的情况下,在本案的这种特殊情形下,甲声称自己是摩托车主人时,就可以肯定他已经现实地支配了这辆摩托车。

※

张明楷: A和B是夫妻,A的父母对B的父母产生了怨恨,A的父亲甲拿了一把刀,打算去砍B的父母。甲先到A、B工作的地方,告知他们要去砍B的父母,A不准甲去砍,就把他的刀夺下来了。随后,B与甲大吵了起来。在争吵的过程中,B将刀给了甲,并说"你喜欢砍就去砍啊"。甲拿起刀就去B父母的住处砍B的父母,B的父亲被砍死,母亲重伤。甲事后供述,在A夺下刀之后,甲已经平静下来不想去砍B的父母了。在B递给他刀,说过那样的话之后,他才又萌生了砍死B的父母的冲动。本案中,B的行为是否成立犯罪?

学生: 可以认为,B当时说的这句"你喜欢砍就去砍啊"是气话。虽然B把刀递给甲,并说了这样的一句话,在客观上可能起到了帮助、教唆甲杀害B的父母的作用,但根据案情,可以肯定B绝对没有帮助或者教唆杀人的故意,也就是说,B对致自己父母死亡或者重伤的结果是没有故意的。所以,我认为还是不能将 B 的行为认定为犯罪。

张明楷：你的分析侧重于否定 B 具有教唆、杀人的故意，进而否定 B 的行为构成故意杀人罪、故意伤害罪的教唆犯或者帮助犯。但我认为先可以讨论一下 B 的行为到底是否具有帮助或者教唆杀人、伤害的客观效果。

首先，我们需要看一下 B 的行为是否起到了教唆甲犯罪的客观效果。在理论上，这并非难题。只要正犯早已经放弃了之前的犯意，而教唆犯通过教唆使正犯再次燃起犯罪的故意，这样的行为肯定可以被认定为教唆犯。这种情况，难就难在如何认定事实上。本案就需要法官从事实上判断甲是否果真放弃了杀人的念头。一般来说，犯罪人都比较狡猾，他们觉得如果能够让法官相信自己之所以这么做是有人指使，那么，他们自身的责任就会小一些。所以，他们总是会想办法推脱。因此，法官在认定这类事实的时候应该十分谨慎。

其次，我们再看看 B 的行为是否具有帮助甲杀人的客观效果。在理论上，确实在别人想杀人的时候递一把刀过去，这样的行为无疑会被认定为帮助犯。本案中，B 将刀递给甲，可以肯定这个行为本身在客观上具有帮助甲杀人、伤害的效果。在肯定了行为具有帮助的效果后，再看看 B 是否具有帮助甲杀害自己父母的故意。在 B 和自己的父母关系正常的情况下，我觉得就像你说的那样，在当时当地，B 是在说气话、发脾气，她根本没有预料到甲果真会去杀人，也就不具有帮助杀人的故意了。

学生：看来我刚才分析的过程有些残缺，还是应该先从 B 的行为的客观不法方面进行分析，在肯定了行为具有帮助或者教唆杀人、伤害的客观效果以后，才能够进一步讨论行为人主观上是否具有帮助或者教唆杀人的故意。

张明楷： 是这样的。

在这里，我还想再谈谈我们国家对教唆犯的处罚过重这样的问题。在司法实践中，法官遇到雇凶杀人等教唆他人杀人的案件，往往对教唆犯判处比正犯更重的刑罚。我觉得这并不合理。这是司法实践中主观主义浓重的一个表现。仔细想想就会明白，从客观上来看，正是正犯的杀人行为直接导致了被害人的死亡，教唆者包括买凶杀人者的行为并没有这样的效果，显然正犯的客观责任更大；从所谓人身危险性来看，买凶杀人者正是自己不敢去实施正犯的行为，才花钱雇那些亡命之徒去行凶杀人，可见，那些去实施杀人的人更是胆大妄为，肆无忌惮。所以，我还是主张应该在共犯量刑时，一般来说，应该对教唆犯判处较正犯更轻的刑罚才对。

学生： 日本的法院对教唆犯的处刑也很重，是否也据此可以认为日本法院的主观主义比较严重？

张明楷： 我觉得日本在共犯这个方面，无论理论上，还是实践上，都是很有问题的。第一个问题是，虽然日本刑法中规定的对教唆犯的处罚是与正犯相同的，但日本的刑法理论又把教唆犯与帮助犯看做是一类共犯。这样一来，日本刑法理论对共犯的分类方法就与他们的刑法规定不太协调。按理说，根据日本刑法的规定，日本刑法理论应该把教唆犯往正犯那边靠，因为教唆犯是准正犯；之后再在正犯与从犯之间设立一个层次。第二个问题是，在日本，学说与判例在区分正犯与共犯的时候，用的是很实质的观点，但在区分教唆与帮助的时候，用的却又是很形式的观点。以前，就这个问题我还专门请教了一些日本教授。他们的回答是，在日本的司法实践中，几乎没有教唆犯，教唆犯都被归到了共谋共同正犯中。这样看来，似乎日本司法实践中对共犯的认定反而与日本的刑法规定更加协调一些。

学生：我在井田良教授的教科书中，看到过这样一个案例。甲向被害人体内注射了毒药，乙知道以后，以杀害被害人的故意阻止他人对被害人体内注射解毒药，最终被害人由于没有得到及时的救治而死亡。本案中的甲乙二人并没有杀害被害人的共同意思联络，所以甲乙并不存在共犯关系。井田良教授认为，甲的行为本身就有高度的危险性，不能因为乙阻止他人救助的行为否定了甲的行为与被害人死亡之间的因果关系。在这个案件中，甲乙两人都需要为被害人的死亡负责。

张明楷：在德文文献中，也有类似的一些案例。例如，甲把被害人推到了水中，但被害人并不会游泳，在一块木板漂浮到被害人身边，被害人即将利用木板脱险时，乙发现被害人是自己的仇人，就把木板拿走了。在这个案件中，甲乙没有杀害被害人的共同意思联络，他们二人并没有共犯关系。你们认为甲乙分别成立故意杀人罪的既遂吗？

学生：在您说的这个案件中，我觉得甲并不成立故意杀人罪的既遂。因为甲将被害人推入水中以后，被害人完全可以通过漂浮过来的木板自救，在这时，是乙拿走木板的行为剥夺了被害人的生命。所以，我觉得在这样的案件中，甲的行为与被害人的死亡之间直接的因果关系由于乙的介入行为而断绝了，甲应成立故意杀人罪未遂，而乙成立故意杀人罪。

张明楷：在这两个案件中，甲乙不是共犯，乙也不是甲杀人行为的片面帮助犯。现在需要讨论的是，乙的行为是否阻断了甲的行为与死亡结果之间的因果关系。我觉得在井田良教授举的那个案件中,很难说甲的行为未遂了。因为甲注射毒液的行为本身就具有很高的致人死亡的危险性,最终被害人也确实是被甲注射的毒液毒死的。乙的行为并没有阻断甲的行为与被害人死亡之间的因果关系,所以,甲乙都成立故意杀人罪既遂。但是在我刚才说的德文资料中的这个案件中,案情与第一个案件有一些区别。那就是被害人完全可能在当时的情况下自救。但仅凭这一点是否就可以认为甲的行为与被害人的死亡结果之间的因果关系因为乙的行为而断绝,还是值得进一步研究的。

第七堂
法条竞合与想象竞合

学生：盗窃枪支、弹药、爆炸物罪与盗窃罪，故意杀人罪与抢劫杀人，诈骗罪与使用假币罪等犯罪之间的关系，到底是法条竞合还是想象竞合？

张明楷：这涉及法条竞合与想象竞合之间的区分。

从形式上来讲，应该从规范之间是否具有包容或者交叉关系来区分法条竞合与想象竞合。法条竞合的时候是不需要考虑事实的，只看法条文字的表述是否存在包容或者交叉关系即可。换句话说，法条竞合关系是法条之间的一种必然的交叉或者包容关系，与事实无关。或然、偶然地由于某种事实而将法条联系起来的情形，不能认定为法条竞合。比如，《刑法》第133条的交通肇事罪中致人重伤、死亡的结果，与第233条与第235条过失致人死亡罪与过失致人重伤罪，通过阅读条文，就可以看出前罪与后罪在致人死亡或者重伤这一点上，必然存在一种包容的关系。这种包容关系，既可以是完全的包容，也可以是部分的包容。交通肇事罪与过失致人死亡罪或过失致人重伤罪之间就是一种部分包容关系，就此而言，可以认为它们之间存在法条竞合的关系。但是，二者实质上是否属于法条竞合，则还要进一步以实质标准进行判断。破坏交通工具罪与盗窃罪之间没有法条竞合的关系。也许有人会认为，在盗窃正在使用中的交通工具时，这时的盗窃罪的行为就是破坏交通工具的行为，但是，其实这是对具体事实的分析结论，因为刑法规范本身并没有指明破坏是盗窃的一种行为。

从实质上讲，应该从侵害法益的范围来区分想象竞合与法条竞合。山口厚教授等日本学者主张，构成法条竞合的行为侵害了一个法益；而构成想象竞合的行为侵犯了复数法益。我对这里的"一个法益"的理解就是，法条竞合所侵害的法益没有超出一个罪规定的法益范围；而想象竞合则超出了其中任何一个罪所保护的法益。像我们国家刑法中规定的诈骗罪与金融诈骗罪的关系就是法条竞合，因为金融诈骗行为侵害的法益，并没有超出金融诈骗罪一罪所规定的财产法益与金融秩序法益，所以，普通诈骗罪与金融诈骗罪之间依然存在法条竞合关系。当然，保险诈骗罪与普通诈骗罪能否归入法条竞合关系，还存在疑问。

但是，我们国家的刑法规定得比较特殊，即使利用以上的方法进行判断，也会发现对有些法条之间的关系难以轻易得出结论。例如，盗窃枪支、弹药、爆炸物罪与盗窃罪好像是法条竞合关系。这是因为，虽然枪支、弹药、爆炸物本身也是财物，盗窃财物的盗窃罪必然地包含了盗窃特别财物的犯罪。但是，刑法不是将枪支、弹药、爆炸物作为财物保护的，只是作为公共安全保护的。换句话说，刑法规定盗窃枪支、弹药、爆炸物罪时，没有将这些对象当作财物。如果这样的观点是正确的，那么，盗窃枪支、弹药、爆炸物罪与盗窃罪就是想象竞合关系。反之，如果认为刑法规定盗窃枪支、弹药、爆炸物罪时，既考虑了其财物性质，也考虑到了其特殊性质，则盗窃枪支、弹药、爆炸物罪与盗窃罪是法条竞合关系。交通肇事罪与过失致人死亡罪的关系，也是如此。

学生：我在阅读文献时发现，德日认定的想象竞合与法条竞合的范围，和我们国家很不一样。比如，他们认为用杀人方法抢劫的，是故意杀人罪或者谋杀罪与抢劫罪的想象竞合，而不会认为抢劫杀人与谋杀罪或者故意杀人罪之间存在法条竞合。他们在讨论法条竞合的特别关系时，所举的例子也仅局限于普通杀人罪与谋杀罪、嘱托杀人罪，盗窃罪与加重盗窃罪之间，并不像我们国家认定的法条竞合的范围那样广泛。比如，我们国家很多学者认为，用欺骗的手段使用假币时，就存在使用假币罪与诈骗罪之间的法条竞合。在德日也有使用伪造的货币罪，但是，他们会认为此时是使用伪造的货币罪与诈骗罪的想象竞合而不是法条竞合。总之，他们认定的想象竞合的范围比我们广得多，他们认定的法条竞合的范围又比我们窄得多。

张明楷：德日学者往往是将法条竞合的关系限定在了同一章节内，不是同一章节的犯罪，很少会被承认存在法条竞合。法条竞合是单一的犯罪。这与具体犯罪的法益的确有关系。就像我刚才所说的，侵害的法益没有超出一个罪保护的法益时，是法条竞合。这里就存在法益如何确定的问题。或者说，适用一个法条完全可以评价一个行为的违法性时，才可能是法条竞合；反之，则会是想象竞合。比如德国刑法中使用伪造的货币罪所保护的法益就是货币的公共信用，而不是财产法益，当行为人使用伪造的货币进行诈骗时，就既侵犯了使用伪造货币罪所保护的法益，也侵犯了诈骗罪保护的法益。一个行为侵犯了两个保护法益不相同的犯罪，二者之间存在想象竞合。我们现在有的学者想当然地将这两个罪认定为法条竞合的逻辑是这样的：使用伪造的货币时，就一定会骗人财物。但是，并不存在这样的逻辑前提。举个例子，甲给自己的孩子庆生，乙送了1万块钱的假币给甲。乙的行为会是诈骗罪意义上的欺骗行为吗？或者说，乙的行为会构成诈骗罪吗？当然不会。

学生： 可不可以认为嫖宿幼女罪与强奸罪之间是想象竞合而不是法条竞合？因为前罪所保护的法益是社会管理秩序，而后罪的保护法益是幼女的性的自我决定权。

张明楷： 这里也存在确定两个罪的保护法益是什么的问题。如果说，嫖宿幼女罪与强奸罪第2款（即奸淫幼女）之间具有法条竞合关系，大体上是没有明显问题的。这时，嫖宿幼女罪就是特别条款。但是，嫖宿幼女罪与强奸罪的第3款之间，就不存在法条竞合的关系了。因为《刑法》第236条不可能保护社会管理秩序，所以嫖宿幼女致人重伤、死亡的，不可能通过适用一个法条就可以全面评价其行为的违法性，只有认定为想象竞合，才能全面评价行为的违法性。

无论如何不能将嫖宿幼女罪与强奸罪的关系对立起来。如果将两罪认定为对立关系，在行为人发生认识错误、共同犯罪、无法查清幼女是否卖淫女等以上三种情况时就没有办法正确地定罪量刑了。例如，甲住进宾馆后，打电话给乙，要求乙给他找一个幼女来发生关系，乙找了一个卖淫的幼女。甲客观上是嫖宿幼女罪的行为，但他主观上却认为自己和一个非卖淫的幼女发生关系，而触犯了一般的奸淫幼女罪。在这种情况下，如果认为嫖宿幼女罪与强奸罪之间是对立的关系，那这个案件该如何处理呢？是过失嫖宿幼女与奸淫幼女罪的未遂吗？即使认为成立奸淫幼女的未遂，也还必须从主观主义出发才能得出这样一个结论。在共同犯罪的场合，即使采取行为共同说，也要求犯罪的重要部分或者主要部分重合，才会有行为的共同，对立的行为怎么会有重合呢？回到上面的案子中，甲和乙的行为到底是不是共犯？如果遇到的幼女以前的确是卖过淫，但是在案发当时是否还在卖淫无法查清的话，是否对行为人的行为就不能认定为犯罪了呢？

讨论刑法学的问题时，一定要把我们日常生活中异常的、少见的情况装进脑子里，把异常的案件当作你研究的通常对象件来看待，把少见的案件当作你研究的最常发案件来对待，这样的研究才可能是卓有成效的。

学生：黄荣坚老师认为，根据我国台湾地区的"刑法"，在行为人利用暴力或者胁迫奸淫幼女的时候，行为人同时触犯了奸淫幼女罪与强奸罪。而此时这两罪之间的关系并不是法条竞合，而是想象竞合。他指出，奸淫幼女罪重点在保护幼女的身心健康的发展，而强奸罪是保护性的自我决定权。立法设立两罪时，关注的重点并不相同。您觉得黄老师的观点有道理吗？

张明楷：我觉得没有必要认为这两种行为是想象竞合。奸淫幼女不需要暴力、胁迫行为，并不是说刑法在这里就不保护幼女的性的自我决定权。用暴力或者胁迫奸淫幼女的，在台湾地区按照强奸罪定罪就可以了。这里也可能涉及表面的构成要件要素的问题。比如，日本刑法将强奸罪规定为利用暴力、胁迫手段奸淫13周岁以上女子的行为。我觉得这里的13周岁，就是强奸罪的一个表面的构成要件要素。这个要素仅在区分奸淫幼女罪与强奸罪时是必要的，而在涉及强奸罪的其他方面时，这个要素并不必要。

我们国家现在的确存在不少将想象竞合当作法条竞合处理的

情况。比如说，招摇撞骗罪与诈骗罪之间的关系。大家一般认为，一旦招摇撞骗罪的构成要件包含了骗取财物的要素，那么，就可能认为在骗取财物这一点上，招摇撞骗罪与诈骗罪之间存在法条竞合。但其实，这种观点是将事实强加给了规范。实际上，招摇撞骗罪是一个扰乱公共秩序的犯罪，招摇撞骗的行为也不需要具体到骗到了谁，更不需要骗到什么东西。甚至可以认为，在法条中，招摇撞骗这四个字都是多余的，法条只要求冒充身份。换句话说，把"招摇撞骗"理解成"冒充国家工作人员"的同位语就可以了。比如，一个没有国家机关工作人员身份的人，走到哪里都说自己是国务院的一个秘书长，什么都没有骗到的时候，还定不定这个罪呢？肯定会定的。实际上，最关键的就是是否冒充了身份，而不是所谓的"招摇撞骗"。这样看来，通过冒充身份骗取财物的情况，应该成立招摇撞骗罪与诈骗罪的想象竞合才对。这就好比冒充国家机关工作人员骗取或者刺探到了国家机密提供给境外人员的，肯定不存在所谓的为境外刺探国家秘密罪与招摇撞骗罪的法条竞合关系。这里是典型的想象竞合。

学生：这是否意味着不需要对招摇撞骗罪骗取的数额进行限制呢？

张明楷：按照我刚才说的观点，既然骗取财物并不是招摇撞骗罪的构成要件要素，那么，也就不需要对骗取的数额进行限制了。骗取财物的行为，对于招摇撞骗罪来说，并不是必需的行为，对超出构成要件的多余的行为，为什么要限制呢？认为招摇撞骗罪与诈骗罪、为境外刺探国家秘密罪等罪具有法条竞合关系的人，肯定是将招摇撞骗罪中的"招摇撞骗"理解为骗钱、骗取国家秘密等行为。我刚才已经说过，这里的"招摇撞骗"只是一个冒充身份的同位语，并不具体要求骗到什么东西。

学生：您刚才的观点是否意味着您放弃了之前一贯坚持的招摇撞骗罪不能包括骗得数额巨大、数额特别巨大的财物的观点？

张明楷：虽然从处理的结局上，两种观点并没有不同，但是，将两罪理解为想象竞合，认为第266条诈骗罪中的"本法另有规定的，依照规定"不能适用于招摇撞骗罪的情形，可能更合适。以前总是想到二者之间的界限、区别之类无关紧要的问题。

学生：最近看到陈洪兵师兄在《法学论坛》2010年第5期上发表了一篇题为《刑法分则中"本法另有规定的，依照规定"的另一种理解》的论文，就与这个问题有关。他在那篇文章里也指出，招摇撞骗罪与诈骗罪、金融诈骗罪与诈骗罪之间，都是想象竞合而不是法条竞合的关系。同时，他却认为"本法另有规定的，依照规定"这样的规定是注意规定，是可以删除的。您同意他的看法吗？

张明楷：就招摇撞骗罪与诈骗罪而言，我同意他的看法。但是，如果涉及金融诈骗罪与诈骗罪之间的关系，就不能一概而论了，显然其中的大部分是法条竞合。

学生：他在论文中举了这样一个例子：由于过失致人死亡罪与过失致人重伤罪中，存在"本法另有规定的，依照规定"，那么就会得出销售不符合卫生标准的化妆品致人死亡，或者生产、销售一般伪劣产品致人死亡，但销售金额不满20万元的，只能以生产、销售不符合卫生标准的化妆品罪，生产、销售伪劣产品罪定罪，最重判处3年有期徒刑，而不能以过失致人死亡罪判处7年有期徒刑；以故意轻伤的方式暴力干涉婚姻自由的，只能以暴力干涉婚姻自由罪定罪，最重判处2年有期徒刑，而不能以故意伤害罪定罪量刑。所以，陈师兄认为这会导致罪刑之间不均衡，因此，他提出"本法另有规定的，依照规定"是可以删除的注意规定。您觉得这种观点正确吗？

张明楷：他举的这两个例子的确是想象竞合，而不是法条竞合。生产不符合卫生标准的化妆品本身并不必然造成人员伤亡，法条也没有规定销售不符合卫生标准的化妆品致人死亡的情形。换句话说，此时的致人死亡是在规范外添加的事实，不是规范本身。所以我认为，他举的这两个例子都是想象竞合。

学生：我国《刑法》第114条与第115条之间是一种什么样的关系呢？

张明楷：我对这个问题，已经在《危险驾驶的刑事责任》这篇文章中进行了分析。这篇文章发表在《吉林大学学报》2009年第6期。这两个法条之间存在着几种不同的关系。关键就在于把哪个条文当作基本条款去看：当我们把第114条当作基本条款时，只要发生了重伤或者死亡的结果，即使行为人对该结果没有故意，但他只要对发生这样的结果的具体危险具有认识即可构成第115条规定的犯罪。这时，第115条就是第114条的结果加重犯。反过来，行为人要是以致人重伤或者死亡的故意实施危害公共安全的行为，但却没有发生危害结果的，就可以认为第114条是第115条的未遂犯，但不能适用总则对未遂犯的规定处理。在这里，分则条文已经将未遂犯既遂化了。

学生：在我国，一部分学者认为，在适用法条竞合中的普通法条与特别法条时，应该是特别法优先适用。认为既然立法者设立了特别法，就有优先适用特别法这样的一个立法意思在里面，如果不优先适用特别法条的话，就违背了立法原意，也会造成违背罪刑法定原则的结果。

张明楷：我认为，在法条竞合时，重法优于轻法还是特别法优于普通法的适用规则，与罪刑法定原则没有关系。从定罪上来讲，法条竞合是以符合构成要件为前提的；从量刑上来说，也是具体选择适用符合构成要件的哪个法条的问题。这里不涉及将不符合犯罪的行为认定为犯罪的情形，所以，和罪刑法定原则没有关系。

在德日刑法学中，我也的确没有看到过，在法条竞合的普通法与特别法二者的适用上，有人提出重法优于轻法的规则。但是，他们的刑法制定得很有章法。比如在德国，除了故意杀人罪的普通法条之外，谋杀罪、得承诺的杀人是特别法条。而谋杀罪的责任或者不法，要比普通杀人罪重，所以相应地，它的法定刑也较普通杀人罪重；得承诺的杀人罪的违法性要较普通杀人罪的违法性轻，它的法定刑相应地也轻。以前德国刑法中有一条溺婴罪，现在已经废除了。当时，学界就公认溺婴罪是普通杀人罪的一个封闭的特权条款。为什么它能够成为封闭的特权条款呢？这是由于这个罪中存在责任减轻事由。因为该罪主要是针对生了私生子的母亲杀死婴儿的情形。母亲为了维护自己的名誉，偷偷地把刚出生的婴儿杀死的，的确具备责任减轻事由。相应地，处罚会轻很多。当然，我也不敢肯定现在规定溺婴罪的各个国家，这个罪在条文上还都是这么规定的。但即使是条文不这么规定，在司法实践中，也很可能将这个罪的处罚范围限定在我刚才说的那种情况下。

凡是符合特别法条的行为，一定符合了普通法条的构成要件，例如谋杀罪、得承诺的杀人罪、溺婴罪等都是符合普通杀人罪的构成要件的。在刑法规定的如此有章法的情况下，怎么会有人认为特别法条不优先适用呢？但是再看看我们国家的刑法，本来特别条款具有更为严重的违法性，应该处罚加重的，却规定了一个较普通法条还要轻的法定刑。这个时候，就不能照搬外国的理论，认为"既然立法者这样规定了，就意味着立法者认为对这种情况应该处罚更轻"。但是，谁能告诉我立法者凭什么认为在这种情况下应该从轻处罚呢？解释刑法条文的时候，的确也应该站在立法者的角度进行考虑。但是，在面对特殊法条的违法性明显重于普通法条，但却规定了更轻的法定刑的情况下，说特殊法条优先适用的人，就说不出来背后的原因，而只能说一句：立法者想这样处理。单就这个理由有用吗？有足够的说服力吗？

比如说，周光权老师在《法条竞合与特别关系研究——兼与张明楷老师商榷》这篇论文里，对我提出的在数额不符合金融诈骗罪的特别构成要件时，要按照普通法条，也就是诈骗罪处罚的观点进行了质疑。他认为，这种情况下应该宣告无罪。理由就是立法者设立特别法条时，预料到了这些犯罪极易发生，或者，一旦实施金融诈骗的行为，行为人就能够取得数额较大的财物，立法者为了缩小打击面，所以特别考虑不处罚。

我觉得周老师提出的"容易发生"这个理由比较牵强。盗窃比诈骗更容易发生，为什么司法解释中，盗窃的起刑数额反而不是更高呢？

"一旦实施，数额就较大"的理由，也不成立。例如，信用证诈骗的行为，一旦实施，数额比其他金融诈骗罪都要大，可是，现有的信用证诈骗罪中，法律并没有数额较大的起刑规定。一旦实施危害就严重，是限制处罚范围的理由吗？比如，恐怖分子实施恐怖犯罪，一实施后果就很严重，那么，是不是在他们杀一个人时不需要处罚，因为这时后果还不够严重，只有杀了两个人以上才能定罪？

我国刑法分则规定的真正的违法与责任都减轻的特权条款可能是《刑法》第 280 条第 3 款。该条第 1 款中的情节严重是普通法条，第 3 款中的情节严重是封闭的特权条款。这能勉强算作一个。但是，确立二者存在这样的关系的前提还必须是，居民身份证可以被评价为国家机关证件。在这两个条款适用时，不能将伪造、变造居民身份证的行为认定为伪造、变造国家机关证件罪。盗窃居民身份证的行为，不能认定为盗窃国家机关证件罪。我国刑法总则规定的责任或者违法减轻的封闭的特权条款，就是对中止犯的规定。比如，在我国，杀人的时候，在将被害人打成重伤后中止的，就只能按照故意杀人罪的中止形态来处理，而不能按照故意伤害来定罪量刑。这样做的原因，就是刑法对中止犯的规定，既有责任、违法减轻的考虑，也有刑事政策的理由。

周老师在他的论文里引用了耶塞克的话来反对我的观点："如果行为人因第一次的构成要件而应当享有特权，被排除的构成要件仍然不得适用……在此等情况下，被排除的犯罪的刑罚不得被重新恢复，因为否则的话行为人将会受到比适用第一次的刑法规定更为严厉的刑罚。"在我刚才说的那个封闭的特权条款的例子里，耶塞克的话是当然成立的。换句话说，耶塞克的这句话就是对封闭的特权条款而言的。周老师可能认为，在法条竞合的普通法条与特别法条中，特别条款就当然地是封闭的特权条款，不符合封闭的特权条款的行为，也就不能再以普通法条定罪量刑。这样的理解在《刑法》第 280 条第 1 款与第 3 款之间是成立的；但在金融诈骗罪与诈骗罪中，金融诈骗罪的违法性与有责性较普通的诈骗罪而言，并没有减轻，金融诈骗罪不是普通诈骗罪的封闭的特权条款，那么，周老师的观点也就不能成立。难道实施保险诈骗的人，骗了 1 亿元的，只能定保险诈骗罪判 15 年，而不能定合同诈骗罪判处无期徒刑，就是因为保险诈骗罪是封闭的特权条款？在这种情况下之所以不能认定为诈骗罪，就是因为诈骗罪中有"本法另有规定的，依照规定"这样的规定，但是合同诈骗罪不存在这样的问题。

我国刑法分则中，法条竞合之下，特别法优于普通法适用的提示语"本法另有规定的，依照规定"，总共出现过 6 次；而重法优于轻法的虽然只出现过 1 次，但却涉及 8 个法条。在这个意义上，刑法分则有关重法优于轻法的适用规定，要多于"本法另有规定的，依照规定"。既然分则对什么时候特别法优于普通法、什么时候重法优于轻法的规定是残缺不全的，那么，在选择适用的时候，应该遵循罪刑相均衡的原则。有学者认为，只有优先适用特别法才能体现法治原则，但是法治也有比例原则。罗尔斯讲的法治原则之一，就是罪刑均衡。

这样的话，保险诈骗 4000 元的，没有达到保险诈骗罪的起刑点，而按照诈骗罪处理，有什么不妥呢？周老师的观点，也有把司法解释同立法混同的倾向。很显然，周老师在他那篇文章中的意思是，保险诈骗 4000 元的，依照立法就是不值得处罚的行为。但是，立法原文对保险诈骗罪的起刑点只有"数额较大"的限定。我之所以主张这种情况下可以定普通诈骗罪，就是因为我认为司法解释对保险诈骗罪的起刑点规定得过高了。相较诈骗罪而言，明明这种行为侵犯了两个法益，危害性更重，结果规定的起刑数额还更高！所以，并不存在立法者认为保险诈骗 4000 元不值得处罚这样的事情。按照周老师这样的逻辑，司法解释规定集资诈骗罪的起刑点是 10 万元，那么，集资诈骗 99999 元的，就不构成任何犯罪。这是我无论如何都不能认同的。如果认为上面的这些不合理现象需要等待司法解释或者立法的改变来完成，那么，刑法解释学还有什么存在的空间？

总而言之，不能用抽象的一句"既然立法者这样立法了，我们就只能如此司法"搪塞。就像我经常说的那样，解释者在解释的时候，要进行有利于立法者的假设，假设立法者不会制定不正义的法律。我提出保险诈骗 4000 元构成普通诈骗罪，就是为了避免司法解释的缺陷啊。如果司法解释将保险诈骗罪的起刑点改为 1000 元的话，我也就不会有这样的观点了。

周老师的观点似乎还有另外一方面的问题，就是把事实当成了规范。利用保险合同诈骗了 4000 元的，既然不符合保险诈骗罪的构成要件，根据什么就将这种行为直接定性成为所谓的"保险诈骗行为"呢？将事实与规范混淆的做法，是我国学界与司法实务中普遍存在的问题。例如，在四川就发生了这样一起案件。组织卖淫的人，让手下将嫖客钱包中的真钱换成了假币。司法机关将组织卖淫者仅定了两个罪：组织卖淫罪、持有假币罪。为什么不再多定一个盗窃罪呢？我估计他们采用的是这样一种思维：将嫖客钱包中的真钱换成了假币的行为，是以假币换真币的行为，以假币换真币罪的主体是金融机构工作人员，而组织卖淫者不是金融机构工作人员，所以，他们的这个行为就不构成任何犯罪了。显然司法机关根本没有用盗窃罪的构成要件对该事实进行规范的判断，看其是否能够符合盗窃罪的构成要件。这与先入为主地将利用保险合同诈骗4000元的行为认定为保险诈骗行为的逻辑是一样的。

　　用规范或者构成要件来归纳事实时，相对于规范要求而言，多余出的事实当然可以忽略，从而认定事实是符合构成要件的。这里面的原理，与15周岁的人利用绑架行为杀人的，不能定绑架罪，而应该定故意杀人罪的道理相同。如果先入为主地将这种行为认定为绑架，而不是根据15周岁的人应该负刑事责任的那8个罪来归纳事实的话，这样的行为就无罪了。这样怎么行呢？绑架杀人的，比起单纯的杀人行为有过之而无不及，最后反而无罪？类似这样的还有盗伐林木罪与滥伐林木罪。滥伐林木罪的起刑点是10立方米林木，如果行为人盗伐了1立方米，滥伐了9立方米的话，盗伐的那1立方米是否可以评价为滥伐呢？当然可以了。我们姑且把盗伐1立方米林木会侵害他人对林木的占有这一点忽略不计，单就没有经过林业部门批准这一点，所有的盗伐林木的行为都符合滥伐林木罪的构成要件。

　　诈骗罪中的"本法另有规定的，依照规定"，这句话的意思是符合了其他犯罪的构成要件的，依照其他犯罪处罚。而周老师在他的论文中，却把这句话中的"另有规定"理解为即使数额不够，也符合了金融诈骗罪的构成要件。这样的话，由于数额不够金融诈骗罪的起刑点，不构成金融诈骗罪，同时，也不能再构成诈骗罪。从这个意义上说，"本法另有规定的，依照规定"，就成了依照规定不处罚的意思了。但是，分则什么时候规定了什么行为无罪呢？分则条文都是罪刑规范，规定的就是犯罪与刑罚。所以，这句"本法另有规定的，依照规定"，只是表明行为如果完全构成其他犯罪的，才能不依照诈骗罪处罚，否则，符合了诈骗罪构成要件的，就要按照诈骗罪进行处罚。

我还要指出的是，在德国虽然没有重法优于轻法的提法，但是有"法条竞合下劣位法的复活"的提法，在特别关系中就表现为"普通法条的复活"。所以，实际上还是存在重法优于轻法的。杀人中止但造成重伤时，就要适用普通法条，而不能适用作为特别法条的杀人罪。此外，在既遂情况下是法条竞合时，在未遂情况下也可能变成想象竞合。在德国，竞合论的目的就是为了使量刑合理，因此，竞合论并非一种形式化的理论，而是相当实质化的理论。

学生：贵州习水案判决之后，陈兴良教授在当地的报纸上发表了一篇小文章，支持法院的判决。陈老师首先从立法论上，认为嫖宿幼女罪是不该规定的，后又从解释论说，既然立法者把嫖宿幼女罪规定为强奸罪的一个特别条款，从法治原则的角度，立法应该对司法具有限制作用，法官无论如何都必须优先适用嫖宿幼女罪的法条。

张明楷：根据现有的报道，贵州习水案不符合《刑法》第236条第3款的情形。如果符合的话，就要定加重的强奸罪了。就像我刚才已经讲过的，不能说立法者这样立法了，我们就只能这样解释。这种很单纯的法律实证主义或者形式主义的观点，是我不能接受的。拉出一个立法起草者来问问，你认为即使嫖宿幼女致幼女死亡的，也只能定嫖宿幼女罪吗？为什么不能按强奸罪第3款定罪呢？你不知道嫖宿幼女也会致人死亡吗？你不知道嫖宿幼女本身就是奸淫幼女吗？你不知道有人会多次嫖宿幼女吗？显然立法起草者不会作出不符合事实和不公平的回答，所以，第236条第3款与嫖宿幼女罪之间并不存在法条竞合，充其量只有

第 236 条第 2 款与嫖宿幼女罪之间存在普通法与特别法的关系，后者全部符合前者的犯罪构成要件。嫖宿幼女罪与强奸罪中的奸淫幼女相比，法定刑加重也是有理由的。首先，违法性有所加重。既然幼女本来就是卖淫女，而且一般来说嫖宿行为也可能发生在卖淫的场所，这样的话，行为人奸淫的行为就会更加肆无忌惮，侵犯的时间也会很长。其次，一般预防的必要性大。就好比盗窃罪的法定刑较毁坏财物罪的法定刑重一样。

如果说，规定强奸罪的第 236 条第 2 款保护的法益是幼女的性的自主权利及身心健康法益，而嫖宿幼女罪保护的法益仅是社会管理秩序，那两罪之间又成为了想象竞合。但是，完全将嫖宿幼女罪当作是妨害社会管理秩序的犯罪，不考虑幼女本身的个人法益，可能也不太合适。

学生：车浩博士在《法学研究》2010 年第 2 期上发表了一篇《强奸罪与嫖宿幼女罪的关系》，文中提出，卖淫幼女具有同意能力，判断是否成立嫖宿幼女的关键就在于行为当时是否得到了卖淫幼女的同意。您对此有何看法？

张明楷：既然卖淫幼女具有同意能力，那么，嫖宿幼女罪的法定刑要比强奸罪的第 2 款轻才对。但为什么事实却正好相反呢？如果嫖宿幼女罪与强奸罪第 3 款也存在法条竞合，而且要优先适用嫖宿幼女罪的话，那么，在奸淫幼女致死的情况，难道卖淫幼女还具有同意死亡的能力？

学生：您刚才提到，判断是否构成法条竞合要以是否超出一个罪所保护的法益为标准。嫖宿幼女罪有没有超出强奸罪保护的法益范围呢？

张明楷：应该以嫖宿幼女罪与强奸罪是否超出其中任何一个

罪的保护法益来判断。就像我刚才讲的那样，嫖宿幼女罪的保护法益既有社会公共管理秩序，又有幼女的性的自主决定权等个人法益，那么，强奸罪第 2 款与嫖宿幼女罪两法条的保护法益就没有超出其中的嫖宿幼女罪的保护法益的范围，所以，可以认为二者仍然是法条竞合。这与金融诈骗罪与诈骗罪的关系是一样的，金融诈骗罪的保护法益是金融秩序与财产法益，而诈骗罪的保护法益仅有财产法益。所以，诈骗罪的行为就不会超出其中的金融诈骗罪的保护法益。但是，如果强调第 236 条第 2 款的奸淫幼女的法益与嫖宿幼女的法益不可能相同，就需要将二者理解为想象竞合了。

学生：我国刑法中规定了哪几种法条竞合的情形？

张明楷：实际上，我国刑法分则中规定了三种法条竞合的情形：一是封闭的特权条款。这时，特别法条绝对应优于普通法条而适用。二是特别法条与普通法条的法定刑完全相同，这样的情形也应该按照特别法条定罪量刑。三是普通法的法定刑重于特别法，这时就应该按照重法优于轻法来适用。在第三种情况下，从处理结局上说，法条竞合与想象竞合区别的意义就不大了。

我们看到国外往往会争论，特别条款加重或者减轻的理由是什么，尤其是封闭的特权条款的减轻处罚的理由是什么。而反观我们国家的学者，从来不去考虑特别条款有没有加重或者减轻刑罚的理由，而只是说一句：既然立法者这样规定了，就应该这样适用。

学生：通过阅读国外的文献发现，他们的特别条款与普通条款之间的关系，在我国可能仅是涉及量刑的问题。比方说，在德国，普通的故意杀人罪之外还规定了谋杀罪、得承诺的杀人等罪。但是，在我国，只有一个故意杀人罪。而是不是谋杀、得承诺的杀人，也仅是量刑的时候会考虑的因素。

张明楷： 的确是这样。德国刑法中的得承诺杀人罪被认为是普通杀人罪的封闭的特权条款，这个罪就有点类似于我国的故意杀人罪中的"情节较轻的"。但是，我国"情节较轻的"又不像德国得承诺的杀人罪那样可以独立成罪，所以理解为特权条款的话，还是有些不妥当。把它理解为量刑规则，可能更好一些。当然，如果把"情节较轻的"，理解为一个减轻的构成要件的话，那倒也算是一个封闭的特权条款。

学生： 您刚才提到，在普通法条的法定刑重于特别法条的法定刑的情况下，区分法条竞合与想象竞合的意义不大。但是，是否想象竞合的情况下，能够更加全面地评价行为的不法？比如说，杀人的时候用刀捅被害人的同时，也毁坏了被害人的西服。想象竞合就会把侵害生命法益与财产法益都评价进去，但是，这种情况下，按照法条竞合处理的话，故意杀人罪一罪的法益根本不能对侵害财产法益的行为进行评价。

张明楷： 我刚才是从处罚的结局来考虑的。而不是从法益的全面评价这个意义上说的。你刚才举的例子，在国外被认为是典型的附随犯。这种附随犯，在德国就被很多学者认定为法条竞合中的一种吸收关系。但是，日本学者认为这种附随犯应该是包括的一罪。什么是包括的一罪呢？包括的一罪是从构成要件评价的意义上，将附随行为等评价为一罪，而不是数罪。一般来说，包括的一罪要比想象竞合更具有通常性。

关于法条竞合中的吸收关系，德国还有一个"发展犯"的概念，往往是指从未遂到既遂的情形。但是，这里也应该分成两种情况进行讨论：一种是单纯的一个罪从未遂发展到既遂的整个过程，我认为这个时候根本没有必要讨论罪数问题。比如，行为人拿一把刀去捅被害人，从第一刀开始直到捅死。这里需要讨论罪数吗？直接定故意杀人罪就可以了。有必要讨论的是另外一种同种数罪的情形。在刚才的例子中，行为人先用刀捅被害人，但是在还没有捅死被害人时刀先断了。于是，行为人又回家拿了一把新刀，继续去捅被害人。这里可能存在一个故意杀人未遂与故意杀人既遂的同种数罪问题。这种情况下，涉及同种数罪是否并罚的问题。

我并不认为法条竞合中有吸收关系。但是，我认为在我们国家吸收犯这个概念还是可以要的，可以将吸收犯纳入包括的一罪当中去讨论。

学生：吸收犯与法条竞合中的吸收关系是一个概念吗？

张明楷：两者并不相同。在日本，即使不承认法条竞合的吸收关系的学者，也承认在包括的一罪中存在吸收犯。即使承认法条竞合中有吸收关系的学者，他们也不会认为法条竞合中的吸收关系会与吸收犯是等同的概念。例如，西田典之教授在他的教科书中，对法条竞合中的吸收关系与包括一罪中的吸收犯，举了不同例子予以区分。法条竞合中的吸收关系举的例子就是抢劫罪与暴行罪、胁迫罪、盗窃罪之间的关系。但是，这种所谓的吸收关系在山口厚教授的书中，又被认定为特别关系。可以看出，学者间对这种法条之间的关系并没有定论。西田教授在书中对吸收犯所举的例子是，用枪杀人的时候，把被害人的衣服打了一个洞的案件。西田教授认为，此时比较重的故意杀人罪包括了毁坏器物罪。通过西田教授书中法条竞合中的吸收关系与包括一罪中的吸收犯的区分，我们可以看出，如果从法条条文可以明确得出两罪之间存在部分包容关系的，会被认为属于法条竞合中的吸收关系，而在法条条文无法得出两罪之间具有包容关系，只有通过对事实的评价才能得出两罪之间具有评价上的吸收关系的，就属于包括一罪中的吸收犯。我们国家的吸收犯，其实只是相当于日本刑法中包括一罪中的吸收犯，并不包括法条竞合中的吸收关系这种情况。

在我国的罪数理论中，并没有包括的一罪这样的概念，对于像是用刀子杀人捅破被害人西装的案件，在我国就是典型的想象竞合了。但实践中根本不可能考虑杀人罪中被害人西服被毁坏的事实。

学生：传播淫秽物品牟利罪与传播淫秽物品罪存在法条竞合的关系吗？

张明楷：我认为这两罪之间存在法条竞合，传播淫秽物品牟利罪是特别法条。

学生：假如行为人起先以牟利的目的制造了淫秽物品，制造好以后，打消了牟利的念头，转而把淫秽物品送人的，应该定几个罪呢？

张明楷：应该定两个罪：一个制作淫秽物品牟利罪和一个传播淫秽物品罪。

学生：但是，如果行为人制作好淫秽物品之后出卖的，却只能定一个罪啊。

张明楷：这两种情况下，前一种情况的确需要定两个罪，后一种情况只能定一个罪，至于罪刑的均衡问题，只能由法官在量刑的时候进行特别考虑了。如果说存在不均衡，问题就在于所谓选择性罪名了。其实，在后一种情况下，行为人触犯了两个罪名：制作淫秽物品牟利罪与贩卖淫秽物品牟利罪，只不过我们都认为这两个罪名是选择性罪名，所以只定一个罪。事实上，认定为选择性罪名时，是将制作行为与贩卖行为都评价进来了。这便涉及另一个问题，选择性罪名是否真的不可能并罚？其实也有并罚可能性。但是，在前一种情况下，如果只定一个罪，就没有全面评价被告人的两个行为。

学生：您提出的表面的构成要件要素与法条竞合有关系吗？

张明楷：表面的构成要件要素会涉及判断两个犯罪之间是对立还是包容关系。比如普通侵占罪与遗忘物侵占罪两罪中，如果认为"遗忘"、"埋藏"是真正的要素的话，那么，这两个罪之间就是对立的关系，非此即彼；但是，如果将这两个要素理解为表面的构成要件要素的话，这两个罪之间就成为了包容的关系。再比如，我国《刑法》第153条的走私普通货物、物品罪等罪。根据德日刑法理论，走私普通货物、物品罪是典型的补充条款。当把这个罪中规定的"走私本法第151条、第152条、第347条规定以外的货物、物品的"这句话当作是真正的构成要件要素时，那么，第153条的确就是补充法条。但这样就会造成走私普通货物、物品罪与其他走私罪之间形成对立关系，既然是对立的条款，怎么能够是竞合呢？但是，一旦将"走私本法第151条、第152条、第347条规定以外的货物、物品的"这句话当作是表面的构成要件要素理解的话，第153条与第151条、第152条、第347条之间就成为了普通法与特别法的关系。所以，我认为第153条是普通法条，不是补充法条。又如，刚才我们讨论过的第114条与115条之间的关系也是这样的情况。很多人会认为第114条是一个补充法条，第 115 条是基本法条，所以基本法条优于补充法条。但是，一旦将"尚未造成严重后果"理解为表面的构成要件要素的话，显然第 114 条就可以包含第 115 条。于是，第 115 条就是特别法条，而第 114 条就是普通法条。

学生：如果行为人本来想拐卖妇女，但实际上却拐卖了儿童。在发生了这样的认识错误的情况下，在罪数问题上该如何处理？

张明楷：我觉得这里的错误并不重要。这与非法持有、私藏枪支、弹药罪中的枪支、弹药是相同的，它们都处于同一构成要件内，根据法定符合说，这样的错误并不会阻却故意，也不会认定行为人触犯了两个罪。

再比如说，在非法持有毒品罪中，法律规定非法持有鸦片 1000 克以上或者海洛因 50 克以上，处 7 年以上有期徒刑或者无期徒刑。在规范上，1000 克的鸦片与 50 克的海洛因具有相同的评价，所以，行为人持有 500 克的鸦片与 25 克的海洛因的，也应该能够适用 7 年以上有期徒刑或者无期徒刑这一档的法定刑。

学生：这样对等评价的出发点是不是基于罪刑均衡的考虑？

张明楷：在发生认识错误的情况下，如果采取具体符合说，对于我国刑法大量规定的选择罪名来说，适用时遇到的问题就会更多。再回到你刚才举的例子，如果采取具体符合说，行为人客观上拐卖的是儿童，主观上认识的是妇女，按照客观主义的刑法理论，既然客观上不存在妇女，行为人也就不能犯拐卖妇女罪，我国刑法中又没有过失拐卖儿童罪的规定，这样就只能无罪。这个例子与故意杀人罪中发生认识错误的例子不同。比如，李四开枪打中了王五，但是，他本来是想射杀旁边的张三的。这时，李四的开枪行为对一旁的张三也是存在具体的危险的，所以，根据具体符合说，还是能定一个故意杀人罪的未遂犯。

学生：刚才我们讨论的这些，都属于具体的事实认识错误，其实，抽象的事实认识错误中也存在一些值得探讨的地方。比如说，现在学者们都不承认传统法条竞合理论中的择一关系是一种法条竞合关系。择一关系的适例就是盗窃罪与侵占罪之间的关系。两个罪在具体适用的时候，是互相排斥的。但是，当行为人把客观上有人占有的财物当作是无人占有的财物时，我们又会根据法定符合说，认为行为人客观上侵害占有的行为还是可以评价为侵害了他人对财物的所有权，因而成立侵害他人所有权的侵占罪。从某种意义上说，也就承认了侵占罪与盗窃罪之间存在法条竞合的关系。您如何看待这个问题呢？

张明楷：法条竞合的择一关系被认为是一种对立的关系。对立的关系法条是不可能竞合的。就一个结果而言，对立关系不可能有法条竞合，甚至都不可能出现想象竞合。比如说，就一个侵害占有的结果而言，怎么可能说既盗窃又诈骗呢？除非诈骗罪不需要处分意识与处分行为。但是，诈骗罪的构成要件是要求有处分意识与处分行为的，所以，它与盗窃罪就是对立的关系。

学生：有两个盗窃罪与诈骗罪可能竞合的例子：第一个改编自我们以前讨论过的一则不作为的处分的例子。甲购买了一辆赃物车，某天把车停在路边，返回的时候，发现乙围着这辆车打转，口里还嘀咕着，"这不是我的车吗？"甲以为乙就是原车主，不敢吱声，乙就把车开走了。但实际上，乙根本不是车主，而且，乙当时只是为了掩人耳目才嘀咕的，其实，乙并不知道甲就是这辆车的占有人。第二个例子中，甲是高度精神病人，根本具有任何认识判断的能力。但是从外表是看不出来的。乙初次见甲，以为甲是一个正常人，便编造各种理由想把甲手上的手机骗过来，结果，甲正好也将手中价值3000元的手机给了乙，乙以为自己是通过欺骗手段获得甲的手机，而实际上却不是。

张明楷：在第一个案子里，你是想假设行为人有盗窃的故意而被害人有不作为的财产处分的情形吗？但是，在这个案件中，被害人是否存在不作为的处分，其实还是有问题的。在这个案件中，没有必要再考虑被害人有没有不作为的处分。

学生：能不能说盗窃罪与诈骗罪在破坏他人占有，把他人占有的财物转移为自己占有这一点上是一样的？

张明楷：这一点当然是相同的。但是，它们在是否需要处分意思与处分行为上，是对立的，因此，还是不能认为两个罪存在竞合关系。

学生：但是，在刚才举的那两个案例中，偏偏就是行为人对被害人是否具有处分意思这一点发生了认识错误，如果是否存在处分意思就是盗窃罪与诈骗罪的对立点，那么，也就不可能把行为人的行为认定为盗窃罪。是不是可以认为，对于盗窃罪来说，"不需要被害人具有处分意思、处分行为"这一点也只是一个表面的构成要件要素？

张明楷：盗窃罪中的构成要件要素都是必须具备的要素，不要求具备的要素，怎么能够成为盗窃罪中的构成要件要素呢？

学生：我想表达的是，客观上即使是被害人基于行为人的欺骗发生了认识错误而处分了财物，但只要行为人转移了占有，就可以认为他的行为构成盗窃罪。

张明楷：当然是可以的。就像我刚才讲过的一样，构成要件的评价是犯罪的最低限度，超出去的多余的行为就不需要评价了。只要行为人非法转移了占有，就是盗窃罪，至于其他多余的要素可以不必评价。

学生：那这样的话，怎么会认为盗窃罪与诈骗罪是对立的呢？

张明楷：盗窃罪必须违反被害人的意志，而诈骗罪是基于被害人有瑕疵的意志，在这个意义上，两罪是对立的。

学生：再举一个类似上述第二个例子的案件。某天，行为人来到被害人家里，看见被害人家中有一块金表，就谎称这块金表是铜制的，不值钱，不如送给自己算了。被害人当时在背对着行为人较远的地方说了一句："要是这样的话，你就拿去吧。"可是行为人并没有听见这句话，却径直把金表装进了自己的口袋。在这个案件中，行为人客观上是一个诈骗行为，而主观上以为自己是盗窃，又该怎么处理这种情况呢？

张明楷：这里涉及的问题恐怕就是盗窃罪的故意是否需要认识到他人的处分行为。我觉得不需要认识这一点。所以，这个案件中，对行为人还是应该定盗窃罪。

学生：可不可以把盗窃罪解释为财产犯罪中最基础的犯罪？

张明楷：如果把"遗忘物"解释为侵占罪中的表面的构成要件要素，侵占罪就是财产犯罪中最基础的犯罪。

单就盗窃罪与诈骗罪来说，二者之间可能存在这样一层关系：不符合诈骗罪的可能是盗窃，但是，不符合盗窃罪的就不一定是诈骗。

学生：那可不可以说，符合诈骗罪的就肯定符合盗窃罪了呢？

张明楷：不能这么认为。盗窃要求违背被害人意志，诈骗要求被害人基于有瑕疵的意志处分自己占有的财物。二罪在这一点上还是不同的。

学生：诈骗罪中，被害人有瑕疵的意志其实也是说明了转移财产占有的行为最终还是违背了被害人的意志，可以这么理解吗？

张明楷：千万不能这么理解。否则，在涉及盗窃自动柜员机或者其他机器内财物的案件时，就会认为此时骗了机器背后的自然人。盗窃罪和诈骗罪不作区分是不行的。

学生：就好比说，遗忘物是侵占罪中的表面的构成要件要素，侵占罪相对于盗窃罪来说，就是一个更加基本的侵害财产法益的犯罪。这里，即使认为盗窃罪与诈骗罪并不是对立关系，而是阶层关系，也不存在取消盗窃罪的"违反被害人意志"这一要素的问题，而是说，盗窃罪的要求要比侵占罪更多。同理类比的话，我们说盗窃罪是较诈骗罪更为基本的财产犯罪，也并不是说要取消诈骗罪，相反，只是说，诈骗罪的要求要比盗窃罪更多、更为严格。

张明楷：财产犯罪中，抢劫罪是在盗窃罪的基础上，添加了暴力、胁迫的内容构成的；盗窃罪是在侵占罪的基础上，加了一些其他要素构成的；而诈骗罪与盗窃罪是各自分别平行地确立构成要件的，而不是盗窃罪加上一些要素就可以构成诈骗罪。

即使说诈骗罪与盗窃罪互相排斥，也只是部分的排斥。两罪在保护他人占有的财产这一点上是相同的。山口厚教授在教科书中，讨论客观上是盗窃，主观上是侵占的故意这类案件时，并没有把侵占罪中的"他人占有"作为一种表面的构成要件要素来看待,但是,他是通过寻找两罪之间什么是共通的部分来解决这里存在的抽象的认识错误的。他指出,在这里,共通的部分就是,都是他人的物。

学生:抽象的事实认识错误与法条竞合之间有什么关系吗?

张明楷:我认为,抽象的事实认识错误与法条竞合之间并没有直接的联系。抽象的事实认识错误主要是根据案件中的事实是否存在重合点来进行判断的,这与规范本身没有必然的联系。判断抽象的事实认识错误是否可以主观归责时,日本的学者主要是用案件事实中的一个共通的、上位的概念来对事实进行归纳。比如,日本刑法中的走私兴奋剂罪与走私鸦片罪,它们之间怎么可能是法条竞合呢?但是日本学者在遇到抽象的事实认识错误时,就会抽象出一个两罪共同的"对公众健康的危害"来理解这两个罪,在这个共通的点上,来判断是否具有故意。

当然,我也注意到,即使是那些主张具体符合说的学者,在这种抽象的事实认识错误的情况下,也会最大限度地寻找两罪共通点,其实这与他们在处理具体事实认识错误时要求认识的具体程度并不一致。

学生:但是,客观的构成要件对故意具有规制作用。如果对主观上犯轻罪、客观上犯重罪的情形进行主观归责,轻罪的故意不是该罪客观上的构成要件事实,而是一个"共通的、抽象的、上位的概念"的话,是否违背了构成要件的故意规制机能呢?

张明楷:抽象的事实认识错误所涉及的是事实层面的问题。如果认为法条上就已经是重合的话,也就不是"抽象的事实认识错误"了。因为,在法条竞合的情况下,认识错误就应该是同一个构成要件范围之内的事实认识错误,一般来说,这显然是具体的事实认识错误。正因为在抽象的事实认识错误的情况下，不是以法条之间具有竞合关系为前提的，所以，才会发展出今天这么丰富的理论。而各种理论有关抽象的事实认识错误的情况，会在各罪之间抽象出一个共通的上位概念，而这个上位概念是一种理论上的抽象，与法条本身没有关系。这里的上位概念，也往往是法条中没有的东西。

学生：但是，客观构成要件具有规制故意的作用，反过来说，故意认识的内容也必须是可以归纳为某一个犯罪的构成要件的。如果理论抽象出来的共通的上位概念，不能够找到某一个构成要件做依托的话，根据法定符合说，这样的抽象的事实认识错误的情况，就应该全部阻却故意。

张明楷：所以，像山口厚教授那样，既承认脱离占有是侵占罪的真正要素，又在发生抽象事实认识错误的时候（客观上取得了他人占有之物，主观上以为财物无人占有），认为还是可以认定成立侵占罪的观点，还是有问题的。

学生：德国学者在处理抽象的事实认识错误的时候，还是会强调客观的构成要件具有对主观故意的规制作用。

张明楷：正是因为他们这样认为，所以，德国学者在解决抽象的事实认识错误的时候，没有日本那么多的相关学说。而且，他们在理论无法解决的时候，就会修改法律。所以，他们把侵占罪中的遗忘、埋藏、脱离占有等要素全部删掉了，这样侵占罪就成为财产犯罪中最为基本的犯罪，可以包容盗窃罪。一般人看上去，侵占罪甚至与盗窃罪是一模一样的。在法律没有修改的情况下，按照我的观点，这些要素就应该变成表面的构成要件要素。

学生：黄荣坚老师在法条竞合与想象竞合的区分上，提出法条竞合的根据就是法条保护同一个法益。他在一本书的前言中写道，他以前认为应该从构成要件的层面来确定法条竞合与否；但是，他现在认为，应该将法条保护的法益作为一个区分的单元，来认定法条竞合与否。

张明楷：如果他所说的法益是一个罪所能涉及的保护法益，是没有问题的。但是在一个犯罪保护多个法益的情况下，他这种观点又如何自洽呢？刑法是通过法条所确定的构成要件来保护法益的，这种抛开构成要件谈论法益的做法，还能叫做法条竞合吗？是不是叫做法益竞合更加合适啊？

也许有人认为，对于侵犯财产法益的行为，规定三个犯罪就可以了，一个是故意毁坏、一个是使用暴力、一个是其他方法。但是，实际上，刑法中规定了很多财产犯罪。这是不能不正视的问题。我们不能在讨论法条竞合的时候抛开法条本身的规定，把法条的规定归咎为人为的设置，而直接从法益着手讨论。这种讨论问题的方法是矛盾的。

学生：您现在认为法条竞合包括几种类型？

张明楷：我认为只归纳为普通法与特别法这一种关系就够了。我国刑法中的所谓的补充关系，其实都可以变成特别关系。对立的择一关系是不存在竞合的。德日传统理论中法条竞合中的吸收关系是完全没有必要的。德国学者在吸收关系中举了这样的例子：既遂包括未遂、附随犯等。我认为这些都不是法条竞合。比如，德国通说与判例认为，故意杀人的时候毁坏被害人衣服的，杀人罪吸收了器物毁损罪，两罪成立法条竞合的吸收关系。但实际上，杀人罪与器物毁损罪在规范上是没有交叉的，在这里，是通过事实才将两罪联系起来，在我国应该认定为想象竞合。

值得研究的是山口厚教授讲的择一关系。他所谓的择一关系，实际上是一种交叉关系。他举了这样两个例子：第一个是诱拐未成年人罪和以营利目的、猥亵目的、结婚目的诱拐他人罪，由于后面这些犯罪中的"他人"，一定是包括未成年人在内的，所以，这些罪之间具有交叉关系。我找了很久，还没有在我国刑法中找到这样的典型例子。他举的第二个例子就是委托物侵占罪与背信罪。背信罪要有损害委托人而使自己或者第三人获利的目的。在行为人把他人委托的财物据为己有的时候，就会同时触犯这两个罪。这时，山口厚教授认为两罪之间存在择一的交叉关系。我们国家其实有很多很特别的背信罪，比如挪用公款罪，这些罪并没有规定特别的目的。所以，我们的特别的背信罪与委托物侵占罪之间不存在上述的这种关系。陈兴良老师认为冒充国家机关工作人员招摇撞骗罪与诈骗罪之间，就有这样的关系，这个时候就应该按照重法优于轻法定罪。但是，诈骗罪中规定了"本法另有规定的，依照规定"，这又怎么能绕开呢？陈老师又认为，诈骗罪中的这个规定只是针对特别法条，而并不针对这种交叉竞合的情形。但是，持不同观点的人就会问：凭什么诈骗罪中的"本法另有规定的，依照规定"就仅针对特别法条？正如我刚才已经讲过的那样，招摇撞骗罪与诈骗罪之间不存在法条竞合，还是将这个犯罪认定为想象竞合更加合适。

法条之间到底存在哪些关系，也是不可以照搬国外学说的，必须十分仔细地盘点我们分则的条文之间的关系。周光权教授认为，包容关系是我国刑法中独特的法条竞合类型。但是，我认为包容关系只是特别关系的另外的一种表达方式，也就是说，实际上包容关系还是特别关系。日本的山口厚教授认为，法条竞合的关系包括两种，一种是包容关系，一种是交叉关系。其中的包容关系包括了特别关系与补充关系两种。在我看来，实际上所谓的补充关系就是特别关系。所以，认为我国刑法分则中的法条竞合只有特别关系一种类型，也未尝不可。

学生：我国的通说就认为，法条竞合是由于法条之间的包容、交叉造成的。是否可以认为，我国通说的观点与山口厚教授对法条竞合产生的原因的理解还是有一定的一致性的？

张明楷：基本上差别不大。

法条竞合关系与法条关系不是一个等同的概念。例如，法条的对立关系和中立关系，不是法条竞合的关系，而是法条的关系。中立关系是可能存在想象竞合的，但是在对立关系时，就一个结果而言，两个对立的犯罪连想象竞合的可能性也很小。我以前在文章中举过这样的一个例子：甲来到丙教授的研究室，谎称是乙教授的学生，过来帮乙教授拿回一本书，丙教授说，"书在那里，你自己拿吧"。甲一下就拿了两本书。这个案件中，一个行为侵害两个财产法益（两本书）的结果，就未经许可而拿走一本书的成立盗窃罪，拿另一本书的成立诈骗罪，由于同一个行为触犯了这两个犯罪，所以成立想象竞合。

学生：您设定的这个想象竞合的例子里，可否认为存在两个行为呢？可以将欺骗的行为与取走书的行为分别认定吗？

张明楷：在涉及走私罪的时候，行为人在一次走私行动中，既走私了武器，又走私了淫秽物品的，我觉得可以评价为两个行为。因为这两种物品都不允许走私，都必须分别申报，行为人都没有申报，在这个意义上可以评价为两个行为。我觉得刚才的那个案例中,也可以像你说的,存在两个行为,一个是欺骗行为,一个是盗窃罪的取财行为。但在这个案件中,犯盗窃罪的行为与犯诈骗罪的行为有一部分已经重合,只要行为的一部分重合,就可以将其认定为一个自然意义上的行为,从而肯定想象竞合。

学生: 我看到车浩博士在《强奸罪与嫖宿幼女罪的关系》一文中提到,想象竞合犯在我国被滥用了。您同意车浩博士的观点吗?

张明楷: 我和他的观点正相反。其实,我们的现状是法条竞合认定的范围太宽了。这正好与国外的情况相反。国外法条竞合的范围很窄,他们大量地利用了想象竞合来解决问题。我认为只要符合想象竞合的成立条件,就应该认定为想象竞合,这有什么滥用的问题呢?难道设置了想象竞合的条件之后,对于符合条件的,我们只认定其中部分是想象竞合,这样就合理了吗?

罪数理论在目前的德日也是莫衷一是。例如,团藤重光老先生在他的教科书里,谈到法条竞合吸收关系时,也是举了开枪杀人时打破被害人的衣服的例子,他认为这种情况下,器物毁损罪被故意杀人罪吸收了。到了讨论想象竞合的部分时,他举的是用炸弹杀人同时把建筑物毁坏的例子,认为这个时候是想象竞合。我觉得这两个例子并没有实质性的差异,却一个被定为法条竞合,另一个被定为想象竞合,这是没有道理的。

学生: 他们认为,立法者在立法的时候,已经想象到了杀人的行为往往会破坏被害人的衣服,所以,杀人罪就足以评价被害人的所有行为了。

张明楷: 难道立法者没有想象到杀人也可能不破坏衣服吗?我觉得将这样的案件认定为想象竞合或者包括的一罪,更为合适。

　　从单纯一罪到典型数罪，是阶梯过渡式的渐变的过程，问题就是我们要在两者中间设置多少个阶梯。山口厚教授设置的阶梯就很连贯，但是连贯的阶梯不免会出现一些模糊地带。之所以模糊，是因为这些地带既可能属于上一个阶梯，又可能属于下一个阶梯。山口厚教授设置的阶梯是：单纯的一罪（法条竞合）、包括的一罪、科刑上的一罪、并合罪、单纯的数罪。这里一共有五个阶梯。有的人可能分四个阶梯，但是一定是把山口老师的五个阶梯中的某一个包括到另外的一个阶梯当中去了。我在写《刑法学》第3版的时候，为了使问题简单，就设立了两个阶梯——单纯的一罪与拟制的一罪。在日本学者看来，想象竞合其实就是数罪，只是科处刑罚的时候当作一罪处理。包括的一罪，就是指那些在构成要件上可能是两个罪，但是在观念上是无论如何都不能当作两个罪处理的情形。最典型的就是枪杀被害人的时候毁坏了被害人衣服的案件和杀人罪的既遂包括了杀人过程中的未遂罪。我的想法是，包括的一罪中的轻罪，是可以忽略不计的。科刑上的一罪中的轻罪还是值得评价的。比如，盗窃的时候侵入他人住宅的行为。从另外一个角度来分析山口教授设立的这五个阶梯，会得到这样一个结论：单纯的一罪由于是法条竞合，数罪的竞合是必然的；包括的一罪中的数个犯罪，在事实的发生上，具有常发性或者通常性；科刑上的一罪中的数个犯罪之间，在事实的发生上，虽然没有包括的一罪那么常发，但是也有一定的通常性；并合罪时，数罪的同时发生就没有通常性了。这样说来，山口老师的分类既考虑到了社会一般观念，也考虑到了行为触犯数个法条的常发性，所以，还是比较合理的。

第八堂
量刑制度与量刑情节

学生：《刑法修正案（八）》将《刑法》第 65 条第 1 款修正为"被判处有期徒刑以上刑罚的犯罪分子，刑罚执行完毕或者赦免以后，在 5 年以内再犯应当判处有期徒刑以上刑罚之罪的，是累犯，应当从重处罚，但是过失犯罪和不满 18 周岁的人犯罪的除外"。这样的规定是否意味着未成年人只要不犯第 66 条规定的"危害国家安全犯罪、恐怖活动犯罪、黑社会性质的组织犯罪"，就不构成累犯。

张明楷：你的问题涉及如何理解《刑法》第 65 条与第 66 条之间的关系。我认为，相对于第 66 条规定的特殊累犯而言，第 65 条规定的是一般累犯，应该是第 66 条的普通条款或者基本条款，因此，第 65 条中规定的但书也适用于第 66 条。也就是说，未成年人即使犯了第 66 条规定的犯罪，在量刑时也不能按照累犯从重处罚。

未成年人不构成累犯的规定表明，以后在对未成年人量刑时，不得以特殊预防必要性大为由从重处罚。在我看来，立法在这一点上是在"举重以明轻"。这是因为，在表明特殊预防必要性大的各种量刑因素中，累犯是最典型、最严重的一种加重量刑情节。如果立法明文规定未成年人犯罪不构成累犯，那么，在量刑时就不得以未成年的被告人是再犯或者一贯表现差等为由加重刑罚。

学生：如果两个未成年人都触犯了相同的犯罪，并且案件中的量刑情节基本相同，但是，其中一个未成年被告人曾经多次犯罪，而另一个未成年被告人并没有前科。在这种情况下，难道这两名被告人会被判处相同的刑罚吗？

张明楷：我认为，在对曾经犯过罪的未成年被告人量刑时，不能以累犯或者前科等为由加重量刑。但是，在对另一名没有前科的未成年被告人量刑时，就应该以"初犯"为由，从轻处罚。

学生：如果被告人在18岁之前犯过罪，又在20岁再犯罪，在这种情况下，是否也不能在量刑时将其认定为累犯，也不能考虑他有过前科、平时一贯表现不好等体现特殊预防必要性大的量刑因素？

张明楷：这的确是一个比较棘手的问题。根据现行《刑法》第65条，在对20岁的被告人量刑时，显然不能因为他在18岁之前犯过罪，而将其认定为累犯。但是，也不能在量刑中完全不考虑其他能够体现特殊预防必要性大的量刑因素，比如，该被告人在成年以后的一贯表现等。

学生：我国《刑法》中，除了总则第65条、第66条规定了累犯之外，还在《刑法》第356条规定，"因走私、贩卖、运输、制造、非法持有毒品罪被判过刑，又犯本节规定之罪的，从重处罚"。在《刑法修正案（八）》出台以后，未成年人犯过上述犯罪而再犯的，是否不能成立累犯？

张明楷：我认为第65条是我国刑法对累犯的最为基本的规定，第66条与第356条的规定也受到该条内容的限制。在第65条规定未成年人不构成累犯的情况下，也必须认为未成年人不能构成特殊累犯或者特殊再犯。所以,即使未成年人犯过走私、贩卖、运输、制造或非法持有毒品等罪而又犯这些罪的,也不能认定为特殊累犯或者特殊再犯。另外,也可以从罪行均衡的角度得出相同的结论。根据《刑法》第65条的规定,未成年人之前犯了故意杀人罪、放火罪等十分严重的犯罪的,之后又犯了故意杀人罪等严重犯罪的,也不能构成累犯,为什么未成年人之前犯过非法持有毒品等毒品犯罪,之后又犯毒品犯罪的,就必须成立特殊累犯呢?显然,故意杀人罪等罪要较毒品犯罪而言更加严重。所以,在毒品犯罪的量刑中,也不能对未成年人适用特殊累犯从重的规定。这是由举重以明轻的当然解释原理决定的,否则,会导致量刑的不协调。

学生:在量刑时,法官需要综合考虑预防性与责任刑。根据您的观点,责任刑为量刑设定了最高的点,只能在责任刑设定的最高点之下量刑。但是这样的说法太抽象了,您能举几个具体的例子予以说明吗?

张明楷:根据点的理论,在没有减轻处罚与免除处罚的情节时,法官只能在责任刑确定的点之下和法定最低刑之间裁量刑罚。比如,被告人甲抢劫5000元的财物并且致人轻伤,此时应当适用的法定刑是3年以上10年以下有期徒刑。假定抢劫3万元才属于数额巨大,适用加重的法定刑,那么,法官必须考虑到,行为人抢劫2.9万元,且导致2人乃至3人轻伤时,所适用的法定刑也是3年以上10年以下有期徒刑。此时,对甲所确定的责任刑就不应当过高。假定对甲的责任刑为5年有期徒刑,那么,就只能在5年以下考虑预防刑。根据我的观点,即使甲是累犯,对其最终量刑也不得超过5年,也就是说,只能在3年以上5年以下这个区间内从重处罚。不难看出，影响责任刑的情节与影响预防刑的情节是不可能随意折抵的。换句话说，必须先考虑影响责任刑的情节，确定了责任刑的点之后，再考虑影响预防刑的情节。

学生： 如果这样的话，法官的量刑就会轻得多。

张明楷： 是这样的。现在的法官之所以量刑重，有许多原因，其中的一个重要原因是，没有将最重的刑罚留给最重的犯罪，总认为自己手中的犯罪是最严重的，结果往往是导致量刑不均衡。例如，在故意杀人罪中，死刑应当留给具有哪些情节的杀人犯？换句话说，具有哪些严重情节才能判处死刑？如果杀一个人就要被判处死刑立即执行的话，那杀两个人、三个人的，也只能判处死刑立即执行。这样的话，只要没有从轻量刑的情节，几乎犯杀人既遂的都会被判处死刑立即执行。于是，既导致死刑适用的泛滥，也不利于践行我国当前"严格控制和慎重适用死刑"、"少杀、慎杀"的死刑政策。所以，我一直主张，对于杀害一名被害人的可以不判处死刑立即执行，而杀害两三名被害人时再考虑适用死刑立即执行。比如，在日本，被告人杀害两名及以下的被害人的，不会被判处死刑，只有杀死两三名及以上被害人的才会被判处死刑。

学生： 我国《刑法》第 64 条规定："犯罪分子违法所得的一切财物，应当予以追缴或者责令赔退；对被害人的合法财产，应当及时返还；违禁品和供犯罪所用的本人财物，应当予以没收。没收的财物和罚金，一律上缴国库，不得挪用和自行处理。"您认为应当将第 64 条规定的内容认定为行政处罚或保安处分，还是刑罚？

张明楷： 这是一个特别麻烦的问题。表面上看，这一条规定的内容只是行政处罚或者保安处分。但如果是这样的话，就可能导致对犯罪人的处罚过于严厉。比如，一位农民花2万元购买了一辆拉货的面包车，后来，他开着这辆车去行窃，用这辆车将价值1000元人民币的赃物拉回了家。一审中，审理这起盗窃案件的法官认为，这辆面包车是供犯罪使用的本人财物而应被没收。这样的处罚太重了。这名被告人可能更愿意交罚金或者被判处有期徒刑，也不愿意他的这辆面包车被没收。被告人因此提起了上诉。后来，二审法院予以改判，没有没收面包车。在此意义上说，如果将没收犯罪工具解释为刑罚，反而可能对被告人有利。不仅如此，如果将其理解为刑罚，就不是仅由公安机关处理就行了，而是要经过法院，这样在程序上也有利于保护被告人的合法权利。但是，将《刑法》第64条规定的没收供犯罪使用的本人财物这一内容解释为刑罚，又会产生许多新的问题，可能还要将这一内容解释为保安处分。只不过要从实质上考虑，这种处分实际上也是对行为人的惩罚，因此，对这一规定内容需要进行限制解释。

学生：在您刚才举的那个案件中，被告人确实开着这辆面包车去实施了盗窃，而且还利用这辆车将赃物运回家。如果二审改判的话，就必须论证这辆车不是供犯罪所用的财物。但是，我觉得很难说明这辆车不是供犯罪所用的本人财物。

张明楷：确实，第64条并没有将供犯罪所用的本人财物限定为"专门供犯罪使用"的财物，但是，如果不对该条中"供犯罪所用的本人财物"进行一定的限制解释的话，也是不合适的。例如，被告人驾驶一辆价值50万元人民币的越野车上路后，故意撞毁了路边搭建的简易房，撞毁的财物价值6000元。在这种情况下，这辆价值 50 万元人民币的越野车是不是"供犯罪所用的本人财物"？将这辆车没收是否合理？这是在作出没收与否的决定时必须考虑的问题。

如果不对第 64 条中规定的"供犯罪所用的本人财物"进行限制解释，就会出现两种不理想的后果：要么处罚过重，要么司法实践中无法严格适用该条的规定。司法实践中已经出现了这样的问题。例如，刚才我举的被告人驾驶价值 2 万元人民币的面包车去盗窃价值 1000 元人民币财物的案件中，一审的处理结果就过重了。在这个案件中，被告人本人的经济条件并不好，购买面包车的款项还是向亲朋好友借来的，并且，被告人是第一次盗窃他人财物。如果就因为他盗窃时驾驶了这辆面包车并用这辆面包车搬运了价值 1000 元人民币的赃物而没收了这辆车，这也太不公平了。但是，如何正确解释第 64 条中的"供犯罪所用的本人财物"并非易事。将这样难以把握、具有适用难度的法条，交到公安机关那里，显然不利于保护被告人的合法权益。所以，我认为还是将第 64 条中规定的没收"供犯罪所用的本人财物"进行限制解释，即解释为专门或者主要用于犯罪的财物。

学生： 您觉得该如何正确地解释此处的"供犯罪所用"？

张明楷： 一般要求犯罪人本人的财物要与他的犯罪行为之间有很强的关联性。但实际上，只要在犯罪中使用了该财物，又怎么能够随便否认该财物与犯罪之间的关联性呢？所以，最终是否被没收，更多地取决于法官基于对犯罪行为的性质、所用财物的价值、财物在犯罪中发挥的作用等因素的考虑而进行的自由裁量。

学生： 第 64 条中还规定"犯罪分子违法所得的一切财物，

应当予以追缴"。您认为将这里的追缴理解为保安处分合适，还是理解为刑罚合适？

张明楷：日本也有类似的规定。日本学者在这个问题上有三种观点。一种观点认为，追缴违法所得财物是一种刑罚；另一种观点认为，这是保安处分；还有观点认为这既属于保安处分，又属于刑罚。我认为，我国《刑法》第 64 条中规定的追缴财物，应属于保安处分或者行政处罚。这是因为，15 岁的人盗窃了他人的财物，也应当将赃物追缴，但在这种情况下，并不能用刑罚处罚 15 岁的人，如果将追缴赃物理解为一种刑罚的话，就会得出不能追缴 15 岁的人所盗财物的结论。但这样的结论是不能被接受的。

学生：最高人民法院、最高人民检察院《关于办理赌博刑事案件具体应用法律若干问题的解释》第 8 条规定："赌博犯罪中用作赌注的款物、换取筹码的款物和通过赌博赢取的款物属于赌资"，"赌资应当依法予以追缴；赌博用具、赌博违法所得以及赌博犯罪分子所有的专门用于赌博的资金、交通工具、通讯工具等，应当予以没收"。赌资应该属于赌博人的财物，应该予以没收才对，但司法解释却要求追缴，您觉得司法解释的做法合理吗？

张明楷：追缴的对象，是犯罪所得的财物。在赌博罪中，追缴的对象应该是行为人赢取的他人财物。在我看来，行为人准备用于赌博的资金，不宜作为赌资没收。

学生：《刑法》第 36 条第 2 款规定："承担民事赔偿责任的犯罪分子，同时被判处罚金，其财产不足以全部支付的，或者被判处没收财产的，应当先承担对被害人的民事赔偿责任。"该款规定的"民事赔偿责任"是否仅限于犯罪人在当次犯罪中应该承担的民事责任？另外，如果被告人被判处没收部分财产的，是否也应该先承担民事赔偿责任而后没收相应的财产？

张明楷： 结合第 36 条第 1 款的规定来看，该条第 2 款中的"民事赔偿责任"应该是当次犯罪中犯罪人应当承担的赔偿责任。应该根据《刑法》第 60 条的规定，来处理没收财产与被告人的民事债务之间的关系。

学生： 被告人在前罪执行完毕后的第五年最后一天实施了非法拘禁他人的行为，由于司法解释要求非法拘禁 24 小时才能定罪，所以，当被告人的非法拘禁行为持续到 24 小时时，已经到了前罪执行完毕后第六年的第一天。在对该非法拘禁行为的被告人量刑时，是否应该将其认定为累犯？

张明楷： 实践中，类似的案件还包括被告人在前罪执行完毕后第五个年头开始销售伪劣产品，但直到一年以后，销售伪劣产品的数额才达到司法解释规定的数额，即 5 万元人民币。对于这样的情形是否构成累犯，我国当前有两种不同的观点。一种观点认为不构成累犯。因为被告人的行为达到犯罪标准时，已经超出了前罪执行完毕后的 5 年，所以不构成累犯。另一种观点认为构成累犯。因为被告人在前罪执行完毕的 5 年内，已经又开始实施犯罪行为了，说明犯罪人特殊预防的必要性已经达到了累犯的要求。我的初步看法是，对这样的案件量刑时，应该将被告人的行为认定为累犯。累犯中要求的"被判处有期徒刑以上刑罚的犯罪分子，刑罚执行完毕或者赦免以后，在 5 年以内再犯"，应该是针对行为人下次犯罪的实行行为规定的时间限制。累犯是法定的特殊预防必要性大的情节，特殊预防应该考虑犯罪人的犯罪行为与上次刑罚执行完毕之间的时间距离,而不是犯罪结果与上次刑罚执行完毕的时间距离,因为犯罪结果何时发生,很多时候并不取决于行为人本人的主观意志,它与特殊预防的关联性不大。比如,被告人甲在上次刑罚执行完毕后的第五年最后一天捅死了被害人,毫无疑问,这种情形成立累犯;而被告人乙在上次刑罚执行完毕后的第五年最后一天投毒,被害人直到第二天才毒性发作死亡。我并不认为被告人乙的特殊预防必要性要明显小于被告人甲,也就是说,应该认为被告人乙的行为也成立累犯。

学生:我国法条明确规定,"在5年以内再犯应当判处有期徒刑以上刑罚之罪的"的,才能成立累犯。但是在刚才的这些案件中,行为人的行为在前一次刑罚执行完毕后的5年内,并不构成犯罪,因而不符合"再犯应当判处有期徒刑以上刑罚之罪"的规定。所以,似乎不能将这些情形认定为累犯。

张明楷:在我国,犯罪预备也是受刑罚处罚的行为。即使这些犯罪在前罪刑罚执行完毕后的5年内还没有既遂,但也已经达到了犯罪预备、甚至犯罪未遂的程度。所以,从这一点上讲,也还是可以将这些行为认定为累犯的。此外,所谓"再犯应当判处有期徒刑以上刑罚之罪的",可以这样理解:在5年内再次实施犯罪,只要其所犯之罪最终应当判处有期徒刑以上刑罚,即可适用累犯的规定。

※

张明楷:我最近看到一篇文章,作者认为,《刑法》第236条第2款规定的"奸淫不满14周岁的幼女的,以强奸论,从重处罚",仅针对行为人用暴力、胁迫方法实施的奸淫幼女的行为。也就是说,只要行为人没有用暴力或者胁迫奸淫幼女,就不能对这样的行为从重处罚。你们如何看待这种观点?

学生:显然,这种观点想将利用了暴力、胁迫手段奸淫幼女的行为与没有利用这些手段的奸淫幼女的行为在量刑时予以区别。我觉得是否利用了暴力、胁迫手段,以及这些手段的恶劣程度,都是量刑时需要考虑的问题,应该交由法官具体裁量,而不是一刀切地提出抽象的标准。

张明楷:这篇文章认为,如果奸淫的对象不是幼女而是普通妇女,只要得到了妇女的同意,行为人的行为就不是犯罪。所以,在得到幼女的同意而与其发生性关系的情况下,将行为人的行为认定为犯罪,已经将对方是幼女这个因素予以考虑了,既然在定罪阶段已经评价了这个构成要件要素,就不能再在量刑阶段予以考虑,故不能在量刑时,将没有使用暴力、胁迫行为的与幼女发生性关系的行为加重处罚,否则就是对同一构成要件要素进行了双重评价。

学生:从这一点来讲,似乎这篇文章提出的观点还是比较合理的。

张明楷:但这篇文章并没有重视对我国刑法中"从重处罚"的理解。如果把奸淫幼女条款中的"从重处罚"理解为在法定刑中间线以上处罚,我觉得作者的结论是合理的。奸淫幼女的法定刑为3年以上10年以下有期徒刑,使用暴力、胁迫手段奸淫幼女的情形与没有使用这些手段奸淫幼女的情形肯定是不一样的,后者不能在法定刑中间线以上量刑;另外,实践中还会出现奸淫两名以上幼女的案件,与这样的案件相比,没有使用暴力、胁迫手段而与一名幼女发生性关系的情形要轻缓得多。也就是说，在量刑时，应该将法定刑中间线以上的重刑留给更重的奸淫幼女的行为。但倘若将这里的"从重处罚"理解为在具体奸淫幼女的行为应当被判处的责任刑之下从重，我认为上述观点就不合理了。在某一具体案件中，行为人使用暴力奸淫幼女的责任刑为 5 年有期徒刑，那么，只能在该责任刑以下考虑最终的宣告刑。同样，幼女自愿与行为人发生性关系的案件中，行为人的责任刑或许只有 3 年，那么，即使认为行为人应当从重处罚，也只能在责任刑与法定最低刑之间量刑，最终也只能判处 3 年有期徒刑。

第九堂
危害公共安全罪

投放危险物质罪

案情：甲明知自己家中豢养的宠物狗患有狂犬病，但不忍心将狗打死，就将该宠物狗扔到了离自家很远街区的垃圾箱中。甲的行为构成何罪？

学生：人一旦感染上狂犬病毒，就会不治而亡，而且，狂犬病毒是一种传染性很强的病毒。甲将患有狂犬病毒的狗扔到垃圾桶里，这样的行为已经危害到了不特定多数人的生命安全。所以，我觉得可以将这种行为认定为以危险方法危害公共安全罪，或者投放危险物质罪。

张明楷：以危险方法危害公共安全罪是一个具有补充性质的犯罪，它不是刑法分则第二章的兜底规定，而是《刑法》第114条、第115条的兜底规定。在能够将行为认定为其他犯罪的情况下，原则上就不要认定为这个犯罪了。也就是说，如果能够先将甲的行为认定为投放危险物质罪的话，就没有必要再讨论他的行为是否成立以危险方法危害公共安全罪。毕竟狂犬病病原体是一种危险物质，这种物质就存在于甲扔出去的宠物狗身体里，所以，还是能够将本案中甲的行为评价为投放危险物质罪的。

破坏交通设施罪

案情：甲在某高速公路附近经营一家汽车修理店。为了有更多的客户，甲就在高速公路路面上放置了一块大石头，希望来往的车辆撞到石头上后去他的店面修理。当天晚上，乙驾驶一辆重型卡车，在没有看到甲放置的大石头的情况下撞得车毁人亡。甲的行为构成何罪？

学生：甲放置石头的行为最终导致了乙车毁人亡，但甲放置石头的时候肯定没有想到会导致人员伤亡的结果。所以，我觉得可以将甲的行为认定为过失致人死亡罪。

张明楷：甲的行为除了构成过失致人死亡罪以外，是否还成立破坏交通设施罪？

学生：甲把大石头放置在高速公路路面，导致高速公路无法正常使用，从影响高速公路的效用这一点来看，是可以将甲的行为认定为破坏交通设施罪的。

张明楷：一直以来，我都主张在判断行为是否构成破坏交通设施罪时，要结合行为是否影响了交通设施的正常使用这一点得出结论。这与我在故意毁坏财物罪中主张结合财物的效用是否丧失来理解毁坏行为是一致的。除了本案中甲的行为可以构成破坏交通设施罪以外，其他类似的行为，如在铁轨上放置石头、擅自变更高速铁路上的信号灯等行为都可以认定为破坏交通设施罪。变更信号灯的行为虽然没有物理的破坏，但其可能造成的交通事故则是特别重大的，所以，不能将破坏交通设施罪中的"破坏"限定为物理性的破坏。

学生：我以前看到过一个案件。行为人开船的时候将河里的船标移动了位置，最后他的行为被认定为破坏交通设施罪。看来，破坏交通设施罪中的"破坏"不一定是物理的毁坏，只要行为影响了交通设施的功能，就可能被认定为该罪中的"破坏"。实际上，在汉语中，"破坏"本身就不局限于物理的毁损。比如，在日常生活中，我们常说某个计划被破坏了。显然在这种情况下，并没有发生任何物理上的毁损。

张明楷：确实如此。以前我提出过，当偷走公路上的下水井盖的行为可能导致车辆发生倾覆、毁坏的危险时，可以将这样的行为认定为破坏交通设施罪。可是，有人批评我说，偷走井盖的行为，不可能发生车辆倾覆、毁坏的危险。我还专门去问过交警部门，交警部门的人员肯定地说，这样的行为是具有导致车辆倾覆、毁坏的危险的。当然，得出这一结论的前提是，下水井盖是供车辆行驶的公路上的下水井盖，而不是单纯供人行走的小道上的下水井盖，因为偷走后一种下水井盖的行为，不可能导致车辆发生倾覆、毁坏的危险。

学生：在司法实践中，似乎经常将偷走公路上下水井盖的行为认定为以危险方法危害公共安全罪。

张明楷：的确如此。最近，我翻看了很多法院的判决书，发现司法实践中存在这样一个现象。那就是，大量被认定为以危险方法危害公共安全罪的案件，实际上都可以认定为其他的犯罪。例如，我看到过这样一起案件，行为人在道路上点燃了一堆火，火焰烧起来的高度只有30厘米，被经过车辆轧灭之后，他又在另一地点燃了一堆火,火焰也只有 30 厘米高。可以看出,行为人没有堆放多少引燃物,可是司法机关也将这种行为认定为以危险方法危害公共安全罪。我认为这并不合适。还有一起案件,行为人为了讨薪,手拿汽油瓶站在十字路口,看到一辆正在等红灯的公共汽车停在前面,行为人就跑到公车前面将自己身上浇满汽油,想要点燃自焚,后经过劝说没有自焚。这起案件被司法机关以以危险方法危害公共安全罪处理了,我觉得这也并不合适。

从司法机关对这些案件的处理就可以看出,构成要件不明确的犯罪,明显可能被司法机关滥用。当然也有反过来的情形,某些犯罪因构成要件不明确而不被适用。对于构成要件不明确的犯罪,我们应当提出一些合理的适用规则,以便在一定程度上对这种犯罪的适用起到合理的限制作用。我在《国家检察官学院学报》2012 年第 4 期上发表了一篇名为《论以危险方法危害公共安全罪》的文章,提出了一些适用规则,你们可以看一看。

非法买卖枪支、弹药罪

案情:甲有三支枪。甲用其中的一支枪与乙交换了一支不同型号的枪,用第二支枪向丙换取了子弹,还用第三支冲锋枪向丁换取了两只手枪。甲的三个行为构成非法买卖枪支、弹药罪吗?

学生:我认为必须联系非法买卖枪支、弹药罪的法益,才能正确判断甲的行为是否成立这个犯罪。

张明楷:确实如此。那你认为非法买卖枪支、弹药罪的法益是什么?

学生： 应该是国家对枪支的管理制度。在我国，枪支是不能买卖的，每一支合法生产的枪支都有一个编号，而且对谁能持有这些枪，也是有非常严格的规定的。

张明楷： 那结合你对非法买卖枪支、弹药罪法益的理解，分析一下甲的行为是否构成犯罪吧。

学生： 既然我国的枪支、弹药管理制度这么严，显然甲以枪易枪、用枪换子弹的行为都违背了这样的管理秩序。现在的问题是，这样的交换方式是否可以被认定为"买卖"。

张明楷： 那你接着再谈谈对"买卖"二字的理解。

学生： 给人最直接的感觉是，只有买家花钱购买、卖家用货物换钱，这样的行为才是日常生活中最为常见的买卖。但是，以物易物的买卖方式肯定也是存在的，只要能够肯定以物易物也是买卖，那么甲的上述三种行为都构成非法买卖枪支、弹药罪。

张明楷： 刑法规定非法买卖枪支、弹药罪，是为了直接防止枪支、弹药的泛滥，而防止枪支、弹药的泛滥，是为了保护不特定人或多数人的生命、身体的安全，这便是公共安全。所以，要通过甲的行为是否增加了枪支、弹药的泛滥来判断行为的性质。最明显的是，甲将第二支枪交付给丙，将第三支冲锋枪交付给丁，因而增加了枪支的泛滥。至于"买卖"当然不限于以钱换物，最早的买卖就是以物易物的。你的结论是成立的，但不要将这个罪的法益表述为国家对枪支、弹药的管理制度。

交通肇事罪

案情： 甲乙两名被告人各自驾驶一辆车，共同过失撞死了被害人。经交管部门鉴定,被害人没有过错,两名被告人负同等责任。如何认定甲乙的行为?

学生:2000 年最高人民法院发布的《关于审理交通肇事刑事案件具体应用法律若干问题的解释》第 2 条规定,"交通肇事具有下列情形之一的,处 3 年以下有期徒刑或者拘役:(一)死亡 1 人或者重伤 3 人以上,负事故全部或者主要责任的;(二)死亡 3 人以上,负事故同等责任的……"其中,所谓的负"同等责任"应该指被害人与行为人之间的责任相同,而不是指行为人之间的责任相同吧?

张明楷:确实如此。司法解释中的"同等责任",应该是指被害人与被告人对死亡结果负相同的责任,或者说各负一半的责任。在这个案件中,问题的关键是,根据交通法规,甲乙在负同等责任的情况下,如何认定他们两人的刑事责任?换言之,交管部门认定的责任在刑事司法中有何意义?

学生:交管部门所认定的责任并不是刑法上的责任吧?

张明楷:交管部门认定的责任当然与刑法中的责任是两个不同的概念,但交管部门认定的责任与刑法理论中的客观归责有关系吗?例如,本案中的甲乙二人,他们在被认定各须为被害人的死亡结果承担一半的责任的时候,如何对他们的行为进行客观归责?又如,某十字路口的红绿灯被树荫遮住了,某司机在驾驶车辆通过时,没有看到红灯,以为可以通行,在不知情的情况下闯了红灯,将突然跑出来穿行马路的行人撞死了。交警往往会认为司机应负全责,但在这种情况下,司机应负刑事责任与否,又是另一个问题了。

学生： 我们今天讨论的这个案件的案情交代得很不详细。应该将案件发生时甲乙到底实施了怎样的行为交代清楚。如果没有这些案情，也不能贸然认为在刑法的客观归责方面，甲乙二人也应承担相同的责任。毕竟客观归责的判断依据和交管部门认定责任的依据并不相同，案情只交代甲乙被交管部门认定各承担一半的责任，并没有交代案发时的基本状况，所以我认为无法具体分析甲乙二人在客观归责上的责任分担。

就您说的第二个案件而言，不一定认为司机绝对不负刑事责任。因为当他驾车过马路时，即使由于客观原因，将红灯看成了绿灯，但司机也应当根据当时的具体路况来判断到底是否应该过马路；即使当时确实是绿灯，在看到有人在过马路的情况下，司机也不能随意驾车过去。所以，在您讲的第二个案件中，司机还是有可能构成交通肇事罪的。

张明楷： 就前面的案件而言，事实的确不清楚。比如，"共同过失撞死了被害人"究竟是指什么情形？如果从事实归纳的结论上说，是共同过失致人死亡，那么，根据《刑法》第25条的规定，就应当分别追究二人的刑事责任。我想强调的是，法官、检察官不能直接将交管部门的责任认定当作刑法上的责任认定，因为两种认定的目的与规则不同。例如，在行为人逃逸时，交管部门一般会认定行为人负全责，但这样的认定在刑法上是行不通的。这不仅违反了事实存疑时有利于被告的原则，而且形成了疑罪从重的局面。就我所说的第二个案件而言，我的意见是，如果交管部门以行为人闯红灯为由认定行为人负全责，法官、检察官就不应当采纳这样的认定结论。因为交管部门只会根据客观事实作出责任认定，而不会考虑行为人有无过失等主观方面的情况。

从这一点就可以看出，交警部门在处理交通事故时，他们所说的"责任"实际上是客观意义上的责任，不考虑行为人的主观方面。总之，在我所说的第二个案件中，只有当行为人有其他违章行为，是因为其他违章行为导致被害人死亡，而且行为人也有过失时，才能认定行为人构成交通肇事罪。

危险驾驶罪

案情：在一次宴会之后，甲明知同来的乙开车赴宴，仍在筵席上不断劝乙喝酒，散宴之后，甲认识到乙已经大醉，仍然劝说乙驾车回家。乙在驾车回家过程中，被交警发现其血液中的酒精浓度已经达到构成危险驾驶罪的标准，后乙按危险驾驶罪被定罪处罚。甲的行为构成犯罪吗？

学生：根据我们的酒文化，在宴席上劝同席的人喝酒，是热情、友好的表现。所以，很难将甲在筵席上劝乙喝酒的行为认定为犯罪。

张明楷：那甲在宴席后劝乙醉酒驾驶的行为也不构成犯罪吗？

学生：甲劝乙驾驶，并不是强制乙驾驶。这样的行为违法性程度比较低，还是不宜认定为犯罪。

张明楷：甲明知乙已经醉酒，还劝乙驾车。而现在醉酒驾驶的行为在我国可以成立危险驾驶罪，危险驾驶罪又是故意犯罪，在理论上，这与教唆他人犯其他犯罪有什么不同吗？我认为没什么不同。只要劝说他人去危险驾驶，被劝说的人的行为后来也构成了危险驾驶罪，劝说他人的行为就可能成立危险驾驶罪的教唆行为。

学生：如果甲劝乙开车回家，乙在回家途中因醉酒驾驶而发生交通事故，在这种情况下，甲除了成立危险驾驶罪的教唆犯以外，还成立交通肇事罪的教唆犯吗？

张明楷：根据我的观点，现在可以将交通肇事罪分为两种类型：一种是一般的过失犯罪，另一种是危险驾驶罪的结果加重犯。其中，后一种交通肇事罪的基本犯就是故意犯罪。在你说的这种情况下，因为甲的唆使，乙醉酒开车并造成交通事故时，乙的交通肇事行为是危险驾驶的结果加重犯。乙对加重结果有过失，甲作为教唆者当然也要对这个加重结果负责。也就是说，甲的教唆行为不仅与乙造成交通事故之间具有心理的因果性，而且甲对此是有预见可能性的。如果乙只是酒后驾驶，还没有达到危险驾驶罪中要求的醉酒驾驶的程度，那么劝说者甲就不构成犯罪，因为他教唆的行为不是符合构成要件的违法行为，而是一般的行政违法行为。

第十堂
破坏社会主义市场经济罪

生产、销售假药罪

案情:甲将假冒的药品辅料提供给制药厂,制药厂用这批药品辅料生产出一小批药品后,在内部检查的过程中发现部分药品有问题,但为了赶工期,制药厂将甲提供的这些假冒药品辅料继续用于药品的生产并销售,最终导致14人因服用其生产的药品死亡。如何认定甲与制药厂负责人的刑事责任?

学生:制药厂在用甲提供的药品辅料生产出一批药品后,已经知道用这些辅料会生产出有问题的药品,但该制药厂相关人员为了赶工期,还是继续用这些辅料进行生产,最终导致14人死亡。显然,制药厂相关人员是专门的药品生产人员,在明知药品有问题的情况下,已经认识到可能会导致服用的病患伤亡,但仍然坚持生产和销售;致14人死亡的结果也可以看出制药厂的行为已经严重地危害了公共安全,所以我认为能够将制药厂的行为认定为以危险方法危害公共安全罪。甲是该批药品辅料的提供者,甲明知自己的辅料有问题,但甲既没有直接生产药品,也没有直接销售药品,所以,甲成立以危险方法危害公共安全罪的帮助犯。

张明楷： 怎么又想到以危险方法危害公共安全罪去了？刑法规定了生产、销售假药罪，这个罪也有致人死亡的结果加重犯，所以，制药厂的负责人以及其他直接责任人员的行为肯定成立生产、销售假药罪。

至于甲的行为到底是成立帮助犯，还是成立共同正犯抑或是间接正犯，是需要认真讨论的。

学生： 如果制药厂没有对甲提供的辅料进行化验、检查就利用这批辅料生产、销售药品，最终导致人员死亡，在这种情况下，就可以认为甲的行为成立生产、销售假药罪的间接正犯。因为此时制药厂对辅料有毒有害并不知情，可以认为甲已经支配了整个犯罪的流程。

张明楷： 但是，一般来说，制药厂肯定是需要设立专门的程序，化验、检验自己购买的原料是不是符合药品生产的要求。而且，作为药品生产厂家，也确实有义务进行检验。在制药厂没有按照要求进行检验的情况下，还可以认为甲的行为支配了整个犯罪过程吗？

学生： 在制药厂没有按照规定化验甲提供的有毒辅料的情况下，制药厂相关负责人员应该按照过失以危险方法危害公共安全罪定罪量刑。而甲的行为还是可以成立生产、销售假药罪的间接正犯的。此时，甲在制药厂不知情的情况下，利用了制药厂的生产流程实现了自己的故意犯罪。似乎从这一点，也可以认为甲支配了犯罪，因而是间接正犯。

张明楷： 你的看法有道理。在这种情况下，人们一般会非常笼统地说甲利用了制药厂对辅料有毒的不知情这一点，支配了整个犯罪过程。

  之前,我看到过这样一起案件。这个案件发生在日本,大致案情是,被告甲公司是处理危险品垃圾的公司。甲公司与乙公司签订协议,由乙公司负责为其处理危险品垃圾,但在签订协议的时候,甲公司就怀疑乙公司是否会按法律规定处理这些垃圾,结果,乙公司只是雇佣了几个人将这些垃圾随意扔到北海道等地的土地上。日本法院的判决认为,甲公司与乙公司成立共谋共同正犯,但甲公司对此仅有间接故意,或者说,甲公司仅有未必的故意,因为签订协议的时候,甲公司只是"怀疑"乙公司,认为其"有可能"不按照法律规定去处理危险品垃圾。当然,这样的判决在我国很难被接受,人们一般会认为甲公司不构成犯罪。

  回过头来再看看我们今天讨论的这个案件。如果制药厂需要对所用的药品原料进行检查,那么很难认定甲成立间接正犯,因为如果制药厂应该检查而不检查,生产出假药的,制药公司本身就可能成立(间接故意的)生产假药罪,这样的话,提供假冒的药品原料的人最多成立生产假药罪的帮助犯,而不是间接正犯。所以,制药厂是否需要对所用的药品原料进行检查,对于本案的认定就很关键,提供假冒的原料的人并不当然成立间接正犯。

  学生:本案中,制药厂已经检查出甲提供的药品辅料有问题,但为了赶工,还是批量生产了。所以,在我们今天讨论的这个案件中,制药厂相关人员对犯罪结果是具有间接故意的。

  张明楷:至少有间接问题,还不一定能排除直接故意。所以,在我们今天讨论的案件中,认为甲与制药厂相关人员成立生产、销售假药罪的共同犯罪是完全可能的。

  如果行为人向制造商出售某种产品,按照常规制造商是不需要检验该产品,或者只需要肉眼检查该产品的,但行为人却在产品中掺入了有毒物质,导致制造商生产、销售的产品致人伤亡,此时,行为人可能成立间接正犯。这是因为,行为人欺骗了制造商,制造商本身按常规是不需要检验的。当然,行为人的行为到底是成立间接正犯,还是成立帮助犯,还取决于供应商与生产厂家之间的关系,如果两家一直存在合作关系,一直以来都没有出过质量问题,而且以前都是检查的,就只是这一次没有检查,在这种情况下,可以认为生产厂家没有生产假药罪或者其他故意犯罪的故意,仅成立过失犯罪。但是,如果供应商与生产厂家不存在长期合作关系,生产厂家具有检查义务而不检查,这就难以排除生产厂家具有间接故意的可能了。所以,这类案件还是要具体地判断。在认定行为人是否对犯罪具有"支配性"的时候,不能单纯地从"支配"二字的字面含义出发去机械判断,而是应该在具体案件中,仔细分析各种情节。另外,"支配"是一个翻译过来的用语,是我们刑法学者经常使用的一个经过提升的概念,所以还要对这个概念进行规范的分析。

生产、销售有毒、有害食品罪

案情:甲用生产线生产工业用明胶胶囊3万粒,将其中的1万粒卖给了药品生产厂家,1万粒卖给了保健品公司,另外1万粒卖给了私人家用。3万粒明胶所涉及的销售金额,达不到生产、销售伪劣产品罪要求的定罪金额。应该如何认定甲的行为?

张明楷:甲的行为可能涉及《刑法》第141条到第146条规

定的六个犯罪。你们觉得将他的行为认定为哪个犯罪更加合适？

学生： 甲卖给药品生产厂家 1 万粒工业用明胶胶囊，似乎能将这个行为认定为生产、销售假药罪。

张明楷： 即使有人认为，甲生产的并不是药品，只是胶囊，但胶囊也算是药品的一个部分，在明知自己的生产工业用明胶胶囊会供应给制药商的情况下生产的，确实能够认定为生产、销售假药罪。本案中，甲将其生产的工业用明胶胶囊部分卖给了制药厂，部分卖给了保健品公司，部分又卖给了私人家用，从销售的对方来看，这涉及罪数问题。但罪数问题又牵涉行为是单数还是复数的问题。如果是行为单数，就认定为想象竞合或者包括的一罪。如果是包括的一罪，最终就认定为一个生产、销售有毒、有害食品罪。如果有复数行为，那么其中就有行为另触犯生产、销售有毒、有害食品罪或者其他犯罪，故实行数罪并罚。在类似案件中，罪数问题还没有引起注意。

学生： 能将工业用明胶胶囊评价为"有毒、有害食品"吗？

张明楷： 当甲将这些工业用明胶胶囊卖给保健品厂家的时候，你觉得不能将甲卖的这些工业用明胶胶囊解释为"有毒、有害食品"吗？

学生： 可以，因为在社会生活中，保健品确实是一种食品，明胶胶囊是保健品的一部分，当然可以将它认定为食品了。

张明楷： 那为什么不能将用于生产药品的胶囊也认定为食品呢？药品和食品是互相排斥的两个概念吗？难道一旦可以认定为药品，就不能再看做食品了吗？在日常生活中，有些药品本身就是食品，有些食品本身也是药品，二者并不排斥。一般来说，生产药品中用的糖衣和胶囊，都是为了方便药品的食用口感，并没有药效,也就是说,这些产品本身就是食品。

学生:您刚才说罪数问题还没有引起注意,是什么意思?

张明楷:其实,这里有比较复杂的问题。例如,行为人在生产有毒、有害产品时,是想作为食品销售的,但是,后来却被销售给药品生产厂家用于制造假药。应该认定为两个罪,还是仅认定为一个罪?如果说定两个罪,就是生产有毒、有害食品罪与生产假药罪的共犯。如果定一个罪,则有两个可能,一是认定为生产有毒、有害食品罪的正犯,二是认定为生产假药罪的共犯。我一直以为,对法益造成侵害的行为主要不是生产而是销售。这是因为,如果行为人仅生产而不销售,是难以侵害法益的;在过失生产出有毒、有害害食品之后,再销售给他人的,也侵害了法益。所以,或许可以按销售行为定罪,而不是按生产行为定罪。

生产、销售伪劣商品类罪

案情:甲高价回收废旧高档酒瓶,将自己生产的劣质酒装入高档酒瓶后销售。甲的行为构成什么罪呢?

学生:实践中,有的法院会将这样的行为认定为生产不符合安全标准的食品罪,有的则会认定为假冒注册商标罪,或者生产有毒、有害食品罪。由于这些劣质酒也不至于喝死人,所以,好像没有法院将这样的行为认定为以危险方法危害公共安全罪。

张明楷:有的法院将这类案件认定为假冒注册商标罪,可能是因为无法检测出那些产品的成分,不能随意地将这类产品认定为有毒、有害食品或者不符合安全标准的食品。实践中,在涉及茅台酒等高档白酒的制假售假案件中，有的假酒质量还是不错的，甚至有时检测不出与茅台酒的区别，只是能够肯定这个瓶子里的酒肯定不是茅台酒厂生产的。

学生：看来还是应该分情况讨论问题。如果假酒的质量很差，甚至可能喝死人，那甲的行为就可以构成以危险方法危害公共安全罪；如果假酒质量差，危害饮酒人的健康，甲的行为能够成立生产、销售有毒、有害食品罪；如果假酒质量还行，定假冒注册商标罪也是可以的。

张明楷：如果假酒的质量很差，甚至可以喝死人，为什么不可以定生产、销售有毒、有害食品罪？另外，如果假酒本身不可能致人伤亡，买酒人购买酒时并不知道这些酒是假的，倘若购买假酒的花费超过诈骗罪的定罪要求时，是否也可以考虑将卖假酒人的行为认定为诈骗罪呢？

学生：诈骗罪与生产、销售伪劣商品类罪所保护的法益并不相同，在购买假酒的人花费超过诈骗罪的定罪要求的情况下，这种行为既触犯了诈骗罪，也触犯了相关的生产、销售伪劣商品类罪的某罪，可以认为此时成立想象竞合。

张明楷：在实践中，凡生产、销售假冒伪劣商品的行为都一概不会认定为诈骗罪，这是将生产、销售伪劣商品类罪当作是诈骗罪的特别法条的结果。但事实上，两类犯罪保护的法益并不相同，在行为同时触犯两类犯罪时，应当将这样的情形认定为想象竞合，从一重罪论处。国外基本上没有规定生产、销售伪劣产品之类的犯罪，就是因为对他人销售伪劣产品时，完全可能成立诈骗罪。这反过来说明，销售伪劣产品的行为，肯定符合诈骗罪的构成要件，所以，完全符合想象竞合犯的特征。

走私普通货物罪

案例一

案情：商务部怀疑美国将某种产品以低于正常价值的价格倾销到了我国，故要求海关在该商品入关时对进口方采取临时反倾销措施，而海关随后就要求从美国进口该商品的进口方提供相应的保证金，倘若该行为构成倾销的话，所交的保证金会变为反倾销的关税上缴国家；但若行为不构成倾销的话，保证金就会归还给进口方。甲从美国进口了一批该种货物，他也明知海关要征收该种货物的保证金。甲不愿意出保证金，就在申报材料里谎称货物是从巴西进口的。商务部经反倾销调查后，最终认定存在倾销。在这种情况下，甲的行为是否成立走私普通货物罪？

学生：反倾销调查结束后，甲得知美国进口的该种商品存在倾销，没有主动补交关税吗？

张明楷：没有。而且在实践中，行为人正是因为害怕最终要缴纳这笔税款，才会在入关时谎报出口国。

学生：但好像行为人逃避的是保证金，这里的保证金是关税吗？

张明楷：在最终认定存在倾销的情况下，这笔保证金实际上就变成了关税上缴国库。所以行为人最终逃的还是关税。当然，如果调查结束后，并没有将其认定为倾销，那这笔保证金本身就应该退还，也就不可能构成犯罪。所以，最终应该以商务部调查的结论为依据，来判断是否偷逃了应纳税额，是否构成犯罪。

学生：如果在申报保证金的时候，海关人员及时发现了原产地不是巴西而是美国的话，是否也应认定为走私普通货物罪呢？

张明楷：我觉得那个时候还不能认定为犯罪。因为还没有产生具体的应纳税款，当时他逃避的还是保证金而已。

学生：可能辩护律师会强调，行为人当时逃避的是保证金，保证金不是关税，所以行为人的行为不构成走私普通货物罪。

张明楷：入关申报原产地当时，所要缴纳的保证金的确不是关税；但从最终反倾销调查的结局来看，这笔保证金最终变成了反倾销税，而反倾销税又是一种进口附加税，那么行为人的行为也就成了偷逃关税。

学生：在入关的时候，商务部还没有肯定该种商品存在倾销，所以这笔保证金是否最终成为关税，还是一个未知数。是不是可以据此认为行为人没有认识到这笔保证金最终会成为关税，而不能成立故意犯罪呢？

张明楷：我觉得，在这种情况下，认定甲具有间接故意是没有一点问题的。因为在商务部认定有可能成立倾销时，这种商品存在倾销的可能性应该非常的大，反过来说，认定该种商品存在倾销并不会是一种十分异常的结局。而行为人是一个专门从事外贸的公司，不可能没有认识到这一点。显然，在明知存在极大的倾销可能性而放任自己逃避保证金时，是有间接故意的。

所以，我觉得这个案件的问题不是出在行为人是否有故意上，也不是出在保证金当时以及最终是什么性质的问题上。在考虑这个案件时，应该把重点放在这笔美国进口的货物没有交进口附加税这一点上。我们可以这样来归纳这个案件的事实：本来这笔货物是需要交纳一笔进口附加税（也就是反倾销税）的，行为人通过谎报出口国而没有缴纳该笔关税，所以他的行为构成走私普通货物罪。说到底，还是一个事实怎么判断的问题。

学生甲：但我仍认为还是需要进一步讨论行为人是否有犯罪故意的。因为行为人在申报入关当时，并没有认识到这笔保证金就是关税。

学生乙：但行为人绝对已经意识到，只要这笔商品最终被认定为存在倾销，这笔保证金就会成为进口附加税。也就是说，行为人认识到了这笔保证金会成为关税的可能性。

学生甲：倘若商务部最终认定该种商品不存在倾销的话，那行为人是否涉及犯罪未遂呢？

学生乙：在这种情况下，就是认定犯罪未遂和不能犯的问题了。比如我以前看过这么一段电影情节：某黑社会性质组织在训练杀手时，将一个活物放进麻袋，让杀手用枪打死。当时杀手问，这里面是什么东西。对方说，也许是只狗，也许是个人。杀手朝着麻袋开了两枪，就把里面的东西打死了。解开麻袋一看，只是一只狗。在这种情况下，说这名杀手构成故意杀人罪未遂恐怕并不合适，只能认定为不能犯；但倘若当时麻袋里是个活人，他打死这个人，那么就必须肯定他有杀人的故意，毫无疑问他的行为应该认定为故意杀人罪。

学生甲：我以前看到过日本有一个关于过失犯罪的判例。三菱汽车公司生产的汽车曾经在上海发生过一起交通事故。在这场交通事故中，汽车轮胎脱落导致车主重伤。三菱公司在知道这起事故后并没有召回这批汽车。但之后，三菱公司的该批汽车在日本又发生了多起交通事故，轮胎脱落致使多人丧生。日本法院认为，在上海的事故发生以后，三菱公司组织人员调查，因没有及时发现产品缺陷而提前召回，导致其产品出现故障致人死亡，构成业务过失致死罪。

张明楷：你说的这个日本的判例和我们的案件不一样。三菱汽车生产了几十万辆该批次的汽车，通常也根本不会发生轮胎脱落的现象，因此汽车主管人员不可能对汽车轮胎脱落致人死亡存在认识，也就不存在故意。倘若三菱生产的100辆汽车中有20辆左右的汽车都会轮胎脱落，相关负责人在明知这一事实的情况下，仍不召回或者仍继续出售，导致他人因此伤亡的，就应该认定为故意，至少为间接故意。在反倾销案件中，行为人已经明知这笔保证金十分可能成为进口附加税而仍然逃避缴纳，说明他有间接故意。

学生：为什么与保证金的性质无关呢？

张明楷：假如案件事实是这样的：前提事实相同，海关要求进口商填写真实的出口国，但不要求提交保证金，并且声明，如果是从美国进口，将来反倾销成立，进口商必须补交反倾销税。进口商为了避免以后可能补交反倾销税，就故意隐瞒事实将出口国写成巴西。但事实调查表明，美国倾销产品，中国的进口商必须补交反倾销税。可是，行为人因为写成巴西，而偷逃了这笔反倾销税，其行为是否成立走私普通货物罪？

我想说的是，不能以行为人在报关时政府还没有确定是否征收反倾销为由，而否认走私罪的成立。我举一个设假的例子。法学院不知道研究生们学习得怎么样，尤其是不知道研究生是否在核心刊物上发表过论文，于是决定，先让研究生登记自己是否在核心刊物上发表过论文，如果只有少数研究生在核心刊物上发表过论文,就对这些发表过论文的研究生予以重奖;如果绝大多数或者所有研究生都在核心刊物上发表过论文,就不给予奖励了。研究生事前的登记,同时也是事后奖励的根据。其中一个研究生原本没有发表论文,却在登记时弄虚作假,登记自己在核心刊物上发表过论文。登记结束后,法学院发现只有少数人在核心刊物上发表过论文,于是对这些人给予了重奖。这个研究生的行为成立诈骗罪吧!当然以数额较大为前提啦。可是,他在弄虚作假时,法学院并没有确定是否给予奖励。我再举一个或许更相似的例子。倘若政府决定实行房产登记,然后根据房产登记的具体情况,决定是否征收以及如何征收房产税。甲有三套房子,原本都应当登记在自己名下,但他担心以后会缴纳房产税,于是将面积最大的一套房子登记在朋友乙的名下,而乙是没有自己房产的人,或者甲完全隐瞒了面积最大的第三套住房,没有进行登记。登记结束后,政府决定按照登记情况对个人所有的第三套房子征收房产税。甲因为弄虚作假,没有缴纳第三套房子的房产税。甲显然逃税了吧!可是,甲在弄虚作假时,政府也还没有确定是否征收房产税。

学生:这样看来,好像事先交的保证金是什么性质还真无关紧要。

张明楷:一些学者在讨论本案时,重视的是保证金的性质。亦即,如果保证金是关税,行为人就成立走私普通货物罪,反之,则不成立。其实,保证金就是保证金,难以认定为关税。行为人明知自己隐瞒出口国的事实可能导致将来偷逃关税,但仍然隐瞒出口国的事实,事实上最终也偷逃了关税,可以认定为走私普通货物罪。所以,如何归纳案件事实特别重要,讨论案件时,一定要知道焦点在哪里,哪些事实重要,哪些事实不重要,千万不要将无关紧要的事实当作重要事实进行判断。

案例二

案情:我国边疆某地区规定,边民在互市贸易区可以每人每天免税进口 8000 元人民币的货物。当然这些货物不限于自用,也可以出售。但这个地区的边民并非每人都在从事互市贸易。该边区的某商贸公司每天会雇佣 20 位有边民资格的人,去申报通关的现场拿货,该公司事先已经将其进口的货物分成 20 包,每包价值 8000 元。如此一来,该公司只要付给这些边民少量到场费,就可以免税入关。该公司常年利用这种方法进口货物,一年可能会少交上千万的关税。该商贸公司的行为构成走私普通货物、物品罪吗?

学生:在我国,边民互市贸易必须在指定的集市内销售,不能随意到内地其他地方销售。这个商贸公司如果对内地销售的话,就不符合互市贸易的相关规定,还是应该认定为走私普通货物、物品罪。

张明楷:边民免税是为了让边民致富,即使不在指定的市场销售,也不应该认定为走私普通货物、物品罪。

学生:我国相关法律规定,严禁水客从国外带商品回国销售,如果数额较大或被行政处罚后仍从国外带商品回国销售的话,都可能构成走私普通货物、物品罪。我觉得这个案例与当前严禁的这种水客带货行为是一样的,它们都可以构成走私普通货物、物品罪。

张明楷：我觉得二者还是有区别的。因为普通人员入境时，只能携带自用商品，甚至其携带的自用商品超过了一定的金额后，仍需要缴税。所以，普通人员入境时带入待售商品必须报关，否则就有可能构成走私普通货物、物品罪。但在我们今天讨论的这个案例中，边民每天每人有 8000 元的免税额度，这 8000 元的货物既可以自用又可以出售。我强调的重点是，即使没有缴纳关税，该 8000 元的货物本身就可以用于销售。

学生：那您的意思是这样的行为不构成犯罪，贸易公司仅是钻了政策的空子？

张明楷：是啊。我认为这样的行为不构成犯罪。

学生：边民本人到出入境的现场，将 8000 元货物免税通关，的确不好说他们的行为构成走私普通货物、物品罪。因为政策的确肯定了他们免税通关的权利。但是，商贸公司并不具有这样的权利，它不能组织人员以这样的方法入关，因为它的主体不适格。所以，是否可以说边民有阻却违法性的政策因素，而商贸主体没有呢？

张明楷：如果承认边民有权利将 8000 元货物免税通关，就必须承认商贸主体利用的是合法进口手段。怎么可能说边民有权将该笔货物免税通关，商贸公司组织免税通关的行为就成了犯罪？比如，甲边民今天的额度用光了，让乙边民帮自己捎货，只要乙边民过关时所有货物仍在免税额度内，就不能说有人走私了。

这个案件还有其特殊性。当地政府大力支持当地边民和商贸企业通过这种互利合作的方式来致富。所以，退一万步讲，即使将上述行为认定为有走私普通货物物品罪的违法性，边民与商贸公司也能够以没有违法性认识的可能性为由而不定罪。

案例三

案情：在 G 省与越南交界处，有一批人常年从事走私二手车业务。他们在越南某些旧车市场淘到八成新或九成新的法拉利或其他名牌轿车后，就会雇人将在这些旧车开到 G 省。在开往 G 省的路上，他们并不会通过海关的正当途径入关；而往往是谎称车辆归司机自己所有，通过边界公路或小路进入 G 省。这些司机相互并不认识，他们都与走私集团的头目单线联系。根据我国海关部门的相关规定，二手车属于国家禁止进口的产品。在实践中，司法机关会考虑将这样的行为按照《刑法》第 151 条第 3 款规定的走私国家禁止进出口的货物、物品罪或第 153 条规定的走私普通货物、物品罪定罪量刑。前一罪的法定刑是 5 年以上有期徒刑，并处罚金；后一罪的法定刑幅度与走私货物偷逃的应缴税额相关，如果走私货物、物品偷逃的应缴税额特别巨大或者有其他特别严重情节的，都可能处到 10 年以上有期徒刑、无期徒刑，并处偷逃应缴税额 1 倍以上 5 倍以下的罚金。在这个案件中，由于走私集团偷逃的应缴税额特别巨大，应该将这样的行为认定为什么犯罪？另外，这些随机雇请的司机，各自开的汽车价格不一，比如有人开了法拉利等豪华轿车入境，有人开了丰田等普通轿车入境，对他们应该如何计算应纳税额？

学生：既然是禁止进口的产品，怎么计算应缴税额呢？

张明楷：司法机关按照正常情况下这些产品应缴的税额进行计算。

学生：如果司机均是与走私头目单线联系，相互并不知情，很难认定司机之间成立共犯。因此，也就不能将他们各自所开汽车偷逃的应缴税额相加，而只能按照各自所开车辆所偷逃的应缴税额来计算。

张明楷：司法机关在办案过程中发现，走私头目与各个司机之间的联系是较为随意的，他想让谁开哪辆车，谁就去开哪辆车。司法机关觉得，似乎按照各自所开车辆所偷逃的应缴税额来计算的话，就会太过随机，充满偶然性。

学生：但当走私头目和甲司机打电话，要求他开法拉利的时候，甲明知所开的法拉利价格不菲，仍将其开进国境，说明甲对自己行为的违法性及其程度有充分的认识。当时，甲完全可以说，我只开夏利车，不想冒险开那么贵重的豪华轿车。倘若走私头目让甲将毒品运送到国内，让乙走私普通货物，在这种情况下，甲肯定会被认定为走私毒品罪，显然不会以偶然或随机为由，把甲的行为认定为走私普通货物、物品罪。

张明楷：你说的有道理。

另外，这个案件中，走私头目一直藏身越南，没有抓捕归案，而抓到的都是开车的司机。如果按照《刑法》第151条第3款的走私国家禁止进出口的货物、物品罪定罪量刑的话，这些司机都会被判到5年以上有期徒刑；但按照第153条规定的走私普通货物、物品罪定罪量刑的话，可能更多的司机只处3年以下有期徒刑，甚至有人无罪。

学生：毕竟这些人都是由某个头目组织在一起实施走私，为什么他们就不能认定为共犯呢？

张明楷：不排除认定共犯的可能性。我觉得认定司机之间存在共犯关系，不仅需要证明这些司机都和某个走私集团头目联系，还要证明司机之间对各自共同走私的事实均有认识，也就是说，必须证明这些司机有共同犯罪的心理联系。但在这起案件中，司法机关并没有证明这一点。

学生：我以前听说过一起共同运毒的案件。毒贩在境外组织了一批妇女体内藏毒进入国境。这些妇女被毒贩组织在一个大房间内，进行体内藏毒的手术。妇女之间不一定全部认识。司法机关在侦破案件后，并没有将全部妇女认定为共犯，而是每个妇女仅对自己的运毒数量负责。

张明楷：我觉得司法机关没有将所有的妇女均认定为共犯，而是仅按照她们各自所运毒品的数量来量刑，一个很大的原因就是，倘若将她们认定为共犯，所运毒品数量就会十分庞大，最终的刑罚会特别重。另外，如果运输毒品的妇女之间并没有相互提供物理的或者心理的帮助，也只能按她们各自所运输的毒品数量来量刑。

学生：走私国家禁止进出口货物、物品罪与走私普通货物、物品罪之间是法条竞合关系，走私国家禁止进出口货物、物品罪应是特别法条。对这些司机应该按照走私国家禁止进出口货物、物品罪定罪量刑才对。

张明楷：这两个罪之间的确存在法条竞合关系。走私国家禁止进出口货物、物品罪是走私普通货物、物品罪的特别法条。我觉得就像是生产、销售伪劣产品罪与生产、销售其他物品的犯罪之间的关系一样，在行为构成生产、销售其他物品的犯罪应处的法定刑不及生产、销售伪劣产品罪的法定刑高时，就应该认定为生产、销售伪劣产品罪。也就是说，在走私普通货物、物品罪的法定刑更高时，即使走私的产品是禁止进出口的货物、物品，也应该按照走私普通货物、物品罪定罪量刑。

学生： 或许在实践中，很多国家禁止进出口的货物、物品并没有相应的应缴税额、这些行为也就不可能认定为走私普通货物、物品罪，比如出口大熊猫。

张明楷： 但有一些的确是可以计算应缴税额的，比如本案中的二手汽车。我觉得这个问题可能与海关法的规定相关。

使用假币罪

案例一

案情： 卖淫女甲将嫖客乙引至卖淫地点以后，丙趁着甲乙二人发生关系时，将乙钱包中的5000元现金拿走。为了让乙不能及时发现现金被盗的事实，丙将事先准备好的5000元假币放进了乙的钱包。丙的行为构成何罪？

学生： 丙将乙钱包中5000元现金拿走的行为肯定能够成立盗窃罪。至于他又将事先准备好的5000元假币放进乙钱包的行为是否可以被认定为使用假币罪，还是需要讨论的问题。

张明楷： 我同意将丙拿走5000元现金的行为认定为盗窃罪。这样的行为完全符合盗窃罪的构成要件，即以非法占有为目的，将他人占有的财物转移给自己占有。你们觉得丙将5000元假币又放进乙钱包的行为，能够进一步成立使用假币罪吗？

学生： 应该不成立使用假币罪。因为使用假币罪保护的法益是货币的公共信用，丙的行为并没有侵害到货币的公共信用，因此，不能将这样的行为解释为使用假币罪中的"使用"。

张明楷：丙将假币放进乙的钱包，是为了让乙认为自己的真币并没有丢失，这种意图使他人将假币当作真币的行为，为什么就没有侵犯货币的公共信用呢？又为何不能将这样的行为认定为使用假币罪中的"使用"呢？

学生：根据社会一般观念，使用假币行为应该是在货币流通中将假币当作真币使用的行为。所以，只有将假币置于流通中的行为才能认定为使用假币罪中的"使用"。

张明楷：从你的解释可以看出，你是通过行为是否"通常"来认定是否构成使用假币罪的。但是，将假币塞到别人的钱包中，别人很容易将这些假币当成是真币而用出去，所以，这样的行为已经将假币置于了流通领域了呀。怎么才能说明这样的行为不属于使用假币罪中的"使用"呢？

我再举一个相关案件，以便我们对照讨论。一是丙将持有的 5000 元假币通过 ATM 存入了他的银行账号；二是丙将面额 5000 元的假币撒到了人流量较大的路口。你们觉得丙将假币放入 ATM 中的行为是否属于使用假币罪中的"使用"？

学生：当然属于使用假币。因为这时假币已经彻底地进入了流通领域，而且将假币存入 ATM 的行为也符合人们一般使用货币的方式。

张明楷：那将假币撒在路口的行为是否属于使用假币罪中的"使用"？

学生：很少有人会将自己的钱随便在路口撒，这种行为不符合货币的使用途径；但拾到假币的人很可能会使用这些假币，一旦捡到假币的人知情使用了这些假币，那么，行为人的行为可以成立使用假币罪的教唆犯或者帮助犯；如果捡到假币的人在不知情的情况下使用了这些假币的，行为人的行为成立间接正犯。

张明楷：也就是说，你认为在第二种情形下，行为人的撒假币的行为本身并不是使用假币的行为，而是捡到假币的人进一步将假币置于流通领域的行为才是使用假币的正犯行为。

学生：是的。

张明楷：将假币放在他人的钱包，与将假币放在 ATM 中的区别很大吗？在这两种情形下，假币都不是已经在流通中了吗？可不可以将使用假币罪中的"使用"，理解为将自己占有的假币转移给他人占有就可以了呢？

学生：只要行为人将自己占有的假币转移给他人占有了，就可以将这样的行为认定为使用假币，那这样的解释和使用假币罪的法益并没有挂钩。例如，甲平日特别痛恨乙，就将自己捡到的假币偷偷地塞到了乙家院子里的角落。在这样的情形下，假币的占有确实已经发生了转移，但是恐怕还不能将甲的行为认定为使用假币。我觉得，还是有必要将使用假币中的"使用"限定为按照货币的通常方式使用。这样的解释方法在国外得到了认可。例如，日本刑法学界认为，使用假币罪的主观构成要件中，包含了行为人必须有行使的目的，显然，行使目的就是一种将假币按照真币的用途置于流通的目的。

张明楷：日本刑法中，使用假币罪的主观构成要件中的行使目的，就是指将货币置于流通的目的，并没有强调行为人必须按照使用货币的通常方式来使用。

学生：但他们在教科书中举的例子中，还没有一个例子不属于货币通常的使用方式呢。

张明楷：这与他们的国情有关。在日本，假币非常罕见。使用假币的案件也就少之又少了。所以相应地，实践中出现的使用假币的案件也就比较少。我们国家假币还是比较常见的，案件更是五花八门，不能完全用日本的理论与实践来解释我国刑法中的使用假币罪。

案例二

案情：甲将 5000 元假币通过 ATM 存入了自己的账户，马上又换了一台 ATM，从自己的账户里支取了 5000 元真币。甲的行为构成哪些犯罪？

学生：甲将 5000 元假币存入 ATM 的行为构成使用假币罪；之后，甲又在另外的 ATM 取 5000 元现金的行为有可能不构成犯罪。因为如果甲的账户里原本就有 2 万元的存款的话，甲通过将假币存入 ATM 使其账户增加了 5000 元债权，但不好说甲从另外的机器上取出的 5000 元，就是账户里面新增的 5000 元债权；由于甲的账户内本来就有足额债权，所以甲本来就有权利从 ATM 支取 5000 元现金。

张明楷：你说的有一定道理。现在，如果我们假设甲之前的银行账户内根本没有存款余额，甲将 5000 元假币存入一台 ATM，又在另外一台 ATM 取款 5000 元。首先，我想讨论一下甲将 5000 元假币存入 ATM 的行为除了能够按照使用假币罪处理，是否还涉及盗窃债权？

学生：根据盗窃罪的构成要件，即使是盗窃债权，也需要行为人将他人占有的债权转移为自己占有。但在这个案件中，行为人只是单纯地使自己账户的债权增多,并没有将他人占有下的债权转移给自己。所以,不能将行为人的行为认定为盗窃债权。

张明楷:行为人确实没有将银行占有下的债权转移给自己占有,只是单纯地使银行增加了债务,如果将这种行为认定为盗窃的话,那伪造借条的行为就可以按照盗窃罪定罪量刑了。以前有人咨询过我这样的案件,行为人从事长途客运,经常在经过公路的收费站前,偷偷绕过收费站设立的栏杆而逃避收费。有人认为这样的行为是盗窃,我就觉得不能将这样的行为按照盗窃罪定罪。因为在这样的案件中,财产性利益虽然能够成为盗窃的对象,但问题是在这些案件中,行为人并没有将这些财产性利益进行占有转移,所以,这些行为并不符合盗窃罪的构成要件。

学生:在盗窃的对象是财产性利益时,为什么也要强调占有的转移是盗窃罪的构成要件呢?

张明楷:我们国家对盗窃的定义是从德国、日本刑法中学来的。但德国、日本刑法中,不承认对利益的盗窃,在这些国家,盗窃的对象只能是有体物;而在诈骗罪中,他们认为诈骗的对象除了财物之外,还包括财产性利益,所以诈骗罪中就会将"素材的同一性"作为构成要件。由于盗窃罪的对象只能是有体物,所以在这些国家,盗窃罪的认定过程中不再强调"素材的同一性"。

这段时间,我一直在考虑一个问题。我们是否应该根据盗窃的对象的不同将盗窃罪的构成要件作出不同的设定。在盗窃有体物的情况下,盗窃罪的构成要件为以非法占有为目的将他人占有的财物转移为自己占有;在盗窃财产性利益的情况下,盗窃罪的构成要件又变成了单纯的取得财产性利益。但这会导致任何使他人财产性利益减少的行为都按照盗窃罪定罪量刑,这并不合适。

这样看来，无论盗窃的对象是什么，还是应该将盗窃罪的构成要件认定为以非法占有为目的转移占有的行为。

学生：在这个案件中，如果将行为人存入假币的行为认定为使用假币罪，将从 ATM 取款的行为认定为盗窃罪，那么这两个罪之间是牵连犯，还是想象竞合？

张明楷：如果认为行为人只实施了一个自然意义上的行为，那么两罪之间成立想象竞合；如果能够将行为人实施的行为认定为两个自然意义上的行为，也有可能将两罪之间认定为牵连犯，因为存入假币就是为了取出真币，在客观上与目的上都具有牵连性。但是，我认为定两个罪合适一些。因为，这种牵连关系不具有通常性。

学生：那您觉得案件中的行为人实施的到底是一个自然意义上的行为，还是两个自然意义上的行为？

张明楷：在一个 ATM 上存假币，在另一个 ATM 上取真币的，即使时间相隔不长、距离不远，也不应当认定为一个行为。很明显有两个行为，而且两个行为侵害的法益不同，所以，不应当认定为想象竞合犯，并罚更合适一些。

案例三

案情：甲在某小卖部购买了价值 5000 元人民币的物品，在店主没有发现的情况下，用假币结了账。甲的行为除了构成使用假币罪以外，是否还构成诈骗罪？

张明楷：这个问题在理论上争议很大。日本学者一般不主张将这样的行为再定诈骗罪，他们认为仅将这样的行为认定为使用假币罪就可以了。我国学者大多也赞成这个观点，认为持有、使用假币罪是一个特别条款，无需再使用诈骗罪这一普通条款。我在《政治与法律》2011年第8期上曾经发表过一篇有关使用假币罪的文章，看法有些不同。日本学者之所以会有这样的看法，是因为日本刑法中规定，行为人知情使用假币时，必须不是行为人之前购买得来的假币，而是在日常生活中偶然得来的。比如，行为人在买东西时，被找了一张假币。在这种情况下，一般人为了避免损失，都可能会尝试着将这样的假币花出去，所以，日本刑法中的知情使用假币罪的法定刑很轻，减轻处罚的根据在于对实施这样行为的行为人的期待可能性小。但如果将这样的行为认定为诈骗罪，则会处罚较重，这样就有违立法宗旨。但我国刑法的规定与日本不同，我国的使用假币罪包含了行为人购买了大量假币而在对方不知情的情况下使用的情形。这种行为显然已经符合了诈骗罪的构成要件，也不具有从轻、减轻的根据。对这个问题的更详细的介绍，你们可以去看我在《政治与法律》上发的那篇文章。

学生：在行为人使用了大量假币，对方在不知情的情况下收了假币这样的案件中，行为人的行为既符合了使用假币罪的构成要件，也符合了诈骗罪的构成要件，而两个罪的法益也并不相同，可以认为行为人的行为构成了两罪的想象竞合。

张明楷：确实如此。

编造并传播证券交易虚假信息罪

案情：甲是网络上著名的证券分析专家。甲通过网络分析了某公司公布的公司信息后，购买了大量该公司的股票，在网上频频发帖,宣称该支股票肯定会大涨,但甲并没有声明自己已经大量购入了该支股票。在甲的鼓动下,股民大量购入了该支股票,导致该股票的股价大涨。甲的行为是否构成犯罪?构成什么罪?

学生:如果能够将甲在网络上发布的信息认定为《刑法》第181条第1款规定的"虚假信息",那么,就可以将他的行为认定为编造并传播证券交易虚假信息罪。

张明楷:那甲发布的信息可以被认定为该款规定的"虚假信息"吗?

学生:虽然甲并没有利用内幕信息,而只是利用了该公司对外发布的公司信息。但是,即使是相同的信息,不同的人看过之后往往会有不同的预计。很明显,甲之所以在网络上大肆宣扬,是因为他自己购买了大量该公司的股票,具有牟利目的,所以可以将甲发布的信息认定为《刑法》第181条第1款规定的"虚假信息"。

张明楷:我认为,没有必要以行为人是否具有牟利目的为标准,来认定《刑法》第181条第1款规定的"虚假信息"。确实,即使行为人宣称某支股票肯定会涨,后来这支股票确实也涨了,也不能认为行为人没有提供"虚假信息"。股价的预测所针对的是将来发生的不确定的事情,应当以行为人预测当时为基准点,判断资料就是行为人所依据的预测事实是否属实。如果行为人编造事实,预测股价,即使最后预测的股价与后来的股价接近,也不能轻易认为这样的信息不是"虚假信息"。在这个案件中,判断甲传播的信息是否是"虚假信息",应以甲所依据的事实是否符合股票价格波动的规律,甲是否已经在网络上将他分析所依据的事实全部列明。如果甲分析所依据的事实属实,那么,就不能以甲具有牟利目的为由,将甲的行为认定为编造并传播证券交易虚假信息罪。

学生: 如果行为人虚构的是现在的事实,比如行为人虚构某上市公司与某其他公司签了某合同,但实际上这样的事情并没有发生,行为人以此为基础在网络上发表股票上涨的言论,可以认为行为人提供了"虚假信息";但现在的问题是,某些情况下,行为人自己并没有任何事实依据,只是因为自己购买了某支股票,就在网络上发帖,声称根据自己多年经验,这支股票马上就会大涨,并且后来这支股票也果然大涨了,在这种情况下,又该如何认定行为人是否提供了"虚假信息"呢?

张明楷: 在你说的这种情况下,确实不好说行为人编造了"虚假信息"。如果这样的行为可以构成《刑法》第182条规定的操纵证券市场罪的话,可以按照这个罪来定罪量刑。

持有伪造的发票罪

案情: 行为人甲持有大量伪造的某停车场的定额发票,都是2元一张的,共计1000余张,对这样的行为能够认定为持有伪造的发票罪吗?

学生: 2011年最高人民检察院、公安部《关于公安机关管辖的刑事案件立案追诉标准的规定(二)的补充规定》第3条规定,持有伪造的发票罪中的"数量较大"是指,"(一)持有伪造的增值税专用发票50份以上或者票面额累计在20万元以上的,应予立案追诉;(二)持有伪造的可以用于骗取出口退税、抵扣

税款的其他发票 100 份以上或者票面额累计在 40 万元以上的，应予立案追诉；（三）持有伪造的第（一）项、第（二）项规定以外的其他发票 200 份以上或者票面额累计在 80 万元以上的，应予立案追诉"。

张明楷：这个规定是从两个方面来理解"数量较大"的。一是从持有的张数，二是从开出发票的金额。我觉得最好还是要结合这两个方面来共同判断"数量较大"。在行为人仅持有一张假的空白发票的时候，就应该看这张发票最后的票面金额是否达到上述规定的要求。在行为人持有了 100 份甚至 200 份假的发票的情况下，也不能贸然定罪，这个时候，也应该考虑一下所持发票的票面金额，如果这些发票是每张面额只有一两元钱的停车发票的话，恐怕也不能将这样的行为认定为犯罪。

总而言之，我觉得对于那些定额发票或者已经写好了金额的发票来说，在入罪时不考虑金额也是不合适的。如果单纯从伪造的发票的张数着手，认定该罪的话，难道 1000 张 1 元钱的定额发票，就比一张上面写了 10 万元的伪造发票的危害性更大？不能这么理解。还是应该紧密地结合具体犯罪中发票的张数和票面金额来进行处理。假发票之所以盛行，就因为它是某些人贪污、职务侵占的金钥匙，如果不考虑票面金额而仅看张数来处理这样的案件，就是在舍本逐末。

侵犯著作权罪

案情：未经录音制品制作人许可出租其作品的行为，是否构成侵犯著作权罪？

张明楷：要看这样的行为是否可以认定为《刑法》第 217 条第 3 项中的"未经录音录像制作者许可，复制发行其制作的录音录像"中的"发行"行为。

学生：现在，我国的著作权法规定，著作权中的发行权只包括出售和赠予两种方式；出租被另外规定为了出租权。《著作权法》规定，单纯的出租行为，只需承担民事责任；《著作权法》第 47 条中列举的侵权行为，才有可能涉及刑事责任，但不包括出租行为。

张明楷：未经著作权人许可，将录音录像制品免费分发，你认为是不是发行行为？

学生：是。因为著作权法中将赠予规定为发行的一种方式。

张明楷：既然赠予都可以认定为发行，出租又为什么不能认定为发行呢？

学生：著作权法中已经明确规定了哪些行为可以追究刑事责任，其中并没有列举出租行为啊。

张明楷：著作权法的规定并不能直接决定对刑法的解释。解释刑法条款，需要服务于刑法的目的和处罚规定。

学生：如果行为人购买了他人销售的盗版碟之后，将这些盗版碟出租的，是否成立侵犯著作权罪？这样的行为是否也能够认定为《刑法》第 217 条第 3 项中的"未经录音录像制作者许可，复制发行其制作的录音录像"？

张明楷：未经录音录像制作者许可，复制发行的行为本身就是盗版的行为，如果取得了著作权人的同意，也就不存在侵权、盗版了。将正版作品出租的，难道也需要征得著作权人的同意吗？既然已经是正版作品，那么，出租正版作品的行为也就不可能是犯罪行为。所以,《刑法》第 217 条第 3 项中的"未经录音录像制作者许可,复制发行其制作的录音录像",肯定包括了你说的这种情况。问题是,我们所讨论的案件中行为人并未复制,只是出租,所以需要考虑出租是否属于发行。发行的本质特征是传播作品,出租作品当然也是传播作品的一种方式,所以,还是可能将本案行为认定为发行的,也就是说,可以认定行为人构成侵犯著作权罪。

倒卖车票罪

案情:在春运高峰期,甲发布广告、招徕客户,在客户提供了身份证号码后,甲利用"电话追拨器"、"网上订票自动刷新监控票源"等软件可以在网上随意"插队"买票。甲在每张出售的车票上加价 100 元左右。甲的行为是否构成倒卖车票罪?

学生:该行为同样符合"倒卖"中的"先买后卖"的特征。但行为人又是为提供了身份证号码的人"代购",且后者人数众多。这一点是否会影响该行为性质的认定?

张明楷:行为人事先是否知道所购车票要转售给谁、是否收取预付款等,不影响对他行为的定性。不应将这个案件的案情归纳为"甲只是帮别人买了票"。事实上,倒卖车票从来都是"帮别人买票"的行为。况且,现在行为人因为是为特定对象代购,不用担心销路,更加有恃无恐。对行为是否构成犯罪的认定,应该紧密结合具体犯罪的保护法益和法条用语,并且要关注社会事实的变迁对法条用语解释的影响。比如,在我们今天讨论的这个案件中，以前倒卖火车票都是先在售票点囤积了很多票，之后再去找买家，但随着火车票实名制的实行，以前的倒卖方式显然是无法实现的，现在，倒卖者只能事先联系购票人，掌握他们的身份证号码，再通过一系列手段将票买到后转手。不管从形式上看，还是从实质上看，这两种行为并没有区别，都扰乱了正常的购票秩序。

学生：如果甲先与意欲购买火车票的人联系好，将这些人的身份证拿到购票点排队购买，后在每张票上加价 100 元，这样的行为构成倒卖火车票罪吗？

张明楷：一般来说，现在火车票的代售点都有限购要求，这样的话，甲每次也就是帮别人代购几张票而已，似乎这样的行为很难达到倒卖车票罪的入罪要求。

学生：如果甲就以此为业的话，长年累月下来，肯定会达到倒卖车票罪的入罪要求。

张明楷：如果是长年累月的话，就另当别论了。如果行为人只是偶然帮别人代购了几张，每张加了一些价，这样的行为还不至于达到倒卖车票罪的标准。

学生：如果甲长年累月帮别人排队买火车票，然后每张票加价 100 元出售，甲并没有认识到自己的行为属于倒卖火车票的行为，又该如何处理呢？

张明楷：你说的这种情况，属于一种行为人对法律概念认识的涵摄错误。涵摄错误不一定是事实认识错误；在这种情况下，可能连法律认识错误都谈不上，毫无法律意义，这和行为人杀死他人驯养的动物后，以"不知道动物是财物"为由抗辩是一样的，都不影响将这样的行为入罪。

学生：《刑法》第 227 条第 2 款倒卖车票、船票罪保护的法益是什么？

张明楷：我觉得可以尝试将这个罪的法益归纳为一般人能够平等地买到车票、船票的秩序。触犯这个犯罪的行为，可能会导致有需要的人买不到的车票、船票；即使有些需要车票的人几经周折买到了票，但往往也为此多付出了时间、金钱等成本。

学生：当下，我们国家已经实行了实名购买火车票的制度，这样一来，似乎可以杜绝倒卖火车票的行为。但之所以会出现倒卖车票、船票的行为，还是因为卖票机制不好。如果卖票机制合理的话，就不会出现倒卖票的现象了。

以前我们国家对囤积居奇的商业行为，都按照投机倒把罪定罪量刑。现在，这样的行为也早不被当作犯罪处理了。所以，我认为，我国应当首先规范车票、船票的购票程序，尽量实现实名制购票，而不是一味地把倒卖车票、船票的行为规定为犯罪。

张明楷：你刚才说的这些也是有一定的道理的。但现在的现实是，车票、船票的购买并不是完全实行实名制；即使实行了实名制购买制度，也还是可能存在倒卖的空间的。车票、船票与演唱会、音乐会、游乐园的票不一样，车票、船票关系到了人们的出行、交通，这是社会生活中必不可少的事项。行为人倒卖这些关系社会生活秩序的票，往往也会影响到其他的社会秩序，所以现阶段，刑法中规定这个犯罪还是有一定的道理的。当然，如果有一天，出行方式已经相当多元，人们的出行方式和现在相比，发生了很大的变化，对公共交通中的车票、船票需求没有现在这么旺盛，到那个时候，还是可以将这个罪废除的。

第十一堂
侵犯公民人身权利、民主权利罪

故意杀人罪

案例一

案情：甲得知乙的儿子去世后，多次对乙说："你现在什么都没有了，生无可恋，还不如死了算了，也许死后还会见到你的儿子。"乙随着生活越来越孤单、越来越艰辛，开始觉得甲说得有道理，就开了煤气自杀。甲正好去乙家串门，发现乙开了煤气要自杀，没有采取任何救助措施就离开了乙的房间。甲的行为是否构成不作为的故意杀人罪？

张明楷：处理这样的案件，关键就看甲是否具有阻止乙自杀的义务，如果有的话，再看他的义务程度的高低。如果阻止乙自杀的义务程度很高，甲的行为就可以成立故意杀人罪；如果阻止乙自杀的义务程度比较低的话，他的行为可能成立遗弃罪。实际上，关键就在于能不能将甲之前劝说乙自杀的行为认定为不作为义务来源的先前行为。

学生：能不能将甲的行为看做是不作为义务来源的先前行为，与能不能将教唆自杀、帮助自杀的行为认定为故意杀人罪是一个问题的两个方面。如果能够将教唆自杀、帮助自杀的行为认定为故意杀人罪，那么就等于承认这样的行为具有致人死亡的违法性，当然可以将这样的行为理解为不作为杀人的先前行为。当然，在这种情况下，不必讨论甲是否具有作为义务，就直接可以将这样的行为按照故意杀人罪定罪量刑了。但是，如果不能将教唆、帮助自杀的行为理解为故意杀人罪的话，就说明这样的行为本身没有致人死亡的违法性，也就不能将这样的行为认定为不作为义务来源的先前行为了。所以，我认为这个问题的讨论还是要回到能否将教唆自杀、帮助自杀认定为故意杀人罪。

张明楷：你分析的思路很清晰，我基本同意这样的分析方法。我认为，在我国，还是有必要将教唆自杀、帮助自杀的行为认定为故意杀人罪的。我们知道，德国并没有将这样的行为认定为犯罪，但是我们的国情与德国很不一样。总体而言，很多中国人太容易听信别人，自我思考较少。此外，西方人自杀的确是因为自己想死，但不少中国人自杀是杀给别人看的，是为了讨说法来自杀的。所以，不将教唆自杀、帮助自杀等行为认定为犯罪的话，会导致很多问题。实际上，并不是所有的西方国家都不处罚这样的行为，例如，西班牙、意大利等国也将教唆自杀、帮助自杀当作犯罪来处理。

学生：但德国也将嘱托杀人规定为犯罪。

张明楷：是的。嘱托杀人和教唆、帮助自杀既有区别，也有相同点。区别在于，嘱托杀人时，杀人行为是由行为人实施的，而教唆、帮助他人时，杀人行为是被害人自己实施的。但是，嘱托杀人时，被害人原本就是想死的，而教唆杀人时，被害人原本并不想死。但要从实质上判断孰轻孰重，是比较困难的。所以，在日本，虽然嘱托杀人和帮助、教唆自杀是分开规定的，但立法基本上将二者等同视之。比如，一个瘫痪在床的病人想要自杀，但自己无法实施，行为人应病人的要求将毒药放入病人的嘴里，这样的行为到底是帮助自杀，还是嘱托杀人？如果只是把药放在了病人能够够得着的床边，这样的行为又是帮助自杀，还是嘱托杀人？或许在具体的案件中，确实可以将帮助自杀和嘱托杀人区分得很清楚，但这并不代表二者在得到被害人的同意下参与被害人的自杀这一点上就有明显区别。所以，如果能够将嘱托杀人认定为犯罪，教唆、帮助自杀的行为也应该按照犯罪处理。

问题在于，如何论证教唆、帮助自杀的行为在刑法上的处罚根据。如果说教唆、帮助自杀就是《刑法》第232条规定的情节较轻的杀人，则意味着刑法采取了单一的正犯体系，这难以被人接受。除了我的《刑法学》教科书所注明的思路外，或许还有以下的思路：人既有自然属性，也有社会属性。相对于自然属性而言，自杀是不违法的；但相对于社会属性而言，自杀则是违法的。自杀不当犯罪处理，一方面是因为违法性降低了，也就是说，只剩下对人的社会属性的侵害，另一方面是没有处罚的必要性。教唆、帮助自杀的违法性虽然也降低了，但却具有处罚的必要性。这样的话，自杀以及教唆、帮助自杀，就不是对个人法益的犯罪，而是对社会法益的犯罪了。不过，刑法学者们恐怕不会接受这个观点。

案例二

案情：某日早晨5点，经别人介绍，甲叫了A和B两个卖淫女到宾馆房间为自己提供性服务。A、B二人在提供性服务之前吸食了冰毒，然后与甲发生了性关系。上午9点，甲离开了房间，并且告诉A、B二人不要走，有什么事给他打电话。甲在离开的时候就发现A女因为吸食了过多冰毒而有一些不适。后B女发现A女症状严重，并有晕厥的情况，虽然A自己声称没有问题，但B还是给甲打了电话，告知A在当时的具体情况。七八分钟后，甲赶回了房间，看了A的症状后，就叫了甲的两个朋友乙、丙到房间对A施救。二人赶到以后，发现A有呕吐的症状，甲和乙丙赶紧给A搓手脚、喂水等，发现A并没有明显好转。此时，B和乙、丙提出打120急救电话，但甲担心自己召妓的事情会被发现，不同意打急救电话。后来，A发出的喊叫声音比较大，甲、乙、丙将A抱进了洗手间，以免走廊上的人听到A的喊叫。中午12点40分时，甲、B、乙离开了房间，让丙照看A。丙发现A的状况还在恶化，数次打电话向甲说明情况，但是甲仍不同意送A到医院。最后，当天下午5点左右A死亡。对本案如何处理？

张明楷：分析这个案件的关键在于两个问题：第一，甲、乙、丙及B等人谁有防止A死亡的作为义务；第二，在主观方面，行为人是故意还是过失。

学生：根据本案的案情，B以及乙、丙几次要打120救助A，都被甲阻止了。如果甲不阻止的话，A可能就会得救。甲阻止别人施救的行为恐怕都可以认定为作为方式的杀人行为。当然，甲并没有积极主动地追求A死亡的结果，不过也不排除甲已经意识到不将A送到医院，A就可能会死亡这样的事实，但为了避免自己召妓被发现而阻止他人将A送到医院的可能。如果这种可能成立的话，甲对 A 的死亡就具有间接故意。这样的话，能够将甲的行为认定为故意杀人罪。

张明楷：我也认为从作为的角度分析甲的行为可能更合适一些。在这个案件中，很难认为甲有救助 A 的义务，也就是说，如果从不作为的角度讨论的话，很难说甲有救助义务。一方面，这个案件发生在旅馆，甲在嫖娼结束以后，已经付钱离去，当时旅馆里面还有 B 等人在场，很难将旅馆房间认定为甲的支配范围；另外，A 和 B 长期吸毒，她本人肯定也深知自己吸毒以后的种种反应，吸毒本身就是一种拿自己身体、生命做赌注的危险事情，用刑法术语说，A 是在自冒风险。当 A 都不拿自己的生命当回事的时候，也很难说那些和她没有特殊关系的人就对她有救助义务。所以，我觉得还是可以从甲多次阻止别人对 A 施救这一点，来认定甲具有杀人的作为。不过，我不认为甲已经认识到了 A 可能死亡的结果。从当时的情况看，甲只是觉得 A 不舒服，但绝不至于会闹出人命。所以，我认为可以按照过失致人死亡罪对甲定罪量刑。

学生：那么，又该如何认定 B 和乙、丙的行为？

张明楷：既然甲是通过阻止 B 和乙、丙拨打 120 对 A 施救犯了过失致人死亡罪，就没有必要讨论 B、乙、丙有没有救助义务了。当然，B、乙、丙三人更没有以作为的方式致 A 死亡。所以，我认为不应该追究这三个人的刑事责任。

学生：如果 A 本身患有心脏病，在和甲发生性关系时引发心脏病。甲发现 A 的症状以后，有没有救助她的义务？

张明楷：在你说的这种情况下，甲当然有救助 A 的义务，义务来源就是甲与 A 发生性关系的先前行为。在通常情况下，发生性关系并不会致人死亡。但你设定的是和一个有严重心脏病患者发生性关系的先前行为，引发了被害人的心脏病，使被害人的生命处于危险之中。在自己的先前行为已经导致了他人有死亡危险的时候，甲就有了救助义务。如果甲明知不救助会导致对方死亡而不救助的，可能构成故意杀人罪。

案例三

案情：在陕西某农村，某单身男子死亡后，其家属要为死者买一具未婚女子的尸体，为二人结阴婚。甲知道后，找到一个患有精神病的女子，在甲给该女子的父亲交付了1.9万的"彩礼"后，女子的父亲就回家了，甲随后给该名女子注射毒剂，在该女子快要死亡时将其带到了男方的坟墓，通过掐脖子捂嘴的方式杀死了该名女子，然后以10万元的价格将女子的尸体卖给了男方家属，男方家属觉得事有蹊跷，报案后案发。甲的行为构成何罪？

学生：甲的行为肯定构成了故意杀人罪。但是，现在还需要考虑一下甲是否成立拐卖妇女罪。因为甲在交给该精神病妇女父亲1.9万元以后，就将这名妇女带走了，这样的行为还是可能成立拐卖妇女罪的。

张明楷：这要看甲与精神病妇女的父亲到底是怎么约定的。如果甲是以介绍对象为名，以彩礼的名义给了该名精神病妇女的父亲1.9万元，在农村，这种行为还是符合习俗的，恐怕也不能认定为拐卖妇女罪。我认为，本案中，对甲以故意杀人罪定罪量刑就可以了。

学生： 如果甲购买的确实是一具妇女的尸体，购买之后将该名妇女的尸体与男子尸体合葬一处。这样的行为构成侮辱尸体罪吗？

张明楷： 如果没有损坏尸体，也没有实施其他侮辱行为，仅是买卖了尸体，恐怕这种行为还不能评价为侮辱尸体。

学生： 有一个人认为别人的坟墓挡了他的生意，然后他就把别人的坟挖了，把坟里的东西都扔了，散落在周围，家属报案后，法院定的就是侮辱尸体罪。

张明楷： 这个有问题。如果坟墓里是骨灰，就不可能认定为侮辱尸体罪。如果坟墓里是尸体，倒是有可能定侮辱尸体罪。

案例四

案情： 被告人甲驾车不慎将一位70岁的老人撞倒，当时甲打算将被害人送医，也有目击者帮助甲将被害人扶上车。甲开车去医院途中，担心自己将老人送到医院后老人仍会死亡，就将老人移置到偏僻的地方。为了防止老人报警或者其他人查出他的身份，甲将老人的手机拿走。路人发现被害人，将其送医时，由于老人身上没有手机，无法查找老人的身份和家人，而被害人系脑创伤，没有家属同意医院不会动手术，最终被害人死亡。甲的行为构成何罪？

张明楷： 第一，甲拿走被害人手机的行为，是否构成盗窃罪？第二，被害人的死亡结果是否可以归属于甲的行为？我们先来讨论一下甲的行为是否构成盗窃罪吧。

学生： 甲拿走被害人手机，是为了防止被害人报警，并没有利用该手机的意思,所以,甲不具备盗窃罪中非法占有目的下的主观利用意思,因此,甲的行为不能构成盗窃罪。

张明楷: 显然,甲拿走被害人的手机,是为了妨碍他人利用这个手机。我也主张不将这种单纯的妨碍他人利用财物的意思理解为盗窃罪中的利用意思。盗窃罪中的利用意思,应该是行为人自己利用财物的意思。如果将妨碍他人利用的意思也理解为盗窃罪中的利用意思,就会导致无法区分故意毁坏财物罪与盗窃罪的后果。所以,本案中,甲拿走被害人手机的行为不成立盗窃罪。

接下来,我们再来讨论一下被害人的死亡结果是否可以归属于甲的行为。

学生: 被害人在被甲撞伤以后,并没有立刻死亡,甲将被害人从马路移至较为偏僻的地方,并且拿走了被害人的手机,导致被害人被及时救助的可能性显著降低,最终也是因为被害人的手机被拿走,无法联系到他的家人,导致医生不能及时为被害人做手术。这些事实都表明甲的行为明显降低了被害人被救助的可能性,所以,可以将被害人的死亡归属于甲的行为,甲的行为应当成立故意杀人罪。

张明楷: 我也觉得可以将甲的行为认定为故意杀人罪。理由你已经说得很清楚了,我想补充说明的是,甲撞伤被害人后的行为,同时包含了作为与不作为。作为表现为将老人移置到偏僻的地方,不作为表现为没有救助被害人。将二者结合起来认定为一个故意杀人行为,也未尝不可。现在,我再把案情稍微改一下,你们看看甲的行为又该成立什么罪?如果甲在将被害人移至偏僻处且拿走被害人的手机以后,一直没有离开现场,而是在远处观望,一旦被害人在特定时间内还没有被人救走,他就会驾车送被害人去医院。最后被害人被人送去了医院，但由于没有联系到家人，医生没有及时动手术，导致被害人死亡。

学生： 我觉得在这种情况下，还是可以将被害人的死亡归属于甲的行为的，理由和我刚才讲的是一样的。

张明楷： 我觉得在这种情况下，由于行为人一直在现场，表明行为人并没有追求或者放任被害人的死亡。之所以一直守在现场，就是为了确保被害人不会死亡，而在我改编的这种情况下，甲看到被害人已经被人送到医院，就以为被害人肯定会被救活，所以就离开了。在这种情况下，可以考虑将甲的行为认定为遗弃罪或者过失致人死亡罪吧！

案例五

案情：甲是乙的丈夫。甲因为经商失败，意欲割脉自杀。乙看到自己的丈夫准备好了自杀需要的工具，并实施自杀行为，但从始至终都没有阻止。最后，甲自杀身亡。在这样的案件中，没有阻止自杀的一方应当承担刑事责任吗？

学生： 在我看来，只要丈夫是出于自己内心的本意想自杀，也实施了自杀的行为，妻子没有阻止的，妻子一方不构成任何犯罪。因为既然实施了自杀行为的丈夫都不构成任何犯罪，为什么没有阻止的一方反而要受到刑罚的处罚呢？在德国，肯定不会将乙这样的行为认定为犯罪的。

张明楷： 在德国的立法背景下，理论与判例会认为自杀一方应当自我答责，未阻止自杀的人不构成犯罪。但我们的国情与德国很不相同。不能认为只要有人自杀，参与自杀的任何行为就都无罪了。我国的司法实践和学说，都强调刑法对生命的绝对保护，当一个人要自杀的时候，刑法只是不追究自杀者的责任，但这并不妨碍刑法要求那些有救助义务的人去救助自杀者，所以，当一个有救助义务的人不去救自杀者的时候，仍然可以成立不作为的故意杀人罪或者其他犯罪。例如，一位有正当理由的上访人员感到绝望时准备自杀，身边的警察就看着他自杀身亡，在我们国家，这位警察会无罪吗？

学生：生命权的支配主体是个人还是国家？如果生命权的支配主体是个人，那么丈夫本人的自杀行为就是他处分自己生命的一种手段，不能认为别人有义务阻止他处分自己的生命。

张明楷：恐怕难以绝对地认为生命权的支配主体是个人，否则会有很多问题解释不通。也不能绝对地说自杀是个人的权利，否则，帮助自杀就是在帮助行使权利，教唆自杀就是告诉别人行使权利，那么，日本等很多国家刑法规定的教唆、帮助自杀罪等就都是完全错误的立法了。

我还是倾向于认为，自杀是违法的，只是没有责任，缺乏处罚的必要性。在我们今天讨论的这个案件中，妻子看到自己的丈夫自杀，基于夫妻有相互扶助的义务，她是有义务阻止丈夫的自杀行为的。

在德国，自我答责理论应用的条件是，行为当时没有一个优先保护他的人存在。但在我看来，这可能也不太好判断。比较好判断的优先保护就是未成年人自杀时父母要去保护。像本案这种情况，成年人自杀时并没有一个优先保护人存在，所以，基本可以适用自我答责理论免责。我再次强调一下，德国的刑法理论与他们国家的文化背景有关系，起码在这个问题上，他们的理论与司法实践的经验不能适用于我国。

案例六

案情：乙丙二人合谋绑架了甲，让甲的家人筹钱。在甲的家人交付了赎金之后，乙丙怕甲及其家人报警，就在释放甲之前，将甲带到了某个房间，在甲的头上套上了绳子，强迫甲杀死在场的一名吸毒妇女，否则乙丙二人就马上勒死甲。甲无可奈何，就将这名妇女当场杀死。如何认定本案中甲、乙、丙的行为？

学生：首先，乙丙二人绑架甲的行为，肯定已经构成了绑架罪。接下来，就要分析乙丙强迫甲杀死吸毒妇女的行为了。我认为，乙丙构成故意杀人罪的教唆犯，甲构成故意杀人罪的胁从犯。

张明楷：甲如果当时不杀死被害妇女的话，自己就会被乙、丙杀死。在这种情况下，是否可以认为甲根本已经没有意志自由了，因而可以认为甲不具备故意杀人罪的责任要素？或者认定为阻却责任的紧急避险？

学生：这个案件是否已经涉及了基于强制的紧急避险的判断？

张明楷：总之，在这种案件中，只要能够肯定受胁迫的一方当时根本没有意志自由，也不具有不实施违法行为的期待可能性，那么将这样的行为评价为胁从犯就并不合适。

学生：共犯是违法形态。本案中甲被胁迫杀人的行为是否可以评价为共犯层面的胁从犯？只不过是因为甲不具备故意杀人罪的责任，因而他的行为不成立故意杀人罪的胁从犯。

张明楷：如果行为只是因为缺乏责任才不构成犯罪，那么，也还是应该肯定这样的行为可能构成违法层面上的胁从犯。我觉得有必要讨论一下，能否通过杀人来进行紧急避险。这又回到了那个老问题上，那就是是否存在对生命的紧急避险。

学生：在这个问题上，我们还是更倾向于认为，不存在针对生命的紧急避险。也就是说，只要是杀死人了，这样的行为无论如何都是具有违法性的，只是在类似于本案这样的情况下，行为人不具有责任。

张明楷：针对生命的紧急避险虽然不一定阻却违法，但还是可以阻却责任的。那么，现在再讨论一下，本案中乙丙二人强制甲杀人的行为到底是教唆犯，还是间接正犯。

学生：如果在德日，乙、丙的行为应该成立间接正犯。因为在这个案件中，乙、丙的逼迫行为已经使甲丧失了意志自由，甲就是乙丙杀人的工具。

张明楷：确实像你所说的那样，在德日，乙、丙的行为能够被定为故意杀人罪的间接正犯。我们国家虽然有胁从犯这样一个概念，但是，由于共犯是一个违法层面的概念，即使甲的行为在违法层面上能够成立故意杀人罪的胁从犯，乙、丙的行为也能成立间接正犯。

学生：我现在的思考是，我们是不是不应该从共犯的层面来理解胁从犯。也就是说，行为只具有违法性，不具有责任的，不能认定为胁从犯。因为我国刑法中规定的胁从犯，是一个犯罪减轻、免除刑罚的情节，这个概念的前提，就是行为既具有违法性，又具有责任。我之所以更愿意这样来解释，就是因为我不愿意认为被强迫的一方已经不具备意志自由，但他却还是胁从犯。

张明楷： 确实，我们讨论的共犯是违法层面上的共犯，而我国刑法中规定的胁从犯，却是处罚中的一个减轻、免除刑罚的情节，但是，这并不意味着我们不能在违法层面上使用胁从犯的概念。这样来看，对上述案件可以得出如下结论：乙、丙构成绑架罪与故意杀人罪，对甲的杀人行为应作为阻却责任的紧急避险处理。也就是说，甲虽然是违法层面的胁从犯，但不是责任层面的胁从犯。

过失致人死亡罪

案例一

案情：某年7月中下旬，A（16岁）、B（15岁）、C（17岁）、D（16岁）、E（16岁）、F（16岁）六人一起半夜在北京后海附近玩，A和F是男女朋友。被害人G（25岁）醉酒后横躺在马路上后，有人将其扶至了路边，G在路边不断高声喧哗，说一些自己想死之类的话。ABCDEF六人经过G的身边时，B就用脚踹G，还想打G，但被A劝住后，G趁机离开了。一会儿，六人又碰上了G，B就把G的鞋袜脱下戏弄G，还要G拿出500块钱来。G就把自己的钥匙包给了B，B发现没有钱，把钥匙包扔了，这时G就给B下跪，B又想打G，但被其他人劝了下来。G起身要跑的时候碰到了F，然后接着跑，ABCDE就追G，追的时候有的人用地上的塑料棍、胶管砸打G，AB追在最前面。后来G越过后海的栏杆，手扶栏杆站在岸边，B对A说，G打了A的女朋友F。于是，A用塑料棍和胶管打G的肩膀，G为了躲避跳进了河里。G 身高有 1.7 米多，后海那时的水位为 1.7 米。G 跳下后，AB 将路边的沙石扔进水中，试图砸 G。G 先往中间游，后又往岸边靠。这时，有路人发现 G 不会游泳，就去制止了 AB 的行为，但制止了 AB 的行为以后，路人没有施救就离开了现场。后有路人拨打了 110 报警，但等警察赶到以后，G 已经溺水而死。本案如何处理？

张明楷：处理这种案件，先得考虑案件可能涉及的罪名，然后再从客观到主观具体地分析各个罪能不能成立，各个人分别要定哪些罪，一步一步来。首先，我们看看 ABCDE 的行为能不能构成故意杀人罪。

学生：AB 两人对被害人穷追不舍，还将被害人逼得跳下了河。二人在看到被害人已经跳河的情况下，还不断地用小石头砸被害人，我觉得他们俩的行为可以构成故意杀人罪。但是 CDE 只是在马路上追打被害人，可以将他们的行为只按照寻衅滋事罪处理。

张明楷：我们先仅仅讨论有没有人成立故意杀人罪。我觉得在这个案件中，很难说 AB 的行为成立故意杀人罪。当时 G 站在栏杆里面，手扶栏杆，AB 两人也就是用塑料棍和胶管打 G 的肩膀，这样的打击力度并不大。G 个子比较高，后海的水并不是特别深，G 跳下去以后并没有立即死亡的紧迫危险，虽然 AB 用石子砸 G，但也不能认为这样的行为就足以致人死亡。当时，主要是由于 G 喝醉了，如果 G 不醉的话，恐怕并不会酿成惨剧。从这些因素来看，可以认为 AB 两人也没有杀死 G 的故意。所以，我认为将他俩的行为认定为故意杀人罪并不妥当。再讨论一下案中是否涉及故意伤害致死。

学生：从 ABCDE 对 G 的打击力度来看，这样的行为往往也不会发生致被害人伤害的结果，所以似乎也不能认为他们的行为能够成立故意伤害致死。

张明楷：确实如此。再讨论一下是否成立寻衅滋事罪和过失致人死亡罪吧。

学生：B 在第一次遇见 G 的情况下，就随意殴打 G，后来还要求 G 交出钱，这样的行为已经符合了寻衅滋事罪的构成要件。ABCDE 在公共场合追打 G 的行为，也符合寻衅滋事罪的构成要件。AB 在 G 跳到河边栏杆内以后，用塑料棍和胶管打 G 的肩膀；在 G 落水以后，又用路边的小石子打 G，这些行为在客观上确实与 G 的死亡之间是存在因果关系的。只不过 AB 并没有认识到 G 会死亡这个事实，所以，我觉得 AB 的行为能够成立过失致人死亡罪。

张明楷：我基本同意你的看法。在这个案件中，我认为将 AB 的行为认定为过失致人死亡罪，将 CDE 的行为认定为寻衅滋事罪就可以了。当然，AB 的行为也同时触犯了寻衅滋事罪，与过失致人死亡罪形成想象竞合，最终认定为过失致人死亡罪。

案例二

案情：甲乙二人是亲密无间的朋友，两家住得也很近，由于乙有车而甲没有，乙经常接送甲的妻子上下班。在这个过程中，乙有时对甲的妻子不规矩，用言语挑逗甲的妻子，但从未与甲的妻子发生性关系。某天，甲的妻子告诉甲说，乙想占她的便宜，甲以为乙已经与自己的妻子发生过性关系，当时非常生气。第二天，甲约乙出去吃饭，乙说自己独自在家，可以到自己家来吃饭。甲遂拿了刀、下酒菜等去了乙家。甲喝了很多酒以后对乙说，"你不够义气，怎么能对我妻子这样！"乙就低下了头，这个时候，甲把刀拿了出来，又继续说："为了让你长点记性，得在你腿上做点记号。你看这个记号是你自己做还是我做？"乙把刀拿了过来就往自己腿上扎，一下就扎到了大动脉。甲见乙血流如注，就急忙将乙送到了医院，但乙还是因为抢救无效死亡。甲的行为构成犯罪吗？

学生：在这个案件中，显然甲并没有要杀害乙的故意，所以甲的行为不能成立故意杀人罪。甲要求乙在自己的大腿上做个记号，在甲的要求下，乙在自己的大腿上做了记号。强迫他人自伤的行为可以认定为故意伤害罪，正是因为乙在自己的大腿上做了记号，导致了自己的死亡，所以，可以将甲的行为认定为故意伤害致死。

张明楷：分析案件一定要从客观到主观，如果甲没有实施杀害甲的行为，就基本上不需要讨论甲是否具有杀人的故意。我觉得甲的行为不一定能够成立故意伤害致死。这是因为，甲让乙在大腿上做个记号，这样的行为一般来说不会给对方造成故意伤害罪要求的伤害程度。我国刑法中的伤害与国外刑法中要求的伤害程度是不同的，我国只有达到轻伤以上，才是刑法中要求的故意伤害罪的伤害，而在国外，轻微伤乃至是淤青等都可以成为故意伤害罪中的伤害。所以，我们国家故意伤害罪的故意也就与国外刑法中故意伤害罪的故意、与日常生活中的伤害故意有所不同了。在我国，只有行为人认识到了自己的行为导致或者可能导致被害人轻伤以上结果的，才能认为行为人具有故意伤害罪的故意。在这个案件中，如果甲拿的只是一把小刀，他的本意是让乙在自己的腿上做一个小标记，而乙却狠狠地插进了血管，似乎还不能将甲的行为认定为故意伤害罪。一般来说，在腿上做标记这样的行为并不会导致轻伤以上的结果，可以认为甲并没有伤害乙的意图。甲的行为成立过失致人死亡罪吗？

学生： 按照您的说法，甲的行为只能成立过失致人死亡罪了。

张明楷： 甲强迫乙用刀在自己腿上做记号的行为，是可以评价为过失致人死亡罪的实行行为的。也应当认为甲主观上具有预见可能性，认定为过失致人死亡罪，还是比较合适的。

　　三十多年前发生过这样一个类似的案例。行为人知道自己的妻子和别人通奸，就向组织反映了情况，组织认为没有证据不好认定通奸。某天，行为人回家后发现自己的妻子正在和他人通奸，行为人将二人捉奸在床以后，对通奸的男方说："领导说捉奸要讲证据，所以我得在你的大腿上做个记号。"于是，行为人用小水果刀往男方的大腿上做记号，结果在做记号的过程中不慎捅到了动脉，导致男方流血过多而死亡。当时很多人也认为行为人的行为成立故意伤害致死，但我主张认定为过失致人死亡罪。从客观方面来说，行为人的行为当然是致人死亡的行为。接下来就可以由重到轻进行判断。首先，行为人没有杀人故意，所以不成立故意杀人罪。其次，行为人是否有刑法上的伤害故意？我的回答是否定的。处理这类案件的关键就是，要正确区分日常生活中的故意和刑法上的故意，不能将日常生活中理解的伤害故意当作我国刑法中的伤害故意。最后，能否认定行为人对死亡结果具有预见可能性？我持肯定回答，所以，对行为人的行为应认定为过失致人死亡罪。

案例三

案情：甲女从事非法经营活动，被警察带到派出所讯问。甲为了让警察放过自己，就让自己的妹妹乙买一瓶农药送到派出所给自己。甲对乙说，自己只是少喝一点农药，以便吓唬警察，让他们不再查封她的店铺。乙就买了一瓶农药送给甲。结果，甲在卫生间喝农药时，不小心喝多了，警察发现甲喝农药后，立即将其送往医院，但甲因抢救无效死亡。某法院认定乙的行为构成过失致人死亡罪，这个判决妥当吗？

学生：乙可能构成过失致人死亡罪。乙已经认识到甲会喝农药，就可能认识到甲可能喝多而死亡，所以，乙的行为可能成立过失致人死亡罪。

张明楷：不能首先判断乙主观上有没有过失，还是要先判断甲的死亡结果能否归属于乙的行为。在这个案件中，甲并不是故意自杀身亡，而是不小心喝多了而死亡的。所以，乙的行为不可能属于帮助他人故意自杀。过失导致自己死亡的行为，不应该评价为违法行为。而且，我国并不承认过失的共犯，即使你能够认定乙对甲的死亡具有过失，但是在过失帮助他人过失自杀的情况下，还是不能将这种行为认定为过失致人死亡罪。在德国，由于教唆、帮助自杀不受刑法处罚，所以，过失帮助他人过失自杀的，更不可能受处罚。在刑法理论上，这种情形称为自己危险化的参与，是指被害人意识到并实施了对自己有危险的行为，而且遭受了侵害结果,但被告人的参与行为与被害人的侵害结果之间具有物理的或者心理的因果性。例如,甲虽然不希望自己死亡,但在认识到自己的行为对生命有危险的情况下,仍然对自己实施了危险行为,这是使自己危险化的行为。乙则参与了这种行为。所以,乙的行为叫做自己危险化的参与。

德国曾发生过这样的案件:被害人是海洛因的持有人,让被告人将注射器给其使用,被害人利用该注射器注射海洛因,进而死亡。德国法院以前认定这种行为成立过失致人死亡罪,但在本案中否认了过失致人死亡罪的成立。现在,不管采用什么样的理论,对于自己危险化的参与,都不能予以客观归责。所以,乙的行为不成立犯罪。

但我们国家的司法实践现在还在将这种行为认定为过失犯罪。例如,某年冬天的一个上午,顾某与被害人倪某等人在一船上游玩。其间,顾某觉得无聊便想找点乐子。顾某想起夏天时和倪某玩过的一个游戏,即他将 50 元现金扔到河中,让倪某下水捞钱,钱捞到后归倪某所有。于是,顾某再次提出玩此游戏。因冬天水太冷,倪某不愿下河,顾某便提出加价至 100 元,倪某同意。顾某随即将 100 元现金扔进河中,倪某跳入冰冷的河水中捞钱,却因河水太冷,溺水身亡。某法院以过失致人死亡罪判处顾某有期徒刑 1 年。本案的特点是,被告人唆使被害人实施自己危险化的下河捞钱行为,被害人虽然并不希望或者放任自己的死亡,却实施了该危险行为。所以,被告人的行为是典型的自己危险化的参与。可以肯定的是,导致被害人死亡的原因,是被害人自己跳入河中的行为(被害人自己过失地造成了自己的死亡)。但是,被害人的这一行为并不符合过失致人死亡罪的构成要件。

因为过失致人死亡中的"人",只是他人而不包括自己。既然如此,被告人就并未参与符合构成要件的行为。另一方面,在危险性认识的问题上,被告人的认识与被害人的认识并没有区别;也不可能认为被告人的行为在客观上对被害人形成了心理或者物理的强制。也就是说,被告人的行为并不符合间接正犯的成立条件。所以,无论从哪个角度来说,被告人的行为都不成立过失致人死亡罪。

故意伤害罪

案例一

案情:甲和乙是好朋友。某日,甲对乙说,他打算去杀害丙;乙让甲不要太极端,只要将丙打残就可以了。甲觉得乙说得很有道理,就将丙打成了重伤。乙的行为构成故意伤害罪的教唆犯吗?

学生:在这个案件中,如果不是乙的这一番话的话,恐怕甲就会将丙杀害。从这个意义上讲,乙的行为具有降低甲犯意的作用,客观上也减少了行为的危险性,似乎根据客观归责理论,乙的行为不构成犯罪。

张明楷:但甲去伤害被害人这个犯意,也确实是乙鼓动的结果。

学生:乙用使甲具有伤害的意图来打消甲杀人的念头,这种教唆行为的危险性明显较低了。

张明楷：我也认为对乙的行为不宜认定为故意伤害罪的教唆犯。但我的解释方法和你不一样。我认为，甲原本就有杀害丙的意图，杀害的意图是完全可以包含伤害的意图的，这两种意图是一种递进的层级关系，而不是对立关系。也就是说，只要甲具有杀害丙的意图，就能够认为他同时也具有伤害丙的意图，乙的行为并没有使本来没有伤害意图的甲产生伤害故意进而伤害被害人。所以，乙的行为并不成立故意伤害罪的教唆犯。

学生：乙是否成立故意伤害罪的帮助犯呢？

张明楷：如果有证据表明，甲之前杀害丙的犯意并不是十分坚决，但乙在积极劝说甲伤害丙之后，甲确实有了一定要伤害丙的决心，我认为在这种情况下，可以认为乙对甲的伤害行为具有心理上的帮助作用。但如果甲一开始非常坚决要杀死丙，乙为了让甲不杀害丙，劝甲将丙打残就好了，甲这才没有杀害丙，而只是将丙打成重伤，在这样的情况下，恐怕不能说乙对甲的伤害行为具有心理的因果关系。例如，甲来乙家找乙的儿子丙寻仇，当场就要杀死丙，乙为了让甲不要杀害自己的儿子，劝甲砍断丙的手，饶了丙的命。在这种情况下，如果符合其他相关条件，也可以考虑成立紧急避险。

对于这类案件，要从众多案例中的具体案情中，归纳一些基本的规则。不能笼统地认为，只要引起的犯意较之前的犯意程度低，就不构成任何犯罪。

案例二

案情：甲女和乙男结婚后，乙经常虐待甲，甲因此报过8次警，但公安局都以家庭矛盾为由而没有受理。一次二人发生冲突后，乙将甲带到了外地的一间出租房内，在半个月的时间里，乙多次殴打虐待甲。后来甲偷跑回娘家，娘家看甲伤势严重，将她送到了医院，但甲在入院不到半个月后就死亡了。医院的鉴定结论是，器官损伤致使内出血死亡。诊断的医生表示，在医院待了那么多年，他都没见过像甲那样被打得那么惨的。乙的行为构成虐待罪，还是故意伤害罪？

学生：乙的行为肯定成立虐待罪，至于能否认定为故意伤害罪，还要考虑乙是否有伤害的故意。

张明楷：从死因来看，甲是被乙伤害致死的，所以，甲的死亡结果是能够归属于乙的行为的。在此意义上说，乙客观上实施的是杀人行为。只不过这种杀人行为与通常的杀人行为的表现形式不同。但是，很难认定乙具有杀人的故意。

虽然乙殴打甲的时候，也肯定具有虐待的故意，但是虐待的故意与伤害的故意并不相互排斥。比如，本案中乙想通过殴打来虐待甲，但这种殴打行为本身就是一种伤害行为，乙显然已经认识到自己的殴打行为会把甲打伤，所以，乙显然既具有虐待的故意，又具有伤害的故意。因此，乙的行为肯定能够成立故意伤害致死。另一方面，乙的行为也是符合虐待罪的构成要件的，那么就可以认为乙的行为成立两罪，即虐待罪与故意伤害罪。在这种情况下，可以根据故意伤害罪定罪量刑。

认为本案中乙的行为构成虐待罪而不构成故意伤害罪的人，往往具有这样两种观念：一是他们认为这两罪是排斥关系，二是他们基本上是从行为人的主观出发来认定犯罪的。在他们看来，本案中的乙具有虐待妻子甲的故意，并且甲的伤害也不是一天两天造成的，很可能是长年累月的虐待行为所致，那么，在虐待的故意与故意伤害的故意是两种相互排斥的主观状态，以及虐待的客观行为与伤害的行为互相排斥的前提下，他们就只会认为案件中的乙仅成立虐待罪了。

在我国刑法中，虐待罪与故意伤害罪虽然是两个不同的犯罪，但这并不代表这两个犯罪是相互对立的关系。例如，在德国，滥待身体和伤害行为就被规定在了一个条文中。不难看出，不将虐待罪与故意伤害罪认定为两个对立的犯罪，对本案的解决大有裨益。

学生：如果有证据证明，本案中的甲经常被乙殴打，在甲被带到外地之前就因为乙的一系列虐待行为受过重伤，在乙将甲带到外地的半个多月，乙对甲继续殴打，致使甲死亡。在这种情况下，是否可以将乙之前的虐待行为和之后的伤害行为分别认定为虐待罪和故意伤害罪，并对二者数罪并罚？

张明楷：这是完全有可能的。尤其当之前乙对甲的虐待行为已经达到我国虐待罪定罪量刑的程度，之后乙又对甲实施暴力，致甲重伤死亡时，乙的多个行为触犯了虐待罪和故意伤害罪两罪，将这些行为实行数罪并罚是完全可以的。

学生：我把本案的案情稍加改编一下，您再看看乙的行为构成什么犯罪？乙和甲结婚之后，经常体罚甲，不给甲吃饭。经过七八年后，甲由于长年累月的折磨而死亡。

张明楷：我认为，如果不能直接证明甲的死亡是乙的哪次暴力或者哪几次暴力等伤害行为所致，而是长年累月的虐待所致，将乙的行为认定为虐待罪更加合适。

学生：即使是故意伤害的行为，也可能是长年累月的行为啊。比如，行为人给被害人投放一种慢性毒药，直到第八个年头，被害人才被毒成重伤。如果行为人和被害人不是同一家庭成员的话，那岂不是行为人既定不了虐待罪，也定不了故意伤害罪了吗？

张明楷：在你刚才举的这种日积月累的伤害情形下，行为人往往具有伤害被害人的概括的故意，也就是说，行为人的每一次行为，基本上都是在一个概括的故意下实施的。而在你之前说的那个常年体罚、不给吃饭的案件中，很难说乙在不给甲吃哪一顿饭时，乙具有伤害甲的故意，而且你说的体罚太抽象了。打一个耳光是不是体罚？打一个耳光有没有伤害的故意？一般来讲，行为人即使对家庭成员长期虐待，但每次施加虐待行为时却几乎不会有杀人、伤害的意图。

另外，长年累月给被害人吃慢性毒药，致人重伤，虽然是一种伤害行为，当然也可能评价为虐待行为。由于故意伤害罪重于虐待罪，所以，对这种行为最终应认定为故意伤害罪。

案例三

案情：赵甲和赵乙两兄弟都在某城市当厨师。弟弟赵乙在饭店与女服务员发生了冲突，女服务员的男朋友带来两个人，用啤酒瓶将赵乙的头打伤。赵乙当时并没有去做伤情鉴定，只是报了案，到其哥哥赵甲处后，将这件事告诉了赵甲，并告诉哥哥女服务员的男朋友第二天要到饭店替女服务员领工资。

赵甲在从银行取钱回来的路上，买了一把水果刀，第二天带着水果刀到赵乙工作的饭店找赵乙，二人见面后并没有预谋殴打女服务员及其男友。赵甲碰到女服务员的男友后，让对方向赵乙支付1500元,为其治伤。女服务员的男朋友遂叫来七个人,将赵甲拽到了外面。将赵甲拉到饭店门外后,八人将赵甲围住,对其拳打脚踢。赵甲为了反抗,就拿出了水果刀向殴打他的人挥舞。赵乙看到哥哥被围在八个人中间,遂到厨房拿了一把西瓜刀,冲到人群中,与哥哥一起砍打。结果,八个围攻者中有一个人死亡,事后无法查明到底是谁所杀;另有一名围殴者在逃跑的过程中绊倒,被赵甲上前捅了一刀,经鉴定为重伤。赵甲、赵乙兄弟二人见有人死了,遂逃跑。案发后,现场还发现了第三把刀。

四年后,该案件发回重审时,将尸体的伤口与刀进行了比对,当时尸体已经腐烂,最后鉴定结论认为,造成死者死亡的刀可能是赵甲拿的水果刀。据此,重审法院认定赵甲、赵乙兄弟二人构成共同犯罪,其中,赵甲构成故意伤害致人死亡和故意伤害(重伤)两罪;赵乙仅按照故意伤害罪定罪。赵甲被判处了死刑,赵乙被判处了无期徒刑。法院对赵甲、赵乙的处理合理吗?

张明楷:我认为,除了赵甲在围攻者逃跑时追上去将人砍成重伤的行为应当按照故意伤害罪(重伤)定罪量刑以外,赵甲、赵乙致其他人死伤的行为都可以认定为正当防卫。

从案情的交代来看,赵甲在替赵乙讨医药费时,被8人围攻。根据一般社会常识,8个人围殴一个人,还是可能导致被殴打的赵甲重伤或者死亡的。赵甲在此时拿出水果刀进行反击,完全是出于正当防卫。即使赵甲的行为导致了围殴者死伤,也仍然能够将赵甲的行为认定为正当防卫。赵乙在看到哥哥被围殴时,和赵甲一同攻击围殴者的行为,不应当独立地评价为故意伤害罪。这是因为,既然赵甲的行为可以认定为正当防卫,那么,赵乙加入的也是正当防卫的行为。所以,即使在反击围殴者过程中,赵乙的行为致人轻伤了,也不能把这样的正当防卫行为认定为犯罪。但是,在围殴者已经逃跑的情况下,赵甲仍然紧追不舍,还将围殴者砍伤的行为,由于防卫不适时,不能认定为正当防卫。

学生:赵甲事先准备了一把水果刀,这样的情况是不是不应认定为正当防卫呢?

张明楷:只要赵甲在行为当时,符合了正当防卫的条件,不管他事先有没有准备、如何准备,都不影响正当防卫的认定。

学生:能不能认为赵乙也参与了赵甲追砍被害人的伤害行为?因为此时赵甲、赵乙兄弟二人都在现场,且二人之前都是在砍打围殴者。

张明楷:显然,弟弟赵乙加入的砍打行为是正当防卫的行为;根据案情,赵乙并没有加入正当防卫之外的其他行为。不能因为弟弟赵乙先前实施了正当防卫的行为,最后将他的行为认定为故意伤害罪的共犯。

组织出卖人体器官罪

案情:甲成立了一个所谓的咨询公司,实际上是从事人体器官的买卖活动。他们从器官接收者那里收取高额费用,但仅向器官提供者给付少量现金,从中挣取高额差价。

这个案例所涉及的问题是,如何理解《刑法》第234条之一规定的组织出卖人体器官罪与非法经营罪之间的关系,以及如何理解组织出卖人体器官罪中的"组织"?

学生：在《刑法修正案（八）》出台以前，对于出卖人体器官的行为有按照非法经营定罪量刑的。在《刑法》第234条之一的规定出来以后，行为人的行为没有构成组织出卖人体器官罪，但也确实出卖了人体器官的行为，是否可以按照非法经营罪定罪量刑？

张明楷：如果说经营人体器官买卖业务的行为成立非法经营罪，那么，《刑法修正案（八）》新规定的《刑法》第234条之一，就是将非法经营罪中的部分情况独立出来，形成一个新的犯罪。不符合《刑法》第234条之一所规定的构成要件的行为，当然还是成立非法经营罪。类似的情况还有我国《刑法修正案（七）》规定的组织、领导传销活动罪。按照我的观点，《刑法修正案（七）》本来是想严厉处罚组织、领导传销活动的行为，但它加了个限制条件，即"骗取财物"。那么，那些不骗取财物的传销活动又该如何处理？以前，按照相关司法解释和有关规定，这种行为违反了国家规定，认定为非法经营没有问题，那么，不符合《刑法修正案（七）》规定的组织、领导传销活动罪的构成要件的行为，就可以定非法经营罪。

《刑法修正案（八）》规定了组织出卖人体器官罪，其中"组织"基本上是包含了一切经营人体器官买卖的行为。这里的"组织"，要区别于组织、领导、参加黑社会性质组织罪和组织、领导、参加恐怖组织罪中的"组织"。如果按照组织、领导、参加黑社会性质组织罪和组织、领导、参加恐怖组织罪里的"组织"来理解的话，就是在共同犯罪的意义上理解组织出卖人体器官罪中的"组织"，于是，很多长期从事人体器官买卖介绍的行为就无法认定为组织出卖人体器官罪了。所以，对《刑法》第

234条之一中的"组织",要作一些扩大解释,以招募、雇佣(供养器官提供者)、介绍、引诱等手段使他人出卖人体器官的行为,都应包含在内。

学生:组织出卖人体器官罪中的"组织"和组织卖淫罪中的"组织"是否类似?

张明楷:二者有点类似,但还是有区别。可以将组织出卖人体器官罪中的"组织"归纳为一种经营行为,即使只是在出卖者和购买者之间牵线搭桥,也可以认定为这里的"组织";并不是说只有行为人直接去领导、指挥那些出卖者或者购买者,才能认定为这里的"组织"。区别表现在,引诱、介绍他人出卖人体器官的,都可能成立组织出卖人体器官罪,但是,单纯引诱、介绍他人卖淫的,则不成立组织卖淫罪。

在社会上最开始出现买卖器官的事件时,我就觉得,在出卖人体器官会导致被害人重伤或者死亡的情况下,即使得到了出卖方的同意将其器官取出,对这样的行为也可以认定为故意伤害罪,因为被害人对危及自己生命的重伤的承诺是无效的。我记得宁夏发生过一起案件,一个17岁的未成年人向别人出卖了自己的肾脏,当时这个案件是按照故意伤害罪定罪量刑的,我觉得这个处理很合理。现在,刑法将这种行为规定为新的犯罪,显然不能将这样的犯罪解释为破坏社会主义市场经济秩序的犯罪。

另外要注意的是,组织出卖人体器官罪与故意伤害罪也不是对立关系,不要总是想到二者的区别是什么。要知道,在许多情况下,一个行为完全可以既符合组织出卖人体器官罪的构成要件,也符合故意伤害罪的构成要件。例如,未经本人同意摘取其器官,或者摘取不满18周岁的人的器官,或者强迫、欺骗他人出卖器官的行为，虽然符合故意伤害罪、故意杀人罪的犯罪构成，但依然可能符合组织出卖人体器官罪的犯罪构成。对此，应根据刑法的规定以及相关原理作出妥当的处理，不能违反罪刑相适应的原则。

强 奸 罪

案例一

案情：A女下班后与甲乙丙三名关系较好的男同事在餐馆喝酒聊天，其间，A女喝醉了，乙丙也喝了不少酒，只有甲比较清醒。喝完酒后，甲乙丙商量由甲开车送A女回家。在回家的路上，A女要求与甲发生性关系，甲知道A女喝醉了，没有同意，继续开车送A女回家。但是，A女仍然反复要求与甲发生性关系，于是，甲与A女在车内发生了性关系。次日，A女觉得自己的状态异常，问甲怎么回事，甲说出真相后，A女向公安机关告发了甲。对甲的行为能够认定为强奸罪吗？

学生：甲知道A女喝醉了，因此知道与其发生性关系是违反其真实意志的，所以，应当认定为强奸罪。

张明楷：首先要判断的是，甲的行为是否属于《刑法》第236条规定的暴力、胁迫或者其他手段。

学生：可以认定为其他手段吧。

张明楷：其他手段应当是与暴力、胁迫相当的方法，在本案中，甲只有单纯与A女发生性关系的行为，其他手段表现在什么地方呢？

学生： 其他手段表现在利用 A 女的醉酒状态。

张明楷： 可是，甲并没有利用 A 女的醉酒状态，是 A 女反复要求与甲发生性关系的啊。

学生： 趁妇女熟睡而与之发生性关系的，都是认定为其他手段的啊。

张明楷： 趁妇女熟睡而与之发生性关系的，当然可以评价为其他手段。但本案不是甲趁 A 女喝醉而与之发生性关系的，因此不能找到属于其他手段的行为。其实，我并不是一定要说强奸罪是所谓的复行为犯，事实上，强奸罪的手段行为与抢劫罪的手段行为是存在区别的。我只是觉得，本案中甲的行为明显与暴力、胁迫手段不相当。此外，你们刚才说的违反了 A 女的真实意志，是怎么判断出来的？

学生： 妇女事后告发就能说明这一点。

张明楷： 预判结论肯定会影响我们对这个案件的归纳。如果预判结论是甲不构成强奸罪，那么，就会说，A 女是酒后吐真言，所以，她反复要求并最终与甲发生性关系，是完全符合她的真实意志的。至少是符合她行为时的真实意志的。至于事后告发，则是出于其他原因。况且，认定强奸罪的成立与否，不是以事后的意志或者态度为标准。如果预判结论是甲构成强奸罪，则会说，醉酒时的表达不是被害人的真实意志。不过，我认为不能认定甲的行为成立强奸罪。因为难以认定甲有与暴力、胁迫相当的手段，难以认定甲利用不能反抗、不知反抗、不敢反抗的状态强奸 A 女，也难以认定甲的行为违反了 A 女当时的意志。在 A 女反复要求的情况下与其发生性关系，也难以认定甲有强奸罪的故意。

案例二

案情：甲乙丙三人将一名妇女制服以后，甲乙二人对这名妇女实施了强奸行为，丙负责捆绑被害妇女，并制止被害妇女实施反抗行为。能否对丙适用轮奸的法定刑？

学生：甲乙二人的行为是肯定可以认定为强奸罪中的轮奸的。但是，丙并没有实施强奸的实行行为，所以，他的行为是可以被认定为轮奸的帮助行为的。将轮奸的帮助行为也按照轮奸量刑的话，就会导致量刑过重的不当结局，所以，应该将丙的行为按照强奸罪第一档法定刑量刑。

张明楷：我国刑法中主犯和从犯这样的概念，与国外的正犯和帮助犯并非一一对应。我国主犯和从犯的区分，主要体现在量刑时从犯可以从轻、减轻。即使共同正犯在实行犯罪的过程中，可能有一部分实行犯的行为并没有起到重要作用，也还是有可能将他们认定为从犯。比如，在杀人过程中，有的实行者只是在被害人的背上打了两拳，而另外的实行者直接用刀将被害人砍死了。在这样的案件中，完全可以将一部分实行者认定为主犯，一部分实行者认定为从犯。可见，正犯和主犯并不一定是同一个概念。

学生：如果将丙认定为轮奸行为的从犯，根据刑法规定，就应当对其从轻、减轻或者免除处罚。但他毕竟实施了轮奸的实行行为，这样处罚是否不太合适？

张明楷：我觉得这需要在具体的个案中根据具体情形作出区

分。如果本案中的丙虽然没有实施奸淫行为，但却正是他通过暴力行为制服了被害妇女，才使甲乙二人能够轮奸被害妇女，在这样的情况下，就不能将丙的行为认定为轮奸的从犯，只要将他的行为按照轮奸的法定刑量刑就可以了；但如果他只是参与了望风等物理上或者心理上的帮助行为，就应该肯定他的行为成立轮奸的从犯，适用轮奸的法定刑，同时按照刑法总则有关从犯的规定量刑即可。

案例三

案情：甲指使乙丙丁三人去轮奸被害妇女，而乙丙丁三人是严重精神病患者。如何认定甲的行为？

学生：乙丙丁在违法层面，肯定是实施了轮奸行为的。但由于他们都是严重的精神病患者，不需要负轮奸的责任。同样，由于乙丙丁三人是严重的精神病患者，甲指使三人实施轮奸的，甲可以被认定为轮奸的间接正犯。

张明楷：同意你的分析结论。不过，其中分析的细节还是有必要展开讨论的。比如，既然已经在违法层面将乙丙丁的行为认定为实行轮奸行为的共同正犯，为什么能够同时在违法层面将甲的行为认定为间接正犯呢？

学生：即使根据共犯成立理论中的行为共同说，也至少需要行为人之间存在一个意思联络，否则的话就不能将没有一点意思联络的行为人认定为共犯。在这个案件中，我担心的是，严重的精神病人之间是否存在成立共犯所需要的意思联络。

张明楷：在这个案件中，可以毫无疑问地肯定这些精神病人之间存在成立共犯所需的意思联络。因为成立共犯所需的意思联络，并不要求行为人都要具备犯罪的故意，这种意思联络是一种一般意义上的共同意思，也就是大家都知道对方和自己在干一件事情这样的意思，显然，再严重的精神病患者在当时的环境下，都是可以有这样的意思的。

学生：乙丙丁成立轮奸的共同正犯，甲又成立轮奸的间接正犯，这两者应该并不矛盾。因为乙丙丁确实在客观上实施了轮奸的实行行为，他们能够在违法层面成立共同正犯，只是因为他们缺乏责任，所以不承担刑事责任；甲通过自己的行为对乙丙丁的行为具有支配性，所以，甲是乙丙丁行为的间接正犯，也就是说，正犯和间接正犯是可以同时出现在一个案件中的。

张明楷：确实是可以这样来理解的。在行为人指使儿童、严重的精神病患者实施犯罪行为的案件中，都可能会遇到这样的情形。直接实施犯罪行为的儿童、严重的精神病患者是某个犯罪的违法层面的正犯，而指使者则是这个犯罪的间接正犯。

学生：有人可能会有疑问，那就是在我们今天讨论的案件中，最终只有甲按照强奸罪中的轮奸来量刑，但是一般来说，二人以上才能构成轮奸。

张明楷：二人以上强奸才构成轮奸，这是从实行行为发生时的违法状态来讲的。但有时候会遇到实施了轮奸行为的正犯并不具备责任的情形。比如，一个成年男子和一个13周岁的少年去轮奸一名妇女，最终只有该成年男子被按照强奸罪中的轮奸量刑，而13周岁的少年无罪。所以，强奸罪中的轮奸是一个违法形态，并不是责任形态。需要注意的是，所谓轮奸是一种违法形态，是指共同实行的违法形态，在违法层面必须存在共同正犯的情形。甲强奸妇女后逃离现场,事前没有通谋的乙碰巧经过此地又强奸了该女的,不可能成立轮奸。

强制猥亵妇女罪

案情:甲男和乙女是网友,二人素未谋面,但在网络上交流得十分深入。乙将自己的很多隐私告诉了甲,并且将自己男朋友的QQ号等告诉了甲。后来,甲以在网上散布乙的隐私为要挟,要求乙拍摄裸体照片、淫秽视频发给甲。乙害怕甲将自己的隐私发布到网络上,就按照乙的要求,将自己拍摄的自己的淫秽物品和裸体照片发给了甲。甲时常这样要挟乙,乙忍无可忍后报案。甲的行为构成何罪?

张明楷:在日本等国和我国台湾地区以及旧中国,刑法都规定了强制罪,只要行为人用胁迫的手段让别人做没有义务做的事情,这样的行为就构成强制罪,本案中甲的行为肯定可以在这些国家和地区成立强制罪。但在我国现有的立法体系下,你们考虑一下甲的行为是否可以构成强制猥亵妇女罪。

学生:如果这个案件中的甲是在和乙见面后,当面以揭发隐私相要挟,要求乙脱掉衣服照裸照,或者当场拍摄淫秽视频,这样的行为肯定是可以被认定为强制猥亵妇女罪的。但在本案中,甲并没有当面胁迫乙实施损害乙性自由的行为,似乎不能将甲的行为认定为强制猥亵妇女罪。

张明楷:可以肯定的是,行为人不在现场,是不能够实施强奸罪的直接正犯行为的;在一般的情况下,行为人不在场的话,也是难以直接实施强制猥亵妇女的行为。但强制猥亵妇女罪与强奸罪之间还是有差异的。行为人可以强迫妇女对自己实施猥亵行为，但行为人不可能强迫妇女对自己实施强奸行为。所以，还是可能存在行为人不在现场，但仍构成强制猥亵妇女罪的情形。

学生：在这个案件中，乙在拍裸照、拍自己的淫秽视频的过程中，甲并不在场。所以，甲当时当地不可能侵害乙的性的羞耻心。所以，我认为只要行为人不在场，就不能将他的行为认定为强制猥亵妇女的行为。

张明楷：如果甲在与乙视频的过程中，以散布乙的隐私为要挟，要求乙与自己裸聊，乙只好按照甲说的办，你觉得乙的行为不构成强制猥亵妇女罪吗？

学生：由于网络传输具有同时性，在这种情况下，甲在不在现场，都不会影响他的行为性质。

张明楷：这是否说明，无论甲在不在现场，都不影响他要求乙拍裸照、录制淫秽视频的行为性质了？

学生：但是本案中，甲并没有要求乙与自己裸聊，而是要求乙自己给自己拍照、拍摄，乙在自己给自己拍摄的过程中，并不会产生性的羞耻心，所以，我还是认为本案中的甲不构成强制猥亵妇女罪。

张明楷：甲是当时就通过网络观看，还是过后通过照片、视频观看，对乙造成的性的羞耻心这一点有差异吗？如果你认为行为人必须同时观看才能构成强制猥亵妇女罪，这种观点的根据是什么？

学生：虽然甲是通过视频事后观看，还是通过网络即时观看，对乙造成的影响可能并没有显著区别，但是只要联系到强制猥亵妇女的行为这一点来考虑的话，还是可以将二者区分开来的。比如，本案中的甲并没有实施强制猥亵妇女的行为，因为他只是强迫乙自己给自己拍裸照、录制淫秽视频，乙在自己给自己拍摄的过程中，甲并没有观看到，所以甲并没有猥亵乙，不能将甲事后观看他人淫秽视频、裸照的行为认定为强制猥亵妇女罪。但如果甲是通过网络即时观看乙实施这些行为，显然就可以将甲强迫乙自己猥亵自己，甲自己即时观看的行为认定为强制猥亵妇女了。

张明楷：你这个解释比较合理。看来，在我最先举的这个案件中，甲的行为并不构成强制猥亵妇女罪。如果我国刑法也规定了强制罪的话，甲这样的行为肯定是可以构成强制罪的。但是，如果甲以泄露隐私等进行胁迫，使妇女裸体与自己即时视频，让妇女进行淫秽表演给自己即时观看的，还是可能成立强制猥亵妇女罪的。

猥亵儿童罪

案例一

案情：甲每次在家中浏览淫秽视频网站时，都让自己10岁的女儿一同观看。甲的行为构成犯罪吗？

学生：我国《刑法》第237条第3款规定了猥亵儿童罪。本案中的甲的行为，可能会涉及如何理解这个罪中的"猥亵儿童"。我觉得在儿童身心发展不成熟的阶段，让他们观看淫秽视频，也可以将这样的行为评价为一种猥亵行为。所以，我认为，还是可以将甲的行为认定为猥亵儿童罪的。

张明楷：本案中的甲，是 10 岁女童的父亲。他带着自己 10 岁的女儿观看黄色视频的行为，确实可以评价为"猥亵儿童"。因为"猥亵"行为并不一定要有身体的接触，比如在强制猥亵妇女罪中，行为人强迫妇女观看自己的性器官、性活动等行为的，也可以被评价为强制猥亵的行为。在猥亵儿童罪的情况下，儿童要较成年妇女更加脆弱，随意让他们观看淫秽视频，这样的行为确实也是可以评价为猥亵儿童罪的。

学生：从不作为的角度来看，本案中的甲是 10 岁女童的父亲，他本身就具有阻止该女童接触这样的淫秽视频的义务，结果他还主动带着女儿观看，这样的行为也可以认定为不作为的猥亵儿童罪。

张明楷：我觉得没有必要在这个案件中讨论甲是否以不作为的方式犯了猥亵儿童罪。因为我们已经首先肯定了甲已经通过作为的方式触犯了猥亵儿童罪。在已经可以肯定行为人是以作为的方式触犯某罪的情况下，通常就不必再讨论他是否以不作为的方式触犯了同一罪。只有当行为人的行为不能够认定为作为犯罪，才需要考虑是否可以找到行为人的作为义务来源，如果行为人有作为义务的话，行为人的行为才可能构成不作为犯罪。例如，本案中甲的妻子发现自己的丈夫总是带着自己 10 岁的女儿观看淫秽录像，但她从来都没有制止过。显然，甲的妻子没有主动带着自己的女儿观看淫秽视频，所以，她没有以作为的方式触犯猥亵儿童罪。但是，她作为 10 岁女儿的监护人，是有义务阻止自己的女儿接触这些淫秽视频的，但是她并没有阻止，这样一来，就可以肯定她以不作为的方式触犯了猥亵儿童罪。

学生：在甲的妻子不阻止的情况下，是否可以认为夫妻二人成立共同犯罪？

张明楷：确实可以认为甲和妻子成立猥亵儿童罪的共犯。在德国，丈夫是实行犯，是正犯，妻子是不作为方式犯罪的正犯，两个人都会是正犯；但在我们国家，司法实践中是按照主犯、从犯来区分的，显然妻子在犯罪中的作用不及丈夫，认定丈夫是主犯、妻子是从犯，是完全可能的。当然，也不排除二人均为主犯的情形。

学生：今天我们讨论的这个问题，让我联想到了您讲到过的三段论的倒置理论。在这个案件中，乍一看，就感觉甲的行为是极有可能构成犯罪的。然后就马上想到了《刑法》第237条第2款规定的猥亵儿童罪。接下来，就开始推敲案件中的事实是否可以被评价为"猥亵儿童"。这样的一个思维过程，正好体现了您提到的三段论的倒置。

张明楷：判断一个行为是否成立犯罪时，脑中必然先会出现几个可能涉及的罪名，这是在认定犯罪时必然经历的过程。在国外，这个思维过程是被学者们普遍接受的，大家并不认为这样的思维就是不讲罪刑法定原则的体现。不过最近，我发现我国学者中也有一些人开始肯定这种思维了。从规范到事实也好，从事实到规范也罢，价值判断的过程中，目的的指引太重要了。比如，哈特曾经举过一个例子，某公园规定"禁止一切车辆驶入公园"，他认为这个规范是不确定、不明确的，但我就认为这个规定已经很明确了。哈特的意思是，在这个规范中，什么是车辆、哪些车辆不被允许，并没有说清楚。但我认为，这是因为他没有考虑公园定立这条规定的目的。没有目的的指引,任何规范都是不明确的。如果考虑到公园设立规定的目的是为了方便人们在公园休闲、娱乐、放松,那么,残疾人坐的电动轮椅就肯定不是本条规定的"车辆",消防员驾车进入灭火当然也是可以的,小孩子骑着童车进公园也是不会禁止的,但残疾人开着卡车进公园则是肯定不行的。

学生: 形式解释论是否基本上不承认倒置的三段论?

张明楷: 按理说也不至于。我觉得形式解释论在很大程度上是从法条的字面含义出发来解释法条。很多人以为,实质解释论就是只讲实质目的,不讲字面含义,这显然是对实质解释论的误解。因为实质解释论是针对形式解释论而言被提出的一个概念,也就是说,以前的解释论都是很形式的解释,所以,我提出要尽可能在实践中挖掘法条文字可能具有的含义这样的解释方法。实质解释不是类推解释,肯定是要受到法条文字可能具有的含义的范围的限制的。这是一个最基本的问题。哪一个主张实质解释的人会主张违反罪刑法定原则呢?没有人这样主张。

案例二

案情:甲利用网络胁迫不满 14 周岁的乙,让乙猥亵了一名 15 周岁的少年。甲的行为构成犯罪吗?构成什么罪?

张明楷: 我认为可以将甲的行为认定为猥亵儿童罪。只不过猥亵的对象不是 15 周岁的少年,而是他胁迫的不满 14 周岁的乙。因为不满 14 周岁的乙还是可以被认定为儿童的,胁迫一个儿童去实施猥亵行为,这样的行为也是可以被认定为猥亵这名儿童的。

学生：恐怕我国的法官不太可能将这样的行为认定为猥亵儿童罪。因为他们会认为，被猥亵的一方是15周岁的少年，不能再将这样的少年认定为儿童，而实施猥亵的行为的乙是胁从犯，而不是本案的受害人。

张明楷：司法实践中确实可能会存在你说的这种情形。我觉得这可能与一直以来我国的法官在疑难案件中能动性不强有关。前些年，南京曾发生过一起组织男子向男子提供性服务的案件。当时就争论过这样的案件该如何处理，组织者可否按照组织卖淫罪定罪量刑的问题。实际上，处理该起案件的法官应当意识到，法条的用语含义是随着人们生活方式的变化而变化的。同性恋现象不断增加以后，当然可以将同性向同性提供性服务的行为认定为法条规定的"卖淫"；法律也没有限定卖淫必须是向异性卖淫，将法条规定的"卖淫"只限定为向异性卖淫，是人们的观念太僵化了的表现。法官应该随着时代的变换，对一些法条规定的概念进行新的解释，这样才能够在具体案件中得出顺应时代发展要求的结论。

本案中不满14周岁的乙表面上是加害人，但他同时也是受害人。让一个不满14周岁的人猥亵他人，同时也是对这名儿童的猥亵。所以，法官要想到事实的不同侧面，要知道对一个案件事实可能进行多种不同的归纳。

学生：我国法官在疑难案件中能动性差，与我国有数量庞大的司法解释不无关系。在疑难案件发生以后，法官往往寄希望于"两高"马上出台一个新的司法解释来统一处理，而很少有法官会自主解决这样的问题。

张明楷：司法解释不等于法律，如果司法解释出现了类推解释等不正确的解释时，法官还应该要有拒绝适用的胆量。在我们现存的制度框架内，既然案件是由法官审理的，就应该信任审理案件的法官在具体案件中的判断。

以前我在某区检察院兼职工作期间，遇到过一个赌博诈骗的案子。当时，利用赌博这种形式实施诈骗活动的行为，都根据司法解释认定为赌博罪。在我遇到的那个案件中，我要求公诉人按诈骗罪起诉，法院也认定为诈骗罪。

还有，1997年关于盗窃罪的司法解释规定，盗窃罪的累犯应当提高一个档次的法定刑量刑。在实践中，出现了盗窃犯盗窃了800元，且构成累犯的情形，如果将这种行为在3年以上10年以下的法定刑范围内量刑的话，显然就会造成量刑过重的不当局面。所以，这个关于盗窃罪累犯的规定是明显违反刑法的。总之，我想说的是，我们的法官在具体案件中发现司法解释明显不合理时，还是应当根据刑法的规定合理地处理案件，不要让司法解释的效力高于刑法本身。

案例三

案情：甲男与5岁的幼女乙是邻居，两家关系甚好，乙经常去甲家玩。某日，甲一人在家时，乙到甲家去玩。甲穿着短裤坐在沙发上看电视，此时，乙掏出甲的生殖器出来玩弄，甲没有实施任何动作，也没有制止。几分钟后，乙的父亲喊乙回家吃饭，发现了这一幕。甲的行为是否构成猥亵儿童罪？

学生：甲没有实施任何猥亵行为，好像不能构成猥亵儿童罪。

张明楷：能不能规范地评价甲的行为是作为？如果不能，就要考虑不作为可不可以构成猥亵儿童罪。如果可能，则需要考虑甲是否具有制止义务。

学生：甲什么动作都没有，不好评价为作为。问题是不作为的义务来源是什么？

张明楷：如果说要规范地评价为作为，只能说甲允许或者容忍幼女对自己实施猥亵行为。甲不该允许而允许，不该容忍而容忍，所以是作为。不过，很多人可能不会同意这个评价。那我们就要谈谈不作为。

德国、日本以往都采取了形式的法义务论。德国以往的形式的法义务论认为，作为义务的来源是法律、合同与危险的先前行为，后来又增加了紧密的生活关系。日本的形式的法义务论认为，作为义务的发生根据是法令、合同与习惯或者条理，条理中包括先前行为。但是，由于形式的法义务论存在明显的缺陷，德国、日本早就开始探讨实质的法义务来源。现在的德国，占支配地位的观点是将作为义务分为对脆弱的（无助的）法益的保护义务和对危险源的监督义务。这种机能二分说也得到了部分日本学者的赞成。例如，山中敬一教授进一步将保护义务分为规范的根据、制度的或任意的根据与机能的根据，将监督义务分为对管理危险物的监督义务、对第三者的监督义务以及制造了危险的行为人负有的结果防止义务。

在本案中，可以认为甲负有对脆弱的法益的保护义务，因为对方毕竟是幼女。问题是，对这种脆弱的法益的保护义务来源于何处？倘若一个幼女落水了，路过的陌生人不救助的，肯定不成立任何犯罪。为什么本案中,我们又觉得甲有保护义务?我觉得,当他人法益的危险发生在行为人的支配领域内时,行为人就有保护义务。幼女虽然是主动实施的行为,但这本身也是对幼女的法益的危险,这个危险发生在甲的支配领域,既发生在甲的住宅内,也发生在甲的身体上,所以,甲有阻止义务。

非法拘禁罪

案例一

案情:乙男因为有外遇,常年不回家,而且总是从其妻甲处拿钱又从来不还。一直以来,甲乙二人的钱都是分开用的。被告人甲决定趁他们二人的小孩过生日,乙回来的时候向乙要钱,但是她怕一个人要不到钱,就让自己孩子的武术教练丙一同参加小孩的生日聚会,并告诉丙如果到时候乙不还钱的话,就帮忙制服乙,以便让乙还钱。在案发前一周,被告人甲还给丙提供了一副手铐。案发当天乙回到家,当甲要求乙还钱时,乙没有答应,甲就让丙帮忙制服乙。当时,丙带了一个帮手丁,甲丙丁三人将乙绑了起来,用手铐铐住了手,用铁链绑住手和身体,又用胶带缠住双脚和大腿,最后还用衣裤塞住嘴以防呼叫。在绑好后,丙还打了乙一拳,丁踢了乙一脚,随后丙丁离去。在离开前,丙丁还嘱咐甲千万别弄出事来,甲当时也答应了。在随后的三天里,被害人乙一直被绑着,被告人甲也为乙提供了吃的喝的等。其间,被告人甲还曾经松开过绑在被害人身上的胶带,但是由于被害人乙挣扎得很厉害,被告人甲又重新将乙用胶带绑上。在这个过程中，被告人甲拿着被害人乙的银行卡取了 4000 元现金，并在这段时间与丙见面，交给丙 2000 元，要求丙给甲的小孩买东西吃。在乙被绑的三天之内，丙丁二人没有再去过现场，三天后被害人乙死亡。法医鉴定，被害人是由于长时间遭捆绑致体位性窒息（注：体位性窒息是指由于被强迫固定在一个特殊体位，使呼吸运动造成障碍或致使上呼吸道阻塞导致的窒息死。常见的固定体位有捆绑双上肢的悬挂，捆绑胸腹部的水平悬挂，将四肢固定捆绑在背部，将面部俯伏等，从捆绑至死亡的时间一般由几分钟至几个小时不等），最终导致多器官功能性障碍而死亡。如何认定本案中甲丙丁的行为？

张明楷：可以肯定的是，本案中丙丁在将被害人乙绑住以后，对被害人施加的一拳一脚是非法拘禁之外的暴力；被害人的死亡并不是这一拳一脚造成的，所以，不能适用《刑法》第 238 条第 2 款的拟制规定①。现在需要考虑的是，非法拘禁之外的暴力包含哪些内容，对被害人的捆绑、封嘴巴等行为是属于非法拘禁行为本身的内容，还是已经超出了非法拘禁的暴力行为，这样的行为导致被害人死亡的，到底是否可以适用《刑法》第 238 条第 2 款的拟制规定。

学生：捆绑、封嘴巴等行为往往是非法拘禁中常见的行为，

---

① 《刑法》第 238 条第 1 款规定："非法拘禁他人或者以其他方法非法剥夺他人人身自由的，处 3 年以下有期徒刑、拘役、管制或者剥夺政治权利。具有殴打、侮辱情节的，从重处罚。"第 2 款规定："犯前款罪致人重伤的，处 3 年以上 10 年以下有期徒刑；致人死亡的，处 10 年以上有期徒刑。使用暴力致人伤残、死亡的，依照本法第 234 条、第 232 条的规定定罪处罚。"

似乎可以将这些行为认定为非法拘禁行为本身，而不是把它们认定为超出非法拘禁的暴力行为。

张明楷：这些行为在非法拘禁中确实较为常见。但我认为将被害人的鼻子嘴巴封起来的行为已经不能算作非法拘禁行为本身了。非法拘禁行为最多应该是把他人的身体绑起来。

学生：被告人将被害人的嘴巴封住，往往是为了阻止被害人呼救。也就是说，在这种情况下，不封被告人的嘴巴，就无法实现拘禁。所以，还是可以将封嘴巴的行为认定为非法拘禁行为的一部分。

张明楷：被告人封被害人的嘴巴，以便阻止被害人呼救，这只是说明了封嘴巴是为了拘禁行为而实施的其他行为，但封嘴巴这个行为并不是拘禁行为本身。

学生：在我们今天讨论的这个案件中，根据法医鉴定，被害人是被绑死的。也就是说，被害人死于甲丙丁三人的拘禁行为。所以，应该根据《刑法》第238条第2款中"犯前款罪……致人死亡的，处10年以上有期徒刑"来处理。也就是说，按照非法拘禁罪致人死亡的结果加重犯处理。

张明楷：你这样解释看起来很顺畅。不过，我觉得也有另外一种可能性，就是将甲丙丁的行为认定为故意伤害致死。因为在本案中，甲丙丁用一种较为极端的方式捆绑了被害人，这种捆绑行为本身就可以评价为伤害行为。只不过甲丙丁三人谁都没有认识到被害人会因为被五花大绑而死亡。所以，对他们的行为有可能按照故意伤害致死定罪量刑。也就是说，这种极端的捆绑行为既是拘禁行为，也是伤害行为，按想象竞合犯处理的话，就成立故意伤害致死。当然，如果说被告人在捆绑被害人时没有或者不可能有伤害的故意，那么，就不能认定为故意伤害致死，只能认定为你所说的非法拘禁致人死亡了。一般来说，如果极端地捆绑被害人时，行为人通常是有伤害故意的。当然，这需要根据案情进行具体分析。

学生：您这么一说，让我联想到了德国刑法的有关规定。在德国，伤害行为与对身体的滥待行为是规定在同一条款中的。显然，本案中甲丙丁将被害人五花大绑的行为是一种对身体的滥待行为，而对身体的滥待本身就是一种伤害行为。这样一来，确实可以将本案中甲丙丁的行为评价为伤害行为。

张明楷：德国刑法确实将伤害行为与对身体的滥待规定在了同一条款。在我国刑法中没有规定对身体的滥待的情况下，对身体的滥待行为在导致伤害结果的时候，还是可以评价为伤害行为的。

另外，还需要弄明白的一点是，本案中，甲丙丁有没有实施非法拘禁行为之外的暴力行为，这样的暴力行为有没有导致被害人死亡。如果有的话，甲丙丁的行为就符合了《刑法》第238条第2款的拟制规定。

学生：丙丁实施的非法拘禁之外的暴力行为，就是对乙施加了一拳一脚。法医最终的鉴定结果表明，乙的死亡与这些暴力行为是没有关系的。既然最终的鉴定结果表明，乙是被绑死的，那就不应该按照《刑法》第238条第2款的拟制规定定罪量刑，也就是说，不能按照故意杀人罪定罪量刑。

张明楷：如果行为人通过给被害人打麻醉药的方式拘禁被害人，最终因麻醉药过量导致被害人死亡的，又该如何认定？

学生：行为人给被害人打麻醉药，是为了拘禁被害人，这样的行为是拘禁行为本身,所以可以认定为非法拘禁致人死亡。另一方面,打麻醉药的行为本身也是一种伤害行为,但死亡结果是行为人意料之外的,所以,也能将行为人的行为认定为故意伤害致死。最终按照故意伤害致死处理即可。

张明楷:这个麻药案与我们今天讨论的案件似乎有区别。给被害人打麻药是为了拘禁被害人,因而其本身不是拘禁行为,而是一种伤害行为乃至杀人行为。所以,这个麻药案不是拘禁行为致人死亡,而是伤害行为或者杀人行为致人死亡。如果行为人没有杀人故意,就只能承担故意伤害致死罪的刑事责任。我们今天讨论的案件,是捆绑行为本身致人死亡。

学生:行为人如果不对被害人打针,被害人就不会麻醉剂过量而死。所以,被害人的死亡是行为人的打针行为所致,而打针行为本身就是拘禁行为。为什么不能认定为非法拘禁致人死亡呢?再如,行为人骑摩托车带被害人前往拘禁的目的地,被害人几次要求行为人停车,行为人拒绝并仍然高速行驶。被害人为了逃脱,就直接从高速行驶的摩托车后座跳了下来,结果当场死亡。在这个案件中,行为人的行为是成立非法拘禁致死,还是成立《刑法》第238条第2款规定的拟制规定,按照故意杀人罪定罪量刑?

张明楷:问题是,给被害人打麻药针本身能否直接评价为非法拘禁的实行行为?对此,我还是有疑问。即使说是非法拘禁行为,它也与故意伤害是想象竞合,从一重处罚的结局仍然是认定为故意伤害致死。如果行为人当时对杀人有间接故意,还可能认定为故意杀人罪。

在你举的这个案件中,涉及结果归属问题。如果说,摩托车高速行驶时，被害人自己从摩托车跳下去的举动是相当异常的，则不能将死亡结果归属于被告人的行为；反之，如果不异常，则能将死亡结果归属于被告人的非法拘禁行为。但可以肯定的是，不能将摩托车高速行驶的行为评价为伤害行为与暴力行为，所以，如果不能将死亡结果归属于被告人的拘禁行为，被告人的行为就仅成立非法拘禁罪。显然，你所说的这个摩托车案是不可能适用《刑法》第238条第2款规定的拟制规定的。

前一段时间，我看到过这样一起案件。被告人为了讨债，将被害人拘禁在了23楼，被害人趁被告人不注意，竟然从23楼跳了下去，当场死亡。在这个案件中，我就主张只定非法拘禁罪，因为将人拘禁在房间里，并提供生活必用品，这样的行为不具有致人死亡的危险；同时，谁都知道从23楼跳下去会死亡，但被害人还是跳了下去，所以，不应该将死亡结果归属于被告人的拘禁行为。

学生：我觉得被载在高速行驶的摩托车后座的被害人，由于害怕遭受进一步的侵害而跳车的行为并不是十分异常。因为在这种情况下，被害人意识到自己就算是跳下去，也不一定会摔死，所以，一般人都可能会想到跳车逃跑。但是，被拘禁在23楼的人跳楼逃跑的行为就要异常得多。因为在这种情况下，只要有点理智的人都知道，跳楼就会死亡。所以，我认为被害人从摩托车上跳下来摔死的结果是可以归属于被告人高速驾驶摩托车非法拘禁他人的行为的。

张明楷：你分析得也有一定的道理。能否将从摩托车上跳下去导致死亡的结果归属于被告人的行为，要通过考察跳下去的地面情况、行为人要载被害人去什么地方、不跳下车会遇到什么样的危险等因素,综合判断被害人跳下去是否异常。总之,只要死亡结果可以归属于非法拘禁的实行行为,这样的情况就可以按照非法拘禁致人死亡处理;如果死亡结果应当归属于非法拘禁过程中的暴力行为(这里的暴力行为显然以行为人实施了非法拘禁为前提),那么,就可以将这种情形适用《刑法》第238条第2款规定的拟制规定,按照故意杀人罪定罪量刑;如果既不能将死亡结果归属于非法拘禁的行为,又不能将死亡结果归属于非法拘禁过程中的暴力行为,就需要判断死亡结果能否归属于非法拘禁之前的行为,考察非法拘禁之前的行为符合什么犯罪的构成要件。如果死亡结果不可能归属于被告人的任何行为,对被告人就只能按照非法拘禁罪定罪量刑。

案例二

案情:甲非法拘禁了被害人乙,在拘禁的过程中,甲产生了杀死被害人的意图,使用暴力杀死了被害人。对这个案件应当如何处理?

张明楷:我认为,《刑法》第238条第2款后段为拟制条款,将非法拘禁过程中使用暴力过失致人死伤的情形拟制为故意伤害罪和故意杀人罪。将这个条款理解为拟制规定时,处理类似案件时,就特别需要注意适用前提与注意罪数问题了。

学生:您的意思是,只有当行为人使用暴力致人死亡时没有杀人的故意,才能适用《刑法》第238条第2款后段的拟制条款吗?

张明楷:是啊。我举一个伤害的例子来说明一下。行为人非法拘禁了被害人，在拘禁的过程中，产生了使被害人伤残的犯意，于是，用开水将被害人的手脚烫成重伤，使被害人终身残疾。如果将《刑法》第238条第2款后段理解为注意规定，就会将原本构成两个罪的行为认定为一个罪。比如，在我举的这个伤害案件中，如果对行为人只认定为故意伤害罪，这无论如何都是不合理的。因为即使行为人只有后面的伤害行为，也要认定为故意伤害罪。可是，在行为人非法拘禁被害人的过程中实施故意伤害行为的，反而也只成立故意伤害罪吗？显然，对于这样的行为，根本不能适用《刑法》第238条第2款后段的规定，而是应当直接认定为数罪。

同样，上面讨论的甲在非法拘禁过程中杀人的案件也是如此。如果将《刑法》第238条第2款后段理解为注意规定，那么，对甲的行为也只能认定为一个故意杀人罪。然而，非法拘禁行为就不受评价了吗？实际上，行为人除了故意杀人以外，还实施了非法拘禁的行为。显然，立法者之所以设立第238条第2款的拟制规定，是因为已经意识到了被害人在被他人非法拘禁以后，身体、生命很容易受到侵害，设立这样的条款就是为了在这样的特殊情况下保护被害人，怎么可能将在这种情况行为人所犯的多罪规定为一罪呢？所以，在这种情况下，也根本不能适用《刑法》第238条第2款后段的规定，而应该直接认定为数罪。否则，明显不公平。有的人总是习惯于说，刑法就是这样规定的啊，按数罪处理就违反了刑法的规定。可是，这种形式主义的解释太不正常了。解释者不可以将自己不合理的解释，当作刑法的真实含义。成文刑法是正义的文字表述，这是我经常讲的一句话。所以，只有得出了妥当的、合理的、正义的结论，才能称得上对刑法的解释。

除了非法拘禁罪中有这样的规定以外,刑讯逼供罪也涉及类似的问题。如果将非法拘禁罪中暴力致人死亡的规定理解为注意条款,也需要将刑讯逼供罪中的情形作出相同的解释。但这显然是不合理的,因为在刑讯逼供中之所以使用暴力,是为了逼取口供,既然如此,行为人怎么可能有致人死亡的故意呢?反过来说,即使司法工作人员刑讯逼供时没有杀人故意,但如果其暴力行为致人死亡,也要认定为故意杀人罪。这不是拟制规定。另一方面,如果司法工作人员起先刑讯逼供,后来又故意杀害被害人的,又怎么能够将刑讯逼供罪和故意杀人罪按照一个故意杀人罪定罪量刑呢?这样的处理明显漏掉了对刑讯逼供罪的评价,不符合罪数认定的基本原理。

学生:看来,将《刑法》第238条第2款中的暴力致人死伤理解为拟制规定更加合理。从您刚才的解释可以看出,您认为行为人在非法拘禁中故意杀害被害人的,应当按照非法拘禁罪和故意杀人罪或者故意伤害罪两罪来定罪量刑。

张明楷:确实。在行为人先实施非法拘禁行为,后来产生伤害或者杀人的故意,伤害或者杀害被害人时,如果仅将行为人的行为认定为故意伤害罪或者故意杀人罪的话,就根本没有评价行为人使用非法手段拘禁被害人的不法事实。行为人也确实是在先拘禁了被害人,又对被害人实施了故意伤害或者故意杀人的行为,是典型的数罪,应当对行为人以非法拘禁罪和故意伤害罪或故意杀人罪实行数罪并罚。

学生:但是,行为人非法拘禁被害人之后,对被害人实施了较为轻微的暴力,但被害人由于特殊体质,不幸死亡了,我觉得将这种情形认定为故意杀人罪很不合理。

张明楷：这涉及死亡结果能否归属于行为人的轻微暴力的问题。如果死亡结果不能归属于被告人的暴力行为，当然就只能认定为普通的非法拘禁罪。不过，在实践中，由于司法软弱无力，仅认定为普通的非法拘禁罪，会引起被害人家属的上访等，司法机关有可能按照故意伤害致死处理。如果死亡结果能够归属于被告人的暴力行为，行为人对被害人死亡具有过失，同时承认《刑法》第238条第2款后段是拟制规定，对被告人还是可以按照故意杀人罪定罪量刑的。如果死亡结果能够归属于被告人的暴力行为，行为人对被害人死亡没有过失，只是对伤害有过失，则可以适用拟制规定，以故意伤害罪（重伤）追究刑事责任。

学生：根据您刚才的讲解，我总结了一下。在非法拘禁的过程中，行为人使用暴力过失致被害人死伤的情况下，应当适用《刑法》第238条第2款的拟制规定，按照故意伤害罪或故意杀人罪定罪量刑；行为人故意使用暴力杀害、伤害被害人的，按照非法拘禁罪与故意杀人罪或者故意伤害罪数罪并罚。

张明楷：对！关于这个问题，我已经在《刑法分则的解释原理》（第2版）① 里面讲得比较清楚了。

学生：立法上，将一个过失犯罪拟制为故意犯罪，这样的拟制规定会不会有违反法治原则的嫌疑？

张明楷：怎么会违反法治原则呢？在这样的案件中，一般来说，行为人毕竟对伤害被害人这一点是有故意的，而且我们要求对致人死亡有过失，这便不会违反责任主义。另外，如果立法将第238条第2款后段直接规定为"非法拘禁使用暴力致人死亡

---

① 中国人民大学出版社2011年出版。

的,处 10 年以上有期徒刑、无期徒刑或者死刑",可能你就不会有意见了吧!

类似这样的拟制规定也存在于日本刑法当中。例如,日本刑法中规定了同时伤害的特例,从严格的责任主义立场来看,这样的行为不是也违反了责任主义吗?但如果不将同时伤害的行为按共犯处理的话,就会导致没人对死亡结果负责的结果,这显然也是不合理的,所以只能使用拟制规定。

当然,日本有学者也对这条拟制规定提出过批判。日本的这一规定确实存在问题,但我国刑法的拟制规定与日本的这一规定有区别。一方面,我们要求结果归属于被告人的行为,但日本刑法的这一规定并非如此。另一方面,我们要求对结果具有预见可能性,但日本刑法的这一规定也并非如此。

就像我刚才提到过的那样,如果立法将第 238 条第 2 款后段直接规定为"非法拘禁使用暴力致人死亡的,处 10 年以上有期徒刑、无期徒刑或者死刑",你可能并不觉得这样的立法有什么问题。看来,你很看重的还是罪名的宣告作用,或者说更看重形式化的罪名的争论。

案例三

案情:甲为了向乙讨债,带着 A、B、C、D、E、F、G 找到乙后,对乙先实施了轻微的暴力,然后将乙拉到了面包车上,带到了一个几乎没有人经过的小巷子里,继续向乙逼讨欠款,但乙总是不爽快答应还钱。A 为了吓唬乙,就把他们事前准备好的汽油泼到乙身上,继续与乙商讨还债事宜。经过几十分钟后,B 烟瘾发作就想抽烟,结果在划火柴时不小心点燃了乙身上的汽油。乙立即掏出手机要报警,C 就把乙的手机夺了过来,八个人一同跑了，被害人乙最终被烧死了。如何认定本案？

学生：既然在身上汽油刚起火的时候，被害人还能拿出手机打电话，说明一开始火势不是很猛，行为人如果救助的话，被害人就不会被烧死。但本案中的八名行为人不仅没有当场施救，还夺走了被害人自救的工具，阻止了其他人及时前往案发地点救助被害人的可能性，所以，我认为能够将甲等八人的行为认定为不作为的故意杀人罪。

张明楷：如果事后鉴定，当时确实可以扑灭乙身上的火，也就是说，如果当时八名行为人施救的话，就能够避免乙的死亡结果，那么，就应该将八人的行为认定为不作为的故意杀人罪。但如果当时一开始火势就很猛，就算八人留在现场施救，也没办法救活乙的话，那又该如何认定呢？

学生：如果当时并没有避免乙死亡的结果发生的可能性，就只能看是否可以将乙的死亡结果归属于 B 的点烟行为。如果可以的话，B 的行为成立过失致人死亡罪。

张明楷：如果不能将死亡结果归属于八个人的不救助行为，肯定是可以将死亡结果归属于 B 的点烟行为的。现在，我觉得还有必要讨论另一问题：在这种情况下，能否将乙死亡的结果归属于八名行为人的非法拘禁行为，以及是否可以适用《刑法》第 238 条第 2 款中的拟制规定，将这样的行为最终认定为故意杀人罪？根据司法解释，甲等八名行为人虽然没有拘禁乙 24 小时，但已经拘禁了乙好几个小时，而且中间对乙使用过暴力，已经符合了非法拘禁罪的立案标准。乙的死亡结果是在甲等人对其实施非法拘禁的过程中出现的，即使不能将这样的死亡结果适用《刑法》第238条第2款中的拟制规定，将甲等八人的行为认定为故意杀人罪，那么，可不可以将他们的行为认定为非法拘禁致人死亡，适用"10年以上有期徒刑"？

学生：非法拘禁致人死亡，是指死亡结果是由非法拘禁的行为导致，但本案中的死亡结果是B在吸烟时的过失行为所致，这样的行为恐怕还不能认定为非法拘禁行为。

张明楷：确实，也不好说B吸烟的行为是非法拘禁的行为。看来，不能将乙死亡的结果归属于非法拘禁行为。所以，非法拘禁致人死亡，与非法拘禁过程中致人死亡，并不是等同的。前者仅限于非法拘禁本身致人死亡。现在，我觉得有必要讨论一下是否可以将乙死亡的结果归属于甲等人的泼汽油行为和B的点烟行为，也就是说，甲等人均应该构成过失致人死亡罪？

我再稍微将案情改编一下，你们就能更好地理解我的用意了。如果甲等人将乙拖至某偏僻的巷子以后，往乙身上泼了很多汽油。平时这个巷子很少人来往，但当时有一个路人经过，嘴上叼了一支烟，烟头上溅出的火星点燃了乙身上的汽油，最后甲等八名行为人没有办法抢救乙，就落荒而逃了。这种情况又该如何处理？

学生：如果路人在路过的时候并不知道乙身上被泼了汽油，那么路人对乙的死亡就没有认识的可能性，不能将路人的行为认定为过失致人死亡罪。甲等八个人在乙的身上泼了汽油，往人身上泼汽油后一旦遇火，就会起火，应当认为甲等八人能够预见到起火会烧死乙的结果。所以，应该将乙死亡的结果归属于甲等人泼汽油的行为。

张明楷：可以这样解释。只不过在我们今天讨论的这个案件中，是 B 点烟的行为让乙起火，而不是路人，为什么就不再追究泼汽油的人对乙的死亡的责任了呢？如果你们认为，乙的死亡结果能够归属于甲等人泼汽油的行为，那么，甲等八人将乙拘禁、殴打的行为能够构成非法拘禁罪，之后泼汽油致乙被 B 点烟的火烧死的行为，就构成过失致人死亡罪吧？

学生：如果甲等八人泼完汽油之后就离开了现场，乙独自在回家的路上遇到了明火而被烧死的，甲等八人是否还应该为乙的死亡负刑事责任，成立过失致人死亡罪？

张明楷：你刚才也已经提到，将汽油泼到他人身上以后，一旦遇到明火，人就很可能会被烧死，显然甲等人在泼汽油的时候，以及泼完汽油以后是能够预见到死亡结果的。但是，甲等八人仍然往乙身上泼了汽油，在泼完汽油以后也没有及时清理。虽然乙是在独自回家的途中被烧死的，但这样的死亡结果也是可以归属于泼汽油的行为的，所以，甲等八人的行为还是可以构成过失致人死亡罪的。

学生：那么，最终结论就是，如果乙身上起火后，甲等人具有救助的可能性，则他们的行为成立非法拘禁罪与不作为的故意杀人罪。如果乙身上起火后，甲等人不具有救助的可能性，那么，甲等八人不仅成立非法拘禁罪，而且成立过失致人死亡罪。

张明楷：到此为止，这个案件讨论完了吗？

学生：应当讨论完了吧！

张明楷：可是我还想问你们：甲等人在向乙身上泼汽油时，乙仍然处于被拘禁的过程中，那么，向乙身上泼汽油，是不是超出了非法拘禁的暴力行为呢？如果是的话，对甲等人是不是又要按照《刑法》第 238 条第 2 款后段的拟制规定认定为故意杀人呢?

学生: 原来还真有问题!暴力是指不法行使有形力,向人身上泼汽油,当然也是行使有形力。但是,乙的死亡并不是由泼汽油本身造成的,不能将死亡结果归属于泼汽油的行为,所以,不适用拟制规定。

张明楷: 那你们刚才为什么认为泼汽油的行为是过失致人死亡罪的行为呢?你们刚才不是也同意将死亡结果归属于泼汽油的行为吗?

学生: 这么说,还是要对甲等人的行为适用《刑法》第238条第2款后段的拟制规定认定为故意杀人。

张明楷: 也不一定,如果你们不想得出这样的结论,也可以对《刑法》第238条第2款后段拟制规定中的"暴力"进行限定,从而将甲等人的行为排除在故意杀人罪之外。你们回去好好思考一下吧!

案例四

案情: 甲女和乙男长期同居,乙经常出去喝酒、吸毒,甲对此很是厌恶。某日,甲下班回家后没有发现乙,就去乙经常去的酒吧找到了乙,发现乙正在酒吧吸毒,甲将乙带回家后,将其锁到了卧室,还让乙将长裤脱掉,后甲就坐在客厅开始看电视。乙在房间喊叫了一段时间,看甲并没有将自己释放的意思,但他又非常想出去玩,就顺着住宅楼的管道往下爬,爬到三楼的时候不慎跌落,送到医院抢救无效死亡。甲的行为构成非法拘禁罪中的非法拘禁致人死亡吗?

学生：虽然甲确实实施了拘禁乙的行为，但甲之所以会实施这样的行为，是为了保护乙的身体健康，从违法性的层面来讲，为了保护一个人的身体健康而将这个人拘禁的行为应该不具有违法性，所以不宜将甲的行为认定为非法拘禁罪，更不能将乙的死亡归属于甲的行为。

张明楷：甲的行为是正当防卫，还是紧急避险呢？

学生：应该能够将甲的行为认定为一种紧急避险的行为。

张明楷：甲的行为不太符合紧急避险的要求，紧急避险往往需要涉及不同法益主体的法益，而在本案中，甲的行为针对的法益都属于乙。在这种情况下，应该承认乙具有支配自己身体健康、身体自由的权利。所以，还是可以将甲的行为认定为非法拘禁罪的。至于非法拘禁行为本身是否符合司法解释所规定的定罪标准，则是另一回事了。

学生：那可否认为甲的非法拘禁行为导致了被害人的死亡，因而将甲的行为认定为非法拘禁致人死亡？

张明楷：这是我问你们的问题，你们现在又问我了。我不认为乙的死亡能够归属于甲的拘禁行为。一般来说，行为人把被害人非法拘禁在楼上的房间内，被害人并不会跳楼逃生，或者从管道爬下逃生。也就是说，本案中，乙从管道爬下去离开房间的手段是比较罕见的、异常的，不能将这样的不通常发生的事件结果归属于甲的行为。所以，如果甲的行为符合了非法拘禁罪的定罪标准，按照非法拘禁罪的基本犯定罪量刑就可以了。如果不符合非法拘禁罪的立案标准，就只能作无罪处理。

绑 架 罪

案例一

案情：被告人甲欠了丙巨额债务，无钱归还，便到当地富翁乙的家中，控制了乙的妻女。其间，甲携带了刀具，但是没有使用也没有显示所带刀具。甲要求乙的妻子给乙打电话，让乙为甲准备470万元人民币，后乙为了救自己的妻女，就交付给了甲470万，但甲给乙写了一张借470万元的借条。甲的行为构成什么罪？

学生：我国《刑法》第239条规定了"以勒索财物为目的绑架他人"。这就说明，只有当行为人绑架他人是为了非法占有他人财物的情况下，才能按照绑架罪定罪量刑。本案中，甲给乙打了欠条，似乎并没有非法占有财物的意图。

张明楷：首先，应该讨论"以勒索财物为目的绑架他人"是主观构成要件要素，还是客观构成要件要素。如果是客观构成要件要素的话，就不必再将这样的要素理解为非法占有财物的意图。话又说回来，即使能够将"以勒索财物为目的绑架他人"理解为主观构成要件要素，也不能随便否定本案中甲具有非法占有目的。虽然甲给被害人写了欠条，但也不能否认他已经将被害人交付的财物非法占有了。我觉得完全可以将甲的行为理解为"以勒索财物为目的"。

学生：如果本案中，甲只想用一下470万元现金暂时渡过难关，之后一个星期内甲就把钱凑足了给被害人。在这种情况下，是否可以认为甲不具有"以勒索财物为目的绑架他人的"目的，因此，不将甲的行为认定为绑架罪？

张明楷：即便借钱的时间很短暂，并且真心想还的，在德日这些国家仍然可能认为行为人具有非法占有的目的；但在我国刑法理论与司法实践中，却完全可能不将甲的行为认定为具有非法占有目的。

我觉得现在在讨论绑架罪的构成要件时，应该讨论绑架罪中的"以勒索财物为目的绑架他人的"和"绑架他人作为人质"是否存在区别。也就是说，对二者作不同的解释："以勒索财物为目的绑架他人的"，只要行为人客观上绑架了他人，主观上具有勒索财物的目的即可，不需要行为人实施勒索财物的行为，即可以构成绑架既遂。"绑架他人作为人质"则不同，行为人绑架他人后，还必须有将他人作为人质的客观行为，即必须向被绑架人的近亲属等人提出不法要求，才能认定为绑架既遂；如果绑架了他人，但没有提出不法要求的，就认定为绑架未遂。比如，行为人把监狱长的女儿绑架了，目的是要求放掉某个犯人，如果不放掉某个犯人，就杀害监狱长的女儿。当行为人给监狱长打电话传递了这一信息时，才能认定行为人将他人作为人质，进而认定为绑架既遂；如果行为人还没有传递这一信息，就认定为绑架未遂。概括起来说，能不能将"以勒索财物为目的绑架他人"中的"以勒索财物为目的"仅作为主观的超过要素，而将"绑架他人作为人质"中的"作为人质"当作客观要素，因而也同时需要行为人具有相应的目的吗？

学生：从表述上似乎有这样解释的可能性。

张明楷：问题是，能否真的这样解释？

学生：现在有一些教授认为在"以勒索财物为目的绑架他人"的案件中，只有当行为人实施了勒索财物的行为，才成立绑架既遂。

张明楷：这样的观点可能是考虑到绑架罪的法定刑过重而提出来的。从我国《刑法》第239条的表述来看，"以勒索财物为目的绑架他人"中的"以勒索财物为目的"显然只是主观的超过要素，并没有要求有勒索财物的客观行为。所以，我还是认为，只要以勒索财物为目的绑架他人就可以认定为绑架既遂。当然，对于我们今天讨论的案件来说，无论如何都要理解为绑架既遂。联系到国外的刑法规定来看，也都没有要求勒索行为客观化，一般只是要求有勒索目的与利用意思就成立绑架既遂。

为勒索财物而绑架他人，是绑架罪中的常见形态，但并不是绑架罪中的最严重形态。其他的绑架他人作为人质的情形，造成的法益侵害可能更严重。例如，以政治目的绑架他人的，刚才提到的，以要求私放犯人为目的绑架他人的，这些绑架可能更为严重。既然如此，就不能要求"绑架他人作为人质"中的"作为人质"客观化。否则，就会导致两种绑架类型的明显不协调。

学生：从文字表述上看，对"绑架他人作为人质"中的"作为人质"的确可以作出两种不同解释。

张明楷：是的。在遇到这种情形时，要善于利用法条中的明确规定解释法条中的不明确规定，而不能相反。"以勒索财物为目的绑架他人"中的"以勒索财物为目的"只是一种主观的超过要素，这是明确的。"绑架他人作为人质"是与"以勒索财物为目的绑架他人"等值的，所以，其中的"作为人质"也只是主观的超过要素。

学生：我举一个案例，您看该如何处理这个案件。甲绑架了乙之后，甲要求丙向乙的亲属传话，如果乙的亲属不交出 10 万元，就会杀害乙，那么，甲的行为是肯定可以成立绑架罪的，丙的行为是否成立绑架罪的共犯？

张明楷：丙传话时，甲的行为已经绑架既遂，似乎不能再成立共犯。但是，绑架罪是持续犯，在持续过程中，共犯依然有成立的余地。问题在于，向被害人近亲属等勒索财物，已经不再是绑架罪的构成要件行为，就此而言，丙没有参与绑架的实行行为。换句话说，丙中途参与的并不是绑架的实行行为的一部分。那么，能否仅此就否认丙成立绑架罪的共犯呢？

学生：既然丙没有参与绑架的实行行为，就只能单独认定为敲诈勒索罪了吧？

张明楷：丙的行为当然触犯了敲诈勒索罪，问题是，能否认定为绑架罪的共犯？我认为，丙帮忙传话的行为，对于甲继续绑架乙是起到了心理上的帮助作用，因而对其后的绑架行为具有心理的因果性，所以，丙同时也成立绑架罪的共犯。

从这里可以看出，如果认为勒索财物的行为是绑架罪的实行行为的一部分，那么，丙传话的行为，就是绑架罪的实行行为的一部分，于是，丙也是绑架罪的正犯。这对丙其实是不利的。所以，解释刑法时，要考虑得全面一点。要知道，一种结论，虽然对一种情形的处理是合适的，但是对另一种情形的处理可能是不合适的。因此，需要全面地平衡结论的妥当性。

案例二

案情：甲通过朋友了解到乙实施过盗窃石油等违法行为，甲想利用这一点从乙处要到钱。于是，甲准备了几个假的警察证件，带着丙丁等几人冒充警察闯入乙的家中，将正在睡觉的乙从床上拖起来，铐上手铐并推入事先准备好的面包车中，最终将乙拉到某宾馆。到达宾馆后，甲谎称自己是执行逮捕任务的警察，因为乙涉嫌犯盗窃罪所以将其逮捕，并声称如果乙的家人能够交纳3万元的取保候审保证金，乙就可以回家。乙打电话给自己的家人，要求家人为其筹款3万元将其保出去。乙在和自己的家人通过电话以后，就和甲丙丁等人聊天，觉察到甲丙丁等人并非真正的警察，但乙并没有再打电话告知家人实情。第二天一大早，乙的家人去公安局打听情况，发现乙并没有被逮捕，乙的家人旋即报警。在这个案件中，甲丙丁等人的行为到底是构成绑架罪、招摇撞骗罪，还是诈骗罪？

学生：甲丙丁的行为构成绑架罪。因为他们利用暴力将乙从家中拖到宾馆，并事实上控制了乙的人身自由；并且，他们要求乙向乙的家人索要3万元，只有乙的家人交款之后，他们才会放人。这样的行为实际上是将乙绑架为人质后，利用乙的家属对乙安全的担忧而向乙的家属索要财物，所以，甲丙丁的行为符合了绑架罪的构成要件，故能够成立绑架罪。

张明楷：从客观方面来看，甲丙丁等确实通过暴力控制了乙，且通过乙向乙的家人索要财物。从主观方面来看，甲丙丁显然也是具有非法占有3万元的目的的。但是，绑架罪的一个关键构成要件要素是,被告人有没有利用被害人近亲属对被害人安危的忧虑而获取财物。这一利用意思,是绑架罪中的主观超过要素。如果没有该利用意思的话,就不能认为绑架罪,只能认定为抢劫罪或者敲诈勒索罪了。在这个案件中,如果能够肯定甲丙丁利用了乙的家属对乙安危的忧虑而交出3万元的话,甲丙丁的行为就可以被认定为绑架罪。问题是,乙的家属被告知乙已经被公安局逮捕,你们觉得在这种情况下,乙的家属是否会对乙的安危产生忧虑?如果认为乙的家属对乙的安危有忧虑,被告人利用了这一点向乙的家属索取财物,那么就可以肯定甲丙丁构成绑架罪。

学生: 乙的家属被告知乙是被公安机关逮捕的,所以,他们不会认为他们不交出3万元,乙就会被甲丙丁等人折磨、伤害、甚至杀害。所以,在这个案件中,甲丙丁等人并没有利用乙家属对乙安危的忧虑而索取财物,故他们的行为不构成绑架罪。

张明楷: 你之所以认为乙的家属对乙的安危没有忧虑,是因为你认为仅仅剥夺自由的行为不会致人死亡或者伤害。换句话说,你以乙的家属是否预料到乙会发生死伤结果与否,来判断他们是否对乙的安危有所忧虑。但我觉得这种分析有些片面。在实践中,有些绑匪会对人质的家属说"你们什么时候给钱,我们就什么时候放人",并且绑匪还向被害人家属保证肯定不会伤害被害人。在这样的案件中,难道就因为绑匪承诺了不伤害被害人,而仅是剥夺被害人的自由,就能够否定绑匪的行为不构成绑架罪吗?显然不能。所以,剥夺他人自由的行为也能够引起被害人家属对被害人安危的忧虑。

学生: 乙的家属以为乙被公安局合法逮捕。在这种情况下,似乎不能认为乙的家属对国家机关的合法逮捕行为的忧虑，属于绑架罪中被害人家属对被害人安危的忧虑。

张明楷：如果乙是一个已经被判处死刑立即执行的逃犯，甲丙丁冒充警察将乙拘禁之后，给乙的家属打电话，声称不交出30万元，就要对乙执行死刑，乙的家属为了乙不被执行死刑，就向甲丙丁交付了30万元。在这种情况下，你们觉得乙的家属不会对乙的安危有所忧虑吗？甲丙丁的行为不构成绑架罪吗？

学生：在您说的这种情况下，虽然乙的家属也会认为乙要被合法执行死刑，但还是不能因为家属认为执行死刑是合法的而否定乙的家人对乙安危的忧虑。所以，应该将甲丙丁的行为认定为绑架罪。

张明楷：对，在我刚才举得这个案例中，能够将甲丙丁的行为认定为绑架罪。在分析疑难案件没有头绪的时候，我建议大家先去设想一些案情性质相同，但基本上不会有争议的案件。将要分析的疑难案件与自己设想的案件进行对比后，就会很容易为疑难案件找出一个较为合理的结论。

学生：在我们讨论的冒充警察的案件中，可不可以将甲丙丁的行为认定为敲诈勒索罪与招摇撞骗罪两罪的想象竞合？

张明楷：如果将这个案件只认定为敲诈勒索罪或招摇撞骗罪，那么，就无法对案件事实进行全面的评价。因为，甲丙丁等行为人除了对乙及乙的家人实施了敲诈勒索、招摇撞骗的行为以外，还使用了暴力使乙处于自己的实力支配下，将本案仅按照敲诈勒索或者招摇撞骗一罪定罪量刑，就会导致在定罪量刑时，没有评价行为人已经使用暴力侵害被害人的人身自由的事实。另外，在《刑法修正案（七）》将绑架罪的法定刑降低之后，将这样的行为认定为绑架罪，也不会造成对被告人处刑太重的后果。

当然，也可以这样考虑，就是说，在将甲丙丁的行为认定为敲诈勒索罪或招摇撞骗罪后，为了能够对本案的犯罪事实进行全面评价，同时宣告行为人的行为还另外构成非法拘禁罪。由于在这个案件中，行为人实施的敲诈勒索（或招摇撞骗）行为与非法拘禁行为是两个不同的行为，因此，最终在量刑时，应将敲诈勒索罪（或招摇撞骗罪）与非法拘禁罪实行数罪并罚。这样对本案定罪量刑的话，既可以将案件事实中的所有不法评价殆尽，又会在量刑时与定绑架罪的效果差异不大。但是，这样处理虽然做到了全面评价，可能并不理想。

第十二堂
侵犯财产罪

抢 劫 罪

案例一

案情：村民王某和刘某在河边卖鸭蛋，忽然听到河对岸有人喊抓贼，同时看到窃贼黄某从河对面涉水过来。王某随手拿起木棍向黄某打去，黄某内心害怕，就掏出偷来的1200元，表示只要不打自己就把偷来的钱给王、刘二人。王某拿走了1200元，并强行对黄某进行搜身，又搜出了400元。黄某说这400元是自己的钱，但刘、王二人置之不理。黄某躲起来后，河对岸追赶小偷的人问王、刘二人是否看到小偷，刘某谎称小偷已经朝某方向逃离。追赶的人走后，王、刘二人放走了黄某，平分了1600元钱。对王、刘二人的行为应当如何处理？

学生：王某和刘某使用暴力，从黄某那里强行拿走的是400元，这个行为可以认定为抢劫罪。至于黄某主动交给刘某和王某的1200元，肯定不能够成立抢劫罪等财产犯罪。在追赶黄某的人赶到之后，黄某本来就在现场，王某与刘某却谎称黄某已经朝某方向逃匿，并在追赶的人走开以后，将黄某放走，这样的行为应该能够成立包庇罪。

张明楷：你认为王某和刘某共触犯了两个罪：一个是抢劫罪，一个是包庇罪。

学生：是的。

张明楷：我有两个问题。一是王某和刘某拿走黄某1200元的行为能不能成立掩饰、隐瞒犯罪所得罪或者其他犯罪？二是到底是王某与刘某向追赶黄某的人故意指错方向的行为构成包庇罪，还是王某与刘某放走黄某的行为构成包庇罪？你们谈谈对我这两个问题的看法吧。

学生：王某和刘某拿走黄某的1200元，是包庇黄某的好处费，似乎不能将这样的行为理解为掩饰、隐瞒犯罪所得的行为。我认为是王某和刘某故意向追赶黄某的人指错方向，提供虚假信息的行为构成包庇罪。毕竟王某和刘某没有抓捕黄某的义务，所以，单纯放走逃跑中的黄某的行为不能成立包庇罪。

张明楷：关于第一个问题，我认为，王某和刘某拿走黄某1200元的行为，还是可以被认定为掩饰、隐瞒犯罪所得的行为的。你刚才分析的逻辑是，只要这1200元被认定为了窝藏的好处费，它就不是掩饰、隐瞒犯罪所得的对象了。其实，我觉得这二者既不矛盾、也不冲突。因为只要行为能够被评价为掩饰、隐瞒犯罪所得，那么，行为人实施这样的行为的动机是什么，也就不会影响对行为的认定了。即使要求掩饰、隐瞒犯罪所得罪的成立，以为了本犯的利益为前提，也可以认为王、刘二人的行为同时也是为了本犯的利益，亦即，使本犯盗窃的财物不被被害人追回。

关于第二个问题，值得讨论的是，向被害人作假证明的行为，能否成立包庇罪？显然，这需要联系包庇罪的本质展开讨论。也就是说，要考虑刘、王二人谎称黄某逃走的行为，是否妨害了司法。

学生： 如果当时黄某给了刘某和王某1万元人民币，那么，刘某和王某的行为是肯定可以成立掩饰、隐瞒犯罪所得罪的。在这种情况下，又该如何处理掩饰、隐瞒犯罪所得罪与包庇罪之间的关系呢？二罪之间成立想象竞合，还是成立牵连犯？

张明楷： 肯定不成立牵连犯。牵连犯的成立，要求两罪之间的关联具有一种通常性，犯掩饰、隐瞒犯罪所得罪与包庇罪之间不存在这种牵连关系。至于两罪是否成立想象竞合，就取决于是否可以将拿走1万元与指错路认定为一个自然意义上的行为。如果可以将其认定为一个自然意义上的行为的话，那还是可以将这两罪认定为想象竞合的。

问题是，两个被告人向被害人作虚假证明的行为成立包庇罪吗？也就是说，向什么样的人作假虚证明才成立包庇罪呢？

学生： 法条没有明确规定。但是，行为人向被害人作虚假证明后，会导致被害人向司法机关陈述虚假事实，因而也可能妨害司法。

张明楷： 在这个案件中，被害人怎么向司法机关陈述虚假事实？被害人事后向司法机关说"小偷已向某方向逃离"，就会妨害司法吗？

学生： 好像也不会。

张明楷： 我觉得，只有向公安、司法机关作虚假证明的行为,才可能构成包庇罪。倘若向包括被害人在内的任何人作所谓虚假证明的行为也成立包庇罪,这个罪的构成要件就丧失了定型性,成立范围就会无限扩大。你们也不要担心,我的这个观点会缩小处罚范围。我举个例子。甲的钱包被盗了,他认为乙在当场因而知道是谁偷的,就问乙,乙明知是自己认识的丙偷的,但说成是一个他不认识的丁偷的,还描述了丁的生理特征。到此为止,如果甲不向公安机关告发,不存在谁妨害司法的问题。如果甲向公安机关告发,声称目击证人乙看见丁偷了自己的财物,公安机关就会向乙核实,此时乙再次向公安机关作虚假证明,就构成了包庇罪。

案例二

案情:甲在强行闯入被害人经营的小卖部以后,打算先将被害人杀死,再拿走被害人的财物。于是,甲对被害人实施了很严重的暴力行为,被害人昏迷以后,甲以为被害人已经死亡,就将被害人的小卖部洗劫一空。此时,甲想毁尸灭迹,就临时起意,放了一把火将被害人的小卖部烧毁了。案发之后鉴定,被害人不是由甲的暴力行为致死的,而是被火烧死的。在这个案件中,甲的行为构成哪些犯罪?

学生:这个案件的难点,恐怕应该是被害人的死亡到底应该归属于甲的抢劫行为,还是归属于甲后来实施的放火行为。如果认为被害人的死亡是由抢劫行为所致,那么,甲之前的行为成立抢劫杀人①；但如果认为被害人的死亡是由放火行为所致，就涉及甲的行为是否属于《刑法》第115条规定的放火致人死亡。在这个案件中，经法医鉴定，被害人死于放火行为，那么，根据这样的案件事实，就应该将行为人之前实施的抢劫行为认定为抢劫杀人的未遂，即适用"10年以上有期徒刑、无期徒刑或者死刑，并处罚金或者没收财产"的法定刑，同时适用刑法总则关于未遂的"可以比照既遂犯从轻或者减轻处罚"的规定。

张明楷：你认为甲之前的抢劫杀人行为未遂，死亡结果应该归属于甲后来实施的放火行为。由于甲在放火时认为被害人已经死亡，那么，就只能将甲放火致被害人死亡的事实评价为过失致人死亡。学界有观点认为，《刑法》第115条中的"致人重伤、死亡"是指故意致人重伤、死亡，根据这种观点，甲放火过失致被害人死亡的行为不能成立《刑法》第115条规定的犯罪，而仅成立放火罪与过失致人死亡罪。

学生：但通说还是认为《刑法》第115条规定的"致人重伤、死亡"，既包括行为人故意杀死被害人，也包括行为人过失致被害人死亡。所以，根据这样的通说，甲的后行为还是可以认定为构成《刑法》第115条规定的犯罪。

张明楷：如果按照你的说法，甲的行为构成两罪，前罪是抢劫杀人的未遂犯，后罪是《刑法》第115条规定的犯罪，那么，在量刑的时候，甲的抢劫杀人未遂行为往往可能会被从轻、减轻处罚，而在按照《刑法》第115条量刑的时候，甲的行为也可能

---

① 《刑法》第263条规定的"抢劫致人……死亡"，包括两种情形，一是过失致人死亡，二是故意致人死亡。后者是指故意杀害被害人后劫取财物，即抢劫杀人（罪）。

被从轻处罚。因为如果认为《刑法》第 115 条中的"致人重伤、死亡"包括行为人故意或者过失致被害人死亡的话,显然过失致被害人死亡的行为要比故意致被害人死亡的行为的量刑要轻得多。

学生：如果按照我刚才提出的方案定罪量刑的话,可能确实如此。但我又觉得将从轻、减轻的处理结果用在这样的案件中,似乎并不合理。毕竟甲在犯罪过程中,无所不用其极地想杀死被害人,最终却因为甲对被害人死亡时间的误判而从轻甚至减轻处罚,这确实不太合理。

张明楷：这个案件中涉及我们刑法理论在故意的认定中讨论的"事前的故意"这个概念。你们刚才的发言都忘记了这一点。甲意欲通过第一个行为杀死被害人,但实际上是他的第二个行为才导致了被害人的死亡。根据我的观点,甲在抢劫杀人以后,又毁尸灭迹,毁尸灭迹作为后续行为并不异常,所以,应当肯定甲的第一个行为与被害人死亡之间的因果关系。这样一来,甲的行为构成抢劫杀人的既遂与《刑法》第 114 条规定的放火罪两罪,在量刑的时候两罪并罚。虽然《刑法》第 114 条的法定刑远轻于《刑法》第 115 条的法定刑,但从最终的并罚结果来看,甲并不会因为自己误判了被害人的死亡时间而受到量刑上的优待。

案例三

案情：甲男与乙女是一对情侣。2011 年 1 月至 3 月间,乙女因其前男友涉嫌犯罪,害怕连累自己,就将 139 万元打入了甲男的账户,并表示等她的前男友涉嫌犯罪的事情过去以后,就会将这笔钱取回。原本甲男的银行账户内的存款不足 5 万元,在乙女打入139万元之后，甲男在乙女不知情的情况下，从自己的账户中取了50万元用于买车、还债。后来，甲男怕乙女会将该笔款项要回，就将乙女约出来，用事先准备好的工具将乙女杀死，从乙女的衣物内取走3000多元的现金与手机等财物后，将乙女弃尸水库。在这个案件中，甲男的行为构成什么罪？

学生：在这个案件中，甲杀害乙是为了摆脱欠乙的债务，并且抢走乙随身携带的财物，所以甲的行为成立抢劫罪。抢劫的数额就是甲欠乙的139万元以及甲从乙身上取走的财物。

张明楷：你的意思是，甲既抢劫了财产性利益，又抢劫了乙的财物？

学生：对。甲杀害乙是为了不向乙还债，这样的行为是可以评价为抢劫财产性利益的。

张明楷：我同意你的看法。甲为了逃避债务而杀死债权人乙的行为，可以被评价为抢劫财产性利益。将这样的案件认定为抢劫杀人，才能既将案件事实进行全面评价，又能做到量刑适当。因为本案中，甲之所以杀死乙，是为了逃避债务，并且甲确实也因此而逃避了债务，将这样的行为认定为抢劫杀人，既可以对杀人行为进行评价，又可以将抢劫财产性利益这一点进行评价；在刑法中，抢劫杀人的法定刑重于故意杀人罪的法定刑，后者没有规定"并处罚金或者没收财产"，所以，如果按照抢劫杀人来对甲量刑的话，就可以适用罚金刑或没收财产的刑罚。

学生：如果在这个案件中，乙女的父母知道乙女将139万元转移到了甲的银行账户，虽然甲男杀死了乙女，但是乙女的父母是乙女的合法继承人，他们还是可以向甲主张债权的。在乙女的父母将甲告上法庭,要求甲归还该 139 万元并且胜诉的情况下,是不是又该认定甲的抢劫财产性利益的行为未遂了呢?

张明楷:乙女的父母事后向甲主张债权,是甲抢劫财产性利益既遂以后的事情了。这与小偷偷走了他人的财物以后,物主追索是一个道理。不能因为物主事后能够通过法律手段将丢失的财物找回,就否认小偷的行为已经既遂。

学生:抢劫财产性利益是否也要求行为人要将他人占有下的财产性利益转移为自己占有?又该如何理解这里的转移占有呢?比如,在这个案件中,甲通过杀人行为转移了该笔债权的占有了吗?

张明楷:在诈骗与抢劫财产性利益的情况下,我认为只要行为人的欺骗或者抢劫的行为已经使对方的财产性利益受到损害,就可以认定成立诈骗或者抢劫罪。因为在许多情况下,很难认定财产性利益的转移占有。如在日本刑法中,抢劫或者诈骗财产性利益的行为属于二项抢劫或者二项诈骗罪,他们认为,只要行为人的诈骗或者抢劫行为使被害人的财产性利益受到了损害,就可以成立针对财产性利益的二项犯罪。①

学生:债务人在债权人上门索债的情况下,为了不还债而对债权人实施暴力或者以暴力相威胁的,是否也可以认定为抢劫财产性利益,因而构成抢劫罪?

张明楷:我认为是可以的。

学生:债务人为了摆脱债权人的追债,而雇佣不知情的杀手

---

① 日本刑法分则规定侵犯财产罪的条文,一般是在第 1 项(相当于我国刑法的第 1 款)规定对财物的犯罪,在第 2 项规定对财产性利益的犯罪。所谓二项犯罪就是对财产性利益的犯罪。

将债权人杀死的话,是不是债务人构成抢劫杀人罪,而杀手构成故意杀人罪?

张明楷:这样处理是合理的。

学生:侄子为了提前能够继承叔父的家产而杀死叔父的,是否也成立抢劫杀人?

张明楷:侄子的行为是否构成抢劫杀人,就要看提前继承叔父的财产是否能够评价为获取财产性利益,以及这样的行为是否侵害了叔父的财产性利益。我觉得根据社会一般观念,在已经确定继承人可以继承被继承人的财产的情况下,不能认为这样的行为侵害了被继承人的财产性利益,所以,最好还是将侄子的行为认定为故意杀人罪。

学生:如果债务人并不是为了逃避债务而杀死债权人,而是因为某些原因异常憎恨债权人而杀死债权人的,恐怕是不能认定为抢劫杀人的,而只能按照故意杀人罪定罪量刑。但如果债务人是出于逃避债务的目的而杀死其债权人,就成立抢劫杀人。看来,行为人的主观意图还是可以影响定罪的。

张明楷:一个没有非法占有目的的人,拿走了他人财物的,这种情况是不能被认定为盗窃罪的。主观意图不仅能够影响罪与非罪,而且在某些情况下能够起到区分此罪与彼罪的作用。

案例四

案情:甲乙是仇人,一天,甲蒙面拿木棍打乙,乙以为自己遇到了抢劫犯,就对甲说:"我给你钱,你就别再打我了。"说完,就将自己的钱包扔给了甲。甲一看,乙的钱包里有很多钱,就将乙扔过来的钱包拿走了,没有再殴打乙。甲的行为构成抢劫罪吗？

学生：这个案件让我想起了以前讨论过的一个案件。在那个案件中，某男子尾随一女子，女子担心自己受到严重伤害，就将自己的包放在地上继续往前走，男子捡了包之后还是追上去打了女子两个耳光。当时讨论的结论是，行为人的行为不构成抢劫既遂与未遂，因为他并没有以取得财物为目的对被害人实施暴力。在这个案件中，是被害人自己将包扔到男子身边的，如果女子包中的财物价值 1 万元以上的话，行为人的行为应该能够成立侵占罪。

张明楷：那你觉得在我们今天讨论的这个案件中，甲的行为也构成侵占罪？

学生：如果乙的钱包内有 1 万元的话，甲的行为完全可能构成侵占罪。因为在这个案件中，甲打乙，并不是为了强取乙的财物，而抢劫罪的构成要件要求行为人必须是出于强取被害人财物的目的对被害人使用暴力。从这一点来看，甲的行为无论如何也不能成立抢劫罪。这个案情，完全可以归纳为甲将乙的脱离占有物据为己有。

张明楷：我们以前讨论过的男子捡包后打女子两耳光的案件，男子是以抢劫为目的尾随那名女子的，这样的行为已经可以认定为抢劫罪的预备。当时，法院将这名男子的行为认定为了抢劫罪的既遂。有两位法官还专门就这起案件写了文章。其中一位法官认为，在这种特殊的环境下，可以将男子的行为认定为已经对女子进行了胁迫，所以他的行为构成抢劫罪。我认为这样的观点不太妥当。单纯的尾随行为，还不能直接评价为胁迫。否则，男子尤其是身材高大的男子跟在女子后面，都有可能成立犯罪了。也就是说，将单纯的尾随行为认定为胁迫的结果是，似乎不需要暴力、胁迫就可以将行为认定为抢劫罪。例如，被告人以抢劫的故意闯入被害人家里，但家里没有人，于是被告人就将他人家中的财物洗劫一空，这样的行为也可以认定为抢劫罪吗？显然，在这样的案件中，被告人在客观上没有实施暴力、胁迫，所以还是不应当将他的行为认定为抢劫罪。另一位法官认为，在这种特殊的环境下，已经不需要胁迫行为，就可以评价为抢劫行为。我觉得这样的观点太不合理。这样的观点实际上修改了法条，把刑法所要求的构成要件要素给删除了，胆子太大了。所以，那个案件充其量只能认定男子构成抢劫罪的预备。如果男子不具有确定的抢劫目的，而是具有外行人所说的"抢包"的目的，而其中的"抢包"包含了抢夺。那么，根据事实存疑时有利于被告人的原则，认定为抢夺预备才是合适的。

再回到我们今天讨论的这个案件。你们觉得在乙说了一句"我给你钱，你就别再打了"这样的话之后，甲当时的言行举止、表情等可以评价为"如果乙不给钱的话，他将继续对被害人实施暴力"吗？如果在案发当时，甲确实有这样的举动或者表情，那么，他的行为还是可以认定为抢劫的。

学生： 乙说完话之后，就马上把钱包扔了过去，这个过程中，很难认为甲实施了一些类似于以暴力相胁迫的行为。乙把钱包扔过来以后，甲拿了钱包就离开了，并没有任何言语。所以，不能认为甲有抢劫的行为。

张明楷： 如果案情确实就是你描述的这样的，那么，甲的行为当然就不能认定为抢劫罪了。我要强调的是，像我们今天讨论的这样的案件,主要取决于行为人当时具体的言行举止、表情等细节。我们应当通过对这些具体素材的判断,看行为人在当时的情形下的言行举止能不能评价为以暴力相威胁。但我们今天讨论的这起案件给出的案情细节都太简单了,无法准确判断甲当时当地的具体举止、眼神、表情,所以,很难认定他的行为成立抢劫罪。

学生:如果甲当时蒙着面,拿着铁棒子站在乙面前,冲着乙使了个要求乙拿钱出来的脸色,那是否就可以将甲的行为认定为抢劫罪了?

张明楷:蒙着面怎么能使出什么脸色?我只能说,只有在乙说出"我给你钱,你就别再打我了"后,甲的言行举止表明,如果乙不给钱,甲将继续殴打乙,才可能将甲的行为认定为抢劫罪。构成抢劫罪的胁迫,并不一定是通过语言进行的。比如,在本案中,如果甲已经连续向乙实施了暴力,乙就问甲是不是想要钱,甲马上停止了暴力,并伸手向乙拿钱,同时有还会继续实施暴力的动作,能够让法官确信,甲当时实际上就等于在说"你不给我钱的话,我继续打",还是可以将甲这样的行为认定为以暴力相威胁,因而将他的行为认定为抢劫罪的。

学生:如果在您刚才举的这种情况中,甲停止对乙实施暴力,是因为打累了,想歇歇再打,那恐怕就不能将他的行为认定为抢劫罪了。

张明楷:你编的案情也太离谱了。甲歇一会,乙不就跑了吗?不过,可以肯定的是,在你说的这种情况下,是不能将甲的行为认定为抢劫罪的。所以,这又回到了我刚才说到的那一点上,在类似这样的案件中,只有查清案件发生的具体细节,才能清楚地进行判断。

案例五

案情：某日晚上10点钟左右，甲以为乙家没有人，就翻墙进入乙的院内。乙女听到声响就拿手电出来查看。甲被乙女发现之后，用随身携带的砍刀将乙女砍死，随即甲进入乙房间内，发现乙年仅5岁的儿子哭喊着要找妈妈，甲怕小孩的哭声招来其他人，就将小孩举起来狠狠地摔在地上。甲见小孩不再出声，以为已经将小孩摔死，就径直在乙的房间内取走价值3000元左右的财物后逃离。但乙的小孩并没有死亡，事后经鉴定仅受了轻伤。甲的行为构成什么罪？

学生：甲的行为符合《刑法》第269条规定的事后抢劫。因为甲是以犯盗窃罪的意图进入乙的院内的，在被乙发现后，甲的盗窃行为未遂，这时甲为了抗拒抓捕对乙使用暴力，将乙杀害，故甲的行为完全符合《刑法》第269条规定的事后抢劫的构成要件。

张明楷：如果将甲以犯盗窃的意图进入乙的院落内后，为了抗拒抓捕将乙杀害的行为认定为事后抢劫，那么，甲之后进入乙的屋内，发现乙的儿子哭喊时意图将其摔死而摔成轻伤且拿走乙房间内价值3000元左右财物的行为，又该如何处理？毕竟事后抢劫是不能将甲杀死乙之后的这些行为全部评价完的。

学生：即使甲不杀死乙的儿子，在他进入乙的房间后，也是可以将乙的财物拿走的。甲对乙的儿子使用暴力，并不是为了制服小孩以后夺取财物，而是为了不让周围邻居到乙家查看情况。

所以，甲之后的行为不能再构成另外一个抢劫罪。甲意欲摔死小孩，但却将小孩摔成轻伤的行为构成故意杀人罪未遂；甲又拿走乙房间内财物的行为也另行构成盗窃罪。

张明楷：在行为可以直接认定为《刑法》第263条的抢劫罪的时候，就不必再以行为构成《刑法》第269条的事后抢劫为由，将这样的行为认定为抢劫罪。在这个案件中，我认为可以直接将甲的行为认定为《刑法》第263条规定的抢劫杀人。甲虽然是以盗窃的意图进入了乙的院落，但甲用事先准备好的砍刀砍死了乙，紧接着就进入乙的房屋内取财。从甲事先准备好了砍刀，杀死乙以后马上进入房间取财这两点来看，甲砍死乙时具有取走乙财物的意图。所以，可以将甲杀死乙并取走财物的行为认定为抢劫杀人。如果认为，甲摔乙的儿子的行为不是抢劫罪中的暴力行为，而是一个独立的杀人行为，那么，就应当将甲的行为认定为两罪，即抢劫杀人与故意杀人罪未遂。

案例六

案情：甲有两套房子，一套自己居住，一套用来出租。甲将用于出租的房子装修之后，在网上发布了出租信息。乙丙二人假装成要租房的房客，骗甲带其看房。在三人进入甲的出租房以后，乙丙二人拿出事先准备好的刀，要求甲交出随身携带的财物。甲将随身携带的现金、手机等财物全部交给了乙丙。在这个案件中，乙丙的行为是否构成"入户抢劫"？

张明楷：认定乙丙的行为是否构成"入户抢劫"，关键要看甲用于出租的房子是否可以评价为"户"，以及乙丙进入该出租房的行为是否成立"入户抢劫"中的"入户"。你们认为甲用于出租的房子可以评价为"入户抢劫"中的"户"吗？

学生： 甲为了能够将这套房子租出去，对屋内进行了装修，所以，该出租房内虽然没有人居住，但却有生活设施。只要房间内具有生活设施，就可以将这样的房子评价为"入户抢劫"中的"户"。

张明楷： 我不同意你的看法。不是只要具有生活设施，即使没有人居住，也可以直接将这样的房子认定为"入户抢劫"中的"户"。"入户抢劫"的法定刑太高了，之前在讨论"入户抢劫"的相关问题时，我就已经指出应对"入户抢劫"进行限制解释。对"入户抢劫"的限制解释还应该表现在对其中的"户"的限制解释上。例如，本案中甲的出租房虽然有生活设施，但甲并不在该房子内居住，也没有将这样的房子租出去给房客居住，在没有人现实居住的情况下，我认为最好不要将这样的房子认定为"入户抢劫"中的"户"。

当然，对"户"也不能进行过度的限制解释，尤其不能得出一种刑法重点保护富人而不保护穷人的结论，要充分考虑各种解释结论可能造成的不公平结论。

学生： 如果甲要将自己现在居住的房屋出租，他在网上发布信息之后，乙丙二人假装房客看房，进入甲的住宅以后，用胁迫手段抢走了甲的财物的，是否构成"入户抢劫"？

张明楷： 在你说的这种情况下，甲的房子肯定可以被评价为"入户抢劫"中的"户"。但是我认为，乙丙进入甲房屋的行为不能被评价为"入户抢劫"中的"入户"。在之前的讨论中，我已经强调过，对"入户抢劫"作限制解释，就应该限制行为人"入户"的方式。最好将"入户抢劫"的"入户"方式,限定为那些可以被评价为对人暴力与对物暴力的入户方式,以及携带凶器的入户方式。在你说的这种情况下,乙丙入户的方式显然不能被评价为对人暴力或者对物暴力,也没有携带凶器,所以,不宜将他们的行为认定为"入户抢劫"。我发表过一篇关于入户抢劫的论文,你们可以看一看。①

案例七

案情:甲与自己的父亲分开居住,二人感情一直不好,甲每次向父亲要钱都被拒绝。甲很生气,某天晚上,甲伙同乙丙等人持凶器闯入自己父亲的住宅,用暴力、胁迫的手段取得了财物。在这种情况下,能否将甲乙丙的行为认定为抢劫罪中的"入户抢劫"?

学生:在"入户抢劫"的认定过程中,行为人与被害人之间的关系也是需要考虑的。但在这个案件中,甲显然已经和自己的父亲分开居住了,而且平日里感情就不好。并且,甲并不是自己一个人去的,而是伙同他人在夜晚闯入父亲住所,严重影响了父亲住所的安宁。综合考虑这些情节,我还是倾向于将甲乙丙的行为认定为抢劫罪中的"入户抢劫"。

张明楷:如果子女与父母还没有分开居住,儿子甲进入父母的卧室抢劫了父母,这样的行为能够被认定为"入户抢劫"吗?

学生:在您说的这种情况下,似乎不宜认定为"入户抢劫"。

---

① 张明楷:《论"入户抢劫"》,载《现代法学》2013年第4期。

毕竟儿子有权进入自己与父母共同生活的住所的任何角落，即使儿子强行闯入了父母的卧室，也不会将这样的行为认定为非法侵入住宅罪。

张明楷：对法条的解释，不能脱离自己脚下这片土地上的社会生活经验。在我们中国人看来，父母与子女这种关系，是十分亲近的骨肉血亲关系，即使子女已经不与自己的父母住在一起了，我们还是会认为子女可以随时回到父母的住宅。而且，在实践中，也不存在将子女强行进入父母的住宅，或者父母强行进入子女的住宅的行为认定为非法侵入住宅罪。我们以前也提到过，由于"入户抢劫"是抢劫罪的加重构成要件，法定刑特别重，应该对"入户"进行限制解释。所以，我认为，在我们今天讨论的这个案件中，最好还是不要将甲的行为认定为"入户抢劫"。

学生：甲是由于与被害人存在父子关系，所以不将他的行为认定为"入户抢劫"。但是乙丙与甲的父亲并不存在这层关系，那么，乙丙的行为又该如何认定呢？

张明楷："入户抢劫"是一个违法层面的概念，这种形式的抢劫行为相对于普通抢劫行为而言，具有更严重的不法性。在儿子伙同他人进入自己的父母住所进行抢劫的案件中，虽然不能够肯定儿子的行为构成入户抢劫，但是，可以肯定违法的相对性，对乙丙的行为仍然认定为"入户抢劫"。

学生：同一租房内的室友之间，是否也不能构成"入户抢劫"。比如，甲乙共同租住在一个两室一厅的房子里，甲伙同他人进入二人合租的房子内抢劫了乙，在这种情况下，甲的行为是否就不成立"入户抢劫"？

张明楷：我觉得还是可以通过与构成非法侵入住宅罪的行为

对比来考虑行为是否构成"入户抢劫"。判断"入户抢劫"的"入户"应该比判断非法侵入住宅罪的行为更加严格。甲乙合租在一起，甲本身就可以带人进入甲乙租住的房子。从这一点上看的话，还是不应该将甲的行为认定为"入户抢劫"。

学生：保姆在雇主的家中抢劫了雇主，保姆的行为成立"入户抢劫"吗？

张明楷：道理是一样的。既然是保姆，就说明保姆是可以进入雇主的家中的，所以，不能将保姆的行为认定为"入户抢劫"。

学生：以前看到过这样一个案例：行为人在夜晚进入他人白天用来卖货，晚上用来居住的房子实施了抢劫行为。这种情形是否可以认定为"入户抢劫"？

张明楷：我觉得这种情形就不能一概而论。必须仔细考虑房子的用途和当时的具体情况。如果行为人进入的只是买东西的地方，这个地方当时也确实还在营业，即使在晚上，也不宜将这样的行为认定为"入户抢劫"。如果当时已经不再营业，房间里面的人也已经在里面睡觉了，那么，行为人在这种情况下进入房子实施抢劫的，还是有可能被认定为"入户抢劫"的。

学生：北京以前发生过这样一起案件。某女在自己家中从事卖淫活动，行为人就在妇女实施卖淫的房间对该妇女实施抢劫。您觉得在这种情况下，行为人的行为成立"入户抢劫"吗？

张明楷：我知道你说的这起案件。我认为不应当将这样的行为认定为"入户抢劫"。因为行为人是以嫖娼为名进入的这间用于卖淫的房间，当时，这间房间也确实是卖淫活动的场所。考虑到行为人进入房间的理由、当时这个房间的用途，我认为，不能将行为人的行为认定为"入户抢劫"。而且，行为人认为那个房间是卖淫场所，没有认识到那个房间是"户"，因此，从主观方面来说，也不能认定行为人的行为构成"入户抢劫"。

学生： 在离婚诉讼期间，夫妻二人分居，丈夫进入了妻子的房子实施了抢劫行为，您觉得能够将丈夫的行为认定为"入户抢劫"吗？

张明楷： 我觉得你这个例子举得太过笼统，很多具体的情节都没有交代。比如，妻子现在住的房子是不是以前夫妻二人共同居住的房子？丈夫是不是该房子的主人？夫妻二人有没有对一些涉案的事项进行过约定？如此等等，都会影响到案件的认定。如果这个房子是夫妻二人共同居住的房子，那么，基本上不可能将丈夫的行为认定为"入户抢劫"。即使这个房子不是之前夫妻二人居住过的房子，但丈夫对这个房子有产权，也不能认为丈夫实施了"入户抢劫"的行为。再如，丈夫和妻子在闹离婚，对很多夫妻共同财产的归属没有达成共识，去找妻子强拿硬要二人的共同财产，恐怕也不能将这样的行为认定为"入户抢劫"，甚至都不可能构成抢劫罪。

案例八

案情： 甲为了强奸乙女而进入乙女的住宅，但当天乙女去了朋友家，只有乙女的父母在家。甲见乙女不在家，就对乙女的父母实施了抢劫行为。在这个案件中，甲的行为是否构成抢劫罪中的"入户抢劫"？

学生： 最高人民法院在 2000 年 11 月 22 日发布的《关于审理抢劫案件具体应用法律若干问题的解释》第 1 条指出，"刑法第

263 条第（一）项规定的'入户抢劫'，是指为实施抢劫行为而进入……"。但是最高人民法院又在 2005 年《关于审理抢劫、抢夺刑事案件适用法律若干问题的意见》中规定，"入户抢劫"的入户目的的非法性是指"进入他人住所须以实施抢劫等犯罪为目的"。经过对比可以看出，2005 年的司法解释，对"入户抢劫"的认定要更加宽泛，即使行为人并不是为了实施抢劫行为而入户，而是为了实施其他犯罪入户，但只要入户后实施了抢劫行为，就能够将这样的行为认定为入户抢劫。本案中，甲进入乙女的住宅，是为了实施强奸行为，根据 2005 年的司法解释，可以将以强奸为目的入户，入户后抢劫的行为认定为"入户抢劫"。

张明楷：这个案件涉及了行为人入户时不以抢劫为目的，但入户以后实施抢劫行为的，是否构成"入户抢劫"的问题。当前，学界有这么几种观点。第一种观点认为，只有入户时具有抢劫目的的，才能认定为"入户抢劫"；第二种观点主张，行为人入户时具有抢劫或者诈骗、盗窃、抢夺的目的的，也成立"入户抢劫"，这是因为联系到《刑法》第 269 条的规定，入户实施盗窃、抢夺、诈骗的行为人，很可能在被害人发现后对被害人使用暴力或以暴力相威胁，因而构成事后抢劫，那么以犯这三个罪的目的入户而后实施抢劫的，也成立"入户抢劫"；第三种观点则认为，只要行为人以非法目的入户，入户后实施抢劫的，就能够成立"入户抢劫"。根据第一、第二种观点，本案中甲的行为不构成"入户抢劫"，而是成立非法侵入住宅罪与抢劫罪两罪；但根据第三种观点，甲的行为就能够成立"入户抢劫"。

你刚才提到的司法解释中，2000 年出台的司法解释就是第一种观点的反映；2005 年出台的司法解释采取的到底是第二种观点,还是第三种观点,还是有值得研究的余地的,这就涉及如何理解"进入他人住所须以实施抢劫等犯罪为目的"中的"等"字了。如果采取第二种观点的话,就可以将这个"等"字解释为盗窃罪、抢夺罪、诈骗罪这三种财产犯罪;如果采取第三种观点,那么,这个"等"字恐怕就要解释为所有的犯罪行为了。你们更支持上述三种观点中的哪一种呢?

学生:要想从这三种观点中选出最为合理的观点,就必须先要弄清楚,刑法为什么要将"入户抢劫"规定为抢劫罪的加重构成要件。有学者曾经为此提出过两个理由:一是根据社会一般观念,住宅是人们生活的安全堡垒,如果在自己的住宅内被抢劫的话,会对人们的安全造成很大的影响;二是被害人在自己的住宅内被抢的话,很难得到其他社会成员的救助。我觉得这两个理由很充分地说明了为什么刑法将"入户抢劫"规定为抢劫罪的加重构成要件。从这两点理由出发,我认为只要行为人以犯罪的意图进入被害人的住宅,进入住宅后又实施抢劫行为的,就能够成立"入户抢劫"。因为无论行为人以犯什么罪的目的进入被害人的住宅,住宅的安全都受到了影响,同时被害人都很难得到社会其他成员的救助。

张明楷:我觉得你刚才提到的"入户抢劫"能够成为抢劫罪的加重构成要件的两点理由中,第二点理由很难成立。一方面,在现代社会,通信非常发达,被害人在自己的家中受到不法侵害之后,也还是可以通过电话、手机、网络等通信设施求救。另一方面,"户"中一般有多名家庭成员,一人一户的现象毕竟是少数,家庭成员之间更会救助。在当下社会,似乎被害人在户外一些人流较少、网络不好的地方受到侵袭,更不易得到社会其他人员的救助。所以,我大体赞同你刚才提到的第一个理由,即因为社会一般观念中,家就是人们生活起居的安全堡垒,一旦入户实施抢劫,就会对人们造成很大的冲击。

但我不觉得支持这个理由,就必然得出行为人以任何犯罪意图入户都成立"入户抢劫"的结论。因为刑法仅规定了"入户抢劫"是抢劫罪的加重构成要件,而没有把"入户诈骗"、"入户盗窃"、"入户杀人"、"入户伤害"、"入户强奸"等规定为诈骗罪、盗窃罪、故意杀人罪、故意伤害罪、强奸罪的加重构成要件,但这并不能说明在这些犯罪中,社会一般观念就不再认为住宅是人们生活起居的安全堡垒了。正因为刑法仅规定了"入户抢劫",并且法定刑很重,这就意味着我们必须对"入户抢劫"作一定的限制解释。

学生:那您认为上述三种观点中,哪种观点更加合适呢?

张明楷:我主张第一种观点,只有以抢劫故意入户后实施抢劫的,才能认定为入户抢劫。首先,"入户抢劫"的法条表述,就意味着行为人入户是为了抢劫,表明入户就是为了抢劫,入户后立即实施抢劫。例如,根据"入户抢劫"的表述,为了强奸而入户后改为实施抢劫的,明显不属于"入户抢劫"。换句话说,"入户抢劫"与"入户后抢劫"不是等同的表述。如果说从"入户后抢劫"的表述读不出入户就是为了抢劫的意思,那么,我们完全可以从"入户抢劫"的表述中读出入户就是为了抢劫的含义。其次,以抢劫为目的入户进而实施抢劫,使得行为人在入户前就做好抢劫的各种准备,如准备了抢劫工具,共犯人之间有明确的分工,抢劫行为按周密的计划进行等,由此使入户抢劫的违法性明显增大。最后,以抢劫为目的入户进而实施抢劫,说明行为人主观上预谋抢劫,表明行为人特殊预防的必要性更大。

以抢劫为目的入户,主要包括三种情形:第一,入户的目的就是为了实施《刑法》第 263 条规定的抢劫罪。第二,入户时具有能盗窃就盗窃、不能盗窃就抢劫的目的。具有这种目的时,如果入户后实施抢劫的,应当认定为入户抢劫。第三,入户时具有事后抢劫的目的。即入户时打算实施盗窃、诈骗、抢夺行为,同时具有被人发现时为窝藏赃物、抗拒抓捕或者毁灭罪证的目的而使用暴力或者以暴力相威胁的意思,进而成立事后抢劫的,也应认定为入户抢劫。总之,入户时具有实施准抢劫罪的目的,也属于以抢劫为目的入户。

学生:您的意思是,要对"入户抢劫"进行限制解释,因此,您不赞同以上第二、第三种关于"入户抢劫"的观点。

张明楷:是的。我的结论或许与第二种观点的结论相差不大,但我认为,采取第一种观点更合适。上面的第三种观点显然已经将"入户抢劫"的规定看做了一种类似于结合犯的构造——非法侵入住宅罪与抢劫罪的结合犯。因为只要行为人以犯罪为目的而非法进入他人住宅的,几乎都可以认定为非法侵入住宅罪;在犯非法侵入住宅罪以后,又在户内实施抢劫的,就会被认定为"入户抢劫"。这样一来,"入户抢劫"几乎相当于"非法侵入住宅罪"+"抢劫罪"了。而在结合犯的情况下,只要行为人在同一场合既犯了前罪又犯了后罪即可,并不要求行为人以犯后罪的目的而犯前罪。例如,绑架杀人的情形就是一种结合犯,因为"绑架杀人"="绑架罪"+"杀人罪"。即使行为人在绑架被害人的时候并没有杀死被害人的意图,但只要行为人最终在绑架阶段杀死了被害人,就可以构成"绑架杀人"。同理,如果将

"入户抢劫"看做是"非法侵入住宅罪"与"抢劫罪"的结合犯,那么,只要行为人的前行为构成非法侵入住宅罪,之后又在户内抢劫的,即使行为人入户时并没有抢劫、盗窃、诈骗等意图,也同样应该成立"入户抢劫"。

学生:如果将"入户抢劫"理解为"非法侵入住宅罪"与"抢劫罪"的结合犯,行为人入户的行为就必须能够构成非法侵入住宅罪。也就是说,"入户抢劫"中的"入户"程度必须是构成非法侵入住宅罪的程度。但实际上,在我国司法实践中,非法侵入住宅罪的入罪条件还是挺高的。在实践中,即使行为人进入他人住宅时,意欲杀人或者抢劫,但是入户以后和房主聊天、喝茶,这样的行为是不可能被认定为犯罪的。

张明楷:在行为人以犯罪为目的入户,入户以后对房屋的主人实施犯罪的,应该能够成立非法侵入住宅。实践中,那些以犯罪为目的进入他人住宅,进入后实施抢劫行为的,毫无疑问会构成非法侵入住宅罪。因此,以上述第三种观点来看,"入户抢劫"还是可以被认定为非法侵入住宅罪与抢劫罪的结合犯。当然,问题不在于"入户抢劫"是不是结合犯,而是在承认它是结合犯的情况下,要不要对它进行限制。

学生:德国刑法虽然没有将"入户抢劫"规定为抢劫罪的加重构成要件,但是却将"入户盗窃"规定为了盗窃罪的加重构成要件。德国的通说与判例认为,"入户盗窃"的法定刑已经吸收了盗窃罪与非法侵入住宅罪,因此"入户盗窃"与盗窃罪、非法侵入住宅罪之间成立法条竞合中的吸收关系。根据这样的解释,他们不会将犯入户盗窃的行为限定在行为人以实施盗窃为目的入户,即只要行为人入户的行为能够成立非法侵入住宅罪,并且在入户后实施了盗窃，就构成该罪。我们是否可以借鉴德国对"入户盗窃"的解释，来解释我国的"入户抢劫"？

张明楷：我觉得很难借鉴德国通说与判例关于德国刑法中"入户盗窃"的观点，来解释我国的"入户抢劫"。在德国，只要行为人入户实际上是违背户主的意志的，就可以将这样的行为认定为非法侵入住宅。而我国司法实践中，只有行为人入户的行为显著侵犯了户主的房屋的住宅安宁的，才会被认定为非法侵入住宅罪。另一方面，德国"入户盗窃"的法定刑相较我国的"入户抢劫"要低很多。所以，他们并没有限制解释"入户盗窃"的必要性，但我国"入户抢劫"的法定刑过高，还是需要对这一条款进行限制解释的。

学生：我之前接触过这样一个案件。甲乙二人预谋实施抢劫行为，就以清洗饮水机为由进入了被害人的住宅，进入之后，二人趁被害人不备，用之前准备好的工具将被害人捆绑在了椅子上，接着甲乙将被害人住宅内的不少财物拿走。在这个案件中，甲乙二人是以谎称清洗饮水机而进入被害人住宅的，虽然二人进入住宅时具有抢劫被害人的意图，但是二人是以平和的方式进入被害人的住宅的。在这种情况下，甲乙二人是否构成入户抢劫的共犯？

张明楷：我现在也在思考这样的问题——如果行为人是以平和的方式进入被害人的住宅，进入以后实施抢劫的，是否应该认定为"入户抢劫"？

之前，我们的司法实务部门与学界都在讨论"入户抢劫"中的"户"的范围是什么，对"入"的讨论相对而言并不充分。现在实践中有不少亟待解决的问题，都是围绕如何理解"入户抢劫"中的"入"的。我刚才已经讲过,在"入户抢劫"法定刑如此之高的情况下,我主张对这一条款进行限制解释。首先,可以将行为人入户时的主观意图限定在犯抢劫罪。这是对"入户抢劫"的主观限制。但问题是,在行为人以平和的方式进入被害人的住宅的情况下,司法实践中怎么才能弄清楚行为人入户时的主观意图呢?恐怕只能依赖被告人的口供了。我认为,在这种情况下,将被告人是否会被判处十分重的刑罚全部依赖被告人的口供似乎是不合适的,所以,我觉得应该对"入户抢劫"提出一些客观方面的限制,即行为人在入户的时候,必须以一种对人或对物的暴力的方式进入,例如,行为人通过撬门锁、闯入等方式进入被害人的住宅,或者还增加一个携带凶器侵入住宅。如果要在客观上对入户的方式进行限制的话,那么,你举的这个案例中的甲乙,就不构成"入户抢劫"了。

学生:如果行为人用万能钥匙打开了被害人住宅的门,进入住宅以后实施了抢劫行为,在这样的案件中,行为人在进入被害人住宅时并没有使用对物的暴力,那么是否就不能认为这样的行为构成"入户抢劫"?

张明楷:我觉得在这个案件中,关键就是能否将用万能钥匙打开被害人住宅的门锁的行为评价为一种对物的暴力,如果不能的话,就不认定为"入户抢劫"。在类似的案件中,法官更具能动性,真正的法官肯定会通过案件中的各种因素判定是否应当将行为人的行为认定为"入户抢劫"。法律解释不可能穷尽生活事实,而生活事实更为细腻,还往往出乎预料,所以法官根据具体案情作出一定的符合法律与社会一般观念的解释也是情理之中的事情。我举个例子,行人甲路过乙的住宅时,乙的家门大开,甲发现乙住宅内部装修很别致，就走了进去，乙看到甲以后，问甲有什么事情，甲一紧张，就对乙以暴力相威胁，乙很害怕，给了甲 300 元钱，甲就离开了现场。在这样的案件中，法官如果机械司法的话，似乎还是可能将甲的行为认定为"入户抢劫"，判处甲 10 年以上有期徒刑。但恐怕真正的法官是不会这么无情的，这样的处理结果显然过重。面对这个案件时，真正的法官，就会穷尽一切解释的可能不将甲的行为认定为"入户抢劫"。

案例九

　　案情： 甲抢夺被害人财物时，被害人喊救命，旁边店铺的乙丙等人出来看出了什么事情。甲以为乙丙是来抓自己的，就拿出自己摩托车上的水果刀，朝着乙丙等人挥动威胁，然后骑着摩托车逃跑了。实际上，乙丙等人只是出来看热闹的，并没有要捉拿甲的意图。在这个案件中，甲的行为是否成立事后抢劫？

　　学生：《刑法》第 269 条对事后抢劫的表述中，要求行为人"为窝藏赃物、抗拒抓捕或者毁灭罪证"而实施暴力或者以暴力相威胁。也就是说，只要行为人主观上具有抗拒抓捕的意图，并且实施了暴力或者以暴力相威胁的行为，就应该能够肯定这样的行为是事后抢劫。本案中，甲是以抗拒抓捕的意图向乙丙等围观人员以暴力相威胁，所以，甲的行为应该能够被认定为事后抢劫。

　　张明楷： 在现实生活中，并不是只有被害人及其家属才会抓捕罪犯，很多围观群众也往往会将罪犯扭送。本案中，虽然乙丙等围观群众去看到底发生了什么事情，并不排除这些人有可能实施抓捕行为。甲为了摆脱抓捕,以暴力威胁可能对其实施抓捕的人,这样的行为是可以被认定为《刑法》第269条规定的事后抢劫的。

学生:一直以来,我对《刑法》第269条中的"为……"和正当防卫中的"为……"的理解有些疑惑。我认为,可以将正当防卫中的"为……"理解为只要行为在客观上能够起到使国家、公共利益、本人或者他人的人身、财产和其他权利免受正在进行的不法侵害的作用,那么,即使行为人不是以保护国家、公共利益、本人或者他人人身、财产和其他权利为目的而实施行为,也能将这样的行为认定为正当防卫。可是,《刑法》第269条中的"为",只能理解为行为人本人主观上有窝藏赃物、抗拒抓捕、毁灭罪证的意图,也就是说,不能仅从客观效果层面理解这个"为"。这又是为什么呢?

张明楷:《刑法》第20条中的"为",与我们如何理解犯罪的本质、如何理解不法、如何理解正当防卫行为有关。如果站在结果无价值论的立场,就必须将该条中的"为"理解为行为客观上产生的效果,或者理解成"由于"、"因为"。《刑法》第269条中的"为"也必须围绕如何才能合理地认定事后抢劫的范围这个问题进行解释。事后抢劫并不是《刑法》第263条规定的典型的抢劫行为。如果要求行为必须在客观上已经达到窝藏赃物、抗拒抓捕、毁灭罪证这种程度,才能将这种行为认定为事后抢劫的话,显然就对事后抢劫的要求过高;所以,只要行为人具有这样的意图即可,至于这样的行为能否在客观上起到这些作用,就在所不问了。所以,即使在客观上,行为人并不能起到抗拒抓捕、窝藏赃物、毁灭罪证的作用,但行为人却有这样的意图,也应该将这样的行为认定为《刑法》第269条规定的事后抢劫。日本曾经发生过一起类似的案件，行为人入户盗窃了财物，当时被害人家中没有人，行为人出来以后遇见了一个人，以为自己遇见的这个人就是来抓捕自己的，就对这个人实施了暴力。可是，这个人根本不知道他实施了盗窃行为。由于行为人的主观内容符合日本的事后强盗罪的主观要素，即使客观上仅起到了伤害被害人的作用，日本法院依然认为，只要行为人以法定的目的实施暴力行为，就可以将他的行为认定为事后强盗罪。

案例十

案情：甲乙丙丁四人打算通过虚假赌博来骗 A 的钱。甲负责准备监控赌桌的监控器，乙负责制作有利于作弊的扑克牌，丙准备了赌博时发信号的振动器等。在一切器具准备好之后，四人将 A 约到了某宾馆的房间内赌博。甲乙丙负责与 A 在赌桌上赌博，丁负责在隔壁房间通过事先准备的监控器监控赌局，并通过事先准备好的作弊器具给甲乙丙三人发信号。最后，A 在这场赌博中总共输了 355 万。但由于 A 当时并没有带够现金，故甲乙丙三人要求 A 写下欠条。当 A 将自己写好的欠条交给甲时，丙身上携带的作弊器材掉了下来，A 发现自己被骗以后，就上去抢自己交给甲的欠条，甲乙丙三人为了阻止 A 抢走欠条，就对 A 实施暴力，在乙用随手抢起来的酒瓶砸晕 A 之后，甲乙丙逃离了现场。当服务员发现 A 之后，A 已经死亡。该如何处理这个案件？

学生：甲乙丙三人在对 A 诈骗未遂后，使用暴力窝藏赃物或者毁灭罪证，导致 A 死亡，所以，可以依据《刑法》第269条，将甲乙丙的行为认定为事后抢劫罪，并且抢劫致人死亡。丁没有参与甲乙丙的暴力行为，所以丁的行为只构成诈骗罪的未遂。

张明楷：我们一步一步来分析你刚才得出的结论是否正确。首先，如果认为甲乙丙构成诈骗罪的未遂，那么他们诈骗的对象是什么？其次，甲乙丙是为了不让A抢回欠条，才对A实施暴力的，那么，欠条是应当评价为《刑法》第269条规定的"窝藏赃物"中的"赃物"，还是应当评价为"毁灭罪证"中的"罪证"？如果既不能将本案中的欠条认定为"窝藏赃物"中的"赃物"，又不能将其认定为"毁灭罪证"中的"罪证"，就不能将甲乙丙的行为认定为抢劫致人死亡。

学生：由于赌债本身不受法律保护，所以在我国当前的司法实践中，很难认为行为人诈骗了被害人赌债。因此，本案诈骗的对象是赌资，但由于A当时没有带够钱，所以甲乙丙实施的诈骗行为未遂。

张明楷：毫无疑问，甲乙丙三人在设计赌局的时候，意欲诈骗的对象的确是A携带的赌资。由于A并没有带够钱，所以他们诈骗A携带的赌资的行为不可能既遂。在甲乙丙要求A写下欠条的情况下，是不是可以认为甲乙丙在诈骗A携带的财物未遂的情况下，进而又诈骗了A的财产性利益？因为债权本身就是一种财产性利益。

学生：但是，赌博获得的债权并不受我国法律保护，所以，甲乙丙诈骗的A债权本身不受法律保护，故不能认为甲乙丙诈骗了A的财产性利益，只能认为甲乙丙诈骗A随身携带的赌资未遂。

张明楷：但是在这个案件中，甲乙丙让A写欠条时，并没有明确写明这样的债务是赌债。在A向甲乙丙写下欠条时,就可以认为甲乙丙已经通过诈骗行为骗得了一个债权。所以,还是可以肯定甲乙丙诈骗财产性利益既遂。

学生:如果肯定甲乙丙已经成立了诈骗罪的既遂,那么,在甲乙丙为了防止A抢回欠条而使用暴力将A重伤的情况下,应该能够将欠条评价为"毁灭罪证"中的"罪证"或"窝藏赃物"中的"赃物",故甲乙丙三人能够成立事后抢劫罪,并且最终抢劫致人死亡。

张明楷:我认为,对于本案中甲乙丙的行为,不能以"毁灭罪证"为根据转化为抢劫罪。或许你们认为,这个欠条确实可以证明甲乙丙已经骗得了对A的债权,因此,可以将这个条子看做是"毁灭罪证"中的"罪证"。但甲乙丙在阻止A抢回欠条时,他们仅将该欠条理解为了一种债权凭证,并没有认识到欠条是罪证。在被告人没有"毁灭罪证"的故意下,就不能以他们使用暴力毁灭罪证为由,将他们的行为认定为事后抢劫罪。

所以,关键问题是,能否将甲乙丙使用暴力阻止A抢回欠条的行为认定为使用暴力窝藏赃物。麻烦在于,欠条只是一个债权凭证,不是债权本身,而第269条中"窝藏赃物"中的"赃物"应该是前面犯盗窃、诈骗、抢夺的犯罪所得。也就是说,行为人所窝藏的赃物与行为人事先取得的赃物必须具有同一性。那么,在这个案件中,是否具有同一性呢?

学生:在德国和日本的刑法理论与实践中,欠条也会被理解为财物本身。例如,在日本,行为人盗窃了一张记载着他人商业秘密的纸,法院就会认为行为人的行为构成了盗窃罪,盗窃的对象就是一张记载了商业秘密的纸。又如,在德日,行为人如果将被害人过世的父亲留下的唯一照片盗窃的，也会被认定为盗窃罪。在他们看来，财物的价值并非仅是单纯的交换价值，还包括一般社会观念认可的使用价值。本案中，作为甲乙丙丁对 A 债权的凭证，该欠条对双方来说具有很大的使用价值，所以，应该将这个案件中的欠条认定为财物，从而将甲乙丙阻止 A 抢回的行为认定为第 269 条中"窝藏赃物"。

张明楷：即使能够将本案中的欠条认定为财产犯罪中的财物，也不一定能将它认定为本案中的"赃物"。刚才我们已经肯定了甲乙丙等诈骗的对象是债权，那么，本案的赃物只能是甲乙丙诈骗的对象，即 355 万元的债权。而 A 写下的欠条是证明债权存在的证据。在我们日常生活中，并不能因为债权人丢失了欠条，就在法律上否认债权的存在。欠条和欠条所证明的债权是两个不同的事项，不能将二者混淆。所以，即使能够将欠条认定为财物，也不一定能将它认定为本案中的赃物。另外，如果欠条的纸张本身就是甲乙丙等提供的，在这种情况下，甲乙丙使用暴力防止 A 抢回欠条，就更不可能认定为"窝藏赃物"了。

虽然不能将欠条认定为本案中的赃物，但是第 269 条中规定的"为窝藏赃物、抗拒抓捕或者毁灭罪证而当场使用暴力或者以暴力相威胁"是指行为人实施暴力或者以暴力相威胁的目的是"窝藏赃物、抗拒抓捕或者毁灭罪证"。在本案中，即使欠条不能评价为赃物本身，但甲乙丙使用暴力阻止 A 抢回欠条的行为确实是为了获得赃物，即为了最终能够确保获得诈骗来的 355 万债权。从这一点上来说，能够将甲乙丙的行为认定为事后抢劫。

从形式上说，三名被告人所窝藏的欠条与先前骗得的欠条具有同一性，可以认为被告人通过欺骗手段获得了欠条这一赃物，后来为了窝藏这一赃物而对被害人实施了暴力，因而成立事后抢劫。但是，如果从实质上判断，又似乎难以认为二者具有同一性。也就是说，在我们国家，虽然认为财物包括有体物与财产性利益，但是，作为有体物的欠条，其本身的价值并没有达到数额较大的要求。另一方面，欠条所记载的财产性利益虽然达到了数额较大的要求，但三名被告人并不是为了直接窝藏财产性利益。于是，出现了这样的局面：三名被告人先前的诈骗行为取得了财产性利益，后来为了窝藏证明财产性利益的欠条，而对被害人实施了暴力。如此判断，就导致三名被告人主观上"窝藏赃物"中的"赃物"（作为有体物的欠条）与先前的诈骗行为所取得的"赃物"（欠条所证明的财产性利益）并不具有同一性。但是，对事实还是可以作另外的归纳的，也就是说，"窝藏赃物"本质上是为了保护已经取得的财物（包括财产性利益）不被追回，三名被告人通过诈骗手段取得了财产性利益，事后防止欠条被被害人抢回，也是为了保护已经取得的财产性利益。所谓"为了使诈骗利益实现"，也应当评价为"为了保护已经取得的财产性利益"。因此，不管是从形式上说，还是从实质上说，被告人所窝藏的赃物与先前行为取得的赃物具有同一性，应当认定为事后抢劫。

学生：按照您的观点，本案中甲乙丙三人的行为构成抢劫致人死亡罪；而丁则成立诈骗罪。

张明楷：是的。

我对这个案件还有一些其他思考。我们通过扩大解释，将财产性利益理解为"财物"，从而肯定了财产性利益也可以成为诈骗罪的对象。也就是说，现在诈骗罪的对象实际上包括了财物与财产性利益。在日本，根据诈骗的对象是财物还是财产性利益的不同，诈骗罪的构成要件往往也会有差异。在诈骗的对象是财物的情况下，行为人必须通过欺骗行为将被害人占有的财物转移给行为人自己占有；但在诈骗的对象是财产性利益的情况下，行为人只要通过欺骗行为为被害人设定了一个债务，就可以肯定行为人的诈骗行为既遂。这是因为，当诈骗的对象是财产性利益的时候，很难认定行为人的欺骗行为使他人占有的财产性利益转移为自己占有了，因此即使财产性利益没有发生转移，也可以肯定诈骗财产性利益行为的既遂。但在我国，对于这样的讨论还没有展开。也就是说，我国当前还没有人系统地讨论诈骗的对象是财物与财产性利益时，诈骗罪的构成要件会有什么样的差别。实际上，这却是一个亟须研究的领域。

学生：如果将本案中甲乙丙的行为认定为事后抢劫，那么，抢劫的数额是多少呢？

张明楷：我觉得本案中甲乙丙抢劫的数额应该与他们之前诈骗罪的数额相同，都是355万元。这正好满足了窝藏赃物中的赃物的同一性要求。

学生：我认为在这个案件中，将甲乙丙的行为认定为事后抢劫的行为是合理的，但似乎将他们的抢劫数额认定得过高了。甲乙丙就算是将欠条抢回，毕竟也没有实现该355万元的债权。尤其是在A已经知道甲乙丙三人诈赌之后，A是肯定不会承认该笔债权的，因此，甲乙丙几乎不可能实现这笔债权。但现在，却因为他们使用暴力抢回了欠条，而认定他们抢劫了355万元。我觉得，将抢劫数额认定为355万似乎对被告人非常不利。这样的认定数额的方法，与您之前批判过的司法解释规定的盗窃他人存折，盗窃数额为存折记载的存款数额的做法是一样的。

张明楷：这个案件中的欠条与盗窃他人存折案件中的存折的性质是很不一样的。取得了他人的存折，并不意味着取得了他人对银行的债权。但是在本案中，如果甲乙丙等人没有取得该欠条的话，几乎就不能证明甲乙丙等人骗得的债权的存在了。你们认为将甲乙丙事后抢劫的数额认定为355万过高了，但这个案件中涉及的债权数额确实是355万，难道你们打算为了被告人的利益，给他们的犯罪数额打个折扣，将本案的抢劫数额认定为35万或者3.5万吗？如果这样认定的话，显然是没有依据的。

每个国家对事后抢劫的规定并不相同。比如，日本《刑法》第238条规定的事后抢劫的对象，仅限于行为人犯盗窃罪所得的财物，所以，本案中甲乙丙的行为在日本就不构成事后抢劫。但根据我国《刑法》第269条，本案中甲乙丙的行为确实还是可以被认定为事后抢劫的。

学生：我再举一个例子，通过对比来论证本案中将355万认定为抢劫数额是不合理的。行为人潜入他人住宅，盗窃了写有355万元的欠条，在这起盗窃案件中，法院不会认为行为人的盗窃数额是355万元，对行为人会以入户盗窃入罪，并在3年以下有期徒刑的法定刑幅度内量刑。

张明楷：我也认为在你举的这个入户盗窃欠条的案件中，只将行为人的行为认定为一般的入户盗窃行为即可，因此在3年以下有期徒刑的幅度内对行为人量刑是合理的。因为在你举得这个案件中，盗窃了欠条并不能评价为将他人占有的财产性利益转移为了自己占有，也就是说，不能将行为人盗窃欠条的行为认定为盗窃了债权本身。但是，在我们讨论的抢劫案中，我刚才也已经论证过，本案的欠条不是赃物，甲乙丙窝藏的不是欠条，而是财产性利益,甲乙丙使用暴力抢回欠条的行为能够被评价为"为了窝藏赃物",所以,甲乙丙窝藏的对象是欠条中记载的债权。因此,还是可以将甲乙丙的事后抢劫的数额认定为 355 万。

学生: 受这个案件的启发,我再举个例子,您看行为人的行为是否能够成立事后抢劫。甲仅买了某明星演唱会的站台票,却偷偷溜进了该场演唱会的贵宾席,在看完演唱会离席时,工作人员查票发现甲仅持有站台票,就当场要求甲补票。甲为了不补票,就对工作人员实施暴力。在这个案件中,您认为甲的行为是否能够成立事后抢劫。

张明楷: 我觉得在你举的这个案件中,无需援引第 269 条的规定就可以直接根据第 263 条将甲的行为认定为抢劫罪。工作人员要求甲补票是在对甲主张主办方应有的债权,甲拒不补票是为了不履行债务。甲为了逃避债务而对工作人员使用暴力,就是抢劫该债权的行为。所以,可以直接将甲的行为认定为抢劫罪。

我再举一个常见的抢劫债权的案例。乙乘坐出租车到达目的地之后,出租车司机要求乙支付车费,乙使用暴力将出租车司机制服以后,就扬长而去。在这个案件中,出租车司机向乙要车费的行为是主张自己债权的行为,而乙使用暴力拒不支付车费的行为,就是抢劫出租车司机债权的行为,所以,乙的行为直接构成了抢劫罪。

学生: 我国《刑法》第 269 条规定,"犯盗窃、诈骗、抢夺罪,为窝藏赃物、抗拒抓捕或者毁灭罪证而当场使用暴力或者以暴力相威胁的"成立事后抢劫。但我认为,从立法论来讲,行为人在犯了盗窃、诈骗、抢夺之后,抗拒抓捕、毁灭罪证是人之常情,并不能因此而将盗窃、诈骗、抢夺升级为抢劫。当然,如果抗拒抓捕、毁灭罪证的行为致对方死亡或者重伤，就应该按照故意杀人罪、故意伤害致人死亡或者故意伤害罪定罪量刑。

张明楷：在这一点上，日本《刑法》第238条的规定与我国《刑法》第269条的规定类似，都规定行为人为了窝藏赃物、抗拒抓捕、毁灭罪证等使用暴力或以暴力相威胁的，将会成立事后抢劫。在行为人为了抗拒抓捕、毁灭罪证而使用暴力或以暴力相威胁就构成事后抢劫这一点上，中日两国是相同的。从现有的资料来看，很难说是我们学习了日本，还是日本学习了我们。因为我国在宋朝、明朝时期，刑法就规定犯盗窃罪的，为窝藏赃物、抗拒抓捕而使用暴力就构成抢劫罪，在《大清新刑律》中也有类似的规定。但《大清新刑律》是由日本的冈田朝太郎等人于1905年帮助起草、1910年公布的；而日本《刑法》是在1906年通过，1907年生效的。所以，从我知道的立法过程来看，不太好说谁借鉴了谁的规定。

但在这一点上，德国的事后抢劫就与我们很不相同。德国刑法规定，只有犯盗窃罪，为了确保盗窃的财物不被追回而使用暴力或者以暴力相威胁的才能构成事后抢劫。所以，在德国，如果犯盗窃的行为人是为了抗拒抓捕或者毁灭罪证而当场使用暴力的，不能构成抢劫罪，倘若这样的行为致人伤害或者死亡的，德国法院就会将行为人之前的盗窃行为与之后的故意伤害或者杀人行为分别按照盗窃罪、伤害罪或者杀人罪定罪。从立法论来看，德国的规定或许更加合理。因为抢劫罪是财产犯罪，如果将使用暴力或者以暴力相威胁不是为了确保赃物，而是为了逃离现场或避免追诉的行为也认定为抢劫罪，与抢劫罪是财产犯罪的属性是有一定距离的。

盗 窃 罪

案例一

案情：甲男是乙女以前的男朋友。某日，甲经过乙的宿舍时，发现乙不在宿舍，而乙的室友丙又是一个新来的员工。于是，甲走进乙的宿舍对丙说："我是乙的男朋友，她电脑坏了，我要帮她去修电脑。"丙并没有接甲的话，一直在做自己的事情。甲就趁机将乙的手提电脑拿走了。甲的行为构成什么罪？

学生：虽然丙从头到尾没说一句话，但正是因为甲假装是受乙之托，要去修理乙的电脑，丙才一声不吭地任甲将乙的电脑从宿舍中拿走。所以，丙以不作为的方式处分了乙的电脑，甲的行为构成诈骗罪。

张明楷：你觉得丙有处分甲的电脑的权限吗？在这个案件中，乙的电脑到底归谁占有？

学生：由于乙丙二人共用一个宿舍，在乙不在宿舍时，丙应该能够代替乙处分乙的电脑。

张明楷：这样的结论显然不合理。你不在宿舍的时候，你的室友可以随意处分你的电脑等贵重物品吗？如果他们将你的电脑拿走，这样的行为不能构成盗窃罪吗？

学生：看来，在这种情况下，丙对乙的电脑并不具有处分的权限；乙的电脑仍然归乙占有。

张明楷：是的。在集体宿舍或者合住的房间中，一般每个人都会将自己的财物放在固定的位置上,并且只占有自己的财物;即使有室友外出了,其他室友也不会因此而占有其财物,因而不具有处分其财物的权限。所以,在这个案件中,乙的电脑仍归乙占有,丙既不占有乙的电脑,也没有处分乙电脑的权限。构成诈骗罪,要求行为人的欺骗行为使财产处分人陷入认识错误而处分财物,由于丙不具有处分乙电脑的权限,因此,甲将乙占有的电脑拿走的行为应该构成盗窃罪,而不是诈骗罪。

案例二

案情:甲入户盗窃了乙的信用卡。但乙的信用卡里不仅没有存钱,还因为透支而欠了银行几万元钱,已经不能再用该卡支付。甲的行为是否构成盗窃罪?

学生:在我国,行为人入户盗窃他人财物的,即使没有达到盗窃罪要求的最低数额,也可以成立盗窃罪。在这个案件中,如果认为甲的行为构成盗窃罪,那么,显然是将信用卡本身认定为了本案的盗窃对象。如果认为甲的行为不能构成盗窃罪,就只能以乙的信用卡中没有存款,甲的行为没有取得任何财物为由,否定甲的行为构成盗窃罪。

张明楷:你的分析有道理。那你认为甲的行为能不能构成盗窃罪?或者说,你认为这个案件中,盗窃的对象是信用卡本身,还是信用卡中记载的存款?

学生:我认为甲的行为不能构成盗窃罪。因为信用卡的功能是证明持卡人是银行的债权人,但是在这个案件中,乙的信用卡内不仅没有存款,还有不少的欠款,在这种情况下,因为乙的信用卡中没有了财产性利益,所以,还是不要将甲的行为认定为盗窃罪为宜。

张明楷:你刚才的分析中,已经将本案盗窃的对象认定为了信用卡内记载的存款。所以,只要信用卡内没有了存款,行为人的行为就不能构成盗窃罪。但我认为,在这种情况下,应该将信用卡本身认定为盗窃的对象。信用卡本身就是财物,与信用卡里面存款多少、欠款多少是没有直接关系的。信用卡在我们的日常生活中具有较为重要的作用,经常会在购物的环节中被使用。在这个案件中,虽然被盗的信用卡已经不具有支付功能,但是在被害人还款等环节,还是会被使用。我也并不认为,入户盗窃任何东西的都成立盗窃罪,但是,入户盗窃了他人需要经常使用的财物或者说对他人具有重要使用价值的财物时,即使交换价值很小,也应当认定为盗窃罪。如入户盗窃他人护照、重要照片、房门钥匙等的,就应当认定为盗窃罪。基于这一点,我认为,甲入户盗窃他人信用卡的行为应该构成盗窃罪。

案例三

案情:某大型超市举行某种商品的限时抢购活动,只要顾客在指定时间内购买该种商品,就只需花费该种商品平时价格的10%。在活动期间,甲将几乎所有剩余的该种商品都放进了自己的购物车,排在甲后面的乙为了能够在活动期间低价购买该种商品,就强行将甲购物车里的部分该种商品放入了自己的购物车,径直去柜台结了账。乙的行为是否构成犯罪?构成什么犯罪?

学生:判断乙的行为是否构成财产犯罪,首先必须确定,在甲还没有结账的时候，甲购物车中的财物是否归甲占有。如果认为甲购物车内的该种商品由于还没有结账，仍归超市占有的话，乙拿走甲购物车内财物的行为并没有侵犯甲的财产权利，同时，乙到超市柜台结了账，也不能认为乙的行为侵害了超市的财产权利，所以，乙的行为无罪。但如果认为甲在购物车内放置的财物归甲占有，那么，乙强行拿走甲占有之下的财物的行为就会构成相应的财产犯罪——如果乙使用了压制甲反抗的暴力后将财物拿走的，乙的行为成立抢劫罪；如果乙只是对购物车使用了暴力，并没有对甲使用暴力，那么，乙的行为可以成立抢夺罪；如果乙既没有对甲使用暴力，也没有对购物车使用暴力，仅是从甲的购物车内将该种商品取出放入自己的购物车的，乙的行为成立盗窃罪。

张明楷：如你所言，乙的行为是否构成财产犯罪，首先需要讨论的问题就是甲是否已经占有了他放置在购物车内的商品。我认为，在大型超市购物时，只要还没有结账，顾客放在购物车或者购物篮里的商品仍归超市占有。如果认为在还没有结账时，顾客就已经占有了购物篮或者购物车内的商品，那么，顾客不结账而拿走商品的行为就不能构成盗窃罪了，因为盗窃罪要求行为人将他人占有的财物转移为自己或者第三者占有，既然已经肯定顾客占有了未结账的商品，那么，不结账的行为也就没有侵害超市的占有。显然，这样的结论是不正确的。

既然在甲还没有结账时，购物车内的这些商品仍归超市占有，乙拿走甲购物车内商品的行为就没有侵害任何财产法益，也就不能构成财产犯罪。

案例四

案情：甲被网上通缉，被捕之后，甲随身携带的物品全部被公安机关扣押，但负责扣押的公安机关并没有制作相应的扣押清单。乙、丙是该公安局的协警，负责看管甲及被扣押的甲的财物。乙发现扣押的财物中有一张银行卡，就要求甲说出该卡的密码。甲向乙说出银行卡密码之后，乙趁丙上厕所的时候，到自动柜员机上从甲的银行卡中提取了2万元。乙的行为构成什么罪？

学生：如果能够将乙认定为国家工作人员，而且能够把乙利用甲的银行卡从自动柜员机中提取的2万元认定为乙所在的公安局占有下的公共财产的话，乙的行为就成立贪污罪。相反，如果不能将乙认定为国家工作人员，他从自动柜员机取得的钱也不能认定为公共财产的话，乙的行为可能构成盗窃罪。

张明楷：那我们就先来分析一下是否可以将乙认定为国家工作人员。

学生：乙虽然是该公安局的协警，但是，只要乙是在民警的带领下执行公务，就应该能够认定为国家工作人员。

张明楷：的确，协警在民警的带领下执行公务时，即使不具有相关的国家工作人员的编制，仍可以认定为刑法中从事公务的国家工作人员。但即使能够将乙认定为国家工作人员，也只有能够肯定乙利用职务便利侵吞了该公安机关占有的公共财产，才能将他的行为认定为贪污罪。在这个案件中，是否能够认定乙利用职务便利获取了该2万元？该2万元是否属于乙所在的公安局占有？

学生：如果乙不负责看押甲的话，甲肯定不会向乙说出自己银行卡的密码，所以，乙利用自己看押甲的职务之便，从甲那里获取银行卡密码的行为就是利用职务之便的行为。既然甲的银行卡已经被该公安局扣押了，就说明公安局也占有了甲卡内的财产。所以，能够将乙的行为认定为贪污罪。

张明楷：我认为，在这个案件中，很难认为乙利用了职务之便占有该2万元；同时，也不能将乙从自动柜员机中取出的2万元认定为该公安局占有下的公共财物。这是因为，乙虽然负责看押甲，但并不具有要求甲说出自己银行卡密码的职权，所以，乙问甲密码的行为很难认定为职务行为。更为重要的是，乙从银行的自动柜员机中取出的2万元钱，并不归乙所在的公安局占有，公安局仅是占有了甲的银行卡，但作为现金的2万元处于银行的占有下。乙非法获得甲的银行卡密码后，利用甲的银行卡从银行自动柜员机获取了2万元现金的行为应该构成盗窃罪。

学生：如果将乙的行为认定为盗窃罪，那么，在这起盗窃案件中，谁是被害人？

张明楷：最终的被害人是甲，因为在他的银行卡内记载下的债权少了2万元。但直接的被害人应该是占有该2万元现金的银行。盗窃罪、诈骗罪等财产犯罪要求素材的同一性，也就是说，被告人取得的财物与被害人丧失的财物必须具有同一性。乙并没有取得什么债权，而是取得了2万元现金，而甲丧失的是债权。债权与现金虽然是对应的，但不是同一的。所以，只有首先肯定银行是直接被害人，才能体现素材的同一性。那么，一般人为什么不认为银行是被害人呢？这是因为一般人总是从最终结局来看谁受损失，然而，银行将自己的损失立即转移给甲了。也就是说，银行损失2万元现金的同时，通过减少甲的2万元债权挽回了自己的损失，于是，最终只有甲受到了损失。

案例五

案情：甲在乙家里做保姆，某日甲趁着乙家人出国旅游，就将乙的户口本、身份证与房产证偷了出来。甲以乙委托自己出售住房为名，将乙的住房卖给了丙。丙信以为真，购买了乙的住房之后并没有马上去住。半年以后，当丙要搬进来的时候，发现乙一家人住在里面，遂案发。甲的行为构成什么罪？

学生：甲并非房屋的所有人，却拿着房屋所有人的证件与房产证将房屋卖给不知情的第三人。首先，可以肯定甲隐瞒真相将房屋卖给不知情第三人的行为成立诈骗罪，诈骗的对象是第三人交付的买房款。其次，需要分析甲盗窃证件将乙房屋变卖的行为是否构成盗窃罪，如果认为甲的行为成立盗窃罪，那么，就需要进一步判断甲盗窃的是乙的房产证，还是乙的房屋。

张明楷：甲隐瞒事实，将他人的房屋卖给不知情的第三人的行为肯定能够成立诈骗罪，诈骗的对象就是买房者提供的买房款。这一点是可以肯定的。现在，需要分析甲的行为是否还另外构成盗窃罪。由于甲是住在乙家的保姆，所以，甲在乙的住宅内偷走房产证等证件的行为不能以入户盗窃为由而按照盗窃罪论处。因为甲本身就有权进入乙的住宅，所以甲进入乙的住宅的行为不能评价为入户盗窃中的"入户"。但是，如果这样的案件发生在德国或者日本的话，甲盗窃他人证件的行为肯定会被认定为盗窃罪，因为在这些国家，盗窃罪的对象仅限于财物，而房产证等重要证件肯定可以被评价为财物,同时这些国家的刑法也对构成盗窃罪的盗窃数额有要求。

看来,现在要认定甲的行为是否还另外构成盗窃罪,就要看能否将甲背着乙出卖乙住房的行为认定为盗窃乙的房屋。需要回答的是,盗窃不动产时,是否要求行为人转移不动产在物理上的占有,如甲已经让买房人住进了乙的住宅,还是只要行为人在法律上将该不动产转移占有即可,如甲已经将乙的房屋转移登记到了买受人名下。

学生: 在这个案例中,乙回来之后,仍然住在自己的住宅内,没有发现自己的房子已经被甲卖给了他人。所以,在案发之前,乙仍在物理上占有自己的住宅。如果认为盗窃罪保护的法益是他人对财物的占有的话,那么,在这个案例中,乙对自己房屋事实上的占有并没有被侵害,似乎不能认为甲盗窃了乙的房屋。

张明楷: 虽然乙仍在事实上占有着自己的房屋,但毫无疑问,在甲将乙的房屋出售给他人,并且已经办理了房屋过户手续的情况下,甲的行为对乙的房屋所有权造成了侵害。在这个案件中,乙肯定是被害人,但如果仅认定甲成立一个诈骗罪,则没有评价甲对乙的财产损害这一事实。盗窃罪保护的法益不仅包括占有,还包括所有权。在这个案件中,甲的行为实际上是盗窃了乙对房屋的所有权。你们考虑一下,能否从另外一个角度将甲的行为认定为盗窃罪。乙的房屋的所有权肯定可以评价为一种财产性利益,甲盗窃乙证件将乙的房屋卖给他人,实际上是将房屋的所有权这种财产性利益转移给自己占有后,再转移给他人。也就是说,甲先获得了财产性利益,然后再通过变卖的方式将这种财产性利益转化成了现金。盗窃的对象包括财产性利益,将他人占有的财产性利益转移为自己占有的,肯定能够成立盗窃财产性利益,因此,还是可以将甲的行为认定为盗窃罪。类似的案件有,在他人来村里买树时,甲将邻居家的树谎称为自己家的树卖给他人,由他人将树砍走。此时,甲实际上是先将邻居家的树转移给自己占有,然后再转卖给他人,甲只不过省略了一道物理的程序而已。

学生:以前看到过一个这样的德国法院判例。甲趁着某块土地的主人出远门之时,从土地主人的家里盗窃了该块土地的地契,并且将该土地出卖给了不知情的第三人,第三人在该块土地上种植了农作物。审理这个案件的德国法院认为,甲隐瞒真相将自己没有处分权限的土地卖给不知情的第三人的行为成立诈骗罪,除此之外,甲对该块土地成立侵占罪。我觉得德国的这个判例与我们现在讨论的这个案例十分接近。

张明楷:德国法院之所以认为将他人土地出卖给他人的行为成立侵占罪,是因为德国刑法明文规定,盗窃的对象只能是可以移动的财物,即动产。而土地并不是可以移动的财物,那么也就不能成立盗窃罪的对象。例如,德国的判例与学说认为,行为人擅自将自己的土地与相邻的土地的界桩移向邻人土地一边的行为,不能成立盗窃罪。为了解决这类行为是否入罪、如何定罪的问题,德国刑法后来专门规定了移动界桩、界碑等罪。与德国类似,日本刑法中的盗窃罪也仅限于动产。但日本刑法在盗窃罪之外,还规定了侵夺不动产罪。所以,本案如果发生在日本的话,甲的行为可能被认定为侵夺乙的不动产的犯罪。

但是,我国刑法并没有将盗窃的对象限定为动产,也就是说,在我国不动产也是可能成为盗窃的对象的。在什么情况下,才能认定行为人盗窃了不动产,在什么情况下,又应当认定行为人盗窃了不动产相关的财产性利益,的确是我国刑法学界需要讨论的独特问题。似乎可以认为,如果本案中的丙在购买乙的住宅后马上就搬进了该住宅,乙回来以后发现丙已经入住,那么,就能够认为甲已经盗窃了乙的住宅本身;但如果丙在购买该住宅后并没有入住,就应当认为甲盗窃了该住宅的所有权产生的财产性利益。

学生: 在这起案件中,甲或者丙无论如何也不可能最终得到乙房屋的所有权。因为这个案件到了法院之后,乙对自己房屋的所有权最终还是会受到法律的保护。

张明楷: 法律都不会承认盗窃犯对盗窃所得的财物有所有权,但这并不妨碍将盗窃他人财物的行为认定为盗窃罪。在这个案件中,虽然最终法院会通过判决肯定乙对自己房屋的所有权,但这是乙通过法律维护自己的合法权益,也就是弥补甲的盗窃行为对自己的法益造成的损害的维权行为,所以,不能据此认为甲没有对乙的财产法益造成侵害。

学生: 我将本案的案情稍作修改,您看这样的案件中行为人的行为构成什么犯罪。保姆甲趁着乙一家人出国旅游的时候,将乙的房子出租给了不知情的丙。乙旅游回来以后发现丙一家人住在自己的房子里,遂案发。

张明楷: 在你改编的这个案件中,我认为不能将甲的行为认定为盗窃乙的住宅。甲虽然将房子出租给了丙,但乙仍具有对自己房屋的所有权,法律上也承认乙对自己房子的占有。所以,乙对房屋的所有权、占有权等法益都没有受到侵害,甲的行为不构成盗窃罪。但是,甲的行为可能构成非法侵入住宅罪。因为丙住在乙房屋之内的行为不可避免地会侵入乙的住宅，但丙又是不知情的第三人，他是在甲的欺瞒下才租住乙的房屋的，所以，甲是非法侵入住宅罪的间接正犯。

学生：根据您的观点，非法侵入住宅罪保护的法益是住宅的安宁。在这个改编的案件中，丙住在乙家的时候，乙一家人在外旅行，所以丙的行为并没有侵犯乙的住宅安宁。因此，并不能将甲认定为非法侵入住宅罪的间接正犯。

张明楷：你刚才在举例时已经说过，乙回家以后发现丙住在自己的房子里，遂案发。试想一下，房主回到自己的住宅，发现里面住了其他人，这样的事情肯定会严重影响房主对自己住宅的支配，房主本应享有的住宅安宁肯定会被侵犯。所以，甲的行为肯定是可以构成非法侵入住宅罪的间接正犯的。

我之前看到过一起案件与我们现在讨论的案件有关。某单位购买了十套商品房供该单位开展业务使用，但这十套商品房被登记在该单位的十名员工名下，房产证由单位保管。其中一名员工丙通过隐瞒真相补办房产证后，将他名下的单位房产卖给了不知情的第三人。在这个案件中，虽然丙出售的住房就登记在他自己的名下，但是丙的单位出资购买了该住房，并将其登记在丙的名下，可以认为丙名下的住房是单位委托他代为保管的财物，丙将单位委托保管的财物私自出售的行为就是将委托保管的财物据为己有，因此，首先可以将丙的行为认定为侵占罪。至于丙能否对单位的房屋成立盗窃罪，同样需要讨论。当然，丙还对购房人成立诈骗罪。

学生：我国《刑法》第 343 条规定了非法采矿罪。实践中，行为人擅自将他人煤矿区的煤矿开采的，往往会被认定为非法采矿罪。如果行为人将他人矿区内价值重大的矿产开采的，按照非法采矿罪定罪量刑的话，最多也只有 7 年有期徒刑并处罚金。如果认为不动产也可以成为盗窃罪的对象，那么，从他人合法占有的矿区擅自采矿的行为也可能构成盗窃罪。由于盗窃罪的法定刑远高于非法采矿罪，如果将这样的行为按照盗窃罪定罪量刑的话，似乎更能做到罪刑相均衡。

张明楷：虽然矿区是不动产，但是从矿区内开采出的矿产恐怕就是动产了。我认为完全可以将擅自在他人的矿区采矿的行为认定为盗窃罪。只不过我们的学界与司法实务部门中有人认为，《刑法》第 343 条规定的非法采矿罪与第 264 条规定的盗窃罪之间具有法条竞合关系，在行为同时符合这两个罪的情况下，特别法优先适用，即优先适用非法采矿罪。我认为这样的观点是不正确的。因为非法采矿罪保护的是矿产资源，而盗窃罪保护的是财产法益，两个罪保护的法益并不相同，因此不能将两罪认定为法条竞合，而是应将它们认定为想象竞合。或许正是这个原因，非法采矿罪的法定刑比较低。换句话说，非法采矿罪只是保护矿产资源或者环境资源，而不是旨在保护财产。在非法采矿行为严重侵害了他人财产的情况下，就需要运用想象竞合犯的原理从一重罪论处了。

案例六

案情：甲是某公司采购主管，只要公司的总经理不在，甲就要负责公司的日常事务。某月，该公司总经理要出差，便将公司仓库的钥匙交给了甲，要求甲负责仓库内货物的日常管理。在总经理出差之后，甲让某位员工欺骗看管仓库的保安说某日放假一天。在保安放假这天晚上 7 点到第二天凌晨 4 点这段时间内，甲从公司仓库陆续搬走价值共计 40 万元的财物。甲的行为构成什么罪？

张明楷：这个案件涉及如何具体区分盗窃罪与职务侵占罪。如果认为甲在总经理出差期间，在拿到公司仓库钥匙的情况下就已经占有了仓库内部的财物，甲将自己负责管理下的公司财物据为己有的，应该认定为职务侵占罪。但如果认为甲在总经理出差时只是公司仓库内的财物的占有辅助人，而总经理仍是仓库内财物的占有人，甲没有通过职务便利盗取仓库财物的话，就应该将甲的行为认定为盗窃罪。所以，在这个案件中，如何认定甲的行为性质的关键就在于，甲在总经理出差期间是否占有仓库内的财物，以及甲获取这些财物是否利用了职务之便。我们首先来讨论一下甲在总经理出差期间是否占有了该公司仓库内的财物。

学生：既然总经理不在公司时，甲负责公司的日常事务，并且总经理出差之前已经将公司仓库的钥匙交给了甲，这就表明甲在总经理出差期间负责管理公司仓库内的财物，所以应该认为甲在这段时间占有了公司仓库内的财物。

张明楷：如果认为甲在总经理出差期间占有了公司仓库的财物，那么在这段时间，总经理是否还占有自己公司仓库内的财物呢？

学生：出差的总经理当然也还是公司仓库财物的占有人。

张明楷：那么，在这段时间，公司仓库内的财物难道是由总经理和甲二人共同占有吗？比如，总经理如果通过电话要求甲将仓库内的财物搬到某地，甲有拒绝的权利吗？

学生：如果总经理指示甲搬运公司仓库内的财物，恐怕甲是不能拒绝的。

张明楷：这样看来，公司仓库内的财物在总经理出差这段时间，实际上还是由总经理占有，而甲只是总经理的占有辅助人而已，所以并不能认为甲在这段时间已经占有了公司仓库内的财物。接下来，我们再探讨一下甲是否利用职务便利盗取了公司仓库的财物。

学生：甲负责保管公司仓库的钥匙，甲用自己负责保管的钥匙打开了公司仓库的库门，将 40 万元的财物盗走。显然在这个过程中，甲是利用了自己的职务之便的。

张明楷：甲负责保管公司仓库的钥匙只是为他实施盗窃的行为提供了一定的便利条件，但甲并没有利用职务之便盗窃公司仓库的财物，因为甲是在晚上公司员工下班以后，潜回公司盗取的财物，这样的行为与甲的职务之间没有任何关系。所以，我主张将甲的行为认定为盗窃罪比较合理。

学生：我国的职务侵占罪与贪污罪，与德日刑法中规定的职务侵占罪与贪污罪有很大的不同。在德日，行为人只有侵占了自己占有下的公司财物或者公共财物，才能认定为职务侵占罪或者贪污罪。但是在我国，即使公司财物或者公共财物不归行为人占有，只要行为人利用职务之便盗窃、诈骗了这些财物的，也同样能够成立职务侵占罪或者贪污罪。您觉得这方面，我国的刑法规定合理，还是德日的刑法合理？

张明楷：我认为德日刑法的规定更加合理。只要将他人占有下的财物通过盗窃或者诈骗等行为据为己有的，就应该被认定为盗窃或者诈骗等罪。在我国，职务侵占罪的法定刑远低于相应的财产犯罪,为什么利用了职务之便盗窃或者骗取自己不占有的本单位财产的,就应该受到更低的刑罚处罚?我觉得这样做并没有刑事政策的理由作支撑。所以,在解释刑法相关条文时,可以将那些没有明显利用职务而盗窃或者诈骗的行为直接认定为相应的财产犯罪。例如,某国家工作人员出差回来报销时,将原本1000元的住宿费改为了1万元,并从报销处领取了1万元,我认为应当将该国家工作人员的行为认定为诈骗罪。在这样的案件中,该国家工作人员出差已经结束,报销时也并不涉及什么职务内容,也就是说,报销住宿费与自己的职务是没有多大关系的,所以,直接将这样的行为认定为诈骗罪即可。

案例七

案情:赵某以订购6部手机为名,约见了被害人。在被害人将手机拿出来给赵某查验时,赵某谎称要将手机拿给领导过目,要求被害人在电梯旁等候,欲独自携6部手机逃离。但被害人警惕性很强,始终尾随赵某。赵某为了摆脱被害人而逃跑,但在跑过数层楼梯间后仍未能摆脱被害人,赵某遂转身对追上来的被害人说:"领导不喜欢,还给你吧。"被害人将赵某扭送到了公安机关。赵某的行为构成何罪?

学生:赵某的行为肯定不构成抢夺罪。因为赵某拿到这6部手机时,并没有实施任何对物的暴力,也就是说,赵某拿走手机的行为不会对被害人的人身安全产生任何威胁。所以,赵某的行为不构成抢夺罪。我现在纠结的是,赵某的行为到底成立盗窃罪还是成立诈骗罪。

张明楷：赵某的行为确实不能构成抢夺罪。并不是说赵某"公然"拿走了被害人的手机，就肯定成立抢夺罪，如你所言，在这个案件中，赵某并没有实施任何可以评价为对物暴力的行为。那么，我们再分析一下赵某的行为是否成立诈骗罪。赵某在已经拿到被害人的手机假装查验时，为了能够顺利拿走手机，就谎称要带着手机去让自己的主管领导过目一下。赵某实施的该行为还是可以评价为诈骗罪中的欺骗行为的。但是，本案的被害人显然并没有相信赵某的话，一直紧跟赵某，从这一点上看，赵某的欺骗行为并没有使被害人陷入认识错误，也没有使被害人最终将该6部手机处分给赵某。所以，赵某的行为只成立诈骗未遂。

学生：被害人之所以会将手机递给赵某，是因为赵某谎称自己要购买该6部手机。所以，我觉得，赵某在和被害人见面前谎称要购买手机的行为，就可以被认定为诈骗罪中的欺骗行为了。现在重点是，被害人见到赵某以后，将该6部手机递给赵某后，是否已经可以评价为处分了财物。如果可以的话，似乎就能够认为赵某的诈骗行为已经既遂了。

张明楷：在被害人一直在场，且只是要赵某查验一下该6部手机的性能的情况下，不能认为被害人已经将这6部手机的占有终局性地处分给了赵某。在当时的情况下，仍应肯定被害人对该6部手机的占有，赵某仅是暂时的持有而已，他并没有占有该6部手机。所以，不能认为赵某的诈骗行为已经既遂。在本案中，由于被害人一直紧追赵某不放，并且最终赵某也没能摆脱被害人，在这种情况下，该6部手机仍处在被害人的占有下，所以，不能认为赵某的诈骗行为已经既遂。

学生：如果赵某最终摆脱了被害人的追赶，将这6部手机顺利拿走,是否成立诈骗罪的既遂呢?

张明楷:这正是我要你们考虑的另一问题,但问题不在于能否成立诈骗既遂,而在于能否另成立盗窃。我认为,如果赵某最终通过摆脱被害人追赶的方式,将这 6 部手机拿走的,最好还是将这样的行为认定为盗窃罪。因为就像前面讲过的一样,在这种情况下,赵某的行为并不能成立诈骗罪的既遂。本案中的被害人一直没有因为赵某的谎言而将该 6 部手机处分给赵某,否则,被害人也就不会一直追赶了,所以,赵某不是因为自己的欺骗行为而获得了该 6 部手机,故赵某的行为不能构成诈骗罪的既遂。赵某看诈骗未成,就想通过逃跑摆脱被害人的方式获取这 6 部手机,但如前所讲,此时手机应评价为被害人占有。既然如此,赵某通过逃跑摆脱被害人的行为,就是要违反被害人的意志转移手机占有的行为。这样的行为显然符合盗窃罪的构成要件。当然,这样的结论是以承认公开盗窃为前提的,如果像通常那样要求秘密窃取,恐怕甲的行为就不是盗窃而是抢夺了。可是,手机原本就是甲的手上,怎么抢夺呢?总而言之,按照我们的观点,甲后面的行为是盗窃,不过,盗窃是否已经既遂,就需要讨论了。

学生:在这样场合,应当认定盗窃还没有既遂。

张明楷:在一栋楼里,在被害人一直跟随时,甲始终没有摆脱被害人,可以认定为盗窃未遂。由于甲是无法摆脱被害人才将手机交给被害人的,故不能认定为中止。

案例八

案情:甲盗窃了他人的记名债权凭证后,由于他不能利用该记名的债权凭证去实现债权,就撕碎了该债权凭证。失主因为无法挂失其丢失的记名债权凭证而造成了 5 万元债权的损失。在这种情况下，甲构成什么犯罪？

学生：如果甲盗窃了他人的不记名且不能挂失的债权凭证的，应该将甲的行为认定为盗窃罪，且盗窃数额就是债权凭证记载的数额。之前，司法解释规定，行为人盗窃了他人的活期存折的，不管行为人是否取现等，行为人的行为都构成盗窃罪，且盗窃的数额就是存折上记载的存款数额。老师说司法解释的规定并不合理，因为并不是行为人偷走存折的行为侵害了被害人的存款，而是行为人后续的取款行为侵害了被害人的存款，所以，应该根据行为人利用盗窃的存折取款的行为性质，认定行为构成什么犯罪。在这个案件中，需要分析的是，到底是甲盗窃他人记名债权凭证的行为侵害了被害人的债权，还是盗窃后毁坏该债权凭证的行为侵害了被害人的债权。

张明楷：在这个案件中，甲盗窃的是他人不能挂失的记名债权凭证，这与盗窃他人的活期存折并不相同。被害人丢失了活期的存折，基本上只要拿着自己的有效证件，就可以重新办理存折，所以盗窃了他人的活期存折，并不代表侵害了他人在存折中的存款。但是，在这个案件中，在被害人不能挂失自己的记名债权凭证的情况下，甲盗窃该记名债券凭证，就已经侵害了被害人的债权，因为被害人已经不能实现这个债权凭证记载下的债权了。所以，我认为，甲的盗窃他人不能挂失的债权凭证的行为构成盗窃罪，且盗窃数额就是该债权凭证记载的债权数额。

学生：如果这样的案件发生在日本的话，日本的法院一般会如何认定甲的行为？

张明楷：日本刑法并没有将"数额较大"规定为盗窃罪的构成要件要素。所以，理论上只要行为人盗窃了他人占有的财物，就能够成立盗窃罪。在盗窃的数额特别微小的情况下，检察官就不会追诉这样的行为。但在盗窃的财物是债权凭证、存折、身份证件等情况下，往往也会被追诉，并且按照盗窃罪定罪量刑。

所以，当这样的案件发生在日本时，甲盗窃他人不记名债权凭证的行为肯定会被定盗窃罪。当然，他们在量刑的时候，也会适当考虑债权数额的，只不过他们并不会像我国一样，将盗窃数额看做是选择法定刑幅度的最为重要的标准。

学生：如果甲盗窃的是他人的活期存折，事后又利用该存折在自动柜员机取钱的，这样的行为在日本会被如何定罪量刑？

张明楷：在日本，这样的行为会被认定为两个盗窃罪。盗窃活期存折的行为会被认定为盗窃罪；利用活期存折在自动柜员机取钱的行为也会被认定为触犯另一个盗窃罪。其中，第一个盗窃罪的对象是存折，第二个盗窃罪的对象是银行自动柜员机中的现金。

我们国家的司法实践，还是很重视财物的交换价值。不过，我还是呼吁应该将盗窃他人身份证、签证、护照等重要证件的行为认定为盗窃罪，在3年以下有期徒刑内量刑，必要时也可以宣告缓刑。因为在日常生活中，这些证件对人们都是非常重要的。比如，被害人第二天就要出国，结果自己的护照和签证被办公室的其他同事偷走了。在这种情况下，被害人的损失恐怕是不能用几千块钱来衡量的。

学生：行为人盗窃了自己写给被害人的欠条，事后不承认自己欠被害人债务的行为，是否也能够认定为盗窃罪，而盗窃的对象就是欠条，盗窃的数额就是欠条所记载的债权数额？

张明楷：在我国的司法实践中，只要行为人没有"入户盗窃"或者"扒窃"他人的欠条，这样的行为就不会被认定为盗窃罪。因为欠条本身的价值并没有达到盗窃罪"数额较大"的入罪要求。同时，债务人盗窃的是欠条，这样的行为并没有将债权所代表的财产利益转移为债务人占有，不能认定为盗窃债权本身。所以，除了扒窃、入户盗窃、携带凶器盗窃之外，债务人盗窃债权人占有下的欠条的行为难以构成盗窃罪。

但是，这样的行为却很可能在某些情况下构成诈骗罪。比如，债权人并不知道债务人盗窃了自己的欠条，前去向债务人主张债权，债务人就是不承认自己曾经欠过债权人债，于是债权人将债务人告上了法庭。债务人在法庭上并不承认自己曾经欠债，也当然没有将自己盗窃了欠条的事实如实陈述，导致法官判决债权不存在。在这样的情况下，债务人通过欺骗法官，使法官在误以为债权不存在的情况下作出债权人败诉的判决，实际上就是通过欺骗法官而使法官处分了本应归债权人所有的财产性利益。在这样的案件中，欺骗对象是法官，法官也具有处分债权人债权的权限，并且法官因受骗而处分了债权人的债权，所以，债务人的行为成立三角诈骗，即构成诈骗罪。但是，仅盗窃欠条的行为，不可能成立诈骗罪。即使认定为诈骗的预备行为，通常也不会追究行为人的刑事责任。

案例九

案情：甲搭乘乙驾驶的黑车前往某地，在到达目的地之后，甲认为乙的要价过高，商谈许久，乙不肯让步，甲为了能够降低车费，就通过假装给城管同事打电话的方式冒充城管人员，声称自己搭乘了黑车，让城管同事赶到现场。乙信以为真，为了躲避处罚，乙意欲弃车而逃。在乙下车拔车钥匙的时候，甲用力摁住了车钥匙，乙在没能将自己的车钥匙拔走的情况下弃车而逃。乙逃走以后，甲驾驶乙的车辆离去。乙逃了一段路之后，觉得罚款金额不会超过汽车的价值，就折回去找自己的车，发现甲已经将自己的车开走了，乙遂报案。甲的行为构成何罪？

学生： 首先可以肯定的是，甲的行为既不构成诈骗罪，也不构成抢劫罪。根据诈骗罪的构成要件，行为人的欺骗行为是为了骗取被害人的财物，被害人在因行为人的欺骗行为陷入认识错误以后，将自己占有的财物处分给了行为人。但在这个案件中，甲并不是为了骗取乙的汽车而谎称自己是城管，而是为了与乙就车费问题讨价还价时处于有利位置，才谎称自己是城管；同时，乙弃车而逃的行为并不是将自己的汽车处分给甲占有的行为，因为乙并没有让甲驾驶自己的汽车。所以，甲的行为不能成立诈骗罪。甲的行为也不成立抢劫罪，因为不能将甲谎称自己是城管人员的行为评价为为了获取财物而使用暴力或者以暴力相威胁，也不能将甲摁住乙车钥匙的行为认定为对乙实施暴力强取财物。所以，甲的行为不构成抢劫罪。

张明楷： 我同意你的观点，那么，甲的行为到底应该构成什么犯罪呢？

学生： 我认为甲的行为不是构成侵占罪，就是构成盗窃罪。如果认为乙在弃车而逃以后，就已经丧失了对自己汽车的占有的话，就可以将甲擅自开走乙的汽车的行为认定为侵占罪；相反，如果认为乙虽然弃车而逃,但是乙在离开自己的汽车以后仍占有自己的汽车,那么,甲的行为就是以非法占有为目的破坏乙占有的行为,这样的行为应当能够成立盗窃罪。

张明楷: 你再分析一下乙在弃车而逃以后,是否还占有着自己的汽车。

学生: 由于乙逃走的时候并没有将车钥匙拿走,甲又正好仍在车上,这时车辆实际上已经在甲的掌控之下了,所以,可以认为乙逃走以后,甲是该车辆的实际占有人。因此,甲的行为成立侵占罪。

张明楷: 对车辆的占有,不能以谁在车上、钥匙在哪里为依据认定。比如,很多酒店有"代客泊车"的业务,顾客在驾驶车辆到达某酒店门口以后,会将自己的车钥匙和车同时交给酒店的服务人员,在这种情况下,根据社会一般观念,即使酒店服务人员驾驶了顾客的车辆,该车辆仍属车主占有。又如,车主忘了锁车就将车停在了路边,在这种情况下,虽然车主没有将车钥匙拔出,也还是可以肯定车主对自己的汽车的占有的。在这个案件中,乙虽然弃车而逃,但是根据社会一般观念,他还占有着自己的汽车。所以,甲的行为构成盗窃罪。

学生: 甲在乙下车拔车钥匙时,摁住了乙的车钥匙,能不能将甲这样的行为认定为抢夺乙汽车的行为呢?

张明楷: 车钥匙与汽车不能评价为同一个财物。甲只是摁住了乙的车钥匙,甲并没有因为这个行为就取得了对乙汽车的占有。我们刚才已经讨论过,在乙弃车逃走以后,乙仍然占有着自己的汽车。在这个案件中,是甲在乙逃走以后将乙的汽车开走的行为进一步地侵害了乙的占有,并不是甲摁住车钥匙的行为侵害了乙对自己汽车的占有。如果甲摁住车钥匙阻止乙拔走的行为就已经构成了抢夺罪既遂，那么，在乙弃车而逃以后，甲并没有将车开走的话，又该如何处理呢？这样来看，甲的行为不成立抢夺罪。

学生：甲本身并不是城管人员，却为了降低或者免除车费而冒充城管人员。甲这样的行为是否还可能构成招摇撞骗罪呢？

张明楷：有成立招摇撞骗罪的余地。在这个案件中，甲确实冒充了国家机关工作人员，并且企图用这样的方式获取一定的利益，因而属于冒充国家机关工作人员招摇撞骗。但将这样的行为解释为符合招摇撞骗罪构成要件的违法行为，恐怕不合适。也就是说，不应当将这种轻微的行为归入符合招摇撞骗罪构成要件的违法行为。

案例十

案情：甲乙二人在负责给他人运送变压器时，发现变压器中有许多冷却油，便想将这些冷却油抽出来卖掉，但只有用电动油泵才能将这些冷却油抽出来，而甲乙并没有电动油泵。甲乙找到有电动油泵的丙，丙在知道实情之后，在给了甲乙2000元以后，用电动油泵将价值5200元的冷却油抽出来据为己有，并重新将变压器的螺丝等拧好。甲乙丙构成何罪？

学生：这个案件涉及变压器内的冷却油归谁占有的问题。如果认为托运人还占有着变压器内部的冷却油，那么，甲乙丙应该成立盗窃罪；如果认为承运人不仅占有变压器，还占有着变压器内的冷却油，那么，甲乙丙的行为构成侵占罪。

张明楷：如果甲乙丙的行为是侵占性质，那么，在涉案数额只有 5200 元的情况下，因没有达到侵占罪要求的数额而不构成犯罪。但是，如果将甲乙丙的行为认定为盗窃罪，那么，在数额为 5200 元的情况下，他们的行为肯定构成犯罪。

学生：丙在用电动油泵抽油时，是需要拧开变压器的螺丝才能将冷却油抽出来的，所以变压器内的冷却油应属封缄物内的财物。一般认为，封缄物内的财物应属委托人占有，负责承运的人员并不占有封缄物的内容物。所以，在这个案件中，变压器内的冷却油应归托运人占有，甲乙丙私自将其抽出的行为构成盗窃罪。

张明楷：从具体案情来看，变压器内的冷却油确实应属封缄物的内容物。所以，你的观点应该是正确的。但如果甲乙负责承运没有密封起来的价值 2 万元的冷却油，甲乙找到丙之后，丙在支付了 5000 元后，用自己的设备将这些冷却油抽到了自己的储藏罐里。在这样的案件中，甲乙丙的行为又该构成何罪呢？

学生：如果冷却油没有密封，就不能认定为封缄物的内容物，甲乙在承运期间占有了这些冷却油后私自出售的，应该构成侵占罪。丙成立甲乙侵占冷却油的共犯。

张明楷：我觉得在这种情况下，将丙的行为认定为赃物犯罪更合适。因为在甲乙已经决定要将自己负责承运的冷却油私下出售的时候，就能够肯定甲乙成立了侵占罪的既遂。虽然我们国内的学者不一定同意这个观点，但这是国外刑法理论与审判实践的通说。在侵占罪既遂的情况下，丙不可能再与甲乙二人成立侵占罪的共犯。丙将甲乙犯罪所得的赃物收购的，应该成立掩饰、隐瞒犯罪所得罪。

案例十一

案情：甲公司要向位于另一个距离较远城市的乙公司交付一批化学液体。甲公司将该批液体交由丙承运。丙用A、B两辆槽罐车运输该批化学液体。当丙随车将该批化学液体运送到乙公司之后，乙公司先要进行整体过磅，在卸掉化学液体后再对运输的槽罐车过磅，通过这一程序保证该批化学液体的总重量符合合同要求。丙在A车卸完化学液体并且过磅之后，将A车驶出乙公司，并马上将A车的相关牌证贴到B车上，让B车在仅卸下半车化学液体的情况下驶离了乙公司。丙的行为构成何罪？

张明楷：认定丙的行为构成什么犯罪的关键就在于，要清晰地分析出B车内没有卸掉的半车化学液体在各个阶段到底归谁占有。你们觉得在B车已经整体过了磅且卸掉了一半化学液体的情况下，该车内的化学液体归谁占有？

学生：这要结合该种货物平时的交易习惯判断。因为将车内的化学液体全部卸完之后，还要再称车的重量，这样才能最终确定货物的净重。在还没有确定该车内运输的化学液体的重量的情况下，应该还是可以肯定车内的化学液体仍处于丙的占有下。丙用A车的牌证将B车开走，将B车内没有卸下的半车化学液体据为已有的行为构成侵占罪。

张明楷：丙是负责运输该批化学液体的承运人，在他已经成功将该批化学液体运送到乙公司，且运输化学液体的车已经整体过磅以后，丙就不能随意将车开走了。否则，他也就不必利用A车的牌证将B车开走了。这说明在运输化学液体的车整体过磅以后，车内的化学液体已经转由乙公司占有了吧。

学生：这样的话，如果在运输车辆已经整体过磅以后，乙公司的职员利用职务之便将车内的化学液体抽取后据为己有的，就应该成立职务侵占罪，而不是盗窃罪。

张明楷：是的。

学生：在运输化学液体的汽车整体过磅以后，丙如果要将车开走，必须拿到乙公司发给他的相关牌证。从这一点上看，本案中B车内的半车化学液体应该属于乙公司占有。丙利用A车的牌证将B车开走的行为，构成诈骗罪。他欺骗的对象就是负责监管B车出入的乙公司的相关人员，乙公司的相关人员在受到丙欺骗的情况下放行了B车，也就是说，乙公司的相关人员受到丙的欺骗而处分了乙公司占有下的财物。

张明楷：案情或许还有些不清楚。在这个案件中，丙将A车的牌证贴到了B车的车头，将车驶离了乙公司的验货点。在这个过程中，并不存在一个负责监管每辆车是否能够开走的乙公司的相关人员。丙驾驶B车驶离大门时，可能会遇到看守大门的人员，但是，这样的人员并没有处分这些化学液体的权限，因而也就不能认为看守大门的乙公司人员因为受骗而将B车内的半车化学液体处分给了丙。所以，根据这个案件的具体案情，不能将丙的行为认定为诈骗罪。

学生：那似乎只能将丙的行为认定为盗窃罪了。

张明楷：对。丙以非法占有为目的，将乙公司占有下的半车化学液体驶离乙公司的验货点，这样的行为完全可以被评价为盗窃行为。

案例十二

案情：甲在网上开了一个虚假网店，一旦消费者进入甲的网店点击购买商品，从自己的银行账户往支付宝账户转账时，甲就会通过植入木马程序的方法将消费者转往支付宝账户内的购物款转移到自己的银行账户。甲通过这种方法共计获得非法所得10万余元。甲的行为构成何罪？

学生：甲诱骗消费者前往自己设立的虚假网店购物，消费者以为从自己的银行账户转账的行为是在购买商品，从而处分了自己的财产，所以，甲的行为构成诈骗罪。只不过甲的一系列诈骗行为都是通过网络进行的。

张明楷：消费者将自己的银行账户内的存款转移到自己的支付宝账户时，恐怕并没有处分自己财产的意识。并且，消费者将自己一个银行账号内的钱转移到自己的另一个网上账户内，与将自己左口袋的钱放在右口袋是一样的，这样的行为不能认定为处分行为。在被害人没有处分财产的意识和处分行为的情况下，就不能将甲的行为认定为诈骗罪。我倾向于将甲通过木马程序将消费者的财产转移为自己所有的行为认定为盗窃罪。

学生：看来，认定甲的行为到底是成立盗窃罪，还是成立诈骗罪，关键就在于认定消费者是否仍占有着转往支付宝内的购物款，如果能够肯定消费者仍占有着自己转入支付宝内的价款，就应该认为本案中的消费者并没有处分财产，那么，甲的行为也就不能成立诈骗罪。但我认为消费者将自己银行账户内的存款转入自己的支付宝账户的行为还是与将自己左口袋的钱放在右口袋有所区别的。因为根据支付宝的交易规则，一旦消费者将自己银行账户的存款转入支付宝内之后，只要消费者不及时提出退货、退款等申请，到一定时间后，这笔钱会自动转入商家的银行账户。这样的交易规则表明，当消费者将自己银行账户内的钱转入支付宝以后，就不再能够完全掌控这笔购物款了。所以，我认为消费者将自己银行账户内的钱转入支付宝是一种对自己的财产性利益处分的行为，甲的行为构成诈骗罪。

张明楷： 据我所知，消费者在收到货物后点击购物网站上的"支付"时，支付宝内的款项才能成功转移到商家的银行账户。虽然消费者已经不能随意取出转入支付宝账户内的款项了，但消费者还可以决定是否支付，以及是否去向运行支付宝的公司申请退款等；而负责运营支付宝的公司也不能随意处置消费者转入支付宝内的款项。这与消费者直接将自己银行账户内的存款转入商家的银行账户后，商家可以任意使用这些款项是不一样的。从这点来看，消费者还是可以控制自己支付宝账户内的款项的。所以，在这样的案件中，还是不能认为消费者已经处分了自己的财产，因此甲的行为不成立诈骗罪，而应成立盗窃罪。

案例十三

案情： 甲乙二人是某软件公司派出的负责为顾客监测该软件公司出售的正版软件的客服人员。甲乙二人在负责为客户检修时，获取了客户的 200 份正版软件的验证码。根据市价，该软件公司出售的一份正版软件的验证码为 960 元，如果没有验证码，这些正版软件就无法使用。于是，软件公司赔偿客户 19 万余元。甲乙二人在获得这些验证码以后，通过网络将其低价出售给他人。甲乙二人的行为构成什么罪?

学生：盗取他人正版软件的验证码的行为，是否就代表盗取了他人的正版软件的使用权？例如，假如甲乙二人在知道该 200 份正版软件的验证码以后，还没有出售时，购买了该 200 份正版软件的公司就已经安装并使用了这些正版软件，那么，在这种情况下，甲乙盗取验证码的行为就不会给这些购买正版软件的公司带来任何财产损失。在被害人没有财产损失的情况下，很难认为甲乙的行为已经构成盗窃罪或其他财产犯罪的既遂。所以，关键还是要看甲乙非法获取他人正版软件验证码转让他人之后，是否现实地利用了这些验证码而使原购买正版软件的公司无法使用其购买的正版软件。

张明楷：你分析得有道理。但案情已经说得很清楚，由于客户不能使用正版软件，导致软件公司向客户赔偿了 19 万余元。由于一个正版软件只有一个验证码，一个验证码使用后不可能再使用，那么，甲乙在获取了正版软件验证码之后，通过网络低价销售，从甲乙处买到了这些验证码的人使用了这些正版软件，并且导致原正版软件购买人无法使用的，甲乙的行为构成什么罪？

学生：如果可以将使用正版软件的权利评价为财产性利益的话，那么，甲乙的行为应该认定为盗窃罪，盗窃的对象就是正版软件的使用权。

张明楷：说甲乙盗窃了正版软件的使用权，这种使用权是财产性利益，也是可能的。但是，这种使用权显然不同于其他有体物的使用权。例如，行为人在农忙季节盗窃了他人的耕牛，农忙之后，行为人将该耕牛归还。像这样的案件，日本的判例并不是认定行为人盗窃了耕牛的使用权,而是盗窃了耕牛本身。我们国家的司法机关难以接受这种观念,可能认定行为人只是盗窃了耕牛的使用权,于是,在认定盗窃数额时出现了难题。不管怎么说,将盗窃的耕牛还回去后,人家是可以继续使用的。但是,盗窃了正版软件的使用权后,被害人就不可能再使用了。既然如此,盗窃正版软件的使用权的行为,就更严重地侵害了法益,更应当定盗窃罪了。所以,可以认为,在我们讨论的这个案件中,甲乙非法获取他人正版软件的验证码,又低价出售这些验证码而导致被害人无法使用原本购买的正版软件的,成立盗窃罪。至于盗窃的对象究竟是什么,就需要考虑素材的同一性了。如果说行为人得到的只是验证码,那么,盗窃的对象就是验证码。如果说行为人得到的是正版软件的使用权,那么,盗窃的对象就是这种使用权。但不能说,行为人得到的是验证码,而盗窃的对象是正版软件本身。因为这二者不是同一的。

案例十四

案情:甲乙丙三家原本住在北京的一个四合院中,后来乙丙两家因为买了新房子,就搬离了这个老旧的四合院,但并没有将该四合院中的房子卖掉。某日,一个古董商发现该四合院门口的石狮子是难得一见的古董(经鉴定,该石狮子的价格在5万元到15万元间。该石狮子属于甲乙丙三家共同共有的财产),便找到仍在该四合院中居住的甲,让其将石狮子以8000元的价格出售。甲说:"虽然我愿意卖,但乙和丙不会同意卖的。"古董商对甲说:"我先给你钱,晚上我找人把石狮子抬走,只要你不吱声就可以了。"甲答应了古董商的要求,等古董商将石狮子趁夜运走以后，甲非常不安，担心乙丙怀疑自己，就率先报了案，谎称自己居住的四合院门口的石狮子被盗了。甲的行为构成何罪？

张明楷：在司法机关讨论这个案件时，出现了三种观点。一种观点认为，甲的行为成立侵占罪；第二种观点认为，甲的行为成立盗窃罪；最后一种观点认为，甲的行为仅涉及民事纠纷，并不构成犯罪。你们觉得这三种观点中，哪种观点是正确的？

学生：第三种观点可以先不予考虑，因为如果甲的行为构成盗窃罪或者侵占罪的话，就不能以这样的行为涉及民事纠纷为由，否定甲的行为成立相关的犯罪。所以，重点就在于甲的行为到底成立侵占罪，还是成立盗窃罪。

张明楷：对。实践中，不少人认为只要行为涉及民事纠纷，就不必考虑这样的行为是否构成犯罪。我已经多次强调过，任何一个犯罪行为都可能涉及民事纠纷，绝对不能以行为属于民事纠纷为由，否定行为构成犯罪。那么，你们认为甲的行为到底成立盗窃罪，还是成立侵占罪？

学生：甲的行为是应该成立盗窃罪，还是应该成立侵占罪，最主要的就在于这个石狮子是在甲单独占有之下，还是在甲乙丙三家的共同占有之下。虽然甲乙丙三家都对这个石狮子有所有权，但共同所有并不代表共同占有，毕竟所有并不代表占有。由于本案中，乙和丙已经搬离了这个四合院，似乎并不能够认为乙和丙仍占有这个石狮子，该石狮子应该处于甲的占有之下。甲私自出售石狮子的行为仅侵犯了乙和丙对这个石狮子的所有权，所以甲的行为应该成立侵占罪。

张明楷：你对占有的判断存在问题。在乙和丙没有将四合院内的房子卖掉的时候，我们可以肯定乙和丙仍占有着其在该四合院内的房屋。根据我们中国社会的一般观念，四合院门口的石狮子往往能够看做是四合院的从属物。案件中的石狮子是位于四合院的门口，且并不容易移动。对这类不易移动的财物，不能轻易否定所有人对它的占有，因为所有人也只能以将这类财物固定在原处的方式对其占有，否则就会破坏这类财物的效用。比如，应该肯定供电局对立在路边的电线杆的占有；同样应当肯定城市管理的相关部门对街上的窨井盖的占有，等等。所以，我认为，乙和丙仍占有着自己曾经居住过的四合院门口的石狮子，甲私自出售的行为侵害了乙和丙对该石狮子的占有，应该成立盗窃罪。

学生：司法机关对这样的案件一般不会认定为盗窃罪。

张明楷：这是因为司法机关不能妥当地区分盗窃与侵占，他们只是靠盗窃与侵占的定义来区分二者。事实上，区分二者的关键在于行为人的行为是否侵害了他人对财物的占有。在共同占有的情况下，其中一人违反他人的意志将财物变卖的，就侵害了他人对财物的占有，当然成立盗窃罪。

学生：那盗窃的数额是多少呢？

张明楷：石狮子的价值就是盗窃的数额。不能扣除所谓的三分之一的数额，只按三分之二的价值计算。因为甲乙丙三人对石狮子是共同占有，而不可能说每个人只占有了其中的三分之一。

学生：那我再向您请教一个类似的案件。甲在某公司负责开装载机，每天下班之后，甲都必须将装载机从施工地点开到公司的院子。为了方便甲能够按时开出、开回装载机，公司就给甲配了一把公司院子大门的钥匙。在某个星期天，甲利用该钥匙将公司院落中停放的装载机开了出来，以10万元的价格将该装载机出售后逃之夭夭。在这个案件中,甲的行为构成职务侵占罪,还是构成盗窃罪,就取决于甲是否占有公司院落内停放的装载机。也就是说,如果认为甲已经占有了这台装载机,那么,甲的行为应该成立职务侵占罪;如果甲没有占有这台装载机,甲的行为就应该成立盗窃罪。您认为甲是否已经占有了这台装载机?

张明楷:我不认为在你举的这个案件中,甲已经占有了公司院落内停放的装载机。公司将停放装载机的院落的钥匙交给甲,只是为了方便甲在工作时能够按时将装载机开进、开出,并不是说公司已经放弃了对停放在自己院子内的装载机的占有,否则的话,公司应该让甲将装载机开回甲的院子里去。另外,根据社会一般观念,放在他人院落内的财物理应归院落的主人占有,那些有院落钥匙但不是院落主人的人,一般并不占有院落内存放的财物。所以,我认为在你举的这个案件中,甲的行为同样构成盗窃罪。

案例十五

案情:电信公司的工人甲,在检修电线的时候,发现某根电线已经不被使用,但仍然架在电线杆上。甲意欲将这根不被使用的电线据为己有,就叫其他四名参加检修的不知情的工作人员帮忙拆电线,甲负责将这根电线剪断。甲在剪废旧电线的时候,一不小心将旁边一根正在使用中的电线也剪断了。甲急忙让其他工作人员开车去甲的家里拿电缆线的接头,但此时通讯已经中断,电信公司遂报案。案发后,经鉴定,甲意欲据为己有的电缆线长150米,价值3360元,其中30米还没有装上车;已经装在车上的120米电缆线先被运到了甲的家中,工作人员从甲家中取了电缆线后，随车又将该 120 米电缆线同时运回了案发现场。甲的行为构成什么罪？所构成的犯罪是什么形态？

学生：甲的行为构成盗窃罪，但不构成破坏公用电信设施罪。

甲在盗窃该 150 米长的电线时，认识到了这些电线已经不被使用，如果将这些电线拿回家，也不会影响公众通讯。甲不是故意剪断正在使用的电线的，所以，不构成破坏公用电信设施罪。虽然甲客观上剪断了一根正在使用的电线，但案情已经交代，是由于甲的粗心大意剪错所致，由于过失破坏公用电信设施造成严重后果的才构成犯罪，但本案并没有造成严重后果，所以不成立过失破坏公用电信设施罪。因此，甲的行为只成立盗窃罪。

张明楷：我同意你的看法。这个案件的难点也不在于认定甲的行为构成什么罪，关键问题是，甲的盗窃行为是否既遂？或者说，甲盗窃 120 米电缆线的行为是否既遂？甲盗窃始终留在现场的 30 米电缆线的行为是否既遂？你们谈谈对这几个问题的看法。

学生：似乎可以认为甲盗窃该 150 米电线的行为已经既遂。因为电信公司占有这些电线的方式是将这些电线架在电线杆上，一旦行为人将这些电线从电线杆上剪下来，就可以认为这些电线已经脱离了电信公司的占有，在这种情况下，就可以认为相应的盗窃行为已经既遂。

张明楷：你对这个案件的这种看法，表明你在盗窃罪既未遂的判断上采取的是失控说，也就是说，你认为只要财物已经脱离了被害人的占有，那么，行为人的盗窃行为就已经既遂。但通常来说，还是控制说更加合理。也就是说，只有行为人已经控制了财物，才能认为行为人的盗窃行为既遂。因为盗窃是指将他人占有的财物转移给自己占有的行为，如果只是使财物脱离了他人的占有但还没有转移给自己占有，就表明盗窃行为还没有完成。既然盗窃行为还没有完成，就不好认定为盗窃既遂。

学生：盗窃罪保护的法益是被害人对财物的占有，至于行为人是否控制了财物，对于法益侵害而言，已经没有什么关系了。

张明楷：我认为这与如何理解盗窃罪构成要件中的"非法占有目的"有关。

行为人对被害人的财物建立新的占有到底是主观要素，还是客观要素？如果把这一点理解为非法占有目的中的主观要素，而不是客观要素的话，那么你所支持的失控说是有道理的。因为只要财物已经脱离了被害人的占有，只要行为人实施盗窃行为时有非法占有的目的，那么，他的盗窃行为就已经既遂了。但如果认为建立新的占有不是非法占有目的的内容，而是盗窃罪中故意的内容，那么，直到行为人对财物建立起新的占有时，盗窃行为才能既遂。

按理说，控制说与失控说在具体的案件中应该区别不大。我认为，对控制说中行为人已经控制了财物这一点，在认定上应该放宽一些。比如，在行为人在火车上将他人财物扔出窗户准备事后捡回去，或者行为人把被害人的戒指藏在被害人家中的某个地方等类似案件中，只要行为人知道东西在何处，被害人已经不知道东西在哪里，就可以认为行为人已经控制了盗窃的财物，被害人也已经对自己的财物失去了控制。

我们国家曾经发生过这样一起案件。卡车司机夏天在运送铝锭的过程中，口渴难耐，将车停在路上，去路边小卖部买冷饮。

甲看到司机下车之后，就将卡车上装载的部分铝锭搬下车藏在路边的水沟里，准备晚上再捞回家。司机喝完冷饮后并没有发现异常，直接开车走掉了。由于当时天降暴雨，雨水将铝锭冲走了，甲也没能将这些铝锭捞起来据为己有。有学者认为，这个案件中甲的盗窃行为还没有既遂。但我不同意这个看法。在这个案件中，应当认为，当甲将铝锭藏入水沟的时候，就已经控制了这些铝锭，这些铝锭确实也已经脱离了司机的控制。所以，即使甲没能打捞到铝锭，也可以将他的行为认定为盗窃罪的既遂。

我想起了早些年发生在日本的一个案件。日本法院在审理一起盗伐林木的案件时，认为当被告人将林木砍倒之后，即使还没来得及装车，也已经构成了盗窃林木罪的既遂。这起案件发生在人烟罕至的森林中，当被告人已经将林木伐倒，周围又没有相关管理者时，伐倒的林木显然已经归被告人支配、控制了。所以，即使根据控制说，也可以认为在这个案件中，被告人在伐倒林木的时候盗窃罪已经既遂。类似的发生在日本的案件还有一起。日本法院认为，当行为人将无人看管的仓库中的东西扛在肩上的时候，盗窃行为已经既遂，因为在此时，仓库无人看管，被告人将财物扛在肩膀时，就已经控制了财物。我还是比较赞同日本法院的上述观点的。你们再根据控制说思考一下，今天讨论的案件中，甲盗窃电线的行为是否既遂。

学生：我明白您的观点。您更倾向于将行为人建立新的占有理解为盗窃罪的一个客观构成要件要素。但同时您主张要较为宽松地认定控制说中的"控制"，力争在具体的案件中使控制说与失控说在具体的案件中得出的结论差异不大。根据您对控制的判断，甲盗窃电线的行为，不仅使电信公司脱离了对电线的占有，而且事实上甲已经占有了所盗窃的电线。所以，甲对盗窃 150 米电线成立盗窃既遂。

但是，我之所以认为脱离说更加合理，是因为我认为盗窃罪应该重新表述为"以非法占有为目的破坏他人的占有"，即"非法占有目的" + "破坏占有" = 盗窃罪。

张明楷：你的这种观点很大胆，盗窃罪的构成要件也是完全有可能如此表述的。我觉得这种观点倒是会更加彻底地贯彻结果无价值论。非法占有就变成了非法占有目的的内容，而不是客观构成要件要素的内容了。那么，诈骗罪就是以非法占有为目的欺骗他人处分财产，抢劫罪是以暴力手段非法胁迫使他人放弃财产，敲诈勒索罪是以非法占有为目的使他人放弃财产。这些犯罪与故意毁坏财物罪的区别，主要是主观目的的不同了。这样的观点并非不可能，但要让人们接受，没那么简单。其实，你将非法占有目的按字面含义解释了。按照日本的通说，非法占有目的包括排除意思与利用意思，其中并没有一个占有意思。如果像你这样理解非法占有目的，那么，盗窃罪的故意内容又是什么呢？就只有破坏他人占有的意思了。破坏他人占有的意思与排除意思是什么关系呢？你必须理顺这些问题，才可能进一步论证自己的观点。

案例十六

案情：2011 年 11 月，河南农民张某在山西某建筑工地维修中联重科牌塔吊机时，意外捡到一张手机 SIM 卡，此卡原本是中联重科从山西移动公司购买的专门用来定位塔吊机的 GPS 卡。张某将卡带回家，搁置一个月后，将该卡插在自家的电脑无线网卡盒里使用。2012 年 7 月 4 日，中联重科发现账户里被山西移动公司划扣一笔不明用途的巨款后，立即报案。直到被捕之后，张某才知道自己捡到的 SIM 卡已经产生了 25 万多元的上网费用。据中联重科公司介绍，其公司以融资方式销售给客户的一台塔吊机，配置了 GPS 远程控制系统，内置 GPS 系统的手机资费卡号码为 15074987765，GPS 手机卡正常使用资费为 10 元/月。但该公司在 2012 年 6 月发现，自 2011 年 12 月至 2012 年 5 月，该手机卡共产生数据流量费用 20 余万元。张某的行为构成何罪？

学生：张某的行为与盗打他人的电话的性质相似，应该将张某的行为认定为盗窃罪。

张明楷：本案中张某的行为从客观方面到主观方面都还是值得讨论的。我们先来讨论张某行为的客观违法方面吧！如果认为张某的行为构成盗窃罪的话，他盗窃的对象是什么？

学生：《刑法》第 265 条规定，"以牟利为目的，盗接他人通信线路、复制他人电信码号……的，依照本法第 264 条的规定定罪处罚"。张某捡到他人的手机卡以后，利用手机卡盗用他人通信费用，这样的行为完全可以被评价为《刑法》第 265 条规定的盗窃罪的行为。

张明楷：难道你认为张某的行为属于第 265 条中规定的"盗接他人通信线路"吗？

学生：是的。现在通信已经发展到了无线网络时代，在这样的时代背景下，理应与时俱进地理解《刑法》第 265 条中规定的"盗接他人通信线路"。也就是说，在无线网络时代，只要利用他人的通信设备、通信号码产生了相应的应该由他人负担的资费，就应该理解为《刑法》第 265 条规定的"盗接他人通信线路",对这种行为就应该直接按照这一条认定为盗窃罪。

张明楷:你说得有一定的道理。但是,我还是觉得将这样的行为解释为《刑法》第 265 条规定的"盗接""通信线路"有些勉强。我们是不是可以先讨论能否直接根据普通盗窃罪的构成要件来认定张某的行为是否成立盗窃罪。当然,这又涉及《刑法》第 265 条到底是注意规定还是拟制规定的问题。

学生:我还是主张张某的行为可以评价为《刑法》第 265 条规定的内容。因为,今后网络无线化是一个大趋势,总有一天通信会全部实现无线化,那时候又该怎么理解《刑法》第 265 条的规定呢?也只能以类似于本案张某这样的行为"盗接""通信线路"了。

如果认为张某的行为不能评价为《刑法》第 265 条规定的行为,那么,就需要讨论张某将谁占有的什么类型的财物据为己有了,否则,就不能认为张某的行为构成盗窃罪。

学生:我认为张某盗窃的是移动公司的网络流量,移动公司是张某盗窃行为的直接受害人。只不过移动公司利用之前与中联重科公司的合约,将自己的财产损失转嫁给了中联重科公司。

张明楷:《关于审理扰乱电信市场管理秩序案件具体应用法律若干问题的解释》第 8 条规定,盗用他人公共信息网络上网账号、密码上网,造成他人电信资费损失数额较大的,依照《刑法》第 264 条的规定,以盗窃罪定罪处罚。显然,依照这一条司法解释,本案中张某的行为肯定会按照盗窃罪定罪量刑的。但我现在更加重视解释这类案件中盗窃的对象是什么,被害人是谁,被害人损失了什么?我认为,在分析这类案件时,被害人损失的，必须与行为人盗取的是同一个东西。不可能说，被害人损失的是财物，行为人盗窃的是财产性利益。换句话说，行为人盗窃的对象与被害人损失的内容必须具有同一性。比如，根据我刚才说的这个司法解释，行为人盗窃的对象究竟是什么？显然不能说行为人盗窃了电信资费吧，因为行为人根本就没有取得电信资费呀！能不能说行为人盗窃了网络流量？网络流量是不是财物？是有体物还是无体物？在讨论这样的案件时，你们最好还是先找一些类似的案件进行对比，用没有争议的案件结论与理由去解释有争论的案件。

学生：我举一个例子。A盗接了邻居家的电线，盗用了价值5000元的电费。在这样的案件中，A盗窃的对象是电，还是邻居家对供电公司的债权？

我认为，既然电可以评价为财物，那么我们就可以将上网的流量评价为财物。网络流量和电是十分类似的物质。根据供电公司与客户收费的流程来看，如果客户可以先用电，后付款，那么，A盗窃行为的被害人就是供电公司，因为A盗电时，这些电流还是属于供电公司；如果供电公司先收款后供电的话，A盗窃行为的被害人就是自己的邻居。

在我们讨论的这个案件中，移动公司先提供上网流量，然后再收费。张某盗窃的就是移动公司的上网流量。只不过移动公司通过与中联重科签订的合同，将损失转嫁给了中联重科公司。

张明楷：问题是，上网流量是不是财物？它肯定不是有体物，如果说是物也只能是无体物吧。当然，这个也可能不好说。我以前给工科学生讲刑法时，工科学生说电是有体物。总之，如果上网流量是财物的话，你的观点在盗窃罪对象上就没有问题。

而且，将上网流量作为盗窃对象，可以保持素材的同一性。但还有一个问题是，能不能说行为人张某盗窃了移动公司的上网流量？张某用中联重科购买的卡上网时，是否违反了移动公司管理者的意志？如果说，根据协议，这个卡只能由中联重料使用，就可以说张某的行为违反了移动公司管理者的意志。如果没有什么协议，移动公司根本不关心谁使用这个卡，即使中联重科将这个卡转移给别人使用，移动公司也不反对，反正使用后要收取相应的电信资费，就不太好说张某的行为违反了移动公司的意志。

另外，你们是否觉得，本案的这种情形更接近于这样的案情，即被告人盗窃了一张消费卡，卡上有消费额度，被告人用卡中的额度在自动售货机中购物？在这样的情形下，被告人盗窃的到底是卡中的消费额度，还是自动售货机中的财物，就是说，在类似的案件中，行为人盗窃的到底是债权，还是其他财物？

学生：我还是坚持认为上网流量可以评价为财物，本案中的被告人盗窃的财物就是移动公司提供的上网流量。

最初，人们普遍认为电不是物，但是随着时代的发展，当前学界与实务部门还是逐渐接受了电是财物的观点。上网流量也是这样的。在很多年前，人们根本不知道上网流量是什么，但是随着通信技术的发展，现在完全可以将上网流量认定为财物。

本案中，被害人确实应该是移动公司。如果不是移动公司从中联重科公司账户划扣上网费，或者如果中联重科及早发现卡丢失而拒不支付移动公司的上网费，移动公司被使用的上网流量的对价是无法追回的，所以，应该认为移动公司是本案的被害人。

张明楷：你将上网流量和电进行了对比，用来说明上网流量与电相同，都能够评价为财物。这种解释当然是可能的。我们也可以列举一些现实中可能发生的与电相关的案例。例如，现在购电消费都是先购买后消费。我假设一个案例，行为人捡到了或者盗窃了他人的电卡，这个电卡中并没有购电记录，但是由于卡出了错误，行为人将这个卡插到自己的电表以后，就可以无限量地用电了，消费的电量全部会记到卡的主人身上。在这种情况下，你们觉得行为人的行为盗窃的对象是电吗？

学生： 我认为在您举的这个案件中，行为人盗窃的对象就是供电公司的电，只不过供电公司错误地将用电产生的费用记到了卡主人的身上。

张明楷： 可是，任何持卡者只要插上这个电卡，就都能用电。对于电力公司而言，谁有了这种卡，就给谁供电，从这个意义上来看，行为人插上卡之后就有了从供电公司用电的权利。究竟能不能认定行为人盗窃了供电公司的电，也就是说，能不能认定行为人的行为违反了供电公司管理者的意志呢？另外，可不可以说，行为人盗窃了卡主基于该卡对供电公司具有的债权或者用电权呢？虽然行为人捡到这张卡时，卡里没有存入现金，但是卡主能够先消费后付款，从这个角度讲，卡主基于这张卡对供电公司有一定的权利，行为人却盗窃了这个权利，而这个权利就是财产性利益。

学生： 这样的卡往往是记名卡，在供电公司发放给消费者记名卡的情况下，就应该认为只有名义人才有权使用自己名下的卡；非名义人并没有权利使用他人的卡。所以，不能认为捡到卡的第三人有权随意使用他人的电卡。行为人并不是名义人，故无权使用这张点卡。所以，还是可以认为行为人用无权使用的卡盗窃了供电公司的电。

张明楷：行为人捡到或者窃取的卡是记名卡还是非记名卡，与行为人盗窃的对象是电还是其他财产性利益，可能有关系，但还是两个不同问题吧！

学生：行为人的这种行为与私接他人电线后使用电力的行为有什么区别呢？

张明楷：私接他人电线的行为肯定违反了电力公司或者用户的意志，因此这样的行为是违反他人意志的行为。但本案中，行为人将卡插到自家使用，是否违反了电力公司管理者的意志，还是问题。当然，我们假设案件还是不完整。我只是强调，在盗窃罪中，被告人获得的和被害人损失的财物应该具有同一性，如果说窃电案件中被告人得到的是电流量，那么，电力公司损失的也必须是电流量。

在我们讨论的最初的张某这个案件中，显然至少有两个思路了：一个是将上网流量作为盗窃对象，这样的话，被害人只能是移动公司了。另一个是将移动公司和中联重科公司之间基于 SIM 卡设定的使用上网流量的权利作为盗窃对象，这样的话，被害人就是中联重科。如果说，上网流量是财物，而且移动公司不允许他人使用中联重科购买的卡上网，得出张某的行为构成盗窃罪的结论，就很顺当了。但如果其中一个出现了问题，就有疑问。如果采用第二个思路，可以肯定张某的行为违反了中联重科管理者的意志，剩下的只是上网的权利是不是财产性利益的问题了。可以肯定的是，只要中联重科购买这个卡，中联重科就可以依照约定使用移动公司提供的上网服务，而移动公司可以根据约定收取费用。你们想一想，有没有可能将上面两个思路结合起来，形成一个路径呢？

学生：我举一个例子，旨在说明上网流量也是可以认定为财物的。行为人看到他人用移动上网的用户名、密码在自己的电脑上登录过，就继续用他人的用户名登录，产生了数额较大的上网费用。在这样的案件中，可以认为他人盗窃了移动公司的上网流量，只不过移动公司错误地将这些流量产生的上网费用记在了他人名下。

张明楷：你举的这个案件，更加难以说明行为人的行为违反了移动公司管理者的意志了。如果要维持你的观点，应当说，行为人盗窃的不是移动公司的上网流量，而是用户的上网流量。

这样的案件还是很值得讨论的。一方面涉及《刑法》第265条中的"盗接他人线路"的理解，即该条中"盗接"的含义是否已经随着时代的进步产生了新的含义；另一方面还涉及了盗窃的对象如何认定等问题。你们回去后再认真思考一下。

案例十七

案情：甲男与卖淫的乙女在歌厅认识后，就到甲的住所发生了性关系。第二天早上，甲将钱放在了自己的手表下，让乙女自己去拿。乙对甲很有意见，她出于报复甲的目的，就顺手把甲的手表也拿走了。乙认为这块表价值不大，在甲发给她短信询问手表的下落时，乙还是矢口否认了。甲报案后，警察及时逮捕了正要离开当地的乙女，涉案的手表价值1万多元人民币。这个案件到了法院以后，法院认为乙女是以报复甲的目的拿走的手表，因此不具有非法占有目的，最后法院将乙的行为认定为故意毁坏财物罪。在这个案件中，法院的判决正确吗？

学生：如果乙当时只是为了将手表藏起来，使甲无法使用手表，根据故意毁坏财物罪中的效用毁损说，似乎也还是有可能将这样的行为认定为故意毁坏财物罪的。

张明楷：对于行为人出于报复的动机将被害人的手表拿走，是认定为盗窃罪合适，还是认定为故意毁坏财物罪合适？

学生：如果将乙的行为认定为故意毁坏财物罪，也只能从效用受损这方面进行论证，如果采物理毁损说的话，乙的行为就不会被认定为故意毁坏财物罪。

张明楷：是的。在这起案件中，乙将手表拿走使甲无法使用自己的手表。如果采取物理毁损说，显然隐匿行为并没有使财物在物理上毁损，那么乙的行为也就无法定故意毁坏财物罪。其实，物理毁损说基本上已被淘汰，德国事实上也没有采用物理毁损说。也就是说，物理毁损的行为，肯定属于毁坏财物，但除此之外一些没有导致物理毁损的行为，也可能认定为毁坏财物。例如，在德国，将两种不同的物体混同在一起的行为，也会被评价为毁坏财物。再如，行为人把他人汽车轮胎的气放掉的行为，也可能构成故意毁坏财物罪。至于将他人鸟笼中的鸟放掉的行为，能否构成故意毁坏财物罪，在德国存在争议。一种观点认为，在这种情况下，行为人并没有将物理上的力量作用于鸟本身，所以不构成故意毁坏财物罪。

学生：乙这样的行为，似乎也还是可能认定为盗窃罪的。因为本案中，乙想让甲丢失手表，手表本身很容易携带，也很容易使用，所以，乙这种想让甲丧失手表的意图本身完全可以包含想自己占有并使用手表的意图，这二者并没有发生冲突。从这个意义上讲的话，乙拿走甲手表的行为还是可以被认定为盗窃罪的。

张明楷：盗窃行为本身也会使被害人丧失对财物的使用，所以，如果采用效用毁损说，盗窃行为往往也触犯了故意毁坏财物罪。一般来讲，各国故意毁坏财物罪的法定刑都比盗窃罪的法定刑要轻缓得多，一个重要原因是，盗窃罪要比故意毁坏财物罪多了占有并利用财物的目的；而故意毁坏财物罪的行为也具有排除意思，并没有利用财物的意思。当然，如果行为可以评价为盗窃罪既遂的话，就必须评价为盗窃罪，也就没有必要再将这样的行为认定为故意毁坏财物罪了。如果行为人确实没有利用的意思，就不能将这样的行为认定为盗窃罪，只能认定为故意毁坏财物罪。

我同意你刚才对这个案件的分析。乙虽然出于报复的动机将甲的手表拿走，但报复的动机与非法占有目的并不冲突和矛盾。乙拿走手表后也没有扔掉或者毁损，所以，不能否认乙对手表具有非法占有的目的，对乙的行为应认定为盗窃罪。

案例十八

案情：甲乙二人看到一名戴着金项链的女子后，甲上前将该女子抱住，乙用事先准备好的工具马上剪断了女子脖子上的项链。拿到项链后，甲乙二人立即逃离了现场。甲乙的行为构成何罪？

学生：我觉得这个案件可能涉及盗窃罪与抢劫罪。如果能够将甲乙的行为评价为用暴力压制了被害人的反抗，就可以将他们的行为认定为抢劫罪；相反，如果不能将甲乙的行为认定为用暴力压制了被害人的反抗，就不能将他们的行为认定为抢劫罪，而应该认定为盗窃罪。

张明楷：被害人之所以不能反抗，正是由于被甲抱住了，从这一点来看，我认为还是可以将本案中甲乙的行为认定为用暴力压制被害人的反抗的。所以，可以将甲乙的行为认定为抢劫罪。

学生：如果甲上前从后面拍打被害人，说自己认识被害人，就在甲与被害人纠缠的过程中，乙趁势剪断了被害人的项链。在这样的案件中，甲乙的行为又成立什么罪呢？

张明楷：在你举的这个案件中，甲乙的行为应该成立盗窃罪。因为甲拍打被害人后背的行为并不具有压制被害人反抗的作用。这样的行为仅起到了转移被害人的注意，好让乙趁被害人不备，剪断被害人项链后拿走的作用。甲冒充熟人的行为，也不是使被害人产生处分财产的认识错误的诈骗行为，故不可能成立诈骗罪。

学生：乙通过用工具剪断被害人的项链拿走的行为，还是有伤害到被害人身体的危险的。那么，在我举的这个案例中，是否可以将甲乙的行为认定为抢夺罪，而不是盗窃罪？

张明楷：我在很多论文以及我的教科书中，已经详细介绍过抢夺罪与盗窃罪的区别。总体而言，二者不是 A 与非 A 的关系；实际上，抢夺行为比盗窃行为多了一个致人伤亡的可能性这样的构成要件要素。在你举的这个案例中，如果确实能够证明甲剪断被害人项链的行为在当时具有伤害到被害人的可能性，而且，能够评价为对物暴力，那么，也可以将甲乙的行为认定为抢夺罪。

案例十九

案情：甲利用木马程序从航空公司网站、通信公司网站为自己的账户获得了很多积分。甲利用这些积分多次免费乘坐飞机、免费拨打了几十个小时的电话，如果这些服务都付费的话，甲需支付 3 万余元。甲的行为构成犯罪吗？

学生：如果能够将甲非法获取的积分评价为财产性利益的话，甲的行为肯定可以构成盗窃罪。

张明楷：那么你们认为甲获取的这些积分可以被评价为财产性利益吗？

学生：积分往往是通过顾客多次消费某种商品或者服务而获取的额外赠送的免费或低价消费的资格，它很难在市场上直接交易；另外，在一些情况下，如果不在规定的时间内将积分用尽的话，顾客就会丧失之前积累的积分。将积分评价为财产性利益似乎比较困难。

张明楷：本案中涉案的积分可以用来换取免费乘坐飞机的机会，也可以换来免费拨打电话的服务，这就意味着本案中的积分在航空公司、电信公司是可以当作消费金额来用的。在这种情况下，还是可以将积分评价为财产性利益的。当然，并不是任何人在没有付出任何代价的情况下都可以获得本案中的涉案积分，只有消费者的消费数额达到一定的标准以后，才能获取如此多的积分。可以认为，这些积分也是通过消费者付出对价而换取的。甲在没有进行任何消费的情况下，利用木马程序获取了这些积分，并且通过这些积分享受到了对应价格的服务，将这样的行为认定为盗窃积分的行为并没有什么不妥当。

学生：如果将这些积分认定为财产性利益，又该如何认定甲的盗窃数额呢？

张明楷：一般消费者都是通过之前积累的消费金额来获取积分的，而甲是通过木马程序非法获取了这些积分，这些积分又可以现实地换取相应的服务，而在没有积分的情况下，要想获取这些服务，甲就必须支付相应的对价。我认为还是可以直接根据这些积分换取的服务的市场价格来认定甲盗窃的数额。

学生：如果甲用木马程序非法获取了积分以后，并没有将这些积分换成相应的服务或者商品，甲的盗窃行为既遂了吗？

张明楷：在盗窃了他人的现金而没有利用现金买东西的情况下，盗窃行为肯定也早已经既遂了。只要能够将积分本身认定为财产性利益，那么非法盗取积分之后，就应该将这样的行为认定为盗窃既遂。

学生：我看到过一个在日本发生的类似案件。乙利用一定的技术手段，非法获取了弹珠店内出售的弹珠。在日本，弹珠店类似于赌博场所，将弹珠拿到弹珠店的柜台后，就可以根据弹珠的数量换取相应的货币。在这个案件中，乙将弹珠拿出来一段时间后，还没有来得及去弹珠店柜台换取货币时就案发了。日本最高裁判所认为乙的行为已经构成了盗窃罪的既遂，因为弹珠是盗窃的对象，乙已经将他人占有下的弹珠转移为自己占有了。但是，日本也有学者不同意法院的判决，他们认为乙的行为成立盗窃未遂，因为只要这些弹珠还没有到弹珠店的柜台兑换，还不能认为这些弹珠是具有价值的财物；正是将弹珠到柜台兑换成现金的行为才侵害了被害人的财产利益。

张明楷：我认为，在日本发生的这个案件中，当乙利用一定的手段非法获取了弹珠店的弹珠时，就应该肯定盗窃罪已经既遂，因为弹珠能够被评价为财物，将弹珠这种财物非法占有的行为本身就成立盗窃罪的既遂。乙再拿着自己盗窃的弹珠去向柜台人员兑换财物的行为，应该能够成立诈骗罪，诈骗的对象是这些弹珠换来的现金。当然，在日本，由于乙所犯的盗窃罪与诈骗罪最终仅侵害了一个法益，即弹珠店只有一个财产损失，根据包括的一罪的相关理论，法院只会按照一罪来定罪量刑。在乙已经非法获取了弹珠，但还没有去柜台兑换现金的情况下，应该肯定乙的行为成立盗窃罪既遂。

案例二十

案情：甲乙丙丁四人携带砍刀驾车到某饭店外，欲盗窃在路边的牵引车桥皮，停车地点离盗窃地点约20米。因桥皮太重盗窃未得逞，四人返回车上商量办法，就在此时被巡逻至此的派出所民警当场抓获。经查，甲乙丙丁四人乘坐的汽车内放置砍刀属于管制刀具，牵引车桥皮价值人民币9090元。可以将甲乙丙丁四人的行为认定为"携带凶器盗窃"吗？

学生：本案中，甲乙丙丁四人的行为是否成立"携带凶器盗窃"，具有区分罪与非罪的效果。在我国，一般的盗窃未遂、盗窃预备都不会被定罪量刑；根据刑法的规定，在某些情况下，即使盗窃本身没有既遂，但只要能够被认定为入户盗窃、扒窃、携带凶器盗窃等情形，还是会被按照盗窃罪定罪量刑的。

张明楷：确实如此。所以，我主张不能在认定"携带凶器盗窃"与认定"携带凶器抢夺"上采取相同的标准。因为前者涉及的是是否成立盗窃罪,即使成立,基本上也会被判处很轻的刑罚,道理很简单,如果行为人的盗窃所得的数额已经达到入罪标准,这样的行为就直接按照普通盗窃罪定罪量刑了,不会再以"携带凶器盗窃"将这样的行为入罪;而"携带凶器抢夺"的,会按照抢劫罪定罪量刑,抢劫罪是较抢夺罪更加严重的犯罪,它的法定刑要升高很多。所以,对"携带凶器抢夺"要进行一定的限制解释。

学生:您觉得在这个案件中,甲乙丙丁四人的行为成立"携带凶器盗窃"吗?

张明楷:我认为可以将他们的行为认定为"携带凶器盗窃"。当时,他们乘坐的车离盗窃目标20米,四人因为桥皮太重返回车内商量对策,在抓获时四人离管制刀具肯定距离很近。所以,将他们的行为认定为"携带凶器盗窃"是完全可以的。

如果这四名行为人在20米之外的地方实施抢夺行为,这20米之内也是人来人往的,即使四人乘坐的停在20米之外的汽车内放置了管制刀具,也不能将这种情形认定为"携带凶器抢夺";但如果四人在20米之外实施盗窃的实行行为,最终盗窃未遂,而离他们20米之外的车内放置了管制刀具,我觉得可以将这种情形认定为"携带凶器盗窃"。因为携带并不要求行为人将凶器带在身上,将凶器置于身边附近的,也属于携带。

学生:到底多远可以评价为身边附近呢?

张明楷:这就无法一概而论了,不能说20米就是身边附近,21米就不是身边附近了。换一个案件时,也可能认为20米也不是身边附近。这需要根据行为人盗窃的时间、对象、地点等诸多因素作出判断。

学生：如果甲乙丙丁四人去实施抢夺行为，甲留在车内施援，假如乙丙丁三人遇到什么问题，甲就会拿着管制刀具跑出去分发给其余三人。车停在离乙丙丁作案处 20 米的地方。您觉得在这种情况下，能否将他们四人的行为认定为"携带凶器抢夺"？

张明楷：如果当时车与乙丙丁之间的人流量不大，就可以将这种情形认定为"携带凶器抢夺"。因为在你说的这个案件中，甲专门负责在遇到情况时将凶器拿到现场，被告人不仅有随时使用凶器的意思，而且凶器已经处于随时可以使用的危险状态。

案例二十一

案情：被告人甲多次胁迫、指使未成年人实施盗窃等行为。2001 年 1 月 8 日，甲胁迫一个 12 岁的人到该 12 岁少年的爷爷家偷了 2000 元钱和一部金鹏牌手机。当时，《刑法修正案（七）》还没有出台。2009 年 2 月 28 日，《刑法修正案（七）》出台后，甲又指使两名未成年人入室盗窃一部 1200 元的相机和一只手镯。其中，这只手镯并没有估价。2011 年 1 月 6 日，甲组织了四名未成年人入户盗窃了 2000 多元的现金，松下相机一部，诺基亚、海尔、三星牌手机各一部，以及香烟等物。2011 年 1 月 12 日，甲又组织两名未成年人入户盗窃了 2900 元现金和一台价值 2500 元的电脑。2011 年 1 月 22 日，甲再次组织四名未成年人撬门入室盗窃价值 4950 元的财物。除此以外，甲还组织过几名未成年人实施了一次敲诈勒索活动。这起案件到了法院以后，甲组织的上述这五起案件被以组织未成年人进行违反治安管理活动罪一罪定罪量刑。应该如何认定甲的行为？

学生：甲指使未成年人实施的五次盗窃行为，几乎都已经达到了按照盗窃罪定罪量刑的标准。我注意到，甲第二次指使未成年人盗窃的一只手镯，并没有进行估价。如果对这只手镯估价的话，甲多次盗窃的数额可能已经达到了盗窃数额巨大的程度。尤其是在甲多次指使未成年人实施盗窃行为，且盗取的数额已经达到巨大的情况下，按照盗窃罪定罪量刑的话，甲可能会受到更重的处罚。

张明楷：确实，在教唆、胁迫未成年人盗窃，且盗取的财物数额较大的情况下，是按照组织未成年人进行违反治安管理活动罪定罪量刑，还是按照盗窃罪定罪量刑，最终的差异还是很大的。本案中，司法机关之所以没有对第二次盗窃的手镯进行估价，我估计是因为他们认为在未成年人实施了盗窃行为的情况下，教唆、胁迫未成年人的甲是不构成盗窃罪的，既然没有人要按照盗窃罪定罪量刑，那也就不用去对手镯的价值作出评估了。

学生：受理案件的法院最后按照组织未成年人进行违反治安管理活动罪定罪量刑，是不是因为法院认为，在这起案件中，实施盗窃行为的是未成年人，尤其是在未成年人的年龄低于 16 周岁的情况下，这些未成年人不构成盗窃罪，那么，甲作为教唆犯也就不构成盗窃罪了，所以，只能按照组织未成年人进行违反治安管理活动罪定罪量刑？

张明楷：我估计法院很可能就是这样来分析这起案件的。根据我们国家传统的犯罪构成理论，犯罪是一个主客观相统一的概念。在这样的理论背景下，只要共同犯罪中的正犯不具备犯罪的责任要件而不能认定为犯罪，那么就无法对教唆犯定罪了。比如，根据我国的犯罪构成的四要件理论，就很难对这样的案件定罪量刑：一个13岁的人要去入户盗窃，找了一个17岁的人望风。根据传统的四要件理论，由于13岁的人不对犯罪负刑事责任，所以他的行为就不是犯罪；既然正犯不是犯罪，那么17岁的望风者也无罪。只要站在结果无价值的立场，从客观违法层面来理解犯罪，就会认为，13岁的人实施的行为也是符合构成要件的违法行为，只是因为他没有到刑事责任年龄，不具备责任要素，所以才不对他的行为定罪量刑；既然已经肯定了正犯的行为成立犯罪，那么17岁望风的人也就成立盗窃罪的帮助犯。

学生：那么，虽然本案中实施盗窃的未成年人可能因为年龄低于16周岁而不能按照盗窃罪定罪量刑，但是，他们的行为已经具有了盗窃罪的客观违法性，在这种情况下，甲肯定能够成立盗窃罪的教唆犯。

张明楷：甲的行为要么是盗窃罪的教唆犯，要么是盗窃罪的间接正犯。

学生：如果这样的话，甲的行为既触犯了盗窃罪，又触犯了组织未成年人进行违反治安管理活动罪两罪，这两罪之间又是什么关系呢？

张明楷：我认为这两罪之间存在想象竞合的关系。可以将甲多次组织未成年人盗窃的行为与组织未成年人实施违反治安管理处罚活动的行为认定为一个行为，在一个行为触犯两个不同犯罪的情况下，再看两罪的保护法益是否相同。本案中，盗窃罪保护的是财产利益，而组织未成年人进行违反治安管理活动罪更侧重于保护未成年人的身心健康和社会管理秩序，所以最好还是将两罪认定为想象竞合。

诈 骗 罪

案例一

案情：某游戏厅以一枚1元的价格出售游戏币，游戏玩家购买了该种游戏币以后，将游戏币投入到该家游戏厅的游戏机内就可以使用游戏机。甲伪造了能够在该游戏厅的游戏机上使用的游戏币，并以一枚3角的价格出售。很多玩家在购买了甲出售的伪造游戏币后在该游戏厅的游戏机上使用，最终导致该游戏厅的损失惨重。甲的行为构成何罪？如果玩家明知是伪造的游戏币而购买并使用，这些玩家的行为是否构成犯罪？

学生：我认为不能割裂甲的伪造游戏币的行为与玩家购买伪造游戏币并使用的行为。因为甲虽然伪造了游戏币，但并没有直接使用游戏币；如果玩家明知是伪造的游戏币而购买并使用的话，正是玩家使用伪造游戏币的行为直接给游戏厅造成了经济损失。在这种情况下，甲与使用伪造游戏币的玩家成立盗窃罪或者诈骗罪的共犯。

张明楷：如果玩家明知是伪造的游戏币而使用的话，的确会与甲的行为构成共犯。使用伪造游戏币的行为是直接侵害法益的行为，故玩家的行为是正犯行为。现在定罪的关键是，正犯行为到底是构成诈骗罪，还是盗窃罪。你们觉得将使用伪造游戏币的行为认定为哪个罪正确？

学生：盗窃罪。因为玩家进入游戏厅以后，并没有与游戏厅的经营者接触，而是直奔游戏机后，使用伪造的游戏币打游戏。在这个过程中，并没有一个财产性利益的占有人被欺骗，而游戏机不是自然人，不是诈骗罪中的受骗人，所以，玩家使用伪造的游戏币的行为是无论如何也不能构成诈骗罪的。

张明楷：如果认为这样的行为构成盗窃罪，那么，盗窃的对象是什么？

学生：使用游戏机的财产性利益。

张明楷：构成盗窃罪，要求行为人将他人占有的财物或者财产性利益转移为自己或者第三者占有。也就是说，在盗窃罪的对象是财产性利益的情况下，只有将他人占有的财产性利益转移为行为人自己或者第三者占有，才能构成盗窃罪。比如，将他人银行账户里的存款转移到行为人自己的银行账户内。但在这个案件中，游戏玩家使用伪造游戏币的行为并没有将游戏厅占有的财产性利益转移为自己或者第三者占有。所以，很难将这样的行为认定为盗窃罪。

学生：我国《刑法》第265条规定，"以牟利为目的，盗接他人通信线路、复制他人电信码号或者明知是盗接、复制的电信设备、设施而使用的"，依照盗窃罪定罪量刑。盗接他人电信码号或者电信设备、设施的行为，也不能够使他人占有的财产性利益转移为行为人自己或者第三者占有，但根据该条的规定，还是把这样的行为认定为了盗窃罪。从这一点来看，在对象是财产性利益的时候，构成盗窃罪并不一定要求行为人将他人占有的财产性利益转移为自己或者第三者占有。

张明楷：你提出的这一点，涉及如何看待《刑法》第265条的性质这个问题。也就是说，《刑法》第265条到底是注意规定，还是拟制规定。如果认为该条是拟制规定，将本不能认定为盗窃罪的行为拟制为了盗窃罪，那么，在对象是其他财产性利益的时候，就不能依照该条的规定来认定行为是否构成盗窃罪。相反，如果将该条认定为注意规定，那就意味着只要行为使对方的财产性利益受到了损失，即使行为人并没有将被害人占有的财产性利益转移为自己或者第三者占有，也可以构成盗窃罪。但我还是倾向于将该条认定为拟制规定。

学生：如果将这样的行为认定为诈骗罪的话，谁是受骗人呢？另外，诈骗罪也要求将他人占有的财物或者财产性利益转移为行为人自己或者第三者占有，这样的行为也同样无法满足诈骗罪的构成要件。

张明楷：在诈骗的对象是财产性利益时，根据被害人损失的内容与行为人获得的内容必须具有"同一性"的要素，只要行为人的欺骗行为使自己获得了财产性利益，而使对方损失了该财产性利益，即可构成诈骗罪。这个案件中，玩家的行为使得游戏厅没有向他们收取游戏费，这与债务人使用欺骗手段使债权人免除债务是一样的道理。

在这个案件中，受骗的对象应该是游戏厅的经营者。因为玩家拿着伪造的游戏币径直使用游戏机时，经营者会以为玩家拿着的是自己卖出的真实的游戏币。在这种情况下，可以认为玩家已经通过自己的欺骗行为使游戏厅的经营者发生了认识错误，且在该认识错误的情况下，免除了玩家因使用游戏机产生的债务，即处分了该财产性利益。所以，玩家明知伪造的游戏币而使用的行为完全可以构成诈骗罪。

学生：如果玩家是在不知情的情况下，购买并使用了该伪造的游戏币的，又该如何认定甲的行为呢？

张明楷：如果玩家在并不知道游戏币是甲伪造的情况下购买并使用了这些伪造的游戏币，甲就要构成两个诈骗罪。

第一个诈骗罪的对象是玩家为购买游戏币而支付的对价。因为如果甲告诉玩家这些游戏币是自己伪造的，玩家就可能不交付现金，所以，玩家在受骗的情况下处分了自己的现金。因此，在这种情况下，如果甲销售伪造的游戏币获得的现金达到诈骗罪要求的数额，就可以将甲的这一行为认定为诈骗罪。

第二个诈骗罪的对象是游戏厅经营者因玩家使用游戏机而应获得的财产性利益。由于玩家是在不知情的情况下购买并使用了这些伪造的游戏币，所以，玩家的行为并不构成任何犯罪。但甲伪造了这些假游戏币，并且明知这些游戏币最终会被不知情的玩家使用，可以认为甲是利用了无辜的第三者行为的间接正犯。也就是说，玩家虽然没有诈骗的故意，但他们的行为依然是符合诈骗罪构成要件的违法行为，只是没有责任。在这种行为下，甲不是教唆犯就是间接正犯。从本案的情况来看，认定为间接正犯是可能的。

案例二

案情：乙女是甲男的情人，乙不再想与甲保持情人关系，故提出要与甲分手。但甲不同意分手，要求乙继续与自己保持情人关系。于是，乙对甲说："只要你给我5万元，我就不和你分手。"甲并没有5万元，但甲知道自己的妻子有钱。于是，甲在妻子并不知情的情况下，偷偷将自己在某幼儿园上学的女儿转学到了其他幼儿园，并在一个星期之后，用一个陌生号码给自己的妻子发短信："你的孩子被绑架了，只要你将5万元钱存入＊＊＊账户，就放了你孩子。"甲的妻子信以为真，为了救自己的孩子，就向自己的父母、朋友筹钱共5万元，并将这笔钱打到了甲指定的账号。甲将这笔钱取出来以后给了乙，但乙并不知道甲是通过什么手段得到的这笔钱。甲的行为构成什么犯罪？

学生：在这个案件中，甲是从他的妻子那里骗得了5万元。但在夫妻关系存续期间，甲和自己的妻子对他们的共同财产应该共同共有，从这个意义上说，似乎很难将骗取妻子财物的行为认定为诈骗罪或者其他犯罪。

张明楷：我基本上同意你的看法。夫妻财产共有制并不是按份共有，而是共同共有，在这种情况下，就不能说这5万元中，甲的妻子所有其中的2.5万元，甲对他的妻子所有的这部分财物没有所有权。也就是说，甲对向妻子骗得的5万元也具有所有权，所以，很难认为甲的行为侵害了他人的财物或者财产性利益。

学生：另外，甲的妻子在向自己的父母和朋友筹钱时，具有归还的意思；并且，甲在法律上是与自己的妻子共同负担这笔债务的。所以，也不能认为甲是利用妻子实施诈骗财物的间接正犯。

张明楷：确实如此。我也认为对甲的行为不宜认定为犯罪。在司法实践中，丈夫盗窃妻子的财物，或者妻子盗窃丈夫的财物，都没有按照盗窃罪论处的，理由就是夫妻关系存续期间，夫妻双方对财物共同共有。

学生：如果夫妻双方约定婚后财产归各自所有，而非共同共有，是不是会影响这些案件的处理结果？

张明楷： 可能会影响一部分案件的处理结果。在盗窃的对象是夫妻二人共同购买的财物的情况下，恐怕也很难认定这种行为构成盗窃罪。

学生： 如果已婚子女盗窃父母财物，或者诈骗父母财物的，是否也不能认定为犯罪？

张明楷： 在实践中，已婚子女往往并不与自己的父母共同所有父母的财物。尤其是在已婚子女已经和自己的父母分门别居的情况下，子女基本上不会对父母的财物享有所有权。所以，已婚子女盗窃或者诈骗自己父母财物的，还是可以构成相应犯罪的。但即使将这样的行为认定为犯罪，也应该在量刑的时候对被告人酌定从轻或者减轻处罚，毕竟这种行为的违法性、有责性、一般预防的必要性以及特殊预防的必要性都显著低于其他财产犯罪的行为。

学生： 我之前看到过一起类似的案件。甲男与乙女是情侣，打算结婚。乙女就带着甲男去见自己的父母。乙女的父母对甲男说："想娶我女儿，就必须拿来50万的彩礼钱。"但甲并没有这么多钱。乙女为了和甲男结婚，就对甲男说："我父母有钱，只要我们把我弟弟绑架了，向我父母要50万，他们肯定会出这笔钱，到时候再把这些钱做彩礼。"于是，乙女将自己的弟弟带出去玩，甲男就以绑匪的名义和乙女的父母联系，声称只要乙女的父母交出50万元，他就放了乙女的弟弟。乙女的父母救子心切，马上将50万元打到了甲指定的银行账户。后来，甲把这笔钱当作彩礼，交给了乙的父母。在这个案件中，甲和乙构成犯罪吗？

张明楷： 由于甲乙并没有真实地绑架乙的弟弟，他们两人的行为也就不能构成绑架罪。现在的关键在于，甲乙是否可以对该50万元成立财产犯罪。由于成年子女与自己的父母并不存在共同所有的财产关系，所以，不能认为乙没有出嫁，她就与自己的父母共同所有该50万元。因此，本案中，甲乙成立诈骗罪的共同正犯。

学生：甲乙在骗取这50万元时，就已经打算将这笔钱作为彩礼钱，最终归还给乙的父母。是否可以据此认为，甲乙对该50万元不具有非法占有的目的？

张明楷：财产罪中的"非法占有目的"，并不是指行为人永久剥夺被害人财物的目的，只要行为人意识到自己的行为会使他人的财物非法转移为自己或者第三者占有，即使时间很短，也能够肯定非法占有目的。甲乙在骗取50万元时，就已经意识到了这笔钱会脱离乙父母的占有而归甲乙非法占有。将这50万元用做彩礼，实际上是使用自己诈骗得来的财物的一种行为，而不是社会生活中的"归还"借款，所以，不能据此认定甲乙没有非法占有的目的。

案例三

案情：甲是某地法院执行庭的法官，在负责一起执行案中，法院判决败诉方要支付胜诉方人民币60万元，该案的败诉方完全具有支付60万元的能力。但是，甲却对胜诉方说："败诉方没有能力支付60万元。我可以帮你联系一家公司，让他们出10万元将你的判决书买下来。这样的话，你至少还得到了10万元，否则就会一分钱也拿不回来。"胜诉方信以为真，就将自己的胜诉判决书以10万元的价格卖给了甲办的公司。甲最后拿着该胜诉判决书，从败诉方那里得到了60万元。甲的行为构成什么犯罪？

学生：甲的行为构成诈骗罪，诈骗的对象是胜诉方的债权。

张明楷：我同意你的看法。但是，实践中有人认为这样的行为构成贪污罪。他们的理由是，甲以法官的身份追回60万元时，该笔资金应该为法院占有，根据《刑法》第92条的规定，在这种情况下，法院占有下的60万元应属公共财产，甲将法院占有下的公共财产据为己有的行为构成贪污罪。你们如何看待这样的观点？

学生：如果甲要求败诉方直接将60万元打到自己指定的银行账户的话，法院就不可能占有这笔资金，那么，甲的行为无论如何也不能构成贪污罪。

张明楷：确实是这样的。甲的行为除了能够成立诈骗罪以外，是否还触犯其他犯罪呢？

学生：甲滥用职权致他人损失50万元，达到了滥用职权罪的追诉标准，所以，甲的行为同时也应当成立滥用职权罪。

张明楷：与其说触犯滥用职权罪，还不如说触犯执行判决滥用职权罪。因为在执行判决活动中，不履行法定执行职责，造成当事人的利益遭受重大损失的，就构成本罪。甲的确没有履行法定执行职责，也可以认为触犯了本罪。当然，由于只有一个行为，可以按想象竞合犯处理。

案例四

案情：某法院在一起民事纠纷的判决书中，将败诉方应支付给胜诉方的人民币 60 万元误写成了人民币 600 万元。在判决书送达给胜诉方与败诉方以后,该法院发现了判决书中的笔误,就重新更正了该判决书。但是,在更正后的判决书寄达双方当事人之前,原错误的判决书已经进入了执行阶段。负责执行的法官甲已经知道原判决书中的数额出现了错误,但仍对被执行人说:"按照法院的判决,你应当向胜诉方支付 600 万。"被执行人表示自己仅欠对方人民币 60 万元,怎么可能要支付 600 万元呢?但甲仍以判决书中已经写明支付人民币 600 万元为由,要求被执行人支付 600 万元。最后,被执行人同意从自己的银行账户中划走人民币 600 万元。甲将其中 60 万用于支付胜诉方的债务,将其余款项据为己有。甲的行为构成什么犯罪?

学生:在这个案件中,被执行人知道自己仅欠对方 60 万这一事实。甲并没有在这一点上欺骗被害人。从这一点来看,似乎被害人并没有受骗。

张明楷:虽然被执行人知道自己仅欠对方 60 万人民币,但是他并不知道法院已经修改了原判决书的笔误,也不知道在这种情况下,他本可以只向执行机关缴纳 60 万元即可。甲在这一点上,欺骗了被执行人,因而导致被执行人只得同意缴纳 600 万的结局。

学生:在甲告诉被执行人应该缴纳 600 万元的时候,被执行人肯定也会认识到判决书写错了,自己可以在这种情况下不缴纳 600 万元,但是他还是缴纳了。这似乎说明,被害人并不是在发生了认识错误的情况下才处分财产的。也就是说,在这起案件中,似乎被害人并没有发生认识错误。

张明楷： 诈骗罪要求行为人的行为使被害人陷入认识错误，并且基于该认识错误而处分财产。我认为，并不是只要被害人对行为人的欺骗内容有所怀疑，就能够否定被害人陷入认识错误。当下，社会上发生了很多的诈骗案件，在涉及金钱问题时，人们普遍会对他人言行的真实性产生怀疑。在这样的社会环境下，如果认为只有被害人完全对欺骗内容没有怀疑时才定诈骗罪的话，就几乎没有定诈骗罪的余地了。这样一来，反而又会出现更多的诈骗案件。在这起案件中，甲在得知判决书内容已经修正的情况下，实际上有告知被执行人的义务，但他不仅没有告知，反而要求被害人按照原来错误的判决书的内容缴纳款项，如果被害人知道原判决书已经改正的话，也肯定不会缴纳600万元。所以，可以将负责执行法官的行为认定为诈骗罪。

学生： 当前，在刑法学界，一些学者认为，在行为人的欺骗行为没有使被害人完全陷入认识错误，被害人此时虽然非常狐疑，但仍交付了财产的情况下，就应该认为行为人的行为不构成诈骗罪。比如，行为人声称自己想移民加拿大，由于没钱办理移民手续，所以要将张大千的真迹以20万元的低价卖给被害人。被害人怀疑行为人说的话是否真实，因为根据市面价格，张大千的真迹是不可能只卖20万元的。但是，在这样的情况下，被害人还是抱着试试看的态度将行为人的赝品以20万元的价格买了回来。在这个案件中，被害人也已经认识到了花20万元完全可能买到假货，但还是处分了这笔钱。有学者认为，这种投机行为是被害人自冒风险的行为，不能将行为人的行为认定为诈骗罪。

张明楷： 在你说的这个案件中，行为人已经明确说明这幅作品就是张大千的真迹，而且也编造了一些低价出售的理由。我觉得,在这种情况下,可以将行为人的行为认定为诈骗罪。因为行为人的确对书法作品作出了虚假说明,被害人虽然对这幅作品是否是张大千的作品仍存怀疑,但显然更加相信行为人说的话,否则,就不会最终以 20 万的价格购买这幅作品了。但是,在另外的一些情况下,行为人的行为可能并不构成诈骗罪。比如,在古玩市场,卖方将自己店中的某件古玩标价 30 万元,但并没有对买方就古玩的来历、材质等进行虚假说明。在这种情况下,买家为了投机,以 30 万元购买了只值 300 元钱的一件古玩,就不能认为行为人出售古玩的行为构成诈骗罪。因为在这样的案件中,古玩卖家并没有作任何虚假陈述,也就是说,古玩卖家没有实施诈骗罪要求的欺骗行为,那么,买家以 30 万元购买价值 300 元古玩的行为,只是一种投资的行为而已,这里不存在被害人在受骗后处分财物的行为。所以,卖方只是为出卖财物单纯开出了价格,而没有就该财物的性能等特征进行虚假陈述的行为,不能认定为诈骗罪。我再举个例子对此予以说明。一直以来,有一种玉石买卖的方式,叫做"赌石",卖主实际上会以非常高的价格出售一块没有玉的石头,由于这块石头在出售之前并没有被砸开过,卖主也不知道自己出售的石头里面到底是否有玉。买家以很高的价格买下石头后,发现石头里面并没有玉,在这种情况下,就不能认为行为人的行为构成诈骗罪,因为卖家并没有实施欺骗买家的行为。

学生:按您的说法,我们今天讨论的执行案中,甲的行为也能成立诈骗罪。

张明楷:甲的行为不仅成立诈骗罪,也同时触犯了执行判决滥用职权罪,可以按照想象竞合犯处理。

学生：之前，发生过这样一起类似的案件。甲在围观他人打架时，赶到现场的警察误认为甲参与了打斗，就将甲拘留了。但马上就有证人证明甲没有参与斗殴，公安机关随即作出释放甲的决定。但是，负责看押甲的警察乙却没有将公安机关的决定告诉甲，而是要求甲交纳2万元钱的罚款，否则就不释放甲。甲的家属虽然知道甲没有实际参与斗殴，但为了能够让甲早日从看守所中出来，就交给乙2万元。在这起案件中，乙的行为构成诈骗罪，还是构成索贿罪？

张明楷：我认为乙的行为既构成索贿罪，也构成诈骗罪，两罪具有想象竞合的关系。尽管在这个案件中，无论是甲，还是甲的亲属，都知道甲没有参与斗殴，但并不知道公安机关已经下达了释放通知。乙身为看押甲的警察，有义务向甲及其家属说明这一点，但乙显然已经隐瞒了真相，使得甲和甲的家人在这一点上陷入了认识错误，并且因此交付了财物，所以，从这个意义上讲，乙的行为构成诈骗罪。乙向甲及甲的家属提出支付2万元就放人的要求，显然也是一种利用职务向他人索取贿赂的行为。由于受贿罪保护的法益是国家机关工作人员的职务不可收买性，而诈骗罪保护的法益是财产法益，乙的一个行为触犯了两个罪保护的不同法益，因此，能够肯定乙的行为成立诈骗罪与受贿罪的想象竞合。

案例五

案情：一名火车列车员受托将一件行李交付给素不相识的一名乘客，交接地点是普通乘客并不出入的员工休息车厢。在约定好的交付行李的时间，行李的真正主人并没有出现，而恰好这时，一名乘客路过员工的休息车厢。列车员误以为这名乘客是行李的主人，就说了一声"过来拿东西了"，并同时将受托行李交付给了路过的乘客。这名乘客二话没说，顺手就将该行李拿走了。这名乘客的行为构成什么犯罪？

学生：本案中，在列车员误将该名乘客认定为行李主人，并说了"过来拿东西了"这样的话以后，乘客肯定知道对方认错了人，但他一言不发地就将他人递过来的东西拿走了。这名乘客有向列车人员说明自己不是行李主人的义务，但是他隐瞒真相，导致列车人员以为他就是行李的主人，进而对行李作出了处分。所以，这名乘客的行为构成不作为的诈骗。

张明楷：如果将乘客的行为认定为不作为的诈骗，那么，就必须找出乘客有向列车长表明自己不是行李主人的义务。这样的理由可能不太好找。我倒更倾向于将这名乘客的行为认定为作为的诈骗。因为在列车人员将他错认为行李主人时，说了一句"过来拿东西了"，虽然这名乘客并没有回话，但他却将列车人员递过来的行李拿了过去。他当时的表情以及接受行李的行为实际上是以作为的行为方式向列车人员表明自己就是行李的主人，只不过这种作为不是通过语言来表达的，而是通过肢体动作来实现的。因此，我认为在这个案件中，这名乘客以作为的方式构成了诈骗罪。

案例六

案情：某城中村面临拆迁，在拆迁补偿中，具有该村户口的老年人会得到更多的补偿。甲为了能够得到更多的拆迁补偿，就与自己的妻子离婚,并同时与其丈母娘办理了结婚手续。由于甲的丈母娘是没有工作的老年人,在这次拆迁补偿中,甲因此多得了9万元的补偿款。在拆迁事宜全部结束以后,甲与其丈母娘办理了离婚手续,又与其妻子复婚。甲的行为是否构成犯罪?

学生: 我在网上看到过对这个案件的讨论。有人认为甲的行为构成诈骗罪,因为甲与其丈母娘办理了"假结婚",负责拆迁的单位因此而多付了甲9万余元的拆迁款。但是我不认为甲的行为构成犯罪。既然甲已经与自己的妻子办理了离婚手续,并且也与自己的丈母娘办理了结婚手续,那么,就应该肯定甲与其丈母娘在法律上已经结为了合法夫妇,而不能认为这样的婚姻是"假结婚",也就不能认为甲以"假结婚"的形式骗了拆迁单位9万余元的拆迁款。

张明楷: 我同意你的看法。我们不妨在这里探讨一下,为什么有人会认为甲与丈母娘办理婚姻登记是"假结婚"呢?

学生: 或许这些人认为,甲与自己的妻子办理离婚手续并与丈母娘办理结婚手续是为了能够多获取拆迁补偿款,在获得这笔钱之后,甲就马上和自己的妻子复婚了。也就是说,或许他们认为甲主观上并没有要与自己的丈母娘长期生活的打算。

张明楷: 按理说,只要公民持有效证件到婚姻登记机关办理婚姻登记,就应当肯定他们的婚姻是合法的。婚姻是否有效,与办理婚姻登记的男女的主观意图没有任何关系,与两个人的感情如何,也没有直接关系。有的夫妻生活了一辈子,可能没有任何感情,但他们之间存在婚姻关系。有的人没有登记结婚,虽然感情特别好,却没有婚姻关系。除了事实婚姻外,我们判断是否存在婚姻关系，只能以是否登记结婚为标准。在此意义上说，没有所谓"假结婚"与"假离婚"。换句话说，所谓"假结婚"与"假离婚"是从一般生活意义上而言，也不是从法律上说的。所以，我认为，将这个案件中的甲与其丈母娘的结婚登记认定为"假结婚"，进而认定甲的行为成立诈骗罪的观点，实际上是从主观到客观认定犯罪，而不是从客观到主观认定犯罪，也可以说是主观主义刑法理论的一种表现。如果这些人从客观出发认定甲的行为的话，就会首先肯定甲与其丈母娘的婚姻在客观上是合法有效的，而不会将这样的行为称为"假结婚"。

案例七

案情：甲在自己经常玩游戏的游戏厅安装了一个遥控装置，并通过该装置获取了该游戏厅的大量积分。甲利用该积分到游戏厅工作人员处兑取了 9000 元。甲的行为构成什么犯罪？

学生：甲利用遥控装置获取游戏厅积分的行为构成盗窃罪，将盗窃的积分拿到游戏厅柜台换取现金的行为构成诈骗罪。

张明楷：如果认为甲利用遥控装置获取积分的行为构成盗窃罪，那么，盗窃的对象是什么？

学生：盗窃的对象是积分。完全可以将游戏厅的积分评价为财产性利益。甲将游戏厅的积分通过遥控装置转移为自己所有，所以，他的行为构成盗窃罪。

张明楷：甲利用游戏厅积分换取现金的行为构成诈骗罪的话，诈骗的对象是什么？

学生：诈骗的对象是游戏厅的现金。

张明楷：那么，游戏厅除了甲用积分兑取的9000元现金以外，还有什么损失呢？

学生：游戏厅因甲利用遥控装置盗取积分而导致积分减少，而积分本来就是财产性利益。如果甲将自己非法获取的积分卖给不知情的第三人的话，肯定会对该不知情第三人构成诈骗罪；如果该第三人将购买来的积分再拿到游戏厅兑换现金，也会造成游戏厅的现金损失。这样的话，甲利用遥控装置获取积分、拿该积分到游戏厅柜台兑换现金的两个行为就会侵害两个法益，即不知情的第三人购买积分的财物与游戏厅的现金。

张明楷：如果甲将游戏厅的积分卖给不知情的第三人，该购买人又拿着这些积分去游戏厅兑换现金，确实如你所言，存在两个法益侵害。但在本案中，甲用遥控装置获取了积分后，又拿该积分去游戏厅兑换现金，游戏厅最终仅损失了9000元现金。在行为最终只侵害了一个法益的情况下，应该将甲的行为仅认定为包括的一罪，仅按照一个罪定罪量刑即可。

学生：到底该将甲的行为认定为诈骗罪，还是盗窃罪？

张明楷：我认为最好还是将甲的行为认定为诈骗罪。因为游戏厅最终损失的是现金，而正是甲伪装自己是合法获取了该些积分并要求兑换现金的欺骗行为导致游戏厅相关人员陷入了认识错误，并因此而处分了9000元的现金，所以，将甲的行为按照诈骗罪定罪量刑即可。

案例八

案情：甲是国有银行的信贷人员，乙是某私企的财务主管。甲与乙约定，将乙所在企业的经营款项存在甲所在的国有银行，之后乙伪造自己所在企业的印鉴和支票到甲所在的银行提款,乙通过甲从银行提取了 1800 万元。甲乙将从银行取出的 1800 万元用于甲实际经营控制的公司。甲乙的行为构成什么罪?

学生:在这个案件中,如果乙伪造印鉴和支票后向甲取款,甲在该银行也具有提取存款的职权的话,甲乙构成贪污罪。因为在这种情况下,甲乙二人利用甲的职务之便,将国有银行占有的 1800 万元据为己有了。但是,如果本案中的甲并不具有提取银行存款的职权,甲乙通过向该银行中的负责提取巨额存款的人员出示伪造的印鉴、支票等而获取该 1800 万元的话,就应该将甲乙的行为认定为诈骗罪。因为在这种情况下,甲乙并没有利用甲的职务之便而获取该 1800 万元,而是通过欺骗银行相关负责人而获取了该笔款项。

张明楷:这个案件没有仔细交代甲是否具有提取巨额款项的职权。所以,你分情况讨论的做法是正确的。但是,在你刚才讲的第二种情况下,即在甲没有提取巨额存款的职权的情况下,甲乙二人应该构成票据诈骗罪。因为,甲乙是利用支票骗取银行财产的。

据我所知,法院最终认为这个案件甲乙构成挪用公款罪。看来,甲很可能是具有提取巨额存款的职权的。在这种情况下,你们觉得应当将甲乙的行为认定为贪污罪,还是认定为挪用公款罪?

学生:如果能够认定甲乙具有非法占有该 1800 万元的目的的话,就应当将他们的行为认定为贪污罪。在这个案件中,甲乙通过伪造印鉴、支票等手段将银行占有下的 1800 万元转移到了甲实际控制的公司，这就说明甲乙是具有非法占有该笔款项的目的的。

张明楷：我同意你的看法。一般来说，如果国家工作人员利用职务之便将本单位的财物挪用的，往往不会在本单位账面上平账。在这个案件中，甲乙通过伪造印鉴、支票等手段获取了该1800万元，显然该1800万元已经不在银行的账目上了，所以，很难认为甲乙不具有非法占有的目的。

案例九

案情：甲是某商贸公司停车场的管理员。在甲负责看管的停车场内有较多空车位，甲便伪造公司停车所需的停车证与车辆进出使用的蓝牙设备，以公司名义低价将停车位出租给附近上班的其他人员停车，甲因此获利2万余元。购买停车证的人员以为自己已经在该商贸公司办理正当的停车手续，均将车停在了甲负责管理的停车场内。甲的行为构成何罪？

学生：甲将自己负责看管的停车位出租的行为构成了职务侵占罪。侵占的对象是甲所在公司本应从出租车位中获取的租金。

张明楷：甲负责看管本单位的停车位，利用职务便利将其出租，这样的行为确实可能构成职务侵占罪。但侵占的对象到底是甲低价出租所得的出租费，还是该公司对停车位享有的财产性利益？

学生：如果将甲犯职务侵占罪的对象认定为他所在的商贸公司对停车位享有的财产性利益，就应该按照该停车位出租的市价来认定甲职务侵占的数额。如果认为甲侵占的对象就是他出租停车位所得的超低出租费,那么,甲职务侵占的数额就是 2 万余元。我认为,在这个案件中,认为甲侵占了公司应得的 2 万余元似乎更合理。

张明楷: 你这样的论证方式,犯了倒果为因的错误。只有先确定甲职务侵占的对象是什么,才能进一步分析甲职务侵占的数额是多少。可以认为,甲侵占的对象应该是他负责看管的但由单位享有的财产性利益。事实上,甲所在的商贸公司并没有将这些停车位出租的打算,所以,最好不要轻易将甲擅自低价出租停车位所得的价款直接认定为商贸公司本应得的财物。不可否认的是,商贸公司对甲负责看管的停车位享有财产性利益,甲通过制作伪造的停车证等行为侵害了自己所在的商贸公司的这种财产性利益。所以,可以认为甲犯职务侵占罪,侵占的对象是其所在的商贸公司对停车位享有的财产性利益。

实际上,在这个案件中,甲的行为不仅能够成立职务侵占罪,还触犯了诈骗罪,诈骗的对象是购买停车证的人所支付的费用。

学生: 我觉得在这个案件中,支付了租金的顾客并不是本案的受害人。因为他们支付了超低的租金,还享受了停车服务,所以,他们交付给甲财物的目的并没有落空。

张明楷: 因为甲是以其所在的商贸公司的名义将空车位出租出去的,所以顾客在支付租金时,根本没有意识到甲交付给他们的停车证、蓝牙等设备是伪造的。实际上,这些顾客本身并没有因为交付租金而获得这些空车位的合法使用权。如果这些顾客知道这些真实情况的话,根本不会交付财物。所以,可以认为他们因为受到甲的欺骗而处分了自己的财物,这样的话,甲的行为当然能够成立诈骗罪了。

学生：如果这些顾客都只交付给甲相当于正常市价 1 个月的停车费，但却在案发前已经享受了 4 个月的停车业务。在这样的情况下，这些顾客似乎不仅没有财产损失，还因此受益了。所以，不宜将甲收取顾客停车费的行为认定为诈骗罪。

张明楷：当甲虚构事实、伪造停车证等将空车位以低价出租给顾客并收取顾客支付的停车费时，甲的诈骗行为已经既遂了。你所假设的，顾客以 1 个月的市价停车费享受了 4 个月的停车业务，属于既遂以后的事实。也有一种可能，顾客才刚交钱，还没有往该停车场停一天车的情况下，甲私自出租停车位的事情就已经被公司发现，在这种情况下，顾客显然就不能再往该停车场内停车了，顾客的财产损失也就一目了然。我觉得这与盗窃犯盗窃了被害人财物以后，被害人又因此而享受了财产保险，最终貌似没有损失的情况有些类似。总而言之，不能因为犯罪既遂以后的事实而影响犯罪与否的认定。

学生：由于甲的一个行为触犯了职务侵占罪与诈骗罪，在这种情况下，甲所触犯的这两个犯罪之间有什么关系？

张明楷：可以认定为包括的一罪或者想象竞合，最终从一重罪论处即可。

案例十

案情：甲是某房地产代理公司负责人，其所经营的公司负责为房地产公司包销房屋。委托销售的房地产公司会向甲所在的房地产代理公司提供销售所需的房产证、授权委托书等证件，如果甲所在的公司没有将委托销售的房屋售出，就需要以包销价格将房屋买下。于是，甲所在的房地产代理公司与某房地产公司签订了一份销售房屋的合同，合同约定，甲所在的公司负责销售委托公司的房屋，包销价为每套房200万元，且甲所在的公司需要先支付每套房10万元的定金。甲所在的公司支付了每套房10万元的定金之后，就以每套房160万元的价格卖给了知情的第三人。委托销售的公司发现以后，就撤销了对甲所在的公司的授权，于是，房屋无法过户到买房人名下，而甲携款潜逃。甲的行为构成何罪？

张明楷：要想正确地认定甲的行为构成何罪，就首先必须弄清楚，谁是本案中的被害人。

学生：甲并没有欺骗买房的第三人，而买房的第三人也是为了获取房屋才支付160万元的。虽然最后甲携款潜逃，但是，买房的第三人并不是刑法意义上的被害人。

张明楷：的确如此。在这个案件中，甲在与第三人买卖房屋时，是真的想把房屋过户给买房的第三人，所以甲得到的160万元是正常的交易所得，并不是诈骗所得。因此，买房的第三人不是刑法上的被害人，由于甲案发后携款潜逃，所以，买房的第三人应该是民事上的被害人。

学生：那么，委托甲所在的公司销售房屋的公司应该就是本案的被害人了，甲对委托销售房屋的公司构成诈骗罪。因为如果甲告知委托销售公司要以160万元的低价销售房屋的话，委托销售的公司是不会委托甲销售自己的房屋的。但甲隐瞒要低价销售的事实，骗委托销售公司允许自己销售其房屋。

张明楷：在这个案件中，如果委托销售的公司没有及时发现甲低价销售房屋的话，就会与买房人办理过户手续。甲谎称以200万元将房屋卖给了买房人，但实际上只卖了160万元。从这一点上讲，甲欺骗了委托销售的公司，并很可能造成委托销售公司处分房屋的后果。但由于委托销售的公司还没有将所出售的房屋过户到买房人的名下，也就是说，被害人还没有处分自己的财产，所以，应当将甲的行为认定为诈骗罪或者合同诈骗罪的未遂。

案例十一

案情：刘某是甲公司的负责人。某日，刘某派其公司的业务员李某带着该公司的两名司机宁某、张某前往乙公司的包装车间库房取货。根据乙公司的规定，从包装车间取货必须经过两次点货程序。第一次点货是由甲公司的包装车间管理员按照订单配货，只有当实际拿取的货物与电脑上记载的件数相同时，才能开始装货；第二次点货是在装车完毕之后，提货人清点装上车的货物件数后，需要再向乙公司相关负责人员确认无误。只有经历该两次点货程序，乙公司才会放行提货车辆。

在李某等人取货时，由于乙公司的装箱人员失误，往甲公司的货车上多装载了32件货物。甲公司的司机宁某根据装车件数两次向乙公司的相关人员确认，但都与电脑上记载的件数不符。于是，李某就给甲公司的负责人刘某打电话，刘某便让李某返回装货现场查看情况。李某到达车间库房装车现场后，正好遇到了当时正在值班的车间班长王某。在李某、宁某的请求下，王某便将多往甲公司的货车上装了32件的事实告诉了李某、宁某。李某在得知情况后，随即联系了刘某，在刘某的授意下，李某通过编造装载件数，最终将多装了 32 件货物的货车开出了乙公司，并且直接将该 32 件货物送到了刘某父亲开设的店铺，刘某父亲将其卖出后获利 5 万余元，分给李某、宁某、张某各 4000 元。刘某、李某、宁某、张某的行为构成什么犯罪？

学生：李某等人向乙公司相关负责人员谎报货物的件数，乙公司相关负责人员显然已经被骗，相信李某等人押送的货车上货物的件数与订单数一致。但根据诈骗罪的构成要件，只有有处分权限的受骗人在受骗后处分了财物，才能认定行为人的行为构成诈骗罪。在这个案件中，只有乙公司相关负责人员在放行李某等押送的货车时，对车上多装的 32 件货物有处分意识，才能认定刘某、李某等人的行为成立诈骗罪；否则，刘某、李某等人的行为只能成立盗窃罪。

张明楷：确实是这样的。那么，你们认为在这个案件中，乙公司负责放行的相关人员对李某等人多拿的 32 件货物具有处分意识吗？

学生：如果这些货物都是种类物，而不是特定物的话，应该认为乙公司的相关人员在放行车辆时，对该 32 件货物具有处分意识；但如果这些货物是某种特定物的话，比如，每件货物都是不同的顾客根据自己的情况定制的物品，那么，就应该认为乙公司的相关人员在放行车辆时，并没有处分该 32 件货物的处分意识。

张明楷：从这个案件的案情来看，该 32 件货物应该是一种种类物。

学生：如果是种类物的话，刘某、李某等人的行为应该成立诈骗罪。

张明楷：我也认为，在涉及的财物是种类物的情况下，受骗人因对货物的数量发生认识错误而交付财物的，应肯定受骗人对交付的财物具有处分意识。

学生：但在某些情况下，如何认定受骗人具有诈骗罪所要求的处分意识，是一件十分困难的事情。比如您在《诈骗罪与金融诈骗罪研究》一书①中举过这样的例子，如果行为人在装有方便面的箱子里装上了照相机，然后去柜台结账，负责结账的人员在没有发现方便面箱子里有照相机的情况下，就按照一箱方便面的价格将箱子里的财物卖给了行为人。在这个案件中，您认为照相机与方便面之间具有质的区别，所以，受骗人并没有处分照相机的意识，因此行为人的行为不能成立诈骗罪，而是应该成立盗窃罪。我同意您在这个案件中的看法。但是，在很多情况下，到底财物之间仅具有量的区别，还是具有质的区别，却不好下结论。例如，一个超市出售的香烟价格差距很大，有的3000元一条，有的30元一条。行为人将3000元一条的烟装到了30元一条的烟盒中，将这样的一条烟拿到出口结了账。在这个案件中，30元一条的烟与3000元一条的烟之间，到底是质的区别，还是量的不同？负责结账的人员到底有没有处分盒子里价值3000元的烟？

张明楷：30元一条的烟与3000元一条的烟，从具体的产品种类而言，都是烟，只是二者之间的价格差异较大。你认为应该着眼于二者之间的价格差异来认定它们之间的差异是质的差异，还是认为应该着眼于二者之间的种类相同，而将它们认定为只存在量的区别？

---

① 清华大学出版社2006年出版。

学生：我认为即使商品种类相同，但如果价值或者价格差异过大，还是应该承认这样的财物之间具有质的区别。因为从被害人的角度而言，他们对价格差异大的同种商品所具有的珍视程度不同，因而在处分这些财物时所具有的警惕性也并不相同。

张明楷：我不同意你的看法。按照你的观点，同种商品之间的价格差异会导致定罪的差异。

总体来看，我还是主张尽量放宽对诈骗罪中的财产处分意识的认定，这也符合当前大陆法系刑法中认定诈骗罪的总体趋势。例如，在德国，就诈骗财产性利益而言，即使受骗人没有处分意识，行为人的欺骗财产性利益的行为也会被认定为诈骗罪。就诈骗有体物而言，我发现德国的判例与通说对处分意识的认定也是比较宽的。日本通说与判例虽然普遍认为受骗人具有处分意识并处分了财物是诈骗罪的构成要件，但他们现在也已经放宽了对处分意识的认定，如行为人看到被害人家中放着一个信封，里面塞了不少钱。行为人就对被害人说："把这个信封给我用一下吧。"被害人忘记了信封里面有钱，就允许行为人将这个信封拿走。在这个案件中，日本的法院与通说认为，被害人处分了信封里面的现金，因而构成诈骗罪。又如，行为人看到被害人的某本书中夹着一枚异常珍贵的邮票，就对被害人说："你把这本书借给我读一读。"被害人已经忘记自己将邮票放入了书中，就把书借给了行为人。在这个案件中，日本的判例与通说都认为被害人处分了书中的邮票，因而行为人的行为成立诈骗罪。当然，我现在还难以接受日本通说的观点。

但是，要放宽对诈骗罪中受骗人的处分意识的认定，就完全可以将不同价格的同种类的商品的区别认定为量的区别，从而肯定受骗人具有处分相关财物的意识，将行为人的行为认定为诈骗罪。

学生：您觉得在这个案件中，李某、宁某等人的行为什么时候既遂？是在拿到出行证时既遂，还是等货车已经开出乙公司货物库房的大门以后既遂？

张明楷：我觉得认定行为是否既遂，可以结合这样一个问题来思考——如果行为人在当时反悔，将多装的货物卸下的话，是否能够成立犯罪中止。例如，如果李某等人在拿到出行证以后，觉得多拿32件货物会影响甲乙两公司以后的货物交易，就对乙公司的相关人员说明了情况，那么，李某等人的行为是否成立诈骗罪的中止？我觉得在这种情况下，显然还是可以肯定他们的行为成立中止的。所以，不宜将仅拿到出行证，还没有将货车开出乙公司库房大门的行为认定为诈骗罪的既遂。

学生：这个案件中，除了刘某、李某、宁某、张某等人的行为构成诈骗罪之外，还需不需要考虑乙公司的车间值班人员王某的行为是否成立犯罪？

张明楷：从案情的交代来看，王某并不知道李某等人知道多装了32件货物以后，会通过瞒报数量而实施诈骗行为。所以，根据现有案情还不能将王某的行为认定为犯罪。

案例十二

案情：甲在没有办理入住手续的情况下，溜进了一个五星级酒店，用该酒店的电话向一家拉菲红酒经销商订购了4瓶红酒，市场价共计4.2万元。A、B二人为拉菲红酒经销商的送货收款人员，在二人将甲订购的4瓶红酒送到甲所在的五星级酒店的吧台后，甲以送来的红酒没有包装为由，要求A回去拿包装。A走以后，甲又对B说："你先把酒放在吧台这里，现在和我上18楼去拿钱。"B以为甲是该酒店的吧台人员，就把酒放在吧台后随甲去取现金，但当电梯坐到2楼时，甲假装接到电话，要去处理急事，让B单独到18楼某某房间拿酒的价款，B信以为真，甲随即跑到该酒店一楼的吧台处，将4瓶红酒拿走。甲的行为构成什么犯罪？

学生：甲的行为可能会构成盗窃罪或者诈骗罪。如果认为拉菲红酒经销商派出的员工B在受到甲的欺骗以后，将红酒放在吧台跟着甲到酒店18层拿价款的行为是B处分该4瓶红酒的行为的话，就可以将甲的行为认定为诈骗罪；如果不能将B的该行为认定为对4瓶红酒的处分行为，甲的行为应该成立盗窃罪。

张明楷：确实如此。那你认为B到底有没有处分这4瓶红酒？

学生：我认为B没有处分带来的4瓶红酒。因为B将4瓶红酒放在酒店吧台时，并没有明确表示自己要将这些酒交付给甲，根据"一手交钱一手交货"的交易规则，只有B拿到钱以后，才能算作他已经处分了这些红酒。另外，如果A马上从所在的公司拿到这些红酒的包装后赶到该五星级酒店，看到这些红酒放在了吧台，就过去将红酒放在自己的包里，等待B和甲结算完下来再包装。在这种情况下，如果认为B在将酒放在吧台时，已经处分了这些红酒，这些酒就归甲占有，而A在明知B随甲上楼取钱而将这些酒装在自己的包的行为则可能构成盗窃罪，因为他的行为已经侵犯了甲对这些红酒的占有，但这样的结论并不合理。所以，我认为B将4瓶红酒放在吧台随甲上18楼取钱的行为不能认定为 B 已经处分了这些红酒。

张明楷：我不太同意你的看法。在我看来，完全可以把 B 将红酒放在吧台后跟随甲上楼取钱的行为评价为诈骗罪中受骗人处分财物的行为。

并不是任何交易都践行"一手交钱一手交货"的交易规则，先交货后付款的交易规则在社会中也是十分普遍的。在这个案件中，B 之所以会将红酒放在吧台，是因为他以为甲是该五星级酒店的人员，而吧台上的服务人员也是该五星级酒店的人员，将酒放在吧台就相当于向甲所在的酒店交付了货物。他跟着甲上楼领取红酒的价款是期待酒店在自己交付了货物以后会付相应的对价。如果该五星级酒店就是要购买拉菲红酒经销商的酒，酒店人员让送货人员将酒送到吧台，然后再要求送货人员到负责财务的酒店部门结账，那么，送货人员将酒放在酒店吧台时，显然就已经交货了。而且，如果 B 在 18 楼向酒店领取了价款以后，极有可能不会再回到吧台重新将这些红酒交付给相关人员。所以，在正常的交易中，完全可以将 B 把 4 瓶红酒放在酒店吧台的行为认定为交付行为。只不过在我们讨论的这个案例中，甲并不是该酒店的工作人员，他希望通过欺骗手段获得这些红酒而已，但 B 对此并不知情，B 认为自己将这些红酒放在吧台，就已经向收货人一方交付了财物，故不能否认 B 已经向对方交货是处分行为。

另外，我认为受骗人处分财物的行为，并不必然导致行为人立刻就会占有财物。受骗人处分财物的行为是在强调受骗人由于行为人的欺骗行为而放弃了对自己占有的财物的占有，具体行为人何时才占有了受骗人处分的财物，则应该根据刑法中认定占有的方法来具体判断。在一些案件中，受骗人的处分行为与行为人对财物的占有往往是有时间间隔的。例如，行为人欺骗被害人占有的古玩是赝品，一钱不值，被害人信以为真，就将该古玩扔到了马路边的垃圾桶。行为人在与被害人到处游逛了三个小时以后，才想办法返回该垃圾桶拿走古玩，在这种情况下，或许难以认为被害人一扔古玩，行为人就占有了古玩。同理，在 B 将红酒放在吧台跟甲上 18 楼领取价款，甲还没有到达吧台拿到红酒时，可以认为 B 已经处分了这些红酒，但甲还没有现实地占有该 4 瓶红酒。在这个过程中，如果 A 已经返回并将放在吧台的红酒装到自己的包内，并没有侵犯任何人的占有。正因为如此，诈骗罪的构成要件中，除了受骗者基于认识错误处分财产之外，还要求行为人取得财产、被害人遭受财产损失。如果将受骗者的处分财产等同于行为人取得财产，那么，后者就没有必要作为构成要件要素了。

我还想在这里再次强调一下，在刑法中，我认为盗窃犯、诈骗犯等财产犯罪者本人对财物的占有是不能对抗所有人一方的，所以，所有人一方将财物取回的，并不构成相应的财产犯罪。

学生：我再举一个类似的案件，您看看这个案件中的行为人构成什么犯罪。乙丙两人约某个古玩商前往某酒店的某个房间进行古玩交易，乙冒充买家，丙冒充古玩鉴定专家。古玩商如约到达该酒店的某个房间后，乙在与该古玩商谈妥价格之后，假装要将古玩拿到隔壁房间找丙鉴定，声称如果古玩是真的，就马上付款给对方。古玩商信以为真，就将古玩交给乙，乙将古玩交给丙，丙随即离开了酒店，乙也以上厕所为由逃跑了。在这个案件中，乙丙的行为是构成诈骗罪还是构成盗窃罪？

张明楷：你举的这个案件，和我们刚才讨论的案件有很大的区别。在你举的这个案件中,行为人与犯罪人还没有到达要交货付款的阶段,他们之间的交易是否成功,还取决于鉴定古玩真伪的结果。在这种情况下,古玩商将古玩交给乙去鉴定,并没有现实地放弃自己对古玩的占有。这就好比你说要借我的手机打一个电话,我把手机递给了你,在这种情况下,我并没有放弃对手机的占有,不能认为我已经将手机处分给了你一样。在你举的这个案件中,由于被害人并没有处分自己的财物,乙丙的行为只能构成盗窃罪,而不构成诈骗罪。

我举一个和我们讨论的这个案件真的很类似的案件。甲专挑银行快要下班的时间让供货商送货来,送货人员将货物送到甲指定的地方后,甲以现金不够为由,和送货人员一同到银行取款,但到银行之后,银行已经关门,甲便对送货人员说:"你去吃饭吧,我去隔壁街的 ATM 机上取钱,到时候过来找你。"送货人员信以为真,就让甲走掉了。实际上,送货地点并不是甲的住宅地址,甲立刻回到存货物处,将货物搬走了。在这个案件中,当货物送到甲指定的地方以后,就可以认为送货人已经交付了财物,即已经处分了财物。所以,在这个案件中,也应当将甲的行为认定为诈骗罪。

学生:在您刚才举的这个案例中,甲的行为确实应该构成诈骗罪。

案例十三

案情:一个省的某酒店要被拍卖,起价2.1亿元。邻省的李某为了参与此次竞标,专门成立了一家公司。参与本次竞标需要提交1000万元作为保证金,一旦1000万元打入竞标指定的保证金账户以后，在拍卖前是不能自行取出的；如果拍卖结束后没有中标，保证金账户中的钱将退回原账户。李某自身无力提供1000万元的保证金，他便先去找唐某，提出向唐某借款1000万作保证金的要求。唐某只同意向李某出借300万，由于缺乏资本运作的经验，唐某直接将300万元打到了李某的个人账户。李某收到唐某的300万元后，从中拿出10万元找到了一家中介公司，中介公司给李某拟成立的公司垫资1000万作为注册资本，待李某的公司正式成立后，中介公司又将该1000万元的出资撤走了。李某的公司成立后，李某又找到了谢某，提出向谢某借款1000万的请求，谢某同意出借500万，并按照拍卖的惯例，直接将钱打到了拍卖行的保证金账户。随后，李某又找到了周某，向其借款500万。周某的公司表面上从事融资业务，实际上却非法从事放高利贷等业务。周某提出向李某出借500万元，借期7天，押金110万，到期不能归还，就没收押金。周某按照拍卖的惯例，直接将钱打到了拍卖行的保证金账户。

据周某事后交待，周某料想李某人生地不熟，不可能竞得此标，届时500万保证金会直接退回。谁知竞标之时，李某本人虽然没有资金实力，却不顾一切频出高价，最终以3.6亿元得标。按照拍卖惯例，李某保证金账户中的1000万保证金就被冻结，李某需在6个月内交纳3.6亿元。但6个月期限过后，由于李某无力支付标价，保证金按照惯例被没收。李某为了拿到酒店项目，申请了延期付款，再次找周某借钱，提出要借2.5亿。周某为了拿回自己之前出借的500万，就提议李某先归还他已经出借的500万元，否则就不会再借给李某2.5亿元。

之后，李某为了能够先筹到500万元归还给周某，就找到了辛某,并向辛某出示了各种伪造的董事任职文件以及其他担保证明,证明自己具有经济实力,并请辛某到被拍卖的酒店考察。待辛某达到酒店以后,李某对辛某进行了豪华接待,辛某也因此对李某的资金实力产生了信任。辛某原本想回去后查证李某提供的担保公司的信用状况,结果在这期间,周某配合李某不断通过电话和传真的方式,催促辛某尽快付钱。辛某最终同意借给李某500万元,并直接将这笔钱转入了李某提供的周某的公司账户。周某收到该500万元后,要求辛某签订一份付款说明,付款说明的内容是辛某代替李某偿还500万元借款。辛某觉得内容不妥,不肯签字。此时,李某的合伙人麦某将付款说明的内容修改成辛某向周某支付500万元,辛某最终签字。麦某将签字的付款说明提供给周某,周某将该份说明锁入保险柜之后,打电话给麦某表明,该500万元是之前李某所欠的500万元借款的还款,周某不会再向李某出借2.5亿元。至此,李某的整个计划失败,因最终无法在规定的时间内向拍卖公司付款,而没能拿到酒店项目,李某也因无力偿还向唐某、谢某和辛某的借款而逃匿。辛某报案后案发。

负责本案的公安部门认为,李某参与竞标的酒店项目真实,竞标时交纳的保证金也符合正常的财务运转程序,李某和周某等人的行为不构成犯罪。负责本案的检察机关同意了公安机关的上述意见,决定不予立案。你们认为本案中的李某、周某的行为是否成立犯罪?成立什么罪?

学生: 在这个案件中,很难发现李某具有合同诈骗的故意。李某向谢某、唐某、周某借款,是为了参与真实的酒店竞标项目。如果李某能够竞标成功，并在规定的时间内交付竞拍的款项，在之后的商业经营中获得相应利润的话，肯定会归还谢某、唐某、周某的借款。所以，我认为李某在向谢某、唐某、周某借款时没有合同诈骗的故意，因此不成立合同诈骗罪。李某向辛某借款时，认为只要自己能够筹到500万元，将这笔钱归还给周某，周某就会借给他2.5亿元，有了这么一大笔钱以后，他是肯定会还上辛某的500万元的借款的。所以，也不能认为李某向辛某借款时具有合同诈骗罪的故意，因而李某向辛某借款的行为也不能成立合同诈骗罪。

张明楷：你对李某在向谢某、唐某、周某以及辛某借款时没有合同诈骗的故意的分析是正确的。但在这个案件中，李某向辛某借款时，李某最后是否可以归还辛某这笔借款，恐怕周某才是最清楚的。因为周某之前已经向李某催要过自己借给李某的500万元，李某也已经明确表示无力归还这笔钱了，而李某能够归还辛某的500万元，取决于周某是否借给他2.5亿元，但周某压根就没有想过要再借2.5亿元给李某，却通过各种手段使李某看起来更加有财力，使辛某相信李某能够归还借款。周某在明知李某无法归还辛某的借款的情况下，通过打电话、发传真等方式使辛某相信李某的财力，并最终让辛某相信李某有还款能力，要分析的是周某这样的行为能否成立合同诈骗罪的间接正犯或者共同正犯。接下来，你们能不能分析一下周某的行为在什么情况下成立合同诈骗罪的间接正犯，又在什么情况下成立合同诈骗罪的共同正犯？

学生：如果李某在向辛某借款的时候，明知周某不再向其提供借款，而自己没有周某的借款根本不可能还款，李某仍通过伪造各类信用担保文件让辛某相信其有还款能力,周某不仅积极配合李某完成上述行为,还通过电话、传真等方式提供有关李某财力情况的虚假信息的,在这种情况下,周某与李某成立诈骗辛某的共同正犯。但如果李某深信只要辛某借给自己500万元,将这500万元归还给周某以后,周某肯定会借给自己2.5亿元,而周某已经打算好无论如何也不会再借给李某钱了,但一方面不断对李某说,只要李某能够向辛某借到500万元,并将这笔钱归还欠款,自己肯定会再借给李某2.5亿元,另一方面又通过电话、传真等方法向辛某虚假陈述李某的财力,在这种情况下,李某不构成合同诈骗罪,周某构成合同诈骗罪的间接正犯。

张明楷:有道理。在后一种情况下,李某实际上实施了符合诈骗罪构成要件的违法行为,只是没有责任而已。周某则支配了整个过程,可以成立间接正犯。

学生:周某是为了让李某归还自己的欠款,这能认定为非法占有目的吗?

张明楷:周某的非法占有目的是相对于辛某而言,而不是相对于李某而言。

案例十四

案情:甲公司与香港乙公司签订了一份货物买卖的合同。合同约定由乙公司负责向甲公司供应货物。乙公司在交货前一天给甲公司打电话,说明第二天将按照约定交货。甲公司表示现在没有库房存放这些货物,要求乙公司晚点送货。乙公司为了存放这批应交给甲公司的货物,还临时租赁了仓库。一星期后,甲公司要求乙公司送货,在甲公司接受了乙公司送来的货物之后,甲公司拒不向乙公司支付货款。乙公司将甲公司诉至法院，要求其支付货款；甲公司反诉乙公司，称其违约迟延履行交货义务，要求乙公司承担违约责任。法院经审理认为，乙公司应向甲公司支付违约金，因为乙公司没有提供甲公司要求其延期履行的证明；同时，甲公司须向乙公司支付货款。甲公司相关负责人的行为是否构成犯罪？

学生： 甲公司的行为构成典型的诉讼诈骗罪。因为当乙公司按照约定要向甲公司交付货物时，是甲公司提出延期交货的请求的。在这种情况下，应该认为甲乙两公司之前签订的货物买卖合同中，有关交货时间的规定已经发生了变更，乙公司为此还专门临时租赁了仓库存放这些货物，因此，乙公司并没有违约延期交货，也就不需要向甲公司支付违约交货的违约金。但甲公司通过反诉，使法官陷入认识错误，法官作出乙公司需要向甲公司支付违约金的判决，实际上就是法官因陷入认识错误而处分了乙公司的财物。所以，甲公司的行为应该成立诈骗罪。

张明楷： 法官可能也会认为，甲公司确实给乙公司打过电话，要求乙公司延期交货，否则就很难理解为什么乙公司还专门临时租赁仓库存放这批本应交给甲公司的货物。但由于证据不足，法官只能按照甲乙两公司各自提供的证据作出判决。在这种情况下，你们认为法官受骗了吗？

学生： 如果甲公司提出乙公司违约延期交货，要求乙公司支付违约金的诉讼主张，法官是不会作出上述判决的。正是因为根据原被告双方提供的证据来看，法官更加相信甲公司虚构的事实，所以才会作出这样的判决。即使法官本人更加相信乙公司是应甲公司的要求，才延期交货的，但应该规范地评价法官是否受骗，即如果行为人没有欺骗行为的话，法官就不会作出乙公司向甲公司支付违约金的判决。这样看来，还是可以将甲公司相关负责人员的行为认定为诈骗罪的。

张明楷：有道理。

案例十五

案情：甲买了5台老虎机，将其分别放置在几家小商店。一开始，甲将老虎机的赔率设置得很高，故意让玩家赢钱。等到玩家逐渐增多的时候，甲就将老虎机的赔率调低。一年之内，被告人通过将老虎机赔率降低的手段，从这5台老虎机上盈利11万元人民币。如何认定甲的行为？

学生：甲将老虎机放置在商店里供人赌博，这样的行为已经构成开设赌场罪。除了开设赌场罪之外，行为人的行为还可能构成诈骗罪。这是因为，老虎机与弹丸机不同，弹丸机要靠技术才能赢钱，但是老虎机全凭运气，只要一拉拉杆，三个图案一样了就会往外掉币，所以赔率设置对于玩家能否赢钱非常重要。一开始，甲设置的赔率让玩家能够赢到一些钱，玩家之所以再去这些机器上玩，是以为这些机器的赔率并没有变化。但由于甲动了手脚，玩家才在这些机器上输掉更多的钱。这样的行为有些类似于赌博诈骗，完全可以被认定为诈骗罪。

张明楷：认为这样的行为构成诈骗罪是有道理的。因为赔率是提前在机器中设定的，指的是输赢的概率，如果甲提前设定的赔率是当事人知情的，就不存在构成诈骗罪的问题。但在本案中，后来的玩家对甲利用程序调低赔率的事实并不知情，在这种情况下，可以认为甲实施了诈骗罪中的隐瞒真相的行为，他通过调控赔率，让自己以"先少输、后大赢"的方式获得收益。这样看来，甲的行为确实就有可能构成诈骗罪。

我们再来讨论甲的行为是否构成开设赌场罪。被告人将 5 台老虎机放在 5 个小店里，难道能够认为他已经开设了 5 个赌场吗？

学生：既然司法实践中，已经将在网上开设赌场的行为都认定为构成开设赌场罪，为什么不能将老虎机分别放在小商店中的行为认定为这个罪呢？

张明楷：本案中，甲放置老虎机的 5 家小店并不挨着，可以认为被告人开设了 5 个赌场吗？

学生：我觉得没有必要深究甲到底开设了几个赌场，从总体上看，甲的行为已经构成一个开设赌场罪。

即便甲的行为不构成开设赌场罪，也有可能构成赌博罪。因为老虎机也被称作"赌博机"，放置老虎机的是庄家，甲作为老虎机上赌博的庄家，也肯定参与了赌博。甲长期从事赌博行为，还以此营利，这样的行为可以被认定为赌博罪。

张明楷：将甲的行为认定为开设赌场罪可能比认定为赌博罪更合适一些。至于说是开了 1 个赌场还是开了 5 个赌场，好像并不重要。倘若有人开餐馆，在一个地方租一个小房间，只供一桌人吃饭，一共在 5 个地方租了 5 个小房间。人们不好说他开了 1 个餐馆还是 5 个餐馆，但是他肯定开了餐馆。

案例十六

案情：甲准备与自己的妻子离婚。甲为了能够在离婚时得到现住的房子，就在离婚之前与自己的母亲打了一场房产官司，甲与自己的母亲串通，伪造证据，最终甲的母亲赢了这场官司，甲的房子也就过户到了自己母亲的名下。之后，甲与自己的妻子离婚时，由于他们之前共有的房子已经过户到了甲母的名下，所以甲的妻子也就不能得到这处房产。甲与甲母的行为构成犯罪吗？

张明楷：一般来说，只要行为人通过捏造证据胜诉，获得他人占有的财产的，就能够认定为三角诈骗。其中，行为人是欺骗行为的实施者，法官是受骗者，也是财产的处分人，这是由法官具有处分涉案财产的权力这一点决定的，而受害人是败诉的一方。但我们今天讨论的这个案件有点不同，甲在诉讼当时毕竟还是住宅的占有人之一，他与自己的母亲捏造证据胜诉的行为，到底有没有侵害到涉案房子的占有人，这一点还是值得研究的。比如，丈夫抢劫自己的妻子，而且抢劫的财产是夫妻共有财产，在这种情况下，能不能认为丈夫的行为成立抢劫罪？所以，在涉及夫妻一方违背对方意志处分共有财产的情况，很难判断一方的行为是否成立犯罪。毕竟夫妻一方还是具有处分夫妻共有财产的权利的。即使这样的行为可能会损害另一方的财产共有权利，也不能轻易将这种行为认定为犯罪。所以，对这个案件最好不以诈骗罪论处。

学生：现在贪污案件中有这样一种趋势，那就是行为人通过伪造证据的方式让法院将自己单位的财产判给自己。这样的行为在实践中一般会被认定为贪污罪，而不是诈骗罪。

张明楷：我也主张将你说的这种案件按照贪污罪定罪量刑。因为贪污罪的构成要件中就规定，国家工作人员利用职务之便通过盗窃、诈骗等手段取得公共财物的行为就能够成立贪污罪。在这样的案件中，往往是国家工作人员利用职务之便捏造证据，通过诉讼诈骗这种手段取得公共财物，这是一种利用诈骗获得公共财物的贪污行为。

学生：我之前接触过这样一起案件，您看是否也属于诉讼诈骗。甲是一个国有酒店的负责人，该酒店已经发不出工资，濒临倒闭。甲想把酒店卖了给职工发工资，正好也有一个民营企业家乙想买这家酒店。但由于这个酒店属于国有资产，只能通过国有资产出卖的正规程序进行拍卖。但这个程序太慢，甲很难马上拿到钱给职工发工资。于是甲找到乙，二人合计，伪造了该酒店欠乙的公司巨额债务的证据，通过法院将该酒店判给了乙，这样甲乙之间直接实现了物权变动。最后查明，如果通过正规程序拍卖的话，这个酒店价值 30 万元人民币，但是通过法院判决的程序，这个酒店只折抵了 20 万元人民币。

张明楷：在你刚才说的这个案件中，我觉得不能将甲乙的行为认定为诈骗罪。甲是国有酒店的负责人，本身就是酒店的占有人，他具有处分该酒店的权利。这里可能涉及其他犯罪的问题，如妨害司法罪或者国有公司、企业人员滥用职权罪。

抢 夺 罪

案例一

案情：甲女在某商场购买金项链，正在她准备付钱时，乙男冲过来朝她扇了一个耳光，并大声说："你这个女人就知道花钱，少花点钱不行吗？"话音一落，乙男将甲女的钱包夺了过来就走。甲女非常吃惊，当时没有反应过来，大约过了一分钟，她才喊"抓贼，我不认识那个人"。此时，乙已经跑出了商场。乙的行为构成何罪？

学生：乙的行为肯定不构成诈骗罪。因为他的行为只会欺骗到甲女之外在场的其他人，使人们不知道他在犯罪，但显然他的行为并没有欺骗到财物的占有人甲女。但乙的行为是构成抢夺罪还是抢劫罪，则不好说。

张明楷：乙的行为确实不能构成诈骗罪。你对这一点的分析是正确的。在这个案件中，如果能够将乙扇甲一个耳光的行为评价为足以压制被害人反抗的行为，并且乙也具有通过利用该足以压制被害人反抗的暴行获取财物的意图，乙的行为就可以构成抢劫罪。但如果相反，乙扇甲一个耳光的行为不能被评价为抢劫罪中的足以压制被害人反抗的暴力，就不能将乙的行为认定为抢劫罪，而只能认定为抢夺罪。

学生：在这个案件中，乙扇甲一个耳光是为了配合自己说的那些谎话，使旁观者相信他与甲女是具有夫妻或者男女朋友关系的人，他将甲女钱包拿走是可以的，这样一来，就不会有人上来阻止他拿走甲女的钱包了。而且根据一般社会经验，在这种情况下，行为人扇的一个耳光并不会压制被害人的反抗，此时被害人还是可以反抗的。在这个案件中，被害人在挨了一个耳光以及听了乙说的话之后，并不是陷入了不能反抗的状态，而是一下子懵了。所以，还是不能将乙的行为认定为抢劫罪。

张明楷：将乙从甲女手上夺走钱包的行为评价为对物暴力，

进而认定其行为构成抢夺罪，是很稳妥的判断。但是，我感觉你多少有一点是从主观到客观认定犯罪的，因为你认为乙扇甲一个耳光是为了配合自己说的那些谎话，使旁观者相信他与甲女是具有夫妻或者男女朋友关系的人，从而使抢夺容易得逞。问题是，如果先从客观方面着手判断，那么，能否将乙扇甲一个耳光使甲一下子懵了的行为，评价为使甲陷入不能反抗状态的行为？如果是这样，乙夺走甲的钱包就属于抢劫罪中的强取财物。在得出肯定结论之后，再判断乙是否认识到自己的行为会使甲陷入不能反抗的状态，最后得出结论。我还要说的是，乙扇甲一个耳光是为了配合自己说的那些谎话，使旁观者相信他与甲女是具有夫妻或者男女朋友关系的人，这一主观想法，与认定其认识到自己的行为会使甲陷入不能反抗的状态的故意，并不矛盾。

案例二

案情：甲乙夫妇二人带着自己的孩子去坐摩的，丙看到乙手上拿着一个价值不菲的包，就骑着摩托车追甲乙夫妇乘坐的摩的。丙追上以后，抓住乙手上的包用力拉扯，虽然没有将包从乙的手上夺走，却导致摩的因驾驶不稳而倾覆，最终分别造成甲乙夫妇轻微伤、孩子轻伤的结果；同时，丙也摔倒在地。在这个案件中，应该将丙的行为认定为抢夺罪，还是抢劫罪？

学生：根据最高人民法院《关于审理抢劫、抢夺刑事案件适用法律若干问题的意见》（2005 年 6 月 8 日）第 11 项"驾驶机动车、非机动车夺取他人财物行为的定性"，行为人明知其驾驶车辆强行夺取他人财物的手段会造成他人伤亡的后果，仍然强行夺取,并放任造成财物持有人轻伤以上后果的,要认定为抢劫。在这个案件中,丙在飞车抢夺时,已经知道摩的上坐了三个人,强取乙的包的行为可能会对摩的上的人造成一定的危险,但他还是用力拉扯乙的包,最终导致甲乙受轻微伤、孩子受轻伤这样的结果,所以,根据该司法解释,丙的行为成立抢劫罪。

张明楷:我们应该以抢劫罪的构成要件为依据来认定某一行为是否成立抢劫罪,而不是直接以司法解释为根据认定一个行为是否成立抢劫罪。只有当行为人为了压制财物占有人的反抗而使用暴力或者胁迫强取财物的,才能构成抢劫罪。所以,在这个案件中,只有能够将丙强取乙的包的行为认定为对财物占有人使用了暴力强取财物,才能将丙的行为认定为抢劫罪。你们觉得丙拉扯乙的包的行为是对乙的暴力行为吗?

学生:丙只是拉扯了乙的包,并没有对乙的身体实施暴力,最后甲乙及他们的孩子受伤,是由于拉扯过程中造成了事故所致,所以,恐怕并不能将丙拉扯乙的包的行为认定为对乙的暴力行为。

张明楷:如果不能将丙的行为认定为对乙的暴力,就不能将这样的行为认定为抢劫罪。

学生:丙拉扯乙的包的行为可以评价为对物暴力,所以,丙的行为可以认定为抢夺罪。在这个案件中,丙最终并没有抢夺到乙的财物,但他的行为却致甲乙轻微伤以及甲乙的孩子轻伤,在这种情况下,该如何按照抢夺罪的法定刑对丙的行为量刑?

张明楷:在抢夺行为造成被害人一方轻伤的情况下,要考虑这种行为是否属于抢夺罪中的情节严重,如果得出肯定结论,就在"3年以上10年以下有期徒刑,并处罚金"的法定刑内量刑。

如果不能评价为情节严重,就只能适用最低档的法定刑。由于丙最终没有抢夺到乙的财物,因而属于抢夺未遂。在量刑中,犯罪未遂的可以从轻、减轻处罚。

另外,我还想说明一点。并不是所有的"飞车抢夺"案件都不符合抢劫罪的构成要件。比如,行为人为了让被害人放手,用力猛敲被害人的胳膊或者其他部位;行为人为了让被害人放弃财物,用车挤逼被害人驾驶的车辆;行为人骑着摩托车抢夺路人手提包时,路人不松手,行为人骑在摩托车上拖拉路人的,都可以被评价为抢劫罪中的暴力行为。

案例三

案情:甲乙丙三人按照事先商量的作案方式,一同去了彩票店购买彩票。在彩票店的店主将他们购买的彩票号码打印出来以后,甲乙丙三人在未付钱的情况下,抓起打印好的彩票就逃跑了。三人作案多起。有一次,甲乙丙三人未付钱拿走的彩票中奖2万元人民币。实际上店主在中奖揭晓后,就马上报案注销了这个中奖号码。三人对此并不知情,在兑奖的地点被当场抓获。经查,甲乙丙先后从多家彩票店抢走价值2400元人民币的彩票,但往往是甲乙丙刚抢走彩票,彩票店的老板就马上与彩票中心联系,将抢走的彩票作废。甲乙丙三人的行为构成什么罪?

学生:如果甲乙丙是从彩票店店主的手中强行拿走了彩票的话,可以认为他们的行为构成抢夺罪。但如果彩票店店主将彩票放在了一旁,甲乙丙不付钱拿走的话,似乎还是应该将这样的行为认定为盗窃罪。

张明楷：确实，对甲乙丙三人拿走彩票的行为是应该评价为盗窃罪，还是应该评价为抢夺罪，取决于具体的案情。如果当时拿走彩票的行为可能对彩票店的主人造成人身伤害的话，就可以将他们拿走彩票的行为认定为抢夺罪；如果不可能对彩票店主人造成人身伤害的话，最好还是将他们的行为认定为盗窃罪。

无论是将他们拿走彩票的行为认定为盗窃罪，还是认定为抢夺罪，你们觉得应当如何认定犯罪数额？

学生：似乎应该认定为行为人已经抢夺或者盗窃了2400元人民币。他们拿走的彩票本身值2400元，其中一张彩票中奖之后，也马上被注销，很难将该2万元认定为抢夺或者盗窃的数额。

张明楷：你们有没有觉得甲乙丙三人拿着非法取得的彩票前往兑奖地点领取奖金的行为可能成立诈骗罪的未遂？这和那种行为人盗窃了别人的存折，在别人挂失存折后，行为人不知情去银行取钱的行为一样吗？

学生：在彩票已经被注销的情况下，行为人是无论如何也不能用注销的彩票骗取奖金的。这样的话，甲乙丙骗领彩票的行为似乎应该成立诈骗罪的不能犯，不能将这样的行为认定为诈骗罪。

张明楷：将这样的行为认定为诈骗罪的不能犯也是可能的。但我还是觉得认定为诈骗罪的未遂好一些。因为在这个案件中，彩票店的店主已经记住了彩票的号码，也关注了中奖号码，但如果彩票店的店主没有记住彩票号码，或者没有关注中奖号码，行为人还是可以骗领到奖金的。从这个角度讲的话，行为人还是有骗领奖金的危险的。当然，在我国的司法实践中，诈骗未遂往往也是不会被追究的。

学生：似乎也不宜将甲乙丙拿走彩票的数额认定为 2400 元。因为甲乙丙拿走彩票后，彩票店的主人就马上通过联系彩票中心，将这些彩票作废了。这样一来，甲乙丙似乎只是拿走了一些废纸。

张明楷：如果甲乙丙拿走的是废纸的话，那么，他们的行为也就不成立任何犯罪了。但我不认为他们拿走的是废纸，因为在他们拿走彩票的当时，这些彩票是有价值的，这些彩票的价值加起来有 2400 元，已经可以成立相应的财产犯罪了。认定财产犯罪的数额，要以行为当时取得的财产价值为标准。

职务侵占罪

案情：甲原本是 A 快递公司的员工，由于 B 快递公司缺少派送快递的员工，就向 A 快递公司借调人员到 B 快递公司派送快递，甲就暂到 B 快递公司派送快递。甲在 B 快递公司派送快递时，将其负责派送的价值 6000 元的财物据为己有。甲的行为构成什么罪？

学生：根据我国《刑法》第 271 条的规定，"公司、企业或者其他单位的人员，利用职务上的便利，将本单位财物非法据为己有"，才能构成职务侵占罪。在这个案件中，如果甲在 A 快递公司派送快递的过程中，将自己负责派送的财物据为己有的，应该能够认定为职务侵占罪。但事实上，甲是 B 快递公司向 A 快递

公司借调的人员，他并不是 B 快递公司的员工，在这种情况下，就不能认为甲将 B 快递公司的快递据为己有的行为属于"将本单位财物非法据为己有"，因而甲的行为不构成职务侵占罪。甲将他人的封缄物内的财物据为己有的行为，成立盗窃罪。

张明楷：可以不完全根据行为人是否是被害单位的在册人员来认定行为人是否为职务侵占罪的主体。否则，依据劳动派遣合同在某单位工作的员工，就永远不能成为职务侵占罪的主体了。我认为，如果根据社会一般观念，行为人已经可以被认定为其所在的被害单位的员工，就能够将他认定为职务侵占罪的主体。本案中，如果 B 快递公司只是向 A 快递公司借调甲几天时间，由于甲在 B 快递公司工作的时间过短，社会一般观念很难将他认定为 B 快递公司的人员，因此，甲将负责派送的 B 快递公司的财物据为己有的行为不符合职务侵占罪的构成要件。但如果 B 快递公司长期向 A 快递公司借调甲派送快递，尤其是在 B 快递公司已经直接向甲发放报酬的情况下，甲将 B 快递公司的快递据为己有的行为还是可以被认定为《刑法》第 271 条中的"公司、企业或者其他单位的人员，利用职务上的便利，将本单位财物非法据为己有"的行为的。

如果甲不能被认定为 B 快递公司的人员，那么，应该能够将甲的行为认定为盗窃罪。因为甲虽然持有该快递，但是快递内的财物并不归甲占有，甲将快递内的财物据为己有的行为使原占有人对快递内的财物丧失了占有，因而，能够将这样的行为认定为盗窃罪。

侵 占 罪

案例一

案情：甲在给自己手机充值时，不小心将 5000 元话费充到了乙的手机上，乙明知有人往自己的手机里误充了 5000 元，遂多次拨打国际长途电话，马上就用完这笔话费。乙的行为是否构成犯罪？

学生：如果乙拒不返还甲充值的话费，似乎可以将乙的行为认定为侵占罪。因为这笔话费确实是甲误充到乙手机上的，该笔话费可以被当作脱离所有人占有下的财产性利益，乙拒不返还他人脱离占有的财产性利益的行为就能够成立侵占罪。

张明楷：如果甲在汇款时，将 5000 元误汇到了乙的银行账户，乙得知以后马上将该 5000 元取了出来。这两个案件的处理结果会有所区别吗？

学生：没有区别，两个案件中的乙都构成侵占罪。

张明楷：我觉得这两个案件还是有区别的。在第二个案件中，只要乙明知该 5000 元是他人误汇入自己账户的，而将这笔误汇的钱取出来使用，在行为性质上会有争议。日本的通说与判例认为，如果行为人在银行柜台取款，会成立诈骗罪；在自动取款机上取款，则成立盗窃罪。当然也有学者认为行为人的取款行为仅成立侵占罪。在我国，同样会有不同观点的争论。关键是从形式上判断案件事实，还是从实质上判断案件事实。我倾向于赞成日本的通说。但是在第一个案件中，乙在明知他人给自己的手机充了话费以后，乙还是可以照常使用自己的手机的，不能因为别人给乙的手机误充了话费，就要禁止乙使用自己的手机。所以，不能因为乙将这笔话费用完了，就直接将乙的行为认定为侵占罪。只有当甲找到乙后，要求返还5000元话费时，乙不返还的，才有可能将乙的行为认定为侵占罪。总之，这两个案件中，在如何认定行为是否成立侵占罪的问题上会有所不同。

案例二

案情：甲将自己的店铺委托给了乙看管，乙又委托给丙看管。丙却在看管期间伪造相关证明文件，到工商局办理了店主的变更登记。丙的行为构成什么罪？

学生：如果能够认为，丙在负责看管甲的店铺时，已经占有了该店铺的话，丙的行为只能成立侵占罪；相反，如果认为丙虽然负责看管店铺，但店内的财物等仍属店铺的所有人甲占有的话，丙的行为就成立诈骗罪——欺骗的对象是工商局负责办理变更登记的工作人员，而被骗的工商局工作人员也具有处分甲店铺的权限，受害人是甲，丙的行为就是典型的三角诈骗。

张明楷：你的分析思路有对的，也有错的。这个案件的关键点，就是丙在伪造文件办理登记时，是否已经现实地占有了甲的店铺。根据通常的社会经验，在个体户等将店面委托他人管理时，即使没有得到店面所有人的同意，负责管理的人员往往还是能够处分店面内的货物的。但是，店铺与店铺里的商品，是两个不同的概念。也就是说，丙在看管期间，虽然占有了店铺里的货物，但并不占有店铺本身。丙将自己占有的店铺里的货物据为己有的行为，是典型的侵占行为，但将店铺本身转移给自己所有的，则不只是侵占了吧。

问题是，工商局负责办理变更登记的人员，是否具有处分甲的店铺的权限，如果有，当然成立诈骗罪。如果没有，丙的行为成立什么罪呢？

学生：如果工商局负责办理变更登记的人员，不具有处分权限，是否可以将丙的行为认定为盗窃店铺的间接正犯？

张明楷：也不是没有这种可能性。但仔细分析你会发现，丙只是从法律上转移了店铺的占有，事实上却未必能转移占有。对这样的行为能否评价为盗窃，不无疑问。在实践中，还有一些人通过欺骗手段到工商局变更股份，或者将他人的股份变更为自己的股份，或者将自己较少的股份变更成较多的股份。这种情形也涉及工商局负责登记的人员是否具有处分他人股份权限的问题。如果不将这种行为认定为犯罪，是肯定不合适的。在这一前提下，如果认定为盗窃罪存在疑问，就只好论证工商局负责登记的人员具有处分权限。可是，在现实中，工商局负责登记的人员只是进行形式审查，而不进行实质判断，所以，需要进一步论证。有一点可以肯定，如果行为人说出真相，工商局负责登记的人员不会进行变更登记，在此意义上说，工商局负责登记的人员还是具有一定处分权限的，所以，认定为三角诈骗可能容易被人接受。

故意毁坏财物罪

案情：被告人甲在某商场从事电脑专柜的销售业务。甲所在的商家规定，销售人员销售量较多时，可以获得一定奖励。而且，销售人员在销售过程中，可以在商家定价基础上，下浮10%销售电脑。甲为了提高自己的销售业绩，将所负责销售的电脑以低于商家定价50%的价格出售，由于销售的台数较多，导致该商家损失惨重。甲的行为是否构成犯罪？

学生：如果我们国家的刑法也规定了背信罪的话，甲的行为应该构成背信罪。但我们国家的刑法中并没有规定背信罪，所以，似乎甲的行为不能构成任何犯罪。

张明楷：在讨论这样的案件时，应该首先分析案件事实符合现行刑法哪些犯罪的构成要件。既然我国刑法并没有规定背信罪，就不能以甲的行为属于背信为由，否定这样的行为可以构成其他罪。

学生：如果我们把案情稍作修改，甲的行为就肯定会构成职务侵占罪——甲将自己负责出售的电脑以低于商家定价50%的价格卖给了自己的亲人或者熟人。在这种情况下，就可以认为甲以非法占有为目的，侵占了本应属于商家收入的40%的出售电脑的款项，因而他的行为能够成立职务侵占罪。我改编的这个案件与原案件最大的不同，就是在我改编的这个案件中，可以认为甲具有非法占有商场财物的目的，甲以超低价将电脑卖给亲人的行为也是一种非法侵占原本应属于商家的财产性利益的行为；而在原案中，却不能肯定这一点，因为甲将电脑以超低价格卖给任意的顾客的行为不能认为甲具有非法占有商场财产的目的，也不能将这样的行为认定为甲将本属于商家的财产性利益据为己有了。所以，在原案中，甲的行为不构成职务侵占罪。

张明楷：我再给你们举一个例子，你们看看在我新举得这个案件中，A的行为构成什么罪。A是商场的工作人员，在受到部门领导的责罚后，气愤难平，就径直将商场的商品全部扔到了大街上，结果扔出去的商品被街上的行人捡走了。

学生：A的行为构成故意毁坏财物罪。这涉及故意毁坏财物罪与职务侵占罪之间的区分。在能够肯定公司的财物是被A据为己有时，A的行为构成职务侵占罪；但在这个案件中，不能把路人捡走商品认定为商品被A据为己有。根据故意毁坏财物罪的构成要件，只要行为人的行为使被害人的财物失去了效能或者失去了价值，就能够认定为该罪。A将商品扔到大街上最终被路人捡走的行为，虽然没有直接导致商品在物理上的毁损，却导致商场丧失了该些商品的财产价值，所以，应当将A的行为认定为故意毁坏财物罪。

张明楷：看来，这样的案件是构成职务侵占罪还是故意毁坏财物罪的关键，就在于能不能将第三者将财物占有的事实理解为行为人"据为己有"。在行为人将自己负责销售的商品送给自己的亲朋好友的情况下，我们往往能够将这样的行为理解为行为人将负责销售的商品"据为己有"了，但在行为人故意使这些商品让不相干的第三人占有时，往往很难认定行为人将这些商品"据为己有"了。

学生：那么，究竟什么样的第三者占有，才可以认定为行人"据为己有"呢？

张明楷：我觉得有必要从一般预防的必要性大小的角度进行思考。一般人不会随意将自己单位的财物转移为不认识的第三人占有，所以，对这样的行为不需要解释为"据为己有"；但一般人却很有可能会将自己单位的财物转移给自己的亲人、朋友占有，于是，这样的行为一般预防的必要性比较大，可以解释为职务侵占罪中的"据为己有"的行为。

学生：这与故意毁坏财物罪一般预防必要性小于盗窃罪的一般预防必要性的道理是一样的。与毁坏他人的财物的行为相比，人们往往更容易具有将他人占有的财物非法占有的动机，所以，盗窃罪的一般预防必要性高于故意毁坏财物罪。

张明楷：的确是这样的。现在，再回来分析一下我举的案例中甲的行为构成什么罪。可不可以把你刚才分析 A 的行为构成故意毁坏财物罪的方法，运用到分析甲的行为是否构成故意毁坏财物罪上呢？

学生：虽然甲并没有将自己负责销售的电脑砸毁，但是，他以超低价格出售的行为导致商场本应获得的销售对价显著减少，这样一来，也还是可以将甲的行为认定为故意毁坏财物罪的。

张明楷：我也认为在这个案件中，甲毁坏的不是他负责销售的电脑本身，而是电脑本应在交易中具有的财产价值。这与我们经常讨论的另一个案件也十分相似。例如，甲盗用乙的股票账户后，以高价买进低价卖出的方式造成乙损失几百万的后果。实务部门认为甲的行为成立故意毁坏财物罪，他毁坏的对象就是乙股票账户中的财产性利益。只要认为财产性利益能够成为故意毁坏财物罪的对象，就应该能够将我们讨论的这个案件中甲以超低价格出售商场电脑的行为认定为故意毁坏财物罪。

学生：甲的行为似乎还可能构成破坏生产经营罪。根据《刑法》第276条的规定，"由于泄愤报复或者其他个人目的，毁坏机器设备、残害耕畜或者以其他方法破坏生产经营的"行为构成破坏生产经营罪。在这个案件中，甲为了追求个人的销售业绩，将商家的电脑以超低价格销售，破坏了商场的经营，也给商场造成了重大的损失。

张明楷：甲的行为不构成破坏生产经营罪。因为根据《刑法》第276条，只有"毁坏机器设备、残害耕畜或者以其他方法破坏生产经营的"行为才能构成这个罪。根据同类解释的原则，只有"其他破坏生产经营"的行为能够与"毁坏机器设备"、"残害耕畜"的效果相同时，才能认定为破坏生产经营罪的行为。"毁坏机器设备"、"残害耕畜"是毁坏生产资料、经营条件的行为，而甲低价出售商场电脑的行为并不可能对商家的经营设施、经营条件造成影响，所以，不能将甲的行为认定为破坏生产经营罪。

如果再把这个案件稍加修改，你们看看甲的行为又该定什么罪？甲在销售电脑时，遇到一名从事电脑经销的顾客。这名顾客对甲说："你降价50%，我就买30台，我另外再给你个人7万块钱。"甲就以商家标价50%的低价将电脑卖给了这名顾客，事后从这名顾客那里得到7万元钱。在这个案件中，甲的行为又构成何罪？

学生：甲作为商家的员工，在收受了顾客的7万元贿赂以后，以极低价格将商场的电脑出售了出去，甲的行为构成非国家工作人员受贿罪。

张明楷：现在，问题的关键就是，能不能将这名顾客交给甲的 7 万元钱认定为商家应得的销售电脑的对价。比如，该顾客购买 30 台电脑原本应交付给商家 28 万元，但他将其中的 14 万元交付给了商家，7 万元交给了甲，最终少交付了 7 万元。如果能够将顾客交给甲的 7 万元认定为商家应得的货款，就能够将甲的行为认定为职务侵占罪。实践中出现过这样的案例：丙是财政局局长，某单位想让丙拨给本单位 30 万元，这一要求也是合理的，但该单位担心局长不拨款，就对丙说："我们只需要 30 万元，如果你给我们单位拨 40 万，我们就给你 10 万元。"最后，丙给这个单位拨了 40 万元，该单位负责人将其中的 10 万元给了丙。你们觉得我新举的这个案例中，应该将丙的行为认定为贪污罪，还是受贿罪？

学生：丙的行为构成贪污罪。因为该案中的这 10 万钱，本来就归财政局占有，他借给其他单位拨款的职务便利，将本单位占有的财物据为己有，能够成立贪污罪。

张明楷：如果丙的行为能够成立贪污罪，那么，我刚才举的案例中的甲的行为是否也可能构成职务侵占罪？

学生：丙据为己有的 10 万元，原本就在财政局的占有之下。但是，您举的案例中，甲得到的 7 万元是对方顾客送来的，在这一点上，两个案件的案情很不一样，所以，我认为丙成立贪污罪，甲成立非国家工作人员受贿罪。

张明楷：对！在财政局局长丙的案件中，10 万元本就属于财政局占有，能够将这 10 万元认定为公共财物，因此丙的行为成立贪污罪。同时，结合受贿罪的法益分析这个案件的话，也会得出丙的行为不成立受贿罪的结论——受贿罪的保护法益是职务行为的不可收买性,而在这个案件中,并没有体现出 10 万元是丙的职务行为的对价这一点,而仅是丙利用了自己的职务行为将公共财物据为己有。

在甲以低价销售电脑并因此收了顾客 7 万元的案件中,我认为,将甲的行为认定为非国家工作人员受贿罪是合适的。因为从案件具体情况来看,顾客是希望甲利用职务之便,将电脑低价卖给自己,自己用金钱收买了甲的职务行为。这是一种权钱交易关系,认定为非国家工作人员受贿罪是妥当的。如果要说甲的行为成立职务侵占罪,就必须论证,顾客给甲的 7 万元是商家的财物,这个解释起来比较困难。

拒不支付劳动报酬罪

案情:甲是某小型房地产公司的负责人,他所在的公司拖欠了民工 100 万元工资。甲考虑到当时是 12 月,民工回家肯定会要求甲付清工资,甲在能够支付该 100 万元工资的情况下,却在外地躲了 3 个多月。甲回到该公司后,政府责令甲清偿工人的工资,甲立刻从公司账户中提取了 100 万元清偿了工资。甲的行为是否构成《刑法》第 276 条之一的拒不支付劳动报酬罪?

学生:根据《刑法》第 276 条之一,只有当行为人"经政府有关部门责令支付仍不支付"的,才能构成拒不支付劳动报酬罪。本案中,甲逃匿到外地的 3 个多月里,政府有关部门并没有责令他支付工人的工资;甲回来以后,政府有关部门责令甲清偿工人工资后,甲就马上将拖欠的工人工资还清了。因此,甲的行为不能构成《刑法》第276条之一规定的犯罪。

张明楷：在本案中，政府的确是在甲已经回到公司时，才责令甲支付的，所以，甲并不构成拒不支付劳动报酬罪。但是，如果甲就那样一走了之，没有回到自己的公司，政府又该怎么责令呢？如果只要政府不知道甲的行踪，就不能责令甲支付的话，那欠了工人很多工资后逃匿的人就永远不会构成本罪了。

学生：似乎政府只要知道某单位或者个人欠了他人劳动报酬，有能力偿还而逃匿的，即使不知道欠款人的踪迹，也可以通过登报、广播等方式来责令其偿还。欠款人在这之后较长时间内不出现的，就可以推定其无论如何也不会还款，因而构成《刑法》第276条之一规定的拒不支付劳动报酬罪。

张明楷：你这种提议有可取之处。但到底如何正确地解释《刑法》第276条之一中的"经政府责令"仍是一个需要进一步探讨的问题。例如，如果本案中的甲携款逃跑以后并没有重新回到原来的公司，而政府由于不知道甲的踪迹，并没有责令甲支付拖欠的巨额工资，在这样的案件中，甲是否构成拒不支付劳动报酬罪呢？我认为，在这种情况下认定甲的行为是否犯罪，与如何解释《刑法》第276条之一的条文紧密相关。《刑法》第276条之一规定："以转移财产、逃匿等方法逃避支付劳动者的劳动报酬或者有能力支付而不支付劳动者的劳动报酬，数额较大，经政府有关部门责令支付仍不支付的"，构成犯罪。如果认为"经政府有关部门责令支付仍不支付"，是只针对"或者"之后规定的"有能力支付而不支付劳动者的劳动报酬，数额较大，但不针对"或者"之前规定的"以转移财产、逃匿等方法逃避支付劳动者的劳动报酬"的话，那么，在行为人为了逃避支付劳动者的劳动报酬而实施了转移财产、逃匿等行为时,就可以直接将这样的行为认定为拒不支付劳动报酬罪。

学生: 如果认为"经政府有关部门责令支付仍不支付",是只针对"或者"之后规定的"有能力支付而不支付劳动者的劳动报酬,数额较大",那么该条中规定的"数额较大",是否也仅是针对"或者"之后规定的"有能力支付而不支付劳动者的劳动报酬",而对"或者"之前的"以转移财产、逃匿等方法逃避支付劳动者的劳动报酬"的内容没有限制作用?

张明楷: 总体上来说,不能将这个犯罪的范围解释得过于宽泛。应该认为"数额较大"既对"或者"之前规定的内容具有限定作用,也对"或者"之后规定的内容具有限制作用。

学生: 既然认为"数额较大"既可以对"或者"之前规定的内容具有限定作用,也可以对"或者"之后规定的内容具有限制作用,就必须同时认为"经政府有关部门责令支付仍不支付"也对"或者"之前规定的内容与"或者"之后规定的内容具有限定作用,这样解释才能够符合汉语语法与一般人在阅读该条时的理解。

张明楷: 不能完全按照汉语语法的逻辑来解释刑法条文。法条解释最重要的是解释结论的合理性,如果按照汉语语法的逻辑解释得不出合理的结论,就应该摒弃这样的解释方法。例如,《刑法》第163条也规定了"数额较大"。该条原文表述是:"公司、企业或者其他单位的工作人员利用职务上的便利,索取他人财物或者非法收受他人财物,为他人谋取利益,数额较大的,处……"如果完全按照汉语语法的逻辑来解释这个条文的话,可能会得出"只有为他人谋取的利益数额较大的,才能够成立该条规定的犯罪"这样的结论。但在刑法的理论与司法实践中，并没有人会这样来解释该条条文，大家还是公认，此处的"数额较大"指的是行为人利用职务上的便利索取或者非法收受了他人数额较大的财物。所以，从解释论上来说，还是可能将《刑法》第276条之一中规定的"数额较大"解释为具有限定"或者"前后规定的内容的作用。

学生：如果行为人在拖欠了劳动者的劳动报酬以后逃匿了的话，还是很好认定行为人拒不支付劳动报酬的；但在行为人转移了财产，但本人并没有逃匿的情况下，如果认为在没有政府责令支付而拒不支付的情况下也能够成立本罪的话，似乎只要用人单位没有支付报酬，劳动者就可以凭借用人单位该段时间内有其他交易支付等情况而直接向公安机关报案了。我觉得这样处理的话，也不利于经济发展。

张明楷：我也有这方面的担忧。《刑法》第276条之一原文中"以转移财产、逃匿等方法逃避支付劳动者的劳动报酬"有一个"等"字。除了行为人直接卷款潜逃之外，通过交易等方法逃避支付劳动者报酬的行为在没有经过政府部门责令支付而拒不支付之前，还是不宜认定为犯罪。例如，行为人在拖欠了职工工资后，仍进行风险性很大的投资，在行为人拖欠工人工资并利用手上的资金进行风险性投资的这段期间，只要没有经过政府的相关部门责令支付而仍不支付的行为，就不应该将行为人的行为认定为拒不支付劳动报酬罪。

学生：这样看来，您只是认为在行为人逃匿这种情况下，即使不经政府责令支付，也可以认定为犯罪？

张明楷：我只是提出一种解释的可能性，供大家思考。在行为人已经卷款潜逃且不知去向的情况下，政府相关部门也很难责令其支付；行为人也通过自己逃跑的行为显示出了他拒不支付的意图，所以，将卷款潜逃的行为认定为拒不支付劳动报酬罪也是可能的。当然，这样的解释的确不太符合汉语语法。如果这种解释的可能性不能被接受，那么，就应当通过缓和地解释"经政府有关部门责令支付"来规制卷款潜逃的行为。例如，只要政府有关部门就支付工资事项给行为人打过电话或者发出过通知，就认定为"经政府有关部门责令支付"。也就是说，只要行为人在通常情况下能够接收到政府有关部门的责令，就可以了。至于行为人是否实际上已经接收到了政府的责令，则不在考虑之内。

第十三堂
妨害社会管理秩序罪

伪造、变造国家机关证件罪

案情：甲驾驶技术很差。为了在违反交通规则的情况下不被查出，他用胶布粘住了自己汽车牌照的部分号码。甲的行为是否属于伪造、变造国家机关证件？

学生：这样的行为可能仅是违反了交通规则，在没有交通肇事的情况下，似乎还不能把这种行为认定为犯罪。

张明楷：不能这样判断案件。违反交通规则的行为和构成犯罪的行为并不是对立的，既然是讨论刑法问题，就要围绕刑法所规定的构成要件展开讨论。首先要想到这种行为可能触犯什么犯罪。

学生：如果车牌是国家机关证件，甲的行为可能触犯伪造、变造国家机关证件罪吗？

张明楷：车牌是国家机关证件吗？

学生：车牌原本是国家机关证件，因为车牌是国家机关颁发的用于证明具体事项的牌证，当然也可以认定为国家机关证件。

张明楷：但是，由于《刑法》第281条与第375条已经把车牌从国家机关证件中独立出来了,所以,将车牌认定为国家机关证件,还存在明显的障碍。

我们现在不讨论车牌是不是国家机关证件。假定车牌是国家机关证件,甲的行为是否属于伪造国家机关证件或者变造国家机关证件?

学生:似乎有可能将甲的行为认定为变造国家机关证件,只不过这种变造形成的状态给人们的感觉是暂时的,而不是永久性的。

张明楷:倘若承认车牌号码是国家机关证件,就必须承认其中的号码是证件的核心部分。遮住车牌的部分号码,就使证件丧失了应有的功能,例如,导致无法识别车主,所以,认定为变造国家机关证件是没有疑问的。变造并不要求形成的状态是永久性的,所谓暂时的变造也同样影响证件的公共信用。

买卖国家机关证件罪

案情:清洁工经常会在打扫过程中捡到别人的身份证。被告人甲得知情况后,就去找了几名清洁工,从清洁工那里共计购买了 1000 余张别人遗失的身份证,后通过网络将这些真实的身份证出售。甲的行为是否构成买卖国家机关证件罪?

张明楷:我以前觉得,现实生活中人们不可能买卖他人真实的身份证,故认为《刑法》第 280 条第 3 款规定的伪造、变造居民身份证罪是第 280 条第 1 款伪造、变造、买卖国家机关公文、证件、印章罪的特别减轻条款。也就是说,对于身份证而言,只有伪造、变造行为才成立犯罪，对于买卖、盗窃、抢夺、毁灭身份证的行为，不能适用第280条第1款的规定应以犯罪论处。现在这样的案件发生以后，怎样才能合理解释这两款之间的关系呢？

学生： 如果居民身份证不是国家机关证件，盗窃、抢夺、毁灭身份证的行为与买卖身份证的行为就不能构成犯罪。但如果认为身份证是国家机关证件，别人就会问，为什么伪造、变造身份证的处罚力度要轻于伪造、变造其他国家机关证件，而买卖、盗窃、抢夺、毁灭身份证的行为就要与买卖、盗窃、抢夺、毁灭其他国家机关证件的处罚力度相同？

张明楷： 这的确是问题的症结所在。

伪造、变造国家机关公文、证件、印章罪的大量出现，与使用这些公文、证件、印章密不可分。每次全国人大法工委征求《刑法》修正案意见时，我都提出要增设使用伪造、变造的国家机关公文、证件、印章罪，以及使用伪造、变造的身份证罪。在现实生活中，使用伪造、变造的国家机关公文、证件、印章、身份证的行为服务于其他很多犯罪，比如合同诈骗的过程中一般会涉及使用伪造的国家机关公文、印章等的情形。在不能认定行为构成合同诈骗或其他犯罪的情况下，往往可以肯定行为人使用了伪造、变造的国家机关公文、证件、印章、身份证。另一方面，实践中，也很难查清楚这些伪造、变造的公文、证件、印章、身份证的来源，也就很难认定伪造、变造国家机关公文、证件、印章等罪。如果增设了使用伪造、变造的国家机关公文、证件、印章罪，使用伪造、变造的身份证罪以及使用伪造的公司、企业印章罪等，就完全可以将上述行为认定为犯罪。增设了这样的犯罪后，就很可能不会有这么多伪造、变造国家机关公文、证件、印章、身份证的行为了。

学生：的确，以前我在查处一些贪污犯罪的过程中，往往会在被告人的抽屉里发现很多伪造的印章。被告人肯定不会承认这些印章是自己伪造的，也几乎都不会再定伪造、变造国家机关印章罪。如果真的规定了使用伪造的国家机关公文、证件、印章罪，只要能够找到被告人使用过伪造印章的证据就可以直接定罪，而找这样的证据要比找印章是哪里来的容易得多。

张明楷：你们觉得行为人入户盗窃身份证的行为构成什么罪？构成盗窃罪与盗窃国家机关证件罪的想象竞合吗？

学生：这两个罪保护不同的法益，可以认定为想象竞合。在盗窃身份证的场合，按盗窃罪处罚的话，法定刑为3年以下有期徒刑，并处或单处罚金；按照盗窃国家机关证件罪处刑的话，法定刑也是3年以下有期徒刑，或者剥夺政治权利。这种情况下，哪个刑罚更重呢？依据哪个罪来量刑呢？

张明楷：如果主刑与附加刑都相联系，就要看哪个罪的情节重，按较重情节的犯罪认定。在德日，想象竞合情况下宣判的主刑不能低于轻罪的最低刑，附加刑可以并罚。也就是说，在这个案件中，既然两罪的主刑是一样的，都是3年以下有期徒刑，所以可以肯定必须在3年以下有期徒刑以内量刑；在宣判附加刑时，可以考虑将两罪的附加刑，也就是罚金刑与剥夺政治权利实行并罚。我们国家刑法对此还没有明文规定。

学生：或许《刑法》第280条中的国家机关证件应该局限在能够证明国家机关及其内部成员的公共职权资格的证件范围内。否则，结婚证是不是也能够认定为这一条中的"国家机关证件"

呢？伪造、变造结婚证的行为是否也能构成这个罪呢？

张明楷：还没听说过伪造、变造结婚证的行为。以前我也从未想过结婚证是否为国家机关证件这个问题。但毕竟结婚证、驾驶证等都是国家机关颁发的，理应认定为国家机关证件。

学生：我们今天讨论的这个案件中的甲，是否可以被定非法获取公民个人信息罪呢？

张明楷：非法获取身份证上面的信息达到了值得处罚的程度了吗？这样的行为之所以具有危害，是因为将他人真实的身份证销售出去后，购买人会再利用这些身份证实施违法犯罪行为。再说，那些清洁工能定非法获取公民个人信息罪吗？我觉得恐怕不行。

说了这么多，你们还没有回答我最先提出的问题。就是说，能否将甲的行为认定为买卖国家机关证件罪？如何处理《刑法》第280条第1款与第3款的关系？我以前还真见到过将买卖身份证的行为认定为买卖国家机关证件罪的判决。

学生：如果只看《刑法》第280条第1款，对本案中的甲与清洁工都可以认定为买卖国家机关证件罪。

张明楷：怎么可能只看一个条款就得出结论呢？你们要知道，对任何一个条款的适用都是对整部刑法典的适用，否则会导致刑法的不协调、不公正，损害刑法的正义性。

学生：您这么说，我就觉得对甲与清洁工的行为不能认定为买卖国家机关证件罪了。

张明楷：的确难以认定。《刑法》第280条第3款的规定，显然是将身份证独立于第1款的国家机关证件了。立法者或许认为，与伪造、变造国家机关通常的公文、证件、印章相比，伪造、变造身份证的行为侵害的法益比较轻，所以，将后者独立出来规定较轻的法定刑。在这种立法之下，将买卖身份证的行为再回过头来认定为买卖国家机关证件罪，明显不合适。而且导致对买卖、毁灭身份证的行为的处罚重于对伪造身份证的行为的处罚。所以，我觉得，难以将甲的行为认定为买卖国家机关证件罪，对清洁工的行为更不能认定为犯罪。如果甲将这些买来的身份证用于其他犯罪，就按其他犯罪追究刑事责任。

寻衅滋事罪

案情：甲女在城市打工时认识了乙男，与乙交往后才知道乙有家室，甲遂想与乙断绝关系，但乙不同意，总是纠缠甲。甲为躲避乙的纠缠，到其他城市打工去了。乙找不到甲以后，就开始骚扰甲的家人，平日里给甲的家里打骚扰电话，闯入甲家砸东西，甚至在除夕将花圈放在了甲的家门口。甲的父亲觉得不吉利，将花圈烧毁，然后去公安机关报案。乙的行为构成犯罪吗？

张明楷：乙侵入甲的家中砸东西，这样的行为虽然不能认定为寻衅滋事罪，但可以认定为非法侵入住宅罪。因为寻衅滋事是扰乱公共秩序的犯罪。如果我们国家的刑法规定了暴行罪和胁迫罪的话，就好办多了。这样的行为是肯定可以被认定为暴行罪或者胁迫罪的。实际上，我们国家在1997年修订《刑法》时，草案中是规定了暴行罪和胁迫罪的，可是到了最后，还是把这些犯罪又全部删除了，可能认为将这样的行为也规定为犯罪的话，打击面就太宽了。其实，在某些情况下，暴行和胁迫的行为危害性并不比寻衅滋事犯罪的行为小。而且，暴行罪与胁迫罪，可以成为严重犯罪的一道防线，从而减少许多严重犯罪。我们国家的伤害罪发生率占到了第三位，这是很异常的现象，没有暴行罪也可能是一个重要原因。有了暴行罪，大家不敢随意打人，伤害罪也就减少了。有了胁迫罪，大家就安全多了。现在，有的人动不动就对人实施恐吓、威胁行为，对方也不知道他说的是真是假，要么感到很不安，要么先发制人犯了罪。所以，刑法还是有必要将暴行与胁迫行为规定为犯罪的。

学生：人们往往认为寻衅滋事罪和聚众斗殴罪的行为需要发生在公共场所。但在现实生活中，有些即使没有发生在公共场所，也往往会影响到不特定多数人的安宁、安全。

张明楷：我也不认为寻衅滋事的行为必须发生在公共场所。只要行为人实施了行为能够让不特定多数人感觉到生活的不安宁，即使这样的行为没有发生在公共场所，也还是可以把这样的行为认定为寻衅滋事罪的。如果细分，我国刑法中规定的寻衅滋事罪对应了许多国外规定的不同犯罪。比如，"随意殴打他人"在国外是暴行罪，"强拿硬要"是故意毁坏财物罪、敲诈勒索罪等等，"恐吓"也相当于国外的胁迫罪。只不过我们国家又把寻衅滋事罪规定在违反社会管理秩序法益的范围内了。这就决定了只有当这些"随意殴打他人"、"强拿硬要"的行为危害到公共秩序时，才构成犯罪。于是，造成了认定的困难。我们今天讨论的这个案件，就难以认定为寻衅滋事罪。

聚众淫乱罪

案情：甲乙丙丁四人通过网络聊天工具同时在线进行裸聊，后在取得其他三人同意的情况下，甲将四人裸聊的内容制作成视频发到了网上。甲乙丙丁四人的行为是否构成聚众淫乱罪？

学生：将淫秽视频散布到网络上，这样的行为是可能构成传播淫秽物品罪的。在公共场所进行聚众淫乱活动，是肯定成立犯罪的。在这个案件中，甲乙丙丁通过网络视频聊天工具裸聊，这样的行为似乎也能够被认定为在公共场所聚众淫乱。

张明楷：你把网络空间认定为公共场所，这恐怕并不合适。或许可以说，"网络空间属于公共空间"，但是，公共空间不等于公共场所。其实，"网络空间"概念中的"空间"与通常意义上的"空间"并不是等同含义。通常意义上的"空间"是指物质存在的一种客观形式，由长度、宽度、高度表现出来。电脑本身虽然有长度、宽度与高度，但是，网络本身并不存在所谓长度、宽度与高度。人们所称的"网络空间"事实上并不同于现实空间。况且，即使承认网络空间的概念，空间与场所也不是等同关系，场所是一个空间，但空间不一定是场所。我总是听到宇宙空间的概念，但从来听说过"宇宙场所"的概念。可见，空间是场所的上位概念。"公共场所"，是公众可以在其中活动的场地、处所，或者说，是公众可以自由出入的场所。这里的"自由出入"并不是指言论的自由出入，而是指身体的自由出入。公众虽然可以在网络空间发表言论，但其身体不可能进入网络空间。倘若将网络空间认定为公共场所，那么，一本杂志、一份报纸也是公共场所，因为不特定的人都可以在杂志、报纸上发表言论；一个留言牌也是公共场所，因为不特定的人也可以在上面留言。或许有人认为，完全可以对公共场所作扩大解释，将网络空间包括在内。但这已经不是扩大解释，而是用上位概念替换下位概念。如同将刑法条文中规定的"妇女"提升为"人"的概念一样，属于典型的类推解释。所以，我认为，刑法中的公共场所应该是指人的身体能够进入的真实的空间，而不是人的言论或者影像可以进入的网络空间。这个案件中的甲乙丙丁并没有在公共场所聚众淫乱，不能够被认定为聚众淫乱罪。他们在网上传播了淫秽物品，可以认定为传播淫秽物品罪。

按照我的观点，南京某大学副教授组织他人换偶或者换恋人的行为，也不构成聚众淫乱罪。行为人虽然组织他人在自己的家里或者宾馆房间实施所谓淫乱行为，但这些淫乱行为都是秘密实施的，而不是以公开方式实施的。这样的行为对他人、对社会都没有法益侵害性。有人说，组织者组织他人的行为是在网上公开实施的，可是组织行为本身并不是什么淫乱行为，不能据此认定其行为具有公开性。你们想一想，通奸是违反配偶意志的，换偶是符合配偶意志的，既然通奸都不是犯罪，换偶怎么反而构成犯罪呢？如果这样的行为是犯罪，那么，一个男的娶两个妻子，三人一直同睡一床的，也同时触犯了聚众淫乱罪吗？显然不可能！

窝 藏 罪

案情：甲雇乙开车拉运木材，甲自己驾车跟在乙后拉运木材。乙将迎面骑摩托车过来的行人撞死，甲与乙将死者的尸体移到路边，与乙一同驾车开往搬运点。乙的行为成立交通肇事罪，甲的行为成立什么罪？

学生：似乎能将甲的行为认定为窝藏罪。因为在尸体挡住乙所驾驶的车辆前行道路的情况下，乙很难逃跑，甲帮助乙将尸体移开，这样的行为是方便乙逃匿的行为。所以，可以将甲的行为认定为窝藏罪。

张明楷：如果乙当时并没有将被害人撞死，而是撞成重伤，甲乙的行为肯定能够成立遗弃罪的共犯，其中甲是帮助犯；如果在乙撞死人以后，甲将乙载在自己的车上离开了现场，这样的行为也可以认定为窝藏罪；如果案发当时，乙执意要留在现场，甲最终说服乙离开了现场，甲这样的行为也可以认定为窝藏罪。但在本案这种情况下，很难说将死者尸体搬离马路就是帮助逃匿的行为。因为尸体摆在马路中间，对甲和乙能不能顺利离开现场并不产生影响。

学生：但案发现场的尸体是不能随意移动的，甲和乙这样随意移动案发现场的尸体的行为，似乎也有毁灭证据的嫌疑。

张明楷：这样的行为还没有达到毁灭证据罪要求的程度。如果无法进一步查清到底是不是甲要求乙离开现场的，就不能轻易将甲的行为认定为窝藏罪。

骗取出境证件罪

案情：甲从事为他人办理出国签证之类的中介业务。一些年轻人想去国外打工，但没法办理这类签证，甲就弄虚作假，帮这些人办理留学签证，这些人获得了国外的留学签证之后，就出国了。至于这些年轻人出国后干什么，并不是很清楚。甲的行为构成骗取出境证件罪吗？

张明楷：这个案件涉及几个解释论上的问题。前几天我收到一个人给我写的信，他认为，我国《刑法》第319条所规定的骗取出境证件罪中的签证，只限于中国政府发给外国人的入境签证，而不包括外国政府发给中国人的签证。因为中国公民骗取外国签证时，并没有侵害中国的国（边）境管理秩序，只是侵害了外国的国境管理秩序。根据这一观点，甲的行为就不可能构成犯罪了。

学生：妨害国边境管理罪小节下的其他犯罪如第320条等，使用的是"出入境证件"，只有骗取出境证件罪中规定的是"出境证件"，这是否意味着从我国出境、骗取外国签证的行为也能够成立本罪？

张明楷：只要去需要签证的国家，出境证件就必然包含了外国签证。中国政府只能给自己的公民发护照，而不可能给自己的公民发放去美国、日本的签证。可见，只要你出国，就必须持有外国政府给你发放的签证。所以，《刑法》第319条中的签证，当然包括外国政府发给中国公民的签证。

学生：但在外国人骗取我国签证后入境的，外国人所出的国境是外国的国境,并不是我国国境,从这一点来看,并不符合《刑法》第319条中规定的"出境",因为该条中的"出境"肯定是以我国自己的国境为准规定的,外国人骗取我国签证入境的行为,相对于我国而言,骗取的是入境证件,而非出境证件,这种行为就不应该按照骗取出境证件罪处理。

张明楷:可以这样理解。那么,甲的行为是否成立骗取出境证件罪呢?

学生:还要判断甲的行为是否符合"为组织他人偷越国(边)境使用"这一要件。如果甲办理的人数较多,应当可以认为符合这个要件。

张明楷:那谁是组织者呢?

学生:甲本人就是组织者。

张明楷:甲是组织者,为什么不认定他构成组织他人偷越国(边)境罪呢?

学生:只是帮人们伪造材料骗取签证的行为,好像也不能评价为组织他人偷越国(边)境。

张明楷:对啊。我觉得没有必要对甲的行为以犯罪论处。出入境基本上只是一种形式审查,只要人家有护照有签证,出入境就是合法的。换句话说,只要出入境的人所持的护照与签证是真实的,而不是伪造、变造的,即使申请过程中存在虚假内容,也没有必要以犯罪论处。想一想发达国家的公民,他们走到哪里都只需要带一本护照,我们去哪里都还要办签证,这已经够麻烦的了。凡是手续麻烦的,必然就有做假的。如果手续很简单,谁还会做假?因为做假本身也很麻烦。如果我国的政府也希望我国的公民可以带一本护照出国,或者说,如果政府也希望公民确实享有出国自由的权利,那么,就尽量不要适用《刑法》第319条了,因为《刑法》第319条可能包含了限制出国自由的内容。

盗掘古脊椎动物化石罪

案情:近年来盗掘恐龙蛋化石的行为时有出现。司法实践中对恐龙蛋化石是否属于古脊椎动物化石一直存在争议。实践中,大多依据1999年3月12日国土资源部地质环境司下发的对湖北省地矿厅《关于恐龙蛋化石归属问题的复函》,将恐龙蛋化石作为古脊椎动物化石对待。盗掘恐龙蛋化石的行为是否成立盗掘古脊椎动物化石罪?

学生:是否可以将盗掘古脊椎动物化石罪中的古脊椎动物化石理解为"古脊椎动物的化石"。恐龙蛋显然属于古脊椎动物的化石,除此之外,恐龙的脚印、粪便也可以认定为古脊椎动物的化石。

张明楷:问题的关键就是,将恐龙蛋化石认定为古脊椎动物化石,是扩大解释还是类推解释?

根据2005年12月29日第十届全国人民代表大会常务委员会第十九次会议通过的《关于〈中华人民共和国刑法〉有关文物的规定适用于具有科学价值的古脊椎动物化石、古人类化石的解释》,刑法关于文物的规定,适用于具有科学价值的古脊椎动物化石、古人类化石。那么,倒卖恐龙蛋化石的行为是否构成倒卖文物罪呢?实际上,立法解释并没有明确将恐龙蛋化石认定为具有科学价值的古脊椎动物化石,也没有明确将恐龙蛋化石认定为文物。所以，讨论能否将倒卖恐龙蛋化石的行为认定为倒卖文物罪时，仍然要回到恐龙蛋化石是不是古脊椎动物化石这一问题上。

学生：如果不能将恐龙蛋化石认定为古脊椎动物化石，那是否应该按照盗窃罪定罪量刑？

张明楷：地下的什么东西都是国家的吗？要查一查宪法与民法的规定。如果说地下的恐龙蛋化石属于国家所有，盗窃恐龙蛋化石的行为当然能够成立盗窃罪。

学生：刚才上网查了一下，一般考古学界将恐龙蛋化石认定为珍贵的古生物化石。

张明楷：但是，法条规定的犯罪是盗掘古脊椎动物化石，并不是古生物化石。古脊椎动物化石要较故生物化石更加具体。所以，不能因为恐龙蛋化石能够被认定为古生物化石，就肯定恐龙蛋化石也能够被认定为古脊椎动物化石。因此盗掘恐龙蛋化石的行为也就无法构成盗掘古脊椎动物化石罪。

容留他人吸毒罪

案情：甲乙二人经常吸食毒品，某段时间该地举行扫黄打非活动，二人很难找到地方吸毒。丙是甲乙二人的朋友，丙用自己的身份证为甲乙二人在某宾馆开了一个房间，甲乙二人便在丙所开的房间吸毒。丙的行为构成容留他人吸毒罪吗？

学生：似乎有可能将丙的行为认定为容留他人吸毒罪。因为宾馆的房间是丙开的，没有丙的允许，宾馆的服务人员和甲乙等人是不能进入这个房间的，所以丙对用自己身份证登记开的房间具有支配权。在自己有支配权的场所内让别人吸毒，这样的行为可以认定为容留他人吸毒罪。

张明楷：如果丙不是以自己的名义开的房，而是以甲乙两人的名义开的房，丙只是垫付了房费，在这种情况下，是否还可以将丙的行为认定为容留他人吸毒罪？

学生：在这种情况下，从法律上以及从社会一般观念来看，丙都不对所开的宾馆房间具有支配权，不能认为他为吸毒人员提供了场所，这样的行为也就不能被认定为容留他人吸毒罪。

张明楷：根据你的观点，以谁的名义开房很重要。

学生：因为以谁的名义开房，就决定了到底是谁对所开的房间具有支配权。在丙对所开的房间没有支配权的情况下，就不能将他的行为认定为容留吸毒。

张明楷：人们一般认为，容留他人吸毒罪中的"容留"，是指提供场所给吸毒的人。那是否可以认为，只要行为人给别人提供了吸毒场所，无论行为人本人是否对场所有支配权，都可能构成容留他人吸毒罪？

学生：如果行为人对场所都没有一定的支配权，怎么能够将场所提供给吸毒者呢？那么，为在公园吸毒的人放风的行为是否也能够被认定为容留他人吸毒罪？这显然不合理。

张明楷：你说得有一定的道理。我认为，在这种案件中，如果丙和甲乙一同去吸毒，丙以自己的名义在宾馆开了房间，也不能将丙的行为认定为容留他人吸毒罪。这是因为既然甲乙丙都吸毒，丙自己也去吸毒，就不存在谁容留谁的问题了。另外，我觉得还是应该给容留他人吸毒罪中的"容留"限定一下，也就是说，将"容留"限定为行为人将自己事先已经支配的场所提供给吸毒人员。毕竟，法条并没有使用"为他人提供吸毒场所"这样的字眼，用的是"容留他人吸毒"。从一般用语的角度讲，两种情况还是很不一样的，"容留"中有一个"留"字，使这个词明显具有一种行为人事先支配了场所的意味在里面。

学生： 从立法设立这个罪的目的来看，是为了防止人们给吸毒的人提供场所，所以，我认为，为他人提供吸毒场所的行为都应该认定为容留他人吸毒罪中的"容留"行为，不必考虑行为人是事先已经管领了所提供的场所，还是当时才管领了所提供的场所。总而言之，只要行为人将吸毒的人留在了自己管控的场地内吸毒，就都可以认定为容留他人吸毒罪中的"容留"。

张明楷： 在涉及是否以不作为的方式构成容留他人吸毒罪的问题时，可能就更难判断是否构成"容留"了。例如，公园的管理人员看到公园中有人吸毒而没有制止的行为，是否也构成容留他人吸毒罪？

学生： 容留他人吸毒罪中的"容留"似乎可以分为"容"和"留"来解释。在行为人对某场所具有支配权的情况下，没有制止场所内的吸毒行为，就可以理解为"容留"中的"容"。例如，有朋友到主人家做客，突然朋友拿出毒品来吸食，主人并没有制止，这种行为本身就可以理解为一种"容留"行为。

张明楷： 解释的胆量不小！我再问你们，既然是容留，是不是意味着要"留"一段时间，也就是说，短暂地容许他人在自己家里吸毒的，不成立犯罪？

学生： 这完全取决于解释的目的是什么。

张明楷： 我觉得朋友到主人家做客时，朋友突然吸毒，主人没有制止的，不应当认定为容留他人吸毒罪。应当将"容留"解释为作为，而不能轻易将"没有制止"的不作为解释为"容留"。前面讨论的丙为甲乙吸食开房间的行为，还是可能构成这个罪的。

强迫卖淫罪

案情：甲乙两人在餐馆吃饭时，乙问甲最近有没有新的"小妹"，实际上，就是乙意欲嫖娼，让甲去物色。于是，甲深夜到某网吧将一名17岁的女孩丙叫到乙住的宾馆，让这名女孩陪乙"谈谈心"。甲与丙之前就认识，但从来没有介绍丙去卖淫。在丙不愿意去的情况下，甲强行将丙带到了乙的房间。乙与丙聊了一会儿，交给丙500元以后就去睡觉了，丙一个小时以后也离开了宾馆，还把乙给她的500元给了甲，第二天甲就把丙送回学校。能不能将甲的行为认定为强迫卖淫罪？

学生：在这个案件中，乙最终并没有与丙发生性关系，只是坐在一起聊了一会儿，很难将乙丙之间评价为卖淫关系，那么，也就不能认为甲实施了强迫卖淫的行为。

张明楷：我觉得这个案件的关键点并不在这里。行为是否构成强迫卖淫罪的关键，在于行为人是否通过暴力、胁迫等方法强迫他人去卖淫，具体而言，只要行为人对他人使用暴力、胁迫，要求他人去卖淫，就可以将这样的行为认定为强迫卖淫罪了。至于如何确定强迫卖淫罪的既遂标准，则是另一回事。

学生：甲把丙从网吧骗出之后，强行拉到乙房间，能将这样的行为评价为强迫卖淫吗？

张明楷：我认为，强迫卖淫罪与强奸罪的帮助犯之间有一个很大的不同，就是行为人是否使用暴力、胁迫手段强迫他人向不特定的人去卖淫。反过来说，如果行为人使用暴力、胁迫手段要求特定的妇女和特定的男子发生关系，这样的行为应该评价为强奸罪的帮助犯或者正犯。

学生：本案中的甲是否实施了强迫卖淫的行为，案情并没有交代，只是非常模糊地表明甲强行将丙带到了乙的房间。在这种情况下，能不能将甲的行为认定为强迫卖淫罪？

张明楷：我认为不宜将本案中甲的行为认定为强迫卖淫罪。从甲与丙之前就认识，丙事后将钱交给甲等细节来判断的话，似乎甲并没有使用严重的暴力和胁迫，可能只是轻微地吓唬了一下丙。而且，甲也没有强迫丙向不特定的人卖淫。所以，我倾向于不将甲的行为认定为强迫卖淫罪。当然，如果丙进入乙的房间以后，乙用暴力等手段强奸了丙，在这种情况下，有可能将甲的行为认定为强奸罪的帮助犯。

介绍卖淫罪

案例一

案情：甲雇佣他人发放卖淫广告卡片，卡片上留着甲自己的电话号码。在嫖客给甲打来电话以后，甲再打电话联系卖淫女，将嫖客的所在地告诉卖淫女，事后，甲会向卖淫女收取一定的费用。甲的行为构成何罪？

张明楷：你们觉得甲的行为是构成组织卖淫罪，还是介绍卖淫罪？

学生：似乎认定为介绍卖淫罪更合理，因为甲并没有利用某个场所将所有的卖淫女都组织起来，只是在嫖客和卖淫女之间牵线搭桥。

张明楷：实施组织卖淫，既不需要行为人提供特定场所，也不需要行为人通过暴力、胁迫等行为支配卖淫的人。在本案中，甲认识这些卖淫女，也有她们的联系方式，是不是可以将这些行为认定为组织卖淫罪呢？组织卖淫罪中的"组织"是什么意思？

学生：我觉得还有必要联系两罪之间的法定刑来认定行为到底是组织卖淫，还是介绍卖淫。组织卖淫罪的法定刑是5年以上有期徒刑，而介绍卖淫罪的法定刑是5年以下有期徒刑。对于像本案中甲这样的仅通过电话联系卖淫女的行为来说，似乎认定为5年以上有期徒刑还是重了些。

张明楷：法定刑对于解释构成要件肯定起制约作用。认定本案的关键还是要正确解释什么是"组织"，什么是"介绍"。

学生：是否可以通过认定行为人到底有没有管理卖淫者，来区分组织卖淫罪和介绍卖淫罪呢？

张明楷：是的。我觉得行为人是否管理、控制了卖淫者，才是区分"组织"与"介绍"的关键所在。本案中的甲似乎没有控制卖淫女，只是向卖淫女传递相关信息，收取介绍费用，充其量认定为介绍卖淫罪。

案例二

案情：甲乙从外地出差到某城市，住在宾馆后，发现该宾馆没有卖淫的。两人晚上出门想找地方嫖娼，但不知道什么地方有卖淫的，于是，向站在路边并不认识的老人丙询问什么地方有卖淫的。丙告诉他们前面200多米的理发店有卖淫的，甲乙二人在理发店嫖娼时被查获。丙的行为构成介绍卖淫罪吗？

学生：如果丙将两名卖淫女介绍到甲乙住的宾馆来让甲乙嫖娼，肯定构成介绍卖淫罪。现在丙将甲乙介绍到卖淫女所在的理发店，结局是一样的，应当也可以定吧？

张明楷：刑法只是规定了介绍卖淫罪，而没有规定介绍嫖娼罪哟。

学生：有嫖娼就有卖淫的，反之亦然，介绍嫖娼不就是介绍卖淫吗？

张明楷：怎么可能相同呢？介绍卖淫是介绍他人去卖淫，而不是介绍他人去嫖娼。

学生：如果是这样的话，丙就不构成介绍卖淫罪了。

张明楷：介绍卖淫与介绍嫖娼是有区别的。丙的行为最多只能评价为介绍嫖娼，不能认定为介绍卖淫罪。

我还要问的是，如果丙向已经在卖淫的A、B提供信息，说某宾馆有两位男士要嫖娼，A、B就到了某宾馆供甲乙嫖宿，丙的行为构成介绍卖淫罪吗？

学生：那就肯定构成了吧。

张明楷：按照通说与司法实践的一贯做法，丙的行为当然构成介绍卖淫罪。但我觉得对这样的行为也可以不认定为介绍卖淫罪。我理解的介绍卖淫罪，是指打算卖淫的人没有找到卖淫的窝点，或者说，没有找到容留他卖淫的地方，而行为人介绍他到某个窝点卖淫。如果再扩大范围，也可能将向卖淫女介绍嫖客的行为认定为介绍卖淫罪。按照我的观点，刚才举的这个案例中的丙，也不构成介绍卖淫罪。

第十四堂
贪污贿赂罪

贪 污 罪

案例一

案情：甲是某国有卫生院的副院长，主管该卫生院的报销事宜。由于该院经费紧张，甲就向市公费医疗办公室申请拨款40万元。为了能够顺利取得该笔拨款，甲找到了市公费医疗办公室的副主任乙和市财政局的主管科长丙，甲乙丙三人约定，只要40万拨到了卫生院，甲就用虚开发票的方式，拿出其中的20万交给乙丙。在按照约定取得该20万以后，乙丙每个人分得10万。甲乙丙三人的行为构成何罪？

学生：甲的行为构成贪污罪，乙丙二人成立贪污罪和受贿罪的想象竞合。因为甲将自己单位占有的公共财物交付给了乙丙，从这个层面来讲，甲乙丙三人成立贪污罪的共犯；甲将20万元公款交付给乙丙的行为同时具有行贿的意思，但由于甲并不是为了谋取非法利益，所以，甲的行为不成立行贿罪，而乙丙二人接受了甲的贿赂，因此，他们两人的行为还可以被认定为受贿罪。只不过乙丙贪污的行为与受贿的行为是同一个自然意义上的行为，两罪之间成立想象竞合。

张明楷：如果认为甲乙丙三人的行为可以成立贪污罪，那么，他们三人到底是贪污了卫生院的20万元，还是贪污了市财政局的20万元？三人中间，谁是贪污罪的正犯？

学生：三人贪污了卫生院的公共财物，因为甲交付这笔钱时，这笔钱已经从市财政局拨付到了卫生院，所以贪污当时，该20万元属于卫生院占有的公共财物。现在正犯的判断越来越实质化，由于甲乙丙在贪污的过程中都参与了共谋，没有乙丙二人的鼎力相助，这笔钱就到不了卫生院，甲也就拿不出来，所以，我觉得三人都是正犯。

张明楷：如果甲乙丙三人在该40万元拨到卫生院之前就已经从其他渠道拿走了其中的20万元，这样的事实变化，会影响犯罪的认定吗？

学生：如果是这样，甲乙丙三人就只能按照贪污罪定罪，因为在40万元还没有到卫生院之前，这笔钱应该还属于市财政局占有，三人贪污的对象就是财政局占有的公共财物，这样就不存在乙丙二人的受贿事实了。

张明楷：如果甲乙丙三人事先没有预谋，丙按规定拨给了甲所在的卫生院40万元，但甲为了以后能够为卫生院争取到更多的拨款，就将其中的20万元送到了乙丙那里，这样的话，又该如何认定三人的行为？

学生：在您说的这种情况下，甲成立行贿罪；如果甲是分别送给乙、丙的，乙、丙分别成立受贿罪，不成立受贿罪的共犯；如果是甲将钱送到了乙处，让乙分给丙一些，那么乙丙成立受贿罪的共犯。在这种情况下，乙丙就不会涉及贪污罪了。

张明楷：我们今天讨论的案件，介于刚才假设的两种情形之间。如果卫生院原本只想申请20万元，经甲乙丙共谋后，多拨20万元用于事后给乙和丙，那么，丙是贪污的正犯，甲乙是贪污的共犯。但案情是，卫生院一开始就想申请40万元的拨款，甲是为了让财政局顺利拨款才提出将其中的20万元给乙丙的。如果是这样的话，说40万元是卫生院的公共财物，也是可以被人接受的，甲也就是贪污的正犯。在这种情况下，能说乙丙也是贪污罪的共犯吗？

学生：如果乙丙不拨款，甲就不可能贪污，而且乙丙与甲有共谋，所以，乙丙对甲的贪污起到了帮助作用。

张明楷：你说的共谋究竟是关于贿赂的共谋，还是关于贪污的共谋？

学生：二者都有。

张明楷：我觉得，不能一概说乙丙同意拨款40万元给卫生院是贪污的帮助行为。如果说应当拨款40万元，那么，乙丙同意拨款的行为就是正当的。至于事后的贿赂犯罪则是另一回事。如果说只应当拨款20万元，那么，就像我上面讲的那样，多出的20万元本来就不应当拨给卫生院，甲乙丙实际上贪污的是财政局的公款。可能需要实质判断，而不是简单地看卫生院申请拨款的数额是多少。

另外，假定甲是贪污卫生院的公款向乙丙行贿，甲的贪污与行贿是想象竞合吗？

学生：只有一个行为，所以，可以认定为想象竞合。

张明楷：不对。明显有两个行为，一个是贪污行为，另一个是行贿行为，只不过这两个行为联系得很密切，看上去好像只有一个行为。甲用虚开发票的方式将公款拿出来时,贪污就既遂了。再将公款用于行贿,就是另一个行为。所以,应当认定为数罪。当然,这是假定甲以个人名义向乙丙行贿得出的结论。如果甲是以卫生院的名义向乙丙行贿,则难以认定其行为构成贪污罪了。

案例二

案情:钱某为国有邮政储蓄单位的工作人员。钱某在为自己父亲办理存款业务时,将父亲分4次交给他的6万元人民币先办理存款手续,将存折交给父亲以后,钱某利用自己的职务之便,将父亲存款的记录从电脑中销掉,然后将6万元用于个人投资。父亲以为自己的钱已经存在了银行,实际上银行电脑中没有父亲的存款记录。父亲发现自己无法取款时,向公安机关报案导致案发。钱某的行为构成什么罪?

学生:如果钱某已经为父亲交给自己的6万元人民币办理了相关的存款手续,就应该认为这笔钱已经归国有邮政储蓄单位占有,钱某身为国家工作人员,利用职务之便,将自己占有下的公共财物据为己有,应该成立贪污罪。

张明楷:我觉得不能这么直截了当、简单地考虑问题。如果本案中的钱某和自己的父母仍住在一起,父亲交给钱某的6万元人民币为家庭共有财产,而钱某与自己的父母对家庭财产具有共同共有关系,在这种情况下,钱某也完全可能将父亲存在银行的钱取出来。

在这样的案件中,我更想强调合理地根据生活常识对事实进行归纳的重要性。或者可以说，在这样的案件中，只有考虑到人情世故，才能很好地对案件事实进行归纳。如果没有很好地通过社会生活的经验来归纳案件事实，在法律适用层面往往难以起到很好的效果。比如在这个案件中，钱某如果将父亲存到银行的 6 万元人民币用来投资，是他意识到了这笔钱是他父亲存进来的，他将这 6 万元用来投资，实际上使用的是自己父亲的钱，而不是公共财物。从一般社会生活经验来看，一个儿子想把自己父亲的钱用于投资，在情理上也是能说通的。

学生：那您认为在这个案件中，钱某的行为不构成犯罪吗？

张明楷：我并没有认为钱某的行为绝对不构成任何犯罪。在钱某的父亲要求钱某将 6 万元钱存入银行，而钱某据为己有这一点上，可以认为钱某的行为构成侵占罪。也就是说，我不认为本案中的 6 万元人民币是国有邮政储蓄单位占有下的公共财物，所以，钱某的行为不构成贪污罪。

学生：在与钱某毫无瓜葛的第三人进入钱某所在的国有邮政储蓄单位存钱后，钱某将该第三人存入邮政储蓄单位的这笔钱从电脑上销账后用于投资的，钱某的行为会被认定为贪污罪。因为钱某这样的行为已经将公共财产据为己有了。同样，在钱某替自己的父亲将 6 万元钱存入该国有邮政储蓄单位后，显然这 6 万元钱也已经转由国有单位保管，应该能够被认定为公共财物。在这一点上，我认为这笔钱到底是谁存入国有邮政储蓄单位的，都不重要，总之均为公共财物。钱某将这笔钱从电脑上销账后用于投资的行为也可以被认定为贪污罪。

张明楷：那你认为钱某的行为肯定构成贪污罪吗？

学生：也不是。在钱某的父亲将 6 万元人民币交给钱某，钱某将这笔钱存入银行之前,就将这笔钱用来投资的情况下,有可能认定为钱某的行为构成侵占罪,而不是贪污罪。因为这笔钱从始至终都没有成为过公共财产。但只要这笔钱已经办理过存款手续,就能够肯定这笔钱已经成为公共财产了,钱某利用职务之便将其据为己有的行为,就应该能够成立贪污罪了。

张明楷:按照你的看法,这6万元钱是谁存入邮政储蓄的,都不重要,重要的是是否已经办理了相关的存款手续。只要国有邮政储蓄工作人员将经管的存款据为己有的,均构成贪污罪。在我看来,这样的思路过于呆板,没有照顾到社会生活的一般经验,对案件事实的归纳也过于形式化。在这个案件中,虽然6万元形式上存入了银行,但是钱某立即将存款记录删除了,也可以认为6万元实际上没有存入银行。或者说,钱某将6万元形式上存入银行,只是为了给他父亲一个存单或者存折,而不是真的让这6万元存入银行。从钱某的内心来看,他实际上是想使用父亲的钱投资,而不是想使用银行的钱投资。从这一点来看,也不宜将钱某的行为认定为贪污罪。再比如,妻子让在国有银行上班的丈夫将自家的6万元存入丈夫所在的银行,丈夫作为银行柜台人员,为了给妻子拿回一个存款凭证,先将该6万元存入了自己的银行,紧接着又利用自己的职务之便将这笔存款从电脑上销掉,将该6万元用于其他投资。在这样的案件中,该6万元是妻子与丈夫的夫妻共同财产,丈夫一方也具有对该笔财产的支配权。实际上,就相当于自己将自己的存款用来投资了。在这样的案件中,应该尊重现实生活中父子关系、夫妻关系下处分财产的一般经验和常识。完全不考虑存款人和取款人之间的这种特殊关系是没有办法正确、合理地归纳案件事实的。

学生：再回到原来的案例，如果钱某和自己的父亲关系不好，两人已经分家，且实行分别财产制的情况下，是否可以认为钱某的行为成立贪污罪？

张明楷：我觉得即使父子关系不好，但从一般社会观念来说，他们仍然是父子，儿子用父亲的钱投资能够为社会一般人所接受，所以，不宜将儿子的行为认定为贪污罪。

案例三

案情：甲是某国有房地产公司的负责人。在该国有公司建设的某栋住宅楼竣工后，甲交给公司10万元定金，预定其中的一套公寓。两年以后，房价大涨，该套公寓的市价由500万元上升到了1000万元。该公司以1000万元将该套公寓出售以后，甲让公司将其中的500万元作为"损失费"补偿给自己。如何认定甲的行为？

学生：甲的行为构成贪污罪。因为这笔钱本身应该归该国有房地产公司所有。甲以权谋私，以所谓的"定金"为名，将本应属于国有房地产公司的财产据为己有了。所以，能够将甲的行为认定为贪污罪。

张明楷：确实，应该将甲的行为认定为贪污罪。你们想想，如果甲随意可以通过交"定金"将自己公司负责开发的房产预定下来，出售之后从中赚取差价，那么，国有公司的钱就都被他赚走了。在本案中，国有公司出售所得的1000万元本应属该国有公司，甲将售价的一半据为己有了，就是将国有公司的财产据为己有。所以，确实可以将他的行为认定为贪污罪。

案例四

案情：A市某国有公司负责采购的甲经常向B市乙的民营企业采购一种机床上用的刀片。一般甲采购的模式是国有公司先收到民营企业的刀片以后，才将款项打到民营企业的银行账户。后来，甲乙两人串通，由甲在本国有公司申请6个刀片报废（其实这些刀片是好的），领导批准报废购买新的刀片后，甲便让所在的国有企业向B的民营企业发出订购价值16万元的6个刀片的订单，但B企业不发货，甲所在的国有公司仍照常付款，事成之后，甲乙平分该笔货款。乙按照二人的合谋，向A市的国有公司虚假发送6个刀片，甲在形式上签收了该6个刀片。此后，乙提前从自己的企业账上汇了8万元给甲。但是，在国有公司将16万元打入乙的企业的账户前，因有人检举而案发。甲乙的行为构成什么罪？是犯罪未遂还是既遂？

学生：似乎甲乙的行为既可能构成贪污罪的共犯，又可能构成受贿罪和行贿罪。

从甲乙二人合谋骗取国有公司的公共财物这个角度讲，甲是国有公司的工作人员，利用自己的职务便利与他人合谋将公共财物据为己有，这样的行为完全符合贪污罪的构成要件，其中甲是正犯，乙是帮助犯。在将二人的行为认定为贪污罪共犯的情况下，因为案发时公共财物还没有被二人现实地据为己有，应该认定为贪污罪未遂。

但从另一方面来看，甲是国有公司的工作人员，乙为了谋取不当利益向甲行贿8万元，而甲在取得该8万元以后，为乙谋取

16万元的不正当利益,在这种情况下,甲乙的行为又分别构成受贿罪和行贿罪。案发时,完全可以认为甲的受贿罪和乙的行贿罪已经既遂。

张明楷：那本案中乙汇给甲的8万元钱应该如何处理呢?

学生：这8万元钱属于乙的行贿款项,也是甲的受贿所得,所以,它既是"供犯罪使用的本人财物",又属于赃物,理应没收。

张明楷：如果在甲所在国有公司给乙汇出16万元以后才案发的话,本案肯定会按照贪污罪既遂来处理,二人共贪污了16万元。但在甲所在的国有公司还没有来得及将该16万元汇给乙就案发的情况下,将甲的行为认定为贪污罪与受贿罪,乙的行为认定为贪污罪的从犯和行贿罪两罪,是否不太合理?

学生：乙在拿到16万之前,就已经将8万元汇给了甲,显然这8万元完全可以理解为乙向甲行贿的财物。只要这一点可以讲得通,将甲乙的行为分别认定为相应两罪的想象竞合,也未尝不可。

张明楷：我觉得将乙提前汇给甲的这笔钱理解为提前分赃就可以了。没有必要将二人的行为认定为两个犯罪。我不认为这个案件中,乙向甲行贿了。案情非常清楚,甲乙二人合谋,想通过乙的企业不交货、甲的公司仍付款的方式骗取国有公司的财物,而甲本人就是该国有公司的工作人员,这笔货款也可以理解为他经手的财物。这是一起十分典型的贪污案件。如果能够将这个案件中甲乙的行为理解为受贿行为和行贿行为,大概几乎所有的国家工作人员与非国家工作人员合谋取得公共财物后分赃的行为都可以评价为行贿、受贿罪了。这是不合适的。

所以，对这个案件只能认定为贪污罪，而不能认定为贿赂罪。那么，将甲乙的行为认定为贪污罪之后，你们认为二人的贪污行为是否已经既遂？

学生： 如果认为甲乙的行为构成贪污罪的共犯，那么，在国有公司的财物还没有现实地处在二人的控制之下的情况下，就不能认为二人的贪污罪已经既遂。

张明楷： 对！虽然乙已经给了甲8万元，但这8万元并不是国有公司的财物，所以还不能认为甲乙的贪污罪已经既遂。

学生： 那甲已经得到了8万元该怎么解释呢？实践中很少见到这种行为人得到了财物却没有既遂的情形。

张明楷： 甲得到的8万元并不是本国有公司的公款，而是乙企业事先垫付的款项。换句话说，乙先从本企业挪用资金汇给甲了。在这个意义上说，乙还可能触犯了挪用资金罪。当然，这一点案情交代得还不是很清楚。但可以肯定，甲得到的这8万元款项，应当退赔给乙企业。所以，不要简单地认为，只要国家工作人员得到了金钱，就一定是贪污既遂。要判断金钱是哪里来的，是什么性质的金钱。由于贪污罪实际上是财产罪，所以作为贪污对象的公共财产没有受到损失，是不可能认定贪污既遂的。

学生： 我顺便再向您请教一个类似的案件。甲在某小学施工后，校方欠甲工程款12万元。甲多次要债无果，后该小学的校长对甲说"有人想出8万元钱买你的这笔债"。甲意识到该校长只愿意出8万元钱，迫于资金紧张，甲就同意将该12万元的债权折抵成8万元钱，然后，该小学的校长将其中的4万元差价据为己有。在这个案件中，小学校长的行为构成贪污罪，还是受贿罪？

张明楷：你先谈谈你的思路。

学生：我认为在这个案件中，既可以将小学校长的行为认定为贪污罪，也可以将他这样的行为认定为受贿罪。这是因为他据为己有的该4万元钱，既可以被认定为公共财物，又可以被认定为甲支付给校长的财物。所以，我主张将小学校长的行为认定为贪污罪与受贿罪的想象竞合，择一重罪处断即可。但是，审理该案的法院认为小学校长将本属于学校的公共财物据为己有，所以他的行为构成贪污罪。

张明楷：我觉得这个案件的细节比较重要。如果校长从学校拿出12万元之后，产生了想从中捞取4万元的想法，那么，认定为受贿罪好一些。因为这笔钱实际上是小学校长通过一种巧妙的索贿方式，迫使乙放弃的。更直接地说，这4万元钱原本是公立小学支付给乙的，乙迫于无奈被甲索贿要走了。如果校长先和乙说好了只给8万元，乙被迫同意后，校长从学校拿走12万元，将其中8万元给乙，将4万元据为己有的，认定为贪污罪合适一些。在后一种情况下，既然校长以其身份与乙谈好了只给8万元，那么，学校就只需要支付8万元，剩下的4万元就仍然是学校的公款，校长据为己有，就是贪污了。

挪用公款罪

案例一

案情：某国有银行营业楼正前正在盖一栋大楼，一旦建成，该栋大楼将挡住银行部分采光。该银行行长甲就此找到大楼开发商乙，要求停止盖楼。乙此时又很想尽快把楼盖起来，甲便提出，开发商在房子建好后，将其中的14套住宅以特别优惠的价格卖给银行。具体的操作方法是：开发商先在该银行贷一笔款，手续齐备，开发商按照正常利息付息，但甲与乙约定这笔款是银行向房地产商购买该14套优惠房的预付款。房子盖好之后，甲声称自己通过关系向开发商购买了价格优惠的房子，其中的12套优惠房由银行的12位领导购买，另外2套优惠房由甲的两个亲戚购买。银行的其他领导与甲的两名亲戚，都以为是甲凭关系要的优惠房。这些人交付房款购买房屋后，开发商向银行全部归还了贷款本息。甲的行为构成何罪？

张明楷：有人认为，对甲的行为应当以挪用公款罪处理，你们觉得合适吗？

学生甲：既然这笔贷款在形式上完全合法，而且开发商也按照正常的贷款利息付息，似乎不能将甲的行为认定为挪用公款罪。

学生乙：可是，这笔钱形式上是贷款，实际上是14套房的预付款，既然是预付款，就应当由购房人支付，但现在却是由银行支付的，所以，能认定甲挪用了银行公款，还是可以成立挪用公款罪的。

张明楷：如果说是预付款，为什么开发商还要向银行付利息？既然贷款手续合法，开发商也付利息，就表明银行的资金没有遇到什么风险，况且银行本来就是做这种业务的，银行本身也从中获得了利益。所以，从开发商付利息这一点来看，可以说实质上是贷款而不是预付款。在有账目往来的情况下，要考虑账目往来的效力,并着眼于账目往来分析案情,不能过度实质化。在本案中,账目往来显示的就是贷款,只是甲与乙私下约定为预付款。如果否认贷款性质,那么,对事实的认定就过于随意了。总之,在从账面上看完全属于贷款,银行事实上也收回本息获得了利益的情况下,不要因为甲与乙的私下约定,就否认贷款的性质。

学生:这么说,甲的行为就不构成挪用公款了。

张明楷:甲的行为不构成挪用公款罪,能构成其他犯罪吗?

学生:好像没有其他罪了。

张明楷:再想一想!

学生:您是不是想说由甲的两位亲戚购买的两套优惠房会涉及犯罪?如果不是因为盖楼影响银行的采光,乙是不会同意给银行 14 套优惠房的。这就说明,这 14 套优惠房本应属该银行所有,甲让自己的两个亲戚购买了两套房,是否可能涉嫌贪污罪?

张明楷:两套房子凭什么说是银行所有?甲的两个亲戚也是花钱买的房,而不是白得的。

学生:想不起来还可能构成什么罪。

张明楷:甲利用职务之便,要求对方以明显低于市场的价格向自己出售房子,可以认定为受贿罪,市场价格与实际交易价格的差额就是甲的受贿数额。这一点应当没有什么疑问。

案例二

案情:甲的朋友乙让甲帮忙挪用甲所在国有企业公款注册公司,甲以为乙需要 4000 万,于是从其所在的国有公司挪出 4000 万打到了乙的个人账户,但乙实际上只需 2000 万,马上将 2000

万打回了公司的账户。如何认定甲挪用公款的数额?

张明楷:这涉及如何理解挪用公款罪中规定的"归个人使用"、"进行非法活动"、"进行营利活动",将这些理解为主观目的还是客观行为直接关系到具体案件的认定。例如,行为人想挪用1万元进行赌博,在挪出来后发现股市行情不错,于是用这1万元炒了股,如何认定行为人的行为?根据结果无价值论的观点,应当按照行为人客观上实行的行为认定他到底是实施了营利活动,还是实施了违法活动。比如,行为人虽然在挪用公款的时候有赌博的意图,但挪出来之后并没有用这笔钱赌博,就不能将行为人的行为认定为挪用公款进行非法活动。这种解释,也是符合立法者设立挪用公款罪时考虑的刑事政策的。在立法时,之所以按照三种不同的情形来规定挪用公款罪,是因为每一种情形下公款所处的风险是不一样的。公款的风险肯定是与公款客观上被如何使用息息相关,而与行为人挪用公款时的主观意图关系不大。

学生:如果行为人本想挪用公款注册公司,但挪出来后并没有去注册,而是隔了两天又还了回去。这种情况下,该如何认定为行为人的行为?

张明楷:我觉得对这样的行为不能认定为挪用公款进行营利活动,只能认定为挪用公款进行其他活动,因为没有超过3个月,所以不应以犯罪论处。

学生:如果行为人本想挪用公款注册公司,但挪出来后还没来得及注册公司就被抓了,这种情形又该如何处理?

张明楷:与上面的情形是一样的。

学生：在我们今天讨论的这个案件中，因为甲只将其中的2000万元用于注册公司，那么就应该认定他挪用了2000万元的公款进行营利活动。

张明楷：是这样的。

学生：在现实生活中，有些人挪用公款用来炒房，能不能将这种行为认定为挪用公款进行营利活动？

张明楷：这要看行为人的住房情况了。如果行为人已经有很多套住房了，买房就是为了投资，就是为了等房子升值以后卖掉挣钱，就可以认为行为人挪用公款进行了营利活动。

学生：挪用公款罪究竟是目的犯还是复行为犯？

张明楷：我的想法是，首先应当按照行为人在客观上如何使用挪用的公款的事实来认定属于挪用公款罪中规定的三种情形的哪一种；在行为人挪用公款后还没有从事任何活动时，就认定为挪用公款进行其他活动。所以，既不一定是目的犯，也不一定是复行为犯。例如，将公款拿到家里放了4个月，根本没有用，我觉得也要认定为挪用公款进行其他活动，以挪用公款罪追究刑事责任。

需要进一步研究的是，假如行为人挪用公款时是准备拿去澳门赌博的，有充分的证据证明这一点，但由于某种原因，行为人未能去澳门赌博。对此，是认定为挪用公款进行非法活动，还是认定为挪用公款进行其他活动？如果说目的是影响违法性的要素，就有可能认定为挪用公款进行非法活动，因为有了赌博的目的时，公款的风险就提高了。如果说目的只是影响责任的要素，那么，就只能认定为挪用公款进行其他活动。

在考虑这一点时要注意的是，如果将挪用公款罪理解为目的犯，就会导致这个罪的成立范围明显扩大，而且，在刑讯逼供比较普遍的情况下，对行为人是特别不利的。因为行为人挪用公款时，常常是其他人并不知情的，挪用出来的公款究竟会用于做什么，一般只有行为人知道，很难有其他证据证明。如果将这个罪理解为目的犯，那么，当行为人挪用公款原本是想用于给自己购买房屋交纳预付款，但由于没有超过 3 个月，司法工作人员会不会刑讯逼供使得行为人承认自己是想用公款赌博或者进行营利活动，从而认定为挪用公款罪。这是不能不担心的一个问题。

受 贿 罪

案例一

案情：2007 年 7 月 8 日最高人民法院、最高人民检察院颁布了《关于办理受贿刑事案件适用法律若干问题的意见》。其中第 9 条第 1 款与第 2 款分别规定："国家工作人员收受请托人财物后及时退还或者上交的，不是受贿。""国家工作人员受贿后，因自身或者与其受贿有关联的人、事被查处，为掩饰犯罪而退还或者上交的，不影响认定受贿罪。"某领导学习以后，于 2007 年 8 月将其于 2006 年 12 月收受的贿赂上交了。能够将这样的行为认定为《关于办理受贿刑事案件适用法律若干问题的意见》中规定的"及时"上交吗？

张明楷： 这涉及如何理解司法解释中规定的"及时"上交。我觉得应该联系受贿人的受贿故意来理解是否"及时"上交。比如，行贿方在送给国家工作人员的烟盒里面装满了钱，但国家工作人员当时并不知情，过去很久以后才发现烟盒中都是钱，在发现后上交时，也应该认为属于司法解释中规定的"及时"上交。又如，行贿方将国家工作人员送到了首都机场，在国家工作人员已经通过安检就要上飞机的时刻，突然将美元塞进国家工作人员包里就跑了，这时国家工作人员出不来，国家工作人员又需要在国外考察6个月，在6个月回来后将钱上交的，也应该认定为司法解释中的"及时"上交。

学生： 在我们今天讨论的案件中，国家工作人员在司法解释出台后，马上就将之前收受的财物上交了，这说明他的觉悟提高了，可不可以将他的行为认定为司法解释中的"及时"上交？

张明楷： 本案中的行为人在收受财物当时主观上有受贿的意图，事隔半年以后才将财物交出来。如果将这样的行为认定为司法解释中的"及时"上交，那么在"及时"上交的认定上，恐怕就会太过宽泛。而且，将这种情形认定为"及时"上交，明显不符合刑法的基本原理。因为在犯罪既遂后，除了时效等原因外，不可能因为行为人的退赔、坦白、自首等而否认其行为构成犯罪。

另外，我还想谈谈《关于办理受贿刑事案件适用法律若干问题的意见》中规定的"退还"的问题。对于将收受的财物退回给行贿人的案件，我们的司法机关都没有当犯罪处理，反而认为国家工作人员很廉洁。但我觉得，在国家工作人员由于某种原因不得已收下财物后，即使其没有收受的故意，打算退还或者上交，对方的行为仍然是构成行贿罪的，而且已经既遂。对方交付的财物或者说国家工作人员已经收下的财物，就是对方犯行贿罪的证据,也是应当上缴国库的财物。既然如此,国家工作人员将该财物退回行贿人时,就意味着帮助毁灭了行贿人行贿的证据,所以,实际上触犯了帮助毁灭证据罪。我们的司法机关都没有将这种行为认定为犯罪,显然是将受贿罪当成财产犯罪了。如果在这一点上形成共识,那么,行贿人也就不敢轻易行贿了,因为在国家工作人员不受贿的情况下,不仅自己提供的贿赂会上缴国库,而且自己依然要承担刑事责任。在当前的局面之下,行贿人行贿无所顾忌。因为如果国家工作人员收受了贿赂,自己能谋取不正当利益,国家工作人员也不会检举自己的行贿事实;如果国家工作人员不收受贿赂,会将财物退回给自己。于是,行贿人既不担心自己会负刑事责任,也不担心自己会遭受财产损失。如果形成只要行贿人行贿就会承担刑事责任的局面,行贿的必然减少,受贿的也相应减少了。

案例二

案情:国家工作人员甲之前帮助商人乙办过事情。某日,甲以索取贿赂的意思向乙借钱,借款金额为100万,乙以为甲确实缺钱,在向自己借钱,便同意把100万元借给甲,还要求甲给自己打了借条。在这个过程中,乙根本没有意识到甲是在索贿。后甲由于其他事情被查,甲交代曾经向乙索贿100万元,案发时该100万元的债务还未到归还期限。甲的行为成立受贿罪中的索贿吗?

学生:在这个案件中,甲应乙的要求向乙打了借条,乙也将这100万认定为需要到期归还的钱。案发时,债务还没有到期,但一旦到期，乙还是可能会向甲催还的。在这种情况下，我认为不宜将甲的行为认定为受贿罪。

张明楷：那你是不是认为，只要客观上有借条，就不能将这样的行为认定为受贿罪？或者说，是不是只有对方意识到国家机关工作人员在索贿，国家机关工作人员的行为才能构成受贿罪？

学生：在借钱方不打算归还，出借方也不打算要的情况下，即使客观上有借条，也能成立受贿罪。相反，借钱方打算归还，或者出借方打算要债的情况下，这笔钱对于双方来说实际上还是一笔真实的债权、债务，因此还不能把这样的一笔钱认定为行贿、受贿的财物。

张明楷：如果在真实的案件中，出借方的态度非常坚定，借出的钱一定要收回，那么你这样的结论或许是有道理的。但在实践中，存在的大量案件是，出借方往往会有两种想法，一方面猜测对方可能在索贿，一方面又怀疑对方可能真的是在向自己借钱。而在还钱之前，借钱的一方到底是出于什么心态才向对方借钱，这谁也不清楚。出借人往往在债务到期后也不会催讨，但到底他以后会不会再催讨，谁也不清楚。

学生：在出借方对是否催讨债务态度暧昧的情况下，以借钱为名意图索贿的国家机关工作人员构成受贿罪吗？

张明楷：我认为还是可以把这样的行为认定为受贿罪的。一般来说，曾经受到过国家机关工作人员的照顾，或者以后也会有求于国家机关工作人员的出借方，在借给国家机关工作人员钱之后，对是否催讨债务态度暧昧的话，是否归还这笔钱就取决于国家机关工作人员了。而国家机关工作人员又没有归还的意思。将这两者结合起来考虑，就显然能够看出这笔钱实际上已经能够被认定为钱权交易的财物了。

案例三

案情：某市市长高某通过钱某认识了刘某（女）后，很快与刘某发展成为情人关系。钱某从事房地产开发，为了能够拿到土地和工程，便欺骗高某，谎称刘某已经怀孕，刘某要找高某的麻烦，如果高某拿不出100万，刘某就会闹事。高某信以为真，十分焦虑。钱某又谎称自己会先为高某垫付50万元，高某需要再找人垫付另外的50万元，等钱某工程上赚钱后，钱某就会帮高某还上另外的50万元。高某听后，当场打电话给张某，要求张某借给钱某50万元。此时，刘某已经被钱某安排到了外地。高某为了钱某能够替他还钱，就利用职务之便为钱某拿到了工程，钱某赚到钱之后，就将50万还给了张某。钱某、高某的行为是否成立犯罪？成立什么罪？

学生：首先，钱某的行为是肯定不构成行贿罪的。因为钱某并没有真正地给高某垫付50万元；如果钱某不欺骗高某，高某也不会向张某借50万元，并且这50万元本来也就是以钱某的名义借的，所以，也很难将钱某归还张某50万元的行为认定为行贿。既然钱某的行为不成立行贿，高某的行为也就不成立受贿了。

张明楷：我基本上赞同你的看法。本案中，高某只是主观上认为自己已经收受了钱某100万元，但实际上，这样的事实并不存在。不能以高某自以为受贿了，就不管事实到底如何，将高某的行为认定为受贿罪。

学生：高某的行为有没有可能成立受贿罪的未遂？毕竟钱某和高某很熟，高某确实包养过情人，包养情人也确实需要花不少钱。否则，钱某也就不会骗到高某了。正因为这样的事情发生的概率很高，所以高某才会相信钱某。从这个角度讲，似乎又可以将本案高某的行为认定为受贿罪的未遂。

张明楷：我认为这个案件是受贿罪的不能犯。因为钱某虚构了事实，欺骗了高某，高某原本就不需要支付100万元，他也没有从钱某处得到100万元。在这个案件中，高某的行为无论如何也是不可能既遂的。不能因为钱某的谎言看似合情合理，就认定一般情况下高某就会受贿。

学生：我举另外的一个案件。甲欺骗负责项目审批的国家机关工作人员乙，谎称如果乙能够帮甲拿到项目的话，甲就会将该项目赚到的30%的利润分给乙。乙信以为真，就通过职务之便，帮乙拿到了工程。在这个案件中，乙的行为构成受贿罪吗？

张明楷：在你举的这个案件中，我觉得也难以将乙的行为认定为受贿罪。虽然甲乙有一个收取好处的约定，乍一看，貌似乙已经与甲有钱权交易的约定，乙这样的行为已经构成了受贿罪，至少是未遂。但从客观上看，这个约定是假的，根本不成立，甲在约定当时，并没有要交付财物的意思。从主观与客观两个方面来说，甲都没有行贿的可能，既然如此，乙就不能成立受贿罪了。换句话说，要认定乙成立受贿罪，就只能以其受贿故意为根据了，这是主观主义的刑法理论。如果甲在约定当时具有事后给付乙财物的意思，甲乙关于钱权交易的约定是真实的，乙的行为就可能成立受贿罪。

学生：在我们今天讨论的案件中，钱某的行为构成诈骗罪吗？

张明楷：钱某诈骗的对象是什么呢？从始至终，高某并没有因为受骗给付过钱某一分钱。也就是说，高某既没有财物损失，也没有财产利益的损失。也不能说钱某骗了工程，钱某从工程上赚到的钱，还是自己的经营、劳动所得，不能说是诈骗所得。在此意义上说，钱某的行为不能成立诈骗罪。但是，钱某骗取50万元借款的行为，是否属于骗取财产性利益，则是需要研究的。金钱的使用本身当然是一种财产性利益，这在国外没有争议。钱某通过欺骗手段骗取了50万元借款，可以认定其客观上骗取了财产性利益。虽然钱某对50万元本身没有非法占有目的，但是对金钱的使用这一财产性利益则是具有非法占有目的的。在此意义上说，钱某的行为成立对财产性利益的诈骗罪。不过，这一结论恐怕目前还不能被我国的司法机关所接受。

案例四

案情：某房地产公司的一个楼盘竣工之后，该公司董事会开会决定，给予该公司的几名大股东每人享受五套商品房的优惠待遇，即每套房按照市场价8折的价格购入。该公司的大股东甲，就将他购买一套优惠房的资格转让给了某官员乙，官员乙以8折购入商品房后，比市场价节省了80万元。甲乙的行为能够分别认定为行贿罪和受贿罪吗？

学生：如果当时在这个城市，市场上不大可能用8折买到该楼盘内的房子，而甲将可以8折购入的优惠房转让给乙，乙显然是因此获取了 80 万的利益，就可以将这样的行为认定为犯罪。

张明楷：我倾向于不将这样的行为认定为受贿罪。甲有五套可以用 8 折买到的优惠房，但甲不太可能自己全部购买，让乙享受其中一套优惠房，与甲将房子购买以后免费送给乙还是有很大的差异的。在社会一般观念看来，本案中甲的行为比较符合社会一般人的正常人际交往规则。当然，如果案情再变化一下，可能情况就不一样了。比如，如果甲当时非常需要乙利用职务上的便利为自己谋取利益，而乙也正在四处买房，甲为了能够收买乙而将 8 折购房优惠给了乙，双方还是可能构成行贿罪和受贿罪的。

学生：根据您刚才的分析，甲乙是否成立行贿受贿罪，取决于甲当时是否有求于乙，但社会上普遍存在一种"放长线、钓大鱼"，"长期投资"而不求"短期回报"的行贿受贿现象。甲为什么将这样的优惠条件给了官员乙而不是他人呢？我觉得肯定是为将来求乙办事做铺垫。

张明楷：你说得也有一定的道理。但如果甲乙是从小长大的朋友，甲一直经济条件好，乙经济条件一般，甲在之前从来没有求助过乙的职权，在这种情况下，甲将优惠房的购买资格让给乙，难道能说甲是行贿吗？公务员、官员就无论如何也不能接受朋友在经济方面的帮助吗？恐怕这也不太合理。关键在于，能不能将案件中乙取得的经济利益与他的职权挂钩，如果不可以，就不能按照行贿、受贿定罪量刑。在这个意义上说，本案的事实还是有些不清楚。

行 贿 罪

案例一

案情：负责项目审批的国家机关工作人员甲向从事相关商业活动的乙索贿。乙将财物交给甲之后，在还没有获得甲允诺的任何好处时，甲被抓捕归案，同时也关押了乙。检察院考虑到乙当时并没有获得不正当的利益，就根据《刑法》第389条第3款"因被勒索给予国家工作人员以财物，没有获得不正当利益的，不是行贿"的规定，将乙释放。但在庭审过程中，由于没有充分证据对甲定罪，甲最终被无罪释放。甲回到原来的工作岗位以后，考虑到自己收取了乙那么多钱，就利用职权兑现了对乙的允诺，使乙获取了不正当利益。此时，是否可以再次将乙抓捕归案，按照行贿罪定罪量刑？

学生：我国《刑法》第389条第3款规定："因被勒索给予国家工作人员以财物，没有获得不正当利益的，不是行贿。"所以，当乙还没有得到不正当利益的时候，他的行为并不构成犯罪。但是在甲无罪释放、官复原职后又利用职权为乙提供不正当利益以后，乙就已经获取了不正当利益，在这种情况下，他的行为就符合了行贿罪的构成要件，这样的行为可以被认定为行贿罪。

张明楷：那么，乙第一次被抓后释放期间，他的行为是行贿罪的未遂吗？

学生： 应该不算是未遂。因为法条已经明文规定，在没有获取不正当利益的时候，行为就不是行贿。而犯罪未遂也是犯罪，行贿未遂也是行贿。

张明楷： 那我再把这个案件改编一下。假设本案中的甲在证据确凿的情况下被法院以受贿罪定罪量刑了。甲出狱以后，觉得自己毕竟收了乙那么多钱，还是需要想办法给乙办事情的。甲利用自己的人脉关系成功地为乙谋取了不正当的利益。在这种情况下，乙的行为构成行贿罪吗？

学生： 在这种情况下，似乎很难肯定乙给付的财物与甲职务行为的对价性。所以，我认为不能将乙的行为认定为行贿罪。

张明楷： 我也认为只有当行贿人给付的财物与受贿人的职务行为之间有交换性的情况下，才能认定行贿罪。在我刚才说的这种情况下，显然甲在出狱之后，已经不再是国家工作人员，此时他帮乙实现利益，很难说体现了财物与职务行为的交换性。所以，我也主张不将乙的行为再认定为行贿罪。

学生： 另外，我觉得《刑法》第389条第3款的规定还有一点不够清楚。该款中规定的"被勒索"与"索取"是对等意义上使用的吗？也就是说，是否只要国家工作人员索取，被索取一方就是"被勒索"？

张明楷： 我认为是可以这样理解的，确实应当将"被勒索"与"索取"理解为对等的程度。从被索贿一方来看，国家工作人员一方能够实施的最严重的勒索，也就是告诉对方不给钱就不办事；但这样的行为从国家工作人员一方来看的话就是"索取"。总而言之，应当按照国家工作人员是否向对方索取了财物这一点，来理解该款中的"被勒索"。相反的是，不能以对方是否真的被勒索为根据来理解国家工作人员是否实施了索取行为,否则的话,很多行为就都不是索取贿赂了。

案例二

案情:甲是房地产开发商,打算和某村协商开发该村的某地块。此时,负责城市建设的副市长向村里打招呼,要求该村把这个地块留下,说上级某领导的子女要开发这块土地,事后查明其实是副市长的弟弟要开发。甲了解情况后,知道了事实的真相。为了取得土地开发权,甲找到副市长后提出他愿意提供一笔钱,让副市长的弟弟退出这个地块的开发。在甲给副市长的弟弟1000万元之后,副市长向该村打招呼,甲马上就顺利地成为该块地的开发商。甲的行为构成行贿罪吗?

张明楷:国家工作人员让行贿人把财物给予特定关系人的,也构成受贿罪。根据司法解释,特定关系人指的是近亲属、情妇和共同利益人这三类。问题是,行贿罪的构成要件是"给予国家工作人员以财物"。如果行为人给予财物的对象是国家工作人员的妻子或者丈夫,可以将这样的行为认定为行贿罪,这是没有问题的。但在本案中,甲将财物给予了国家工作人员的弟弟,在国家工作人员的弟弟已经成年,且与国家工作人员分门别居的情况下,能够将甲的行为认定为"给予国家工作人员以财物"的行贿行为吗?

学生:我们可以对"给予国家工作人员以财物"进行实质的解释,行为人只要是按照国家工作人员的指示,向特定关系人提供财物的,就都可以被认定为"给予国家工作人员以财物"。

张明楷：问题是，法律规定的是"给予国家工作人员以财物"，法条用语毕竟明文规定了给予的对象是国家工作人员，如何能够证明给予其近亲属的，也符合本条的规定呢？在我国，就有人认为行为人给予国家工作人员近亲属财物的行为，不能被认定为行贿罪。日本的规定与我国的不同，日本刑法先是规定了各种受贿罪，然后规定提供各种贿赂的是行贿罪，所以他们就不存在我们这样的问题了。

学生：可以认为，无论给付财物的对象是谁，只要财物实际上处于国家工作人员的控制之下就可以了。

张明楷：如果将财物给予了国家工作人员的家庭成员，毫无疑问，国家工作人员是可以实际控制这笔财物的。但在本案中，副市长的弟弟是成年人，且与副市长经济各自独立，很难说这笔钱给予副市长的弟弟后，副市长本人就可以控制这笔钱了。

虽然在这个案件中，可以肯定的是，甲给付的1000万元与他之后获得的利益之间具有因果关系，但是想把甲的行为解释为"给予国家工作人员以财物"，还是存在一定的法理障碍的。

学生：估计司法实践中会将甲的行为认定为行贿罪。

张明楷：这个案件还有另外一个问题：甲原本就与某村协商好了要开发那块地，是副市长滥用职权介入才使甲难以开发那块地，甲主观上是为了谋取不正当利益吗？

学生：应当说不是为了谋取不正当利益。

张明楷：既然是这样的话，甲的行为就更不成立行贿罪了。

巨额财产来源不明罪

案情：无业人员甲通过各种途径赚了很多钱，买了多处房产。后来，甲通过了公务员考试，成为一名公务员。就在他晋升时，有人检举他有巨额财产。在相关部门对甲展开调查时，甲不说明自己的财产来源。现在可以肯定的是，甲的这些巨额财产都是在他还没有成为公务员之前取得的。在这种情况下，可否将甲的行为认定为巨额财产来源不明罪？

学生：在规定巨额财产来源不明罪的法条中，并没有明确规定只有国家工作人员在职期间的巨额财产来源不明才能构成该罪。但是，基于该罪保护的法益是国家工作人员的廉洁性，所以，应该将该罪中来源不明的巨额财产限定在从事公职以后。在非公职期间取得过不明巨额财物，并不会侵犯本罪所保护的法益，因此，这样的行为不能成立巨额财产来源不明罪。

张明楷：我们国家现在也逐渐开始建立官员财产申报制度。对于符合申报条件的官员，肯定是需要申报自己的全部财产的，不可能只对自己任职以后的财产进行申报。如果这些人在申报的过程中，隐瞒了自己在任职前的来源不明的巨额财产，后被查出的，是否也能够成立巨额财产来源不明罪呢？

问题就在于巨额财产来源不明罪的实行行为是什么。如果认为这个罪的实行行为是拒不说明来源的话，这个罪就是不作为犯罪。在我们今天讨论的这个案件中，行为人的行为肯定构成这个罪。如果认为这个罪的实行行为是担任国家工作人员期间取得来源不明的巨额财产，那么，本案中的行为人的行为就不构成这个罪。

学生：必须结合一个罪保护的法益来理解这个罪的实行行为。巨额财产来源不明罪的法益应该是公职人员的廉洁性，所以，本罪的实行行为应该是国家工作人员在职期间取得来源不明的巨额财产的行为。如果将这个罪的实行行为理解为国家工作人员在职期间拒不说明财产来源，那么，一些案件就无法处理了。例如，行为人在辞去公职第二天就拿出 1 亿元来源不明的资金办公司，如果认为巨额财产来源不明罪的实行行为是国家工作人员如实汇报财产来源的话，这样的行为就无法成立该罪，因为行为人已经辞职，他已经没有了国家工作人员的身份，也就没有如实汇报财产来源的义务了。但这显然是不合理的。

张明楷：我的教科书上就认为巨额财产来源不明罪是真正不作为犯。国家工作人员财产支出明显超出自己的收入的行为，不是本罪的实行行为。本罪的实行行为是国家工作人员被责令说明财产来源时不能说明自己的财产来源。在你刚才举的这个案例中，如果行为人已经辞职或者退休，不再具有国家工作人员的身份，那么，就应该认为他没有说明自己财产来源的义务了。在这种情况下，有证据证明行为人在职期间贪污或者受贿得到了这笔钱的，可以按照贪污罪或者受贿罪处理；如果不能证明行为人在之前就构成这些犯罪的，就不能按照巨额财产来源不明罪定罪量刑。

根据我的观点，在我们今天讨论的这个案件中，甲的行为是可以构成巨额财产来源不明罪的。因为甲显然已经是国家工作人员了,他就有义务如实汇报自己的财产来源,他不说明财产来源,就可以构成犯罪。

我觉得这样的处理方式可以和相关行政法规很好地契合。在任何国家,非公职人员都没有义务向某个部门汇报自己的财产来源,在我国也基本上是这样的。符合条件的公职人员往往需要向相关部门如实汇报自己的财产状况和财产来源。在原国家工作人员已经丧失公职身份以后,他们已经不再具有汇报财产来源的义务了,为什么刑法还要求这些没有了公职身份的人如实汇报财产来源呢?这显然就会造成刑法和其他法规范之间的不协调。除非有法律规定,公务员在离职后的几年内,还有如实申报财产的义务。

私分国有资产罪

案情:2006年以来,各地小煤矿被"关停并转"。当年11月,一家小煤矿与一家国有煤矿达成如下合作协议,即前者以现金与实物出资50%,后者以技术、管理出资50%,于2008年2月份成立新公司,利润均分。但在2006年12月至2008年2月期间,该小煤矿仍违规继续生产,并将所得利润的一半分给上述国有煤矿。该国有煤矿便将这笔高达400万元的违法所得作为其他子煤矿的利润入账,随后将这笔钱私分。案件审理时,争点在于这笔钱是否符合最高人民检察院《关于人民检察院直接受理立案侦查案件立案标准的规定(试行)》中规定的"国家依法取得与认定"。辩方律师主张,既然新公司尚未成立,这笔收入就是违法所得,而不是国有资产,被告人的行为也就不能按照私分国有资产罪定罪量刑。如何理解私分国有资产罪中的国有资产?

张明楷:最高人民检察院的这个司法解释不好。为什么要规定"国家依法取得与认定"呢?只要是国有单位所有的资产,难道不是国家依法取得与认定的,就可以随意拿回家了吗?所以,我认为,没有必要强调国有资产的合法性,只要这笔资产处于国家机关或国有企事业单位控制即可。因为如果这些资产不被瓜分,都是会收归国有的,所以,私分这样的资产同样会给国家造成经济损失。

学生:但是,最高人民检察院的上述司法解释在司法实践中还是具有指导立案的实际效果的。如果审判的时候遇到这样的案例,又该如何合理处理呢?

张明楷:那就将这种情形认定为该立案标准中规定的"国家以各种形式对企业投资和投资收益形成的财产"。

学生:本案中的涉案资产可以看做是该国有企业的投资收益吗?

张明楷:立案标准中规定的"国家以各种形式对企业投资和投资收益",并没有要求这样的投资必须是合法的,总之,只要是国家以各种方式取得的投资收益,案发时又处于国有单位的控制之下,就可以将这笔钱看做"国家以各种形式对企业投资和投资收益"。之所以这样理解,是为了克服由于司法解释规定得不好所造成的缺陷。

第十五堂
渎职罪

滥用职权罪与玩忽职守罪

案情：农业部发布的《拖拉机登记管理规定》与某省发布的《农用机械管理办法》均要求，办理拖拉机登记必须要有身份证、购买拖拉机的发票、车辆合格证以及其他法律法规规定的相关凭证。我国《道路交通法》规定，拖拉机登记还需提供车辆购置税的完税凭证。被告人是该省某市农机监理站站长。他在办理拖拉机登记时只要求车主提供了身份证、购车发票与车辆合格证，而没有要求对方提供购车的完税凭证。结果，因登记人不缴纳相关税款导致国家税收流失人民币近170万元。本案应该如何处理？

学生：本案中的被告人知道办理拖拉机登记必须提供完税凭证吗？如果不知道的话，被告人的行为应该认定为玩忽职守罪；如果明知故犯的话，就应该按照滥用职权罪定罪处刑。

张明楷：假设被告人并不知道道路交通法的相关规定，在他没有要求车主缴纳完税凭证而导致大量税收流失的情况下，是法律的认识错误，还是事实的认识错误？

学生：被告人是农机站站长，他是应当知道道路交通法的相关规定的，所以他的行为至少是过失犯罪，也就是至少构成玩忽职守罪。

张明楷：如果他的认识错误属于法律的认识错误，而他又应当认识到道路交通法的相关规定，那就可以认为他的行为构成故意犯罪，也就是可以肯定他的行为构成了滥用职权罪。说到底，还是需要判断这里涉及的认识错误，究竟是对法律的认识错误，还是对事实的认识错误。

学生：被告人在不知道道路交通法相关规定的情况下，并不知道车主需要缴纳购车完税凭证，他就不可能认识到自己的行为可能带来税款的流失。但滥用职权罪的构成要件要素中有"致使公共财产、国家和人民利益遭受重大损失"这一要件。显然，行为人在没有意识到自己的行为会导致税款流失的情况下，就不可能认识到自己的行为会使国家利益遭受损失。所以，这里涉及的错误应该是事实认识错误。被告人的行为不构成滥用职权罪，而仅成立玩忽职守罪。

张明楷：我认为你说得很有道理。对行政法规的一些认识错误，往往会影响到行为人对构成要件事实的认识，如果没有认识到其他法律法规的相关规定而影响了行为人对事实的认识的话，这样的认识错误还应该是事实认识错误，这样的行为不能认定为故意犯罪。

学生：我们以前办理过这样一个案件。行为人从网上购买了多张火车票，又以每张加价 10 元的方式出卖给他人，由于出卖的张数众多而被捕。当时审问行为人的时候，他说他打过电话问过税务局这种行为是不是不被允许，税务局说不归他们管。行为人不知道加价 10 元出卖火车票的行为能构成犯罪。您觉得这样的行为是法律认识错误，还是事实认识错误？

张明楷：我觉得你说的这个案件属于法律认识错误。行为人已经认识到自己在加价倒卖车票，而且数额较大。也就是说，行为人已经认识到其行为涉及倒卖车票罪的所有构成要件要素，所以他对事实的认识没有发生错误，而只是不知道这样的行为会受到刑罚的处罚。接下来就看行为人是否可能避免对法律的认识错误。在我国现在这种社会环境下，人们一般不会认为倒卖车票是完全正当的行为。案中的行为人也已经认识到自己的行为可能违法，才会打电话去税务局予以确认。税务局因为职责范围等原因没有明确答复，行为人应该再去工商管理局等其他相关部门询问。所以，行为人还是具有避免法律认识错误的可能性的，因此仍是故意犯罪。

图书在版编目(CIP)数据

刑法的私塾/张明楷编著. —北京:北京大学出版社,2014.7
ISBN 978-7-301-24377-0

Ⅰ.①刑… Ⅱ.①张… Ⅲ.①刑法-研究 Ⅳ.①D914.04

中国版本图书馆 CIP 数据核字(2014)第 129883 号

书　　　名：刑法的私塾
著作责任者：张明楷　编著
责 任 编 辑：白丽丽
标 准 书 号：ISBN 978-7-301-24377-0/D·3599
出 版 发 行：北京大学出版社
地　　　址：北京市海淀区成府路 205 号　100871
网　　　址：http://www.pup.cn
新 浪 微 博：@北京大学出版社　@北大出版社法律图书
电 子 邮 箱：编辑部 law@pup.cn　总编室 zpup@pup.cn
电　　　话：邮购部 62752015　发行部 62750672　编辑部 62752027
　　　　　　出版部 62754962
印 刷 　者：北京宏伟双华印刷有限公司
经 销 　者：新华书店
　　　　　　880 毫米×1230 毫米　A5　18.75 印张　420 千字
　　　　　　2014 年 7 月第 1 版　2023 年 11 月第 19 次印刷
定　　　价：49.00 元

未经许可,不得以任何方式复制或抄袭本书之部分或全部内容。
版权所有,侵权必究
举报电话:010-62752024　电子邮箱:fd@pup.cn